Au temps de Louis XIV

DU MÊME AUTEUR

Chez Hachette

La vie quotidienne de la noblesse française au XVIIIe siècle, 1973.
La vie quotidienne au temps de Louis XVI, 1980.
Le petit monde de la comtesse de Ségur, 1988.
Le despotisme éclairé, Pluriel.

Chez d'autres éditeurs :

Les magistrats du parlement de Paris au XVIIIe siècle (Economica).
La véritable hiérarchie sociale de l'ancienne France, en collaboration avec Jean-François Solnon, Droz.
Louis XIV, Fayard.
Dictionnaire du Grand Siècle, sous la direction de François Bluche, Fayard.
Le grenier à sel, Souvenirs, Éditions de Fallois.
Dictionnaire des mots historiques, Éditions de Fallois.
L'Ancien Régime, Le Livre de poche.
Journal et mémoires de Thomas de Listière, valet de la marquise de Sévigné, Criterion.

François Bluche

Au temps de Louis XIV

HACHETTE

Maquette et conception graphique Atalante.
En couverture : *La Ville et le château de Versailles,* par Jean-Baptiste Martin, dit des Batailles (1659-1735), Versailles, Château – Grand Trianon (cl. Lauros/Giraudon). Louis XIV, entouré de Louvois, Mansart et Le Nôtre, voit arriver l'eau de la machine de Marly dans les réservoirs.

pour William (†) et Anne de Lesseux

Prologue

La France : « *Le plus beau royaume après celui du ciel.* »
Grotius

Louis XIV : « *Un des plus grands rois qui furent jamais.* »
Leibniz

Voltaire a publié en 1751 *Le Siècle de Louis XIV*. Il a mis dix-neuf ans à parachever ce chef-d'œuvre. C'est un peu son enfant chéri. Il l'a longuement médité, l'a rédigé avec amour, lui attache grand prix. Or nous avons oublié que ce livre est un sommet de notre littérature (quel écrivain eût trouvé cette phrase : « Il faut avouer que Louis eut toujours dans l'âme une élévation qui le portait aux grandes choses » ?), mais aussi, cent ans avant Jules Michelet, le premier essai français d'histoire totale. C'est l'analyse la plus intelligente et la plus équitable qui ait été faite du temps de la prépondérance française. Or, Voltaire, s'il est historien, est d'abord témoin. Il a plus de vingt ans à la mort du grand Roi. Il est déjà doté de sa lucidité mordante.

La thèse de Voltaire est connue. L'histoire de l'humanité a compté quatre sommets : le temps de Périclès et d'Alexandre, celui de César et d'Auguste, celui de la Florence des Médicis, enfin « celui qu'on nomme le siècle de Louis XIV, et c'est peut-être celui des quatre qui approche le plus de la perfection [73*] ». Or, paradoxalement, alors que

* Les numéros renvoient aux références et notes situées à la fin de l'ouvrage.

notre plus grand écrivain nous désigne le plus grand de nos rois, nous restons réticents, préférant souvent, par habitude, facilité, sclérose, la légende noire du Roi, la légende noire du règne. Elle a été modelée par quelques protestants exilés, par Fénelon et Saint-Simon – qui utilisent, hélas, une plume divine pour régler leurs comptes personnels –, elle a connu un nouveau souffle avec Michelet, s'est voulue presque scientifique dans les ouvrages de Lavisse, règne à l'état endémique dans les petits manuels.

De nos jours, Dieu merci, les connaisseurs préfèrent M. André Corvisier [103] à Ernest Lavisse ou à Jules Michelet; Voltaire, au duc de Saint-Simon et à Fénelon. Un certain nombre de gens cultivés savent, grâce à M. Pierre Goubert, que les paysans français n'avaient pas cette sombre mine qu'on leur prête depuis La Bruyère [127]. Ils ont appris d'André Corvisier que Louvois n'était pas un monstre [104]. M. Jean Meyer leur a prouvé, chiffres en main, que Colbert, hors légende rose, hors légende noire, demeurait un prodigieux homme d'État [152]. Il rejoignait Voltaire, auquel il faut toujours revenir : «Je me soucie fort peu que Colbert ait eu les sourcils épais et joints, la physionomie rude et basse, l'abord glaçant... J'ai porté la vue sur ce qu'il a fait de mémorable, sur la reconnaissance que les siècles à venir lui doivent, non sur la manière dont il mettait son rabat et sur l'air bourgeois que le Roi disait qu'il avait conservé à la cour [73].» Mais les connaisseurs ne sont pas assez nombreux. Le légendaire, la chose est assurée, repousse comme chiendent. Ces raisons nous contraignent de rectifier en quelques pages les déviations destructrices de la vérité.

Le Roi

Il a reçu une éducation sévère, il a été affronté à l'insécurité, à la guerre civile, à la misère. Son parrain Mazarin, diplomate de génie, l'a initié aux grandes affaires, lui apprenant en particulier à penser globalement la politique et la stratégie. Il sait moins de latin qu'un bon élève des jésuites; mais il passera sa vie à se cultiver, à écouter ses lecteurs, à perfectionner un goût artistique presque infaillible.

Son intelligence est sûre. Il préfère dire : «Je verrai [64]», et choisir Couperin, que décider deux minutes après les auditions d'un concours, et ne pas faire le bon choix. Voltaire remarque que seul La Fontaine, parmi les grands hommes de lettres du temps, n'a pas eu la faveur du nouveau Mécène [73]. Encore doit-on considérer que le Roi l'a laissé entrer à l'Académie. De Boileau et surtout de Racine il a fait ses confidents, plus favorisés, plus privilégiés que bien des ducs et pairs. Il s'est opposé à ce que l'Académie donne à Furetière un successeur de son vivant. Il a traité en amis intimes Lully, un homme aux mœurs hétérodoxes, Molière, un excommunié au talent immense mais corrosif. Avec un goût parfait, il a de tout son crédit soutenu ceux que nous appelons les écrivains classique. Avec un goût profond, délicat, et toujours adaptable, toujours perfectible, il a réuni autour de lui une pléiade de promoteurs d'art (Le Brun, Mansart), de jardiniers (Le Nôtre, La Quintinie), d'architectes (Le Vau, Bruant, Claude Perrault, Robert de Cotte), de peintres (Rigaud, Mignard), de sculpteurs (Girardon, Coysevox), de décorateurs (Bérain), d'ébénistes (André-Charles Boulle). Aidé de Colbert, il pensionne les savants et les poètes, fonde les académies des sciences, des inscriptions, d'architecture. Il crée l'académie de France à Rome, fait construire l'Observatoire; des Gobelins fait la plus grande fabrique mondiale d'objets d'art, la plus grande école des arts décoratifs. Son style est clair et net, sa pensée noble et logique [42]. Ses mots, qu'il faut lire dans le *Journal* de Dangeau, dans les *Mémoires* de Sourches, sont exemplaires [108]. On y trouve noblesse, équité, précision, humanité, délicatesse; on y cherche en vain la grandiloquence, la tyrannie, le vocabulaire de l'orgueil. Spanheim, avec sa lourdeur germanique [65], Saint-Simon, à qui le Roi ne pardonne pas son départ de l'armée, ont voulu persuader la postérité de la lenteur d'esprit et de la demi-médiocrité de Louis XIV. Ces jugements hasardés ne résistent pas, on le voit, à l'épreuve des faits. Au reste l'abbé de Choisy [16],

Mme de la Fayette [35], orfèvres en matière d'intelligence, ont tous les deux noté l'esprit hors pair de leur maître.

Le règne lui-même est une suite de réussites. La France développe son industrie, son commerce maritime, ses possessions d'outre-mer (Saint-Domingue, la Louisiane, Pondichéry, le Sénégal). Le royaume s'agrandit de la Flandre, du Hainaut, de la Franche-Comté, de la basse Alsace. Paris peut démolir ses remparts ; la paix française et la ceinture de fer protègent la capitale. La plupart des guerres ont pour théâtre l'étranger, la mer, la colonie. La France a fait du militaire sa première industrie – les fortifications de Vauban, l'armement toujours perfectionné, la marine devenue la première ou la deuxième du monde –, créant des emplois, multipliant les chantiers, tenant tête aux plus grandes coalitions.

Louis XIV a-t-il *trop aimé la guerre* ? Avant Frédéric II, avant Clausewitz, il a démontré l'efficacité de l'union du pouvoir politique et du commandement militaire. La dernière guerre du règne, celle de la succession d'Espagne, a permis de briser l'étau de la maison d'Autriche, d'installer à Madrid un fils de France, d'enrichir nos ports, de mesurer (1709-1712) l'immense loyalisme du peuple pour son Roi. Voltaire a dédouané l'aïeul de Philippe V : « Il n'y a jamais eu, écrit-il, de guerre plus légitime [73]. » Ceux qui aiment à compter sur leurs doigts les années guerrières du règne ne doivent point oublier de diviser ensuite leur sous-total par deux : le régime des quartiers d'hiver réduit de moitié le temps des affrontements.

Si Louis XIV a *trop aimé les bâtiments*, nous aimons ceux qu'il a fait construire lui-même ou patronnés. Nous n'admirons plus que sur tableaux et gravures Clagny et Marly. Il nous reste les Invalides et la Salpêtrière, la place Vendôme et celle des Victoires, la porte Saint-Denis et la porte Saint-Martin, Saint-Louis-en-l'Ile, le pont Royal, les Boulevards, la Cour carrée, la colonnade du Louvre, le grand Trianon. Nous sommes ravis de posséder Versailles, d'y réunir les congrès de la république, d'y traiter les chefs d'État étrangers, d'en admirer les grandes eaux, mais reprochons à son créateur d'avoir trop dépensé pour le construire. Ce n'est pas très logique.

Au passif, il faut évoquer les fâcheuses conséquences d'une politique religieuse à deux volets. L'antiprotestantisme est un phénomène, non étroitement royal, mais largement national, inséparable de l'apogée de la contre-Réforme. La persécution des jansénistes, en général moins déplorée que la Révocation, engendre une longue suite de conséquences psychologiques et morales dont les conflits parlementaires du XVIIIe siècle ne sont que des indices. Faut-il aussi ratiociner sur la prison de Fouquet (il est des ducs d'Enghien que l'on ne fusille pas), le temps des maîtresses (il vaut toujours mieux ne pas tromper sa femme), l'inachèvement de l'aqueduc de Maintenon ? Il semble plus urgent de dire quelle modération relative marqua ce règne de cinquante-quatre ans : les ministres du Roi sont ses amis, les vaincus méritants reçoivent le bâton de maréchal, aucune disgrâce de cour n'est définitive. Louis XIV – Saint-Simon doit le reconnaître – n'impose que six fois en cinquante ans sa volonté à son conseil d'État [60]. Monarque absolu, il sait qu'absolu signifie sans liens, mais non pas sans limite. Amoureux de l'État, il ne pense pas un instant incarner l'État. Il s'en veut l'animateur, l'arbitre, et le premier serviteur. Ce qu'il y aura de plus remarquable dans le « despotisme éclairé » du XVIIIe siècle – mécénat, réformes administratives, animation de l'économie, souple pragmatisme, philosophie du pouvoir – sera fait à son imitation. Et pourtant, lui ne fut jamais despote.

Le royaume

La France paraît aux étrangers si belle, qu'il leur arrive, comme l'éminent Hugo Grotius en 1625, de la comparer même au royaume de Dieu [30]. Elle est fort peuplée, nourrit plus de vingt millions d'habitants. Dans les rudes années du « petit âge glaciaire [142] », elle est – comme bien d'autres – réduite à la croissance zéro, stagnant de 1690 à 1700 ; mais au total, en dépit de bien des éléments de crise, gagne un million d'habitants entre 1675 et 1705 [114]. Évaluant vers 1700 la population du royaume à 19 094 000 âmes, Vauban est trop pessimiste. La Bretagne, l'Aunis, la Saintonge, l'Angoumois, l'Auvergne, le Lyonnais et le Beaujolais sont relativement peuplés (plus de 800 habitants à la lieue carrée); la Normandie, l'Ile-de-France, la Picardie occidentale, l'Artois et la Flandre dépassent la densité de 1 000 habitants par lieue carrée; le reste du pays a une population plus clairsemée [114].

La population rurale représente plus des quatre cinquièmes du total; elle renferme en son sein, sinon toujours les plus pauvres sujets, au moins ceux qui sont le plus exposés aux malheurs endémiques : grêle, froid, mauvaises récoltes, rapacité de l'usurier, dégâts des gens de guerre. À ce titre elle est le baromètre de la santé physique et morale du pays tout entier. Les humeurs des campagnes vont décider de la réussite ou de l'échec du règne; mais il faut les observer avec attention, les mesurer sans erreur. Dans les trop célèbres *Remontrances* de Fénelon à Louis XIV, écrites vers 1694, gardées sous le boisseau, on lit une phrase que la postérité a trop bien acceptée : « Les émotions populaires, qui étaient inconnues depuis si longtemps, deviennent fréquentes [22]. » Le prélat songeait aux mouvements provoqués par la cherté du pain, durant un bien rude hiver. Mais il aurait dû comprendre que la pénurie tenait moins à l'état de guerre, qu'à la perturbation du climat. Il ne pouvait ignorer que le Roi se préoccupait sans répit du malheur de ses sujets. Toute l'administration était mobilisée. Les intendants des provinces aux récoltes excédentaires étaient invités à donner leur surplus. Sur mer, c'est la lutte contre la famine qui a orienté la nouvelle tactique : Jean Bart et ses émules avaient pour tâche première d'attaquer les marchands ennemis chargés de blé, d'escorter les convois céréaliers destinés à la France.

Il manquait aussi à l'abbé de Salignac-Fénelon cette chronologie des vrais soulèvements populaires que l'historiographie d'aujourd'hui vient à peine de restituer. Elle est riche d'enseignements : (voir tableau page suivante).

Les trente-huit ans qui précèdent la mort de Mazarin ont

vu six révoltes notables, dont la Fronde, guerre civile qui toucha l'ensemble du royaume, engageant les puissances étrangères à intervenir chez nous, gagnant une dimension européenne. Les cinquante-quatre ans du règne personnel de Louis XIV en comptèrent également six, toutes plus limitées dans le temps et dans l'espace provincial ou local. La guerre des camisards, comme la Fronde, intéressa l'étranger et pesa sur notre destin national ; encore demeura-t-elle limitée à une portion du Languedoc. Certes Louis XIV trouva une tactique de riposte meilleure que celles de Richelieu ou de Mazarin. Mais on observera quelques détails importants.

LES RÉVOLTES POPULAIRES EN FRANCE	
1624 :	Révolte des *croquants*
1635-1637 :	Nouvelle révolte des *croquants*
1639 :	Révolte normande dite des *nu-pieds*
1643 :	Soulèvement des *croquants* du Rouergue
1648-1653 :	Révoltes et guerres de la Fronde
1658 :	Mouvement des *sabotiers* de Sologne.
1662 :	Guerre boulonnaise du *Lustucru*
1663-1665 :	Révolte d' Audijos (Landes et Chalosse)
1670 :	Révolte du Roure, en Vivarais
1675 :	Révolte bretonne des *bonnets rouges* ou du papier timbré
1702-1705 :	Guerres des *camisards*
1707 :	Mouvement quercinois des *tard-avisés* [6].

La moitié mouvements qui troublent le règne personnel se sont produits sur un court laps de temps : dix années. Les trois autres en quarante-cinq ans. Un quart de siècle sépare, soit le temps même d'une génération d'hommes, la révolte du papier timbré de celle des Cévennes. Enfin le mouvement des *tard-avisés* est le dernier avant 1788 : Louis XIV assure à ses héritiers une tranquillité presque séculaire.

Il faut expliquer ce progrès par celui même de l'administration royale, le maintien d'un niveau de vie suffisant, parfois son amélioration, le développement du civisme et du loyalisme. Pas plus que les bourgeois des villes, le menu peuple ne souhaiterait un retour des guerres civiles. En 1709, après le triste hiver qui a désolé l'Europe occidentale, personne ne se soulève, la plupart des appelés de la milice rejoignent leur poste, et, lorsque le Roi, dans son fameux appel du 12 juin, apostrophe son peuple, la réponse est une extraordinaire mobilisation physique et morale. Il est vrai que la religion y a sa part. Le catéchisme prêche la soumission à l'État, les curés ont applaudi la révocation de l'édit de Nantes, le peuple pieux de la contre-Réforme a approuvé son roi.

Mais l'emprise journalière de la foi et de la dévotion – qui reviendra souvent à travers ces pages, parce que la vérité y oblige, que tout le siècle baigne dans cette réforme catholique – ne ressemble nullement à une chape de plomb. Jusqu'à la fin du règne, en dépit de la guerre, la vie a continué ; la gaieté, le chant n'ont pas perdu leurs droits. Le sieur Ballard, « noteur de la chapelle du Roi », publie, au pire moment de la crise (1703-1711) trois volumes de *Brunettes* [4], présentant au public « ce qu'il y a d'airs français, des plus parfaits dans le caractère tendre, aisé et naturel, qui flatte toujours sans lasser jamais et va beaucoup plus au cœur qu'à l'esprit [179]. » *À la claire fontaine*, *Jeanneton prend sa faucille* y figurent en bonne place. Le naturel français, le bon goût de Ballard atténuent des conventions prétendument issues de Virgile. Mais, à mi-distance de *L'Astrée* et des couplets de Fabre d'Églantine, la bergerie domine, prétexte à chanter l'amour : *Mon père me veut marier / Avec le plus joli berger. / Je saute, je danse, / Je vais en cadence, / Et je dis mes chansons, / Filant ma quenouillette / Et gardant mes moutons* [179].

Tout n'est pas si rose au grand siècle ; mais chaque jour apporte la preuve que ce temps rude, grave, austère, dévot, travailleur, créateur, artiste, guerrier, réformateur, législateur et charitable, ne doit pas être traité au noir.

La cour

Cour, lieu où habite un Roi...
Cour, signifie aussi le Roi et son Conseil... Cour, signifie encore tous les officiers et la suite du Prince... Cour, se dit encore des manières de vivre à la Cour.

Furetière

Les Français changent de mœurs selon l'âge de leur roi.

Montesquieu

« En sortant du château par le vestibule de la cour de marbre, on ira sur la terrasse ; il faut s'arrêter sur le haut des degrés pour considérer la situation des parterres des pièces d'eau et les fontaines des cabinets. 2. – Il faut ensuite aller droit sur le haut de Latonne et faire une pause pour considérer Latonne, les lézards, les rampes, les statues, l'allée royale, l' Apollon, le canal, et puis se tourner pour voir le parterre et le château. 3. – Il faut après tourner à gauche pour aller passer entre les Sphynx ; en marchant il faut faire une pause devant le cabinet pour considérer la gerbe et la nappe ; en arrivant aux Sphynx on fera une pause pour voir le parterre du midi, et après on ira droit sur le haut de l'orangerie d'où l'on verra le parterre des orangers et le lac des Suisses [41]. » Ainsi commence la *Manière de montrer les jardins de Versailles,* un texte rédigé vers 1690-1699, « au moment même où le décor versaillais, définitivement mis en place, connaît sans doute sa splendeur la plus éclatante [41]. » Ce guide est l'œuvre du Roi même, net, sec, précis, détaillé, sans l'ombre d'une fioriture littéraire. Il n'en est pas moins émouvant, majestueux et suggestif. Son style, amarré au «détail de tout», est celui des apostilles royales sur les projets de Louvois ou les devis de Colbert. La nécessité de l'itinéraire indiqué – et sans doute imposé à certains commensaux – est aux antipodes de l'improvisation, de la flânerie, de la rêverie romantique. Il n'est pas question de rêvasser devant une prétendue nature vierge, mais d'accepter le rituel d'une promenade exécutée dans l'ordre voulu, «qui est celui de la procession, du cortège. Chaque geste, chaque pas s'inscrivent dans un moment déterminé, sont prévus, calculés, mesurés comme dans une chorégraphie bien réglée.» Et, bien sûr, la nature vierge est laissée à la Nouvelle France ou à la Louisiane. Le cadre du divertissement royal et commensal de la déambulation a été lui aussi taillé, reconstruit, modelé par le Roi, avec la précieuse collaboration de M. Le Nôtre pour le parc même, de M. de la Quintinie pour les potagers et vergers.

Mais les vingt-cinq paragraphes du guide royal, en dépit de leur calme réserve, reflètent aussi la satisfaction raffinée du créateur, et le plaisir du propriétaire. Le Roi aime le grand air, les arbres, les fleurs, les fruits. Il a discipliné son goût particulier, l'a transformé en œuvre d'art. Mais de ce bel ouvrage il n'a pas imposé un usage égoïste. Le domaine n'est rien moins qu'un domaine réservé. Le tout-venant s'y faufile sans cesse. Aux heureux quelques-uns, Louis XIV réserve une visite guidée : leurs majestés britanniques, l'électeur de Bavière, Mme Desmarets femme du ministre, et bien d'autres, ont l'inestimable privilège de ces tours de propriétaire pédagogue. Quand Sa Majesté a la goutte, elle se promène, poussée dans sa drôle de petite voiture. Pour ne rien perdre des charmes de Versailles ou de Marly, le plus grand roi du monde étale sans gêne son infirmité.

Il lui arrive aussi, comme à un bourgeois retiré des affaires, de pêcher dans la pièce d'eau des Suisses : ainsi en est-il, le 12 octobre 1708, mais n'étant pas ce jour-là «trop content de sa pêche [18]».

Ces contrastes dans la manière d'être du Roi sont à l'image, sont l'image même de la cour de France, grande machine institutionnelle, société privilégiée et rayonnante, mais aussi composée d'ombres et de lumières, pleine d'oppositions et de contradictions.

Les contrastes de la cour

On parle, pour simplifier, de noblesse de cour. Mais il ne faut pas confondre noblesse *de* cour et noblesse à la cour : ce serait traiter à égalité un duc et pair maréchal de France, capitaine des gardes, et un gentilhomme limousin ayant obtenu la faveur éphémère de la *présentation*. À la limite, la noblesse de cour est le corps privilégié de ceux qui, par naissance, comme les ducs, ou hautes fonctions, comme les ministres, sont appelés à y séjourner durablement et peuvent ainsi approcher S. M. de près. La famille royale domine ce petit monde : le Dauphin, les fils et petits-fils de France, les princes du sang (Condé, Conti), les princes légitimés (Maine, Toulouse, Vendôme). Suivent les *personnes titrées* : pairs ecclésiastiques, pairs laïques (ces ducs et pairs dont les mieux considérés ont rang de prince étranger), autres ducs. Après 1700 on y joint les grands d'Espagne, pour harmoniser les rangs avec un royaume allié. Viennent enfin les personnages à hautes fonctions : officiers de la couronne – tels le grand chambellan ou le grand écuyer –, chefs de département, ministres et secrétaires d'État, ou principaux commensaux – comme le grand maître des cérémonies ou le grand veneur. C'est donc un club strictement délimité que ce noyau incontesté de noblesse de cour. Hors de ces privilégiés, nul ne fait de droit partie de l'entourage royal. Certains éléments favorisent; comme le cordon bleu, cet ordre du Saint-Esprit dont le Roi use à la manière d'un instrument de règne. Le cordon bleu impose, en quelque sorte, un rang intermédiaire entre le cercle des ducs et le reste de la gentilhommerie.

Aucun automatisme ne limite le droit de Sa Majesté à choisir ses entours. Le crédit est son œuvre; il pèse les mérites, il donne ou retire sa faveur. La cour est donc faite de deux hiérarchies, l'une officielle, l'autre réelle. Bontemps, premier valet de chambre, est informé de toutes les rencontres secrètes de Louis avec ses maîtresses; Madame Palatine, belle-sœur du Roi, met vingt ans à deviner que celui-ci s'est remarié!

À lire M. de Saint-Simon on imagine parfois que les ducs escortent le Roi comme les pairs des chansons de geste entourant le vieux Charlemagne. Or, des quinze maréchaux de 1715, sept seulement appartiennent à des maisons ducales, les autres sont de naissance moins illustre; ou, si l'on préfère, sur quarante familles ducales, il n'y en a pas une sur cinq qui soit au tableau d'honneur du maréchalat. Par la volonté du Roi, le mérite corrige sans cesse les inégalités de la naissance. À lire M. de Saint-Simon, les ducs sont des sortes de dieux de l'Olympe; les ministres, des manières de rustauds parvenus. Or ces rustauds, qui appartiennent à la noblesse de robe et non à la «vile roture», ont si bien la confiance de leur maître, que les grands s'aplatissent humblement devant eux. L'orgueilleux La Rochefoucauld, ce frondeur, ce duc impertinent, termine en ces termes une lettre à Jean-Baptiste Colbert : «Je suis bien honteux, monsieur, de ne pouvoir vous témoigner ma reconnaissance que par un compliment inutile; j'essayerai, avec tout le soin possible, de vous en donner d'autres preuves, et il ne se présentera jamais d'occasion de vous servir que vous ne connaissiez combien je souhaite de mériter l'honneur de votre amitié, et à quel point je suis, monsieur, votre très humble et très obéissant serviteur [37].»

À observer les bassesses que font certains nobles pour approcher de la cour, y entrer, s'y incruster, on croirait que celle-ci offre une fête permanente, comme celle des *Plaisirs de l'île enchantée* (1664) – que l'art et la littérature vont immortaliser. Or la cour n'est pas toujours gaie. Elle est dévote, au moins en apparence, au moins depuis le remariage du Roi en 1683. Le 3 avril 1684 Louis XIV, à son lever, exhorte les courtisans à faire leurs pâques [18]; le 10 avril 1713 le maréchal de Tessé écrit : «Nous voici dans la semaine, où l'on promet tant de choses à Dieu et au monde, qu'il devrait être honteux dans la suite de tenir si mal ses engagements, et c'est aussi le temps où la créature se trouve souvent capable de commettre un nouveau crime plus horrible que tous les autres, et c'est l'hypocrisie [68]. » La lettre est datée de Versailles... D'ailleurs les divertissements de la cour ne sont pas ouverts à tous. Le Roi désigne les rares personnes qui le suivent à la chasse. Le Roi choisit ceux qui, au jeu, feront sa partie : c'est un honneur envié mais onéreux. La cohue trihebdomadaire des *appartements* – réceptions du soir dans les salles d'apparat du palais – oblige à plus d'attente que de satisfaction. Noyé dans la foule, celui qui a besoin d'être vu passe inaperçu de tous ; puis la soirée se traîne, monotone lorsqu'il n'y a pas musique ou spectacle. Enfin la vie matérielle est rudimentaire. Quelques privilégiés très riches ont, dans les années 60 puis dans les années 80, fait construire des hôtels à Versailles près du château : ils ont donc un ou deux châteaux en province, hôtel à Versailles et hôtel à Paris. À l'autre extrémité, ceux qui viennent en « galopins » doivent regagner la capitale dans des conditions de transport inconfortables. À mi-chemin entre ces extrêmes, sont les *logés*. Être logé devient une sorte de catégorie sociale. Mais si le privilège est envié, qu'il tienne à la fonction ou soit le produit de la faveur, ceux qui le jalousent ignorent dans quelles conditions précaires on est hébergé à Versailles. L'entassement est peu croyable. Les immenses ailes construites par Mansart sont affectées et remplies avant d'être achevées. De fort grands seigneurs ne disposent que de deux pièces. Impossible de cuisiner. Les garde-robes ne sont pas en assez grand nombre. Les couloirs sentent l'urine. On meurt de froid.

Le sérieux de la vie du Roi

Louis XIV, pendant plus de vingt ans, est à la recherche d'une vie privée. C'est une des raisons pour lesquelles il néglige la Reine, pieuse Espagnole sans conversation et sans esprit. Mais cette recherche est toujours trompée, bien que le Roi ait choisi ses maîtresses avec le même goût infaillible que ses architectes ou que ses musiciens. La duchesse de la Vallière, gracieuse et spontanée, fraîche et désintéressée, la marquise de Montespan, grande dame très belle et pétillante d'esprit, Mme de Maintenon, veuve du spirituel M. de Scarron, majestueuse et cultivée, ne sont pas les premières venues. Seulement, pour les conquérir il faut un soin constant. En l'honneur de Mlle de la Vallière, le Roi construit le Versailles de Le Vau et de Le Nôtre, pour Mme de Montespan il fait Clagny et le Trianon de porcelaine, pour Mme de Maintenon l'actuel grand Trianon. Pour rencontrer ces belles créatures, il faut une organisation secrète, la complicité d'un duc de Saint-Aignan, le mutisme d'un Bontemps. Malheur aux indiscrets : les Vardes, les Bussy-Rabutin, les Lauzun! Seulement les rencontres furtives, les rendez-vous d'alcôve ne font pas à eux seuls une vie privée. Il y faut la conversation, il faut autre chose que la clandestinité. C'est donc avec raison que la marquise de Sévigné loue Mme de Maintenon d'avoir procuré à Louis XIV, d'abord comme maîtresse (1674? -1682), puis comme épouse morganatique (1683-1715), cette intimité qui lui a toujours manqué.

Il la recherche en quittant Versailles pour Trianon; il la poursuit en n'emmenant au merveilleux château de Marly qu'un groupe très choisi de compagnons; il y atteint presque, en faisant décorer et aménager par Mignard une suite de petits appartements qui double son logement de parade [181].

Enfin il la retrouve paradoxalement en exerçant avec constance, minutie et conscience, ce qu'il nomme le *métier de Roi.* Mot volontairement provocant, à l'âge où métier désigne avant tout des professions techniques, quand ce n'est pas manuelles!

Dès la mort de Mazarin, Louis XIV décida, on le sait, de se passer de premier ministre, de gouverner lui-même. Le fait étonna. On remarqua pourtant très vite, en 1661, qu'il s'agissait d'un gouvernement effectif, efficace et précis. «Le Roi, note Mme de la Fayette, s'appliquait à prendre une connaissance exacte des affaires; il donnait à cette occupation la plus grande partie de son temps [35].» Dès ce moment Colbert obtenait un logement au Louvre : le souverain était soucieux d'avoir à portée de main ses collaborateurs principaux [133].

En effet nul cliché n'est plus contraire à la réalité que l'image d'un Louis XIV absorbé par les plaisirs de la cour – chasse, promenades, bals, ballets, jeux, spectacles, divertissements variés – au point d'en oublier de gouverner. Le marquis de Dangeau, chroniqueur attentif des travaux et des jours de Versailles, montre au contraire la place primordiale tenue par le métier royal. Il donne toutes précisions souhaitables en 1684 ou en 1686. Chaque matin, des alentours de neuf heures et demie jusqu'à midi et demi, le Roi préside une section spécialisée de son Conseil. Le dimanche se tient le conseil d'État, qui groupe les ministres d'État : Colbert de Croissy, Le Tellier et son fils Louvois, Claude Le Peletier. Le lundi est tantôt le jour du conseil des dépêches, tantôt le jour d'un nouveau conseil d'État. Dans le premier cas, il réunit autour du souverain le chancelier, les ministres, les secrétaires d'État, le chef du conseil des finances et le contrôleur général : chacun y est informé de la teneur de la correspondance entre le gouvernement et les intendants de province. Dans le second cas, on examine en présence du Roi les grandes affaires, extérieures comme intérieures. Le mardi, le monarque préside le conseil royal des finances (créé en 1661 après la suppression de la surintendance). Il y est entouré du chancelier et du chef du conseil des finances, du contrôleur général et de deux conseillers d'État affectés à cette tâche. Mercredis et jeudis, c'est à nouveau le conseil d'État. Le vendredi matin se tient ce qu'on nomme improprement « conseil de conscience » : Louis reçoit tour à tour l'archevêque de Paris puis son confesseur, et traite avec eux des affaires du catholicisme. Le samedi se réunit encore le conseil des finances. Mais ces délibérations matinales ne font pas toute la journée laborieuse du souverain. L'après-midi ou le soir, il y a *travail* ou *liasse*, le Roi en tête-à-tête avec un ministre, ou entouré de deux collaborateurs à la fois, en général dans l'appartement de Mme de Maintenon qui joue les personnages muets, occupée d'un ouvrage mais susceptible d'entendre. À cette époque,

Louis XIV s'applique deux fois par semaine aux questions de marine avec M. de Seignelay, fils et continuateur de Colbert, trois ou quatre fois aux affaires militaires et à celles de ses bâtiments avec M. de Louvois, ministre le plus célèbre et le plus puissant d'Europe. Il ne faut pas croire que les tâches du Roi s'inscrivent entre ses divertissements. Ce sont les promenades, les chasses ou les *appartements* qui s'intercalent entre conseils et audiences.

À la fin du règne, le rythme des conseils a diminué, mais au profit du travail du Roi et de l'autorité qu'il consent à ses grands commis. En août 1709, par exemple, le conseil d'État se tient les dimanches et les mercredis (avec parfois une réunion extraordinaire le mardi ou le jeudi), le conseil des finances seulement le mardi. Si on ne compte pas les audiences, ces dix-huit journées de Marly et treize journées versaillaises voient au moins seize tenues de conseil – dix conseils d'État, cinq des finances, un des dépêches – et vingt-cinq *liasses*[18].

Quand l'événement y contraint, c'est la journée entière qui est consacrée aux affaires de l'État. Le 6 de ce même mois d'août, Louis XIV a été averti que M. de Ravignan, venu de Tournai assiégé, est arrivé à Marly. Dès la messe entendue, de dix à onze heures ce messager est reçu chez la marquise de Maintenon, avec Voysin, secrétaire d'État de la guerre, et le maréchal de Boufflers. À onze heures, le Roi trouve dans son antichambre le chancelier de Pontchartrain, le duc de Beauvilliers, le contrôleur général Desmarets et les conseillers Le Peletier de Souzy et d'Aguesseau; ils attendent patiemment Sa Majesté en vue du conseil des finances : « Allons, messieurs, leur dit-il, ne perdons point de temps[64]. » À midi, la séance expédiée, Souzy et d'Aguesseau se retirent, Torcy et Voysin les remplacent et débute alors un conseil d'État. À une heure passée, le Roi va dîner, mais, nous dit Sourches, « comme il n'avait pas pu travailler le matin avec le contrôleur général Desmarets, suivant sa coutume, il travailla avec lui jusqu'à cinq heures du soir. » À cinq heures seulement, le souverain s'accorde une récréation. Il se promène dans les jardins avec Mme de Maintenon, qui les connaît par cœur, et avec Mme Voysin à qui il fait découvrir « la beauté de ses fontaines ». À huit heures, les obligations sérieuses reprennent. Le Roi reçoit Torcy et Voysin chez Mme de Maintenon, puis Voysin et Ravignan, ce dernier devant rejoindre l'armée de Villars, porteur des instructions royales. Voilà « un Marly » bien affairé !

Au fil des pages de Dangeau et de Sourches, nous voyons Louis XIV, « contre sa coutume » nous dit-on, travailler jusqu'à minuit, soit avec un ministre – Barbezieux, Chamillart, Torcy –, soit avec ces grands fonctionnaires irremplaçables : Chamlay, factotum de la guerre ; Bonrepaus, maître Jacques de la marine. Le Roi ne veut ni sacrifier son ouvrage aux divertissements de la cour, ni être rabat-joie sous couvert des nécessités de l'État. Ainsi, le 22 février 1705, il interrompt une demi-heure son travail à Marly en compagnie de Chamillart, pour ouvrir le bal masqué du carnaval ; puis, tandis que les invités s'amusent, il retourne chez Mme de Maintenon poursuivre ses entretiens techniques [64]. On a dit, et c'est vrai, que Louis XIV semble avoir hérité de Philippe II d'Espagne, son bisaïeul, le souci obsessionnel de l'État et le goût, aggravé par l'âge, du travail minutieux, des vérifications tatillonnes. Mais il a sur Philippe II cette supériorité de ne pas étouffer l'existence de la cour. Versailles n'est pas l'Escurial.

Philosophie du cérémonial

Saint-Simon en ses *Mémoires* ratiocine si longuement ès prérogatives de cour, privilèges et préséances, que toute l'historiographie conséquente en a été faussée. D'abord il ne parle des affaires de cour que depuis 1691 : la vision qu'il nous présente est toute versaillaise. Or Versailles n'est résidence principale du Roi que depuis le printemps de 1682. En 1661 Louis XIV habite Fontainebleau ; de 1662 à 1665 il est surtout à Paris, de 1666 à 1673 il réside habituellement à Saint-Germain, ainsi qu'en 1676, 1678, 1679, 1680, 1681. Versailles a eu ses préférences en 1674 et 1675, ainsi qu'en

1677 [138]. Mais Saint-Simon n'a connu, dans la meilleure hypothèse, que la seconde moitié du règne personnel.

Il est sûr que le ton de la cour a évolué. Dans les années 60 au Louvre, dans les années 70 à Saint-Germain, au temps de la jeunesse du Roi, des jeux de la guerre et de l'amour, la cour, si elle a perdu la rudesse et lc débraillé de Henri IV, les inégalités baroques du règne de Louis XIII, garde un aspect spontané. Le même roi qui impose aux ambassadeurs des audiences solennelles et réglées, demeure accessible. Ni le Louvre, ni les Tuileries, ni Saint-Germain ne sont aménagés en vue de loger beaucoup de courtisans. La cour, déjà brillante, rayonnante, moteur de civilisation, reste une cour aux dimensions modestes.

Même après 1682 la cour n'est pas celle des incessantes querelles de préséances. On chercherait en vain dans le *Dictionnaire universel* (1690) le sens moderne que nous donnons aux mots *Étiquette* ou *Protocole. Cérémonial* reste une épithète fort plate. *Cérémonies* ou *Préséances* ne sont prétexte à aucune glose [26]. Le *Journal* de Dangeau, les *Mémoires* de Sourches rapportent quelques affaires contentieuses dans l'ordre de la vie de cour : on ne leur voit pas l'importance qu'elles auront sous Louis XV et dont le duc de Luynes se fera l'écho complaisant. Sourches rapporte, par exemple, une aigre dispute survenue le 27 août 1699 entre le duc de la Rochefoucauld et le marquis d'Heudicourt ; il n'en fait cependant pas une affaire d'*État*. Ce n'est qu'une affaire d'*état*. Il s'agit de savoir qui a priorité entre les grands chiens pour le cerf de M. le grand veneur (La Rochefoucauld) et les chiens pour le loup de M. le grand louvetier (Heudicourt), lorsque leurs voies se croisent. Louis XIV tranche en faveur des premiers. C'est une façon, nul n'en doute, de reconnaître la supériorité de la charge d'un dignitaire sur l'autre [90].

L'originalité de la cour de France tient en ceci : non seulement le Roi, comme c'est l'usage et comme il est logique, s'est réservé le suprême arbitrage des conflits, modelant jusque dans ses nuances la jurisprudence cérémonielle, mais il est l'auteur de la réglementation elle-même.

Celle-ci n'est ni espagnole, ni germanique, elle est française [156]. Peu à peu elle détermine les règles du jeu des joies de la cour, de ses fastes, de sa dévotion, de ses deuils, de ses divertissements. La place de chacun est déterminée, son rôle en chaque circonstance. Le Roi prend à l'occasion ses renseignements. Monsieur, son frère, qui n'a pas grand-chose à faire, est imbattable sur les préséances et leur casuistique. Mais, s'il est un domaine où le pouvoir de S. M. est absolu, c'est celui-ci. Le cérémonial français est en général – contrairement à une légende obstinée – moins olympien que l'étranger. À Madrid, à Londres, à Vienne règnent des usages fort contraignants : on s'y agenouille devant les souverains; des commensaux les précèdent, humblement concentrés dans une respectueuse autant que périlleuse marche arrière. À Versailles, les révérences remplacent avantageusement les génuflexions. La principale marque de vénération, si la marche du Roi vous surprend dans une galerie, consiste à s'écarter jusqu'au mur le plus proche en inclinant la tête.

En sens inverse Louis XIV n'a cependant rien oublié pour faire respecter la fonction royale; non par orgueil, mais par souci politique et sens de l'État. En Espagne, à l'Escurial, la chapelle est au centre; dans l'Europe dite française du siècle des Lumières, les palais allemands, que l'on dira imités de la France, ont aussi privilégié la demeure de Dieu. À Versailles, les premières chapelles sont invisibles. La dernière, celle de Mansart et de Cotte, est sur un côté de façade. Ici la pièce centrale du château n'est pas l'église, c'est la chambre de Sa Majesté [156]. Tout s'ordonne autour de ce principe. À l'étranger, par exemple en Espagne, c'est la disposition hiérarchique des pièces du palais qui détermine les rangs et marque les privilèges. Un courtisan de petit grade s'arrête à la première antichambre. Un commensal important gagne la pièce suivante. Le grand d'Espagne s'approche du saint des saints. En ce cas, c'est le Roi qui descend à la rencontre de ses sujets, faisant paradoxalement le plus long trajet en faveur des moins considérables. En France, que ce soit aux Tuileries (où déjà le cérémonial est fort bien dessiné), à Saint-Germain ou à Versailles, le rang disparaît en somme en présence du Roi. Un cérémonial très orgueilleux, mais fort subtil, permet à beaucoup de pénétrer jusque dans la chambre royale, l'heure et les conditions d'accès dépendant uniquement du bon vouloir du prince. Le rang les règle, mais surtout le crédit, et toujours si le Roi le veut bien.

Le lever de Sa Majesté en est un exemple connu. Il impose et révèle « divers degrés qu'on observe à y être admis, n'y ayant d'abord que ceux qui ont droit de se trouver au *petit lever* qu'on appelle, qu'on laisse entrer, et qui sont des gens de la chambre [65] » et quelques rares privilégiés. Ces bénéficiaires de par le Roi des *grandes entrées* le sont par charges (le grand chambellan, les premiers gentilhommes, le grand maître et le maître de la garde-robe, les premiers valets de chambre) ou par faveur (les princes légitimés). Un peu plus tard, et ne bénéficiant que d'un petit lever fort court, viennent les *premières entrées* (Condé, Villeroy, Beringhen, les lecteurs de S. M. et les précepteurs du Dauphin). En troisième lieu sont introduits d'autres princes ou seigneurs, le capitaine des gardes du corps et le premier maître d'hôtel. L'entrée « libre » vient ensuite, la quatrième donc, ouverte « aux courtisans, dont même on appelle souvent quelques-uns par préférence, suivant la considération où ils sont en cour, avant que d'y admettre les autres présents. » Ce qui représente apparemment cinq gradations. En réalité il faut en compter au moins une sixième, car les membres de la famille royale (Dauphin, fils de France, petit-fils de France) passent avant les grandes entrées et les premières entrées : ils évitent toute attente, ils évitent l'antichambre ; ils représentent ce qu'on nomme alors les *entrées par les derrières* [65].

Le Roi, ayant considéré à la cour tout privilège comme individuel et révocable, s'est ménagé des choix constants : celui des convives de sa table, la liste des invités de Marly, le bénéficiaire du bougeoir. Ce n'est pas une mince affaire, à Versailles, que spéculer sur cette dernière prérogative, chaque soir attendue, chaque soir espérée. Saint-Simon a clairement rapporté le mécanisme de cette petite institution. Pendant la prière du soir, c'est l'aumônier de quartier qui tient le bougeoir de S. M. L'oraison achevée, cet aumônier passe le flambeau au premier valet de chambre. Le Roi, qui s'apprête à se dévêtir, désigne alors, parmi les personnes présentes, le prince ou le seigneur, le notable (le 9 mai 1702, c'est le nonce lui-même!) à qui doit être passé le bougeoir. «C'était, écrit le petit duc, presque toujours un des plus considérables assistants, et c'était une faveur. On tenait ce bougeoir pendant le déshabiller, qui était bientôt fait, et, quand on sortait, le premier valet de chambre le reprenait, et le donnait à sa volonté à un de ceux qui avaient les entrées et demeuraient au petit coucher [18].» Car le coucher du Roi est presque aussi gradué que son lever.

Comme le décor des palais royaux, comme la distribution des jardins de Versailles, comme les socles des monuments publics, comme l'histoire métallique du règne, tout dans le cérémonial de la cour est symbole. Certes la chambre de S. M. est bien, du petit lever au petit coucher, le centre de la cour, quand ce n'est point du royaume même, mais peu à peu Louis XIV a pensé que cette noble pièce était trop ouverte, trop accessible. Sous prétexte d'honorer la majesté princière, la personne royale, les courtisans, en dépit des précautions prises, sont trop portés à considérer la chambre comme un lieu public (ce qu'elle est). Alors on a construit la balustrade pour préserver le lit du monarque; puis on a fait garder cette balustrade, pour montrer que le Roi, sans cesser d'être accessible, veut conserver un je ne sais quoi de lieu inaccessible [156]. Même les gardes, même les officiers de la chambre circulent ou reposent hors de cette enceinte réservée, de ce petit coin de palais préservé.

Pour qui a des yeux pour voir (les jours d'*appartements* les visiteurs sont moins surveillés qu'aujourd'hui), une sensibilité pour comprendre, cette distribution des lieux est l'image même de notre monarchie tempérée; ni trop olympienne, ni trop bon enfant, mais majestueuse et humaine. Brochant sur le tout, s'impose la symbolique du baldaquin de la chambre. Il signifie que la France veille sur le sommeil de son roi.

Les satellites du Roi-Soleil

Le Roi domine sa cour; il ne l'écrase jamais. Si la cour arrondit quelques angles, freine quelques excès, impose un certain ton, elle polit les personnalités sans les diminuer. Les fils de France, les membres de la famille royale, les princes du sang, les princes légitimés ont tous du caractère et ne se croient pas obligés d'en atténuer les excès.

Le dauphin Louis de France, qu'on appelle *Monseigneur* (1661-1711), est adoré de tous, surtout des Parisiens (qui voient si peu son père), et des gens simples. Est-il souffrant? Les dames de la Halle viennent le visiter. Commande-t-il à l'armée? Les bas officiers et les soldats ne savent comment lui témoigner leur estime et leur affection. Il ressemble beaucoup à son père. Son intelligence est vive, jamais livresque. Il aime comme lui la compagnie des gens d'esprit. Il collectionne avec le même goût tableaux, antiques et médailles. Louis XIV embellit Versailles et Marly, Monseigneur perfectionne Meudon. Ils ont en commun le goût de la bonne chère, de l'équitation, de la vénerie, de la guerre. Seulement le Dauphin ne se croit pas tenu au devoir royal de réserve. Il mange sans mesure, chasse le loup presque chaque jour, se donne à fond dans les exercices physiques : carrousels, comme en 1682, mail à Marly, interminables chasses à courre où il prend des risques. Un tel homme ne saurait faire la guerre pour rire. En 1688 et 1689, l'héritier du trône s'expose si ouvertement que le Roi a été contraint de lui interdire l'héroïsme gratuit. D'ailleurs les contemporains avaient malicieusement poursuivi le parallèle entre Monseigneur et son père. Mademoiselle de Choin, à qui le Dauphin rendait à Meudon les mêmes hommages que le Roi à la marquise de Maintenon, avait en commun avec Françoise d' Aubigné des recettes amoureuses, une conversation piquante, une véritable culture. Avec tous ses atouts, Monseigneur n'était pas un prince négligé, encore moins un aigri ou un comploteur. Depuis 1688, il siégeait aux conseils des finances et des dépêches, depuis 1691 au conseil d'État. Durant la guerre de succession d'Espagne, il anima, parfois seul contre tous, le parti de la fidélité à son fils Philippe V. On peut regretter que la Providence n'ait pas conduit jusqu'au trône celui qui aurait été, peut-être, le meilleur des rois.

Les princes de la troisième génération ne furent pas davantage des figurants pâlots. Le duc de Bourgogne (†1712) et le duc d'Anjou (futur Philippe V), s'ils empruntèrent à leur mère Marie-Anne de Bavière une piété baroque, eurent le caractère entier et la volonté royale des grands Bourbons. Le premier donna bien du mal à Fénelon, son précepteur et mentor. Cependant l'opinion attendait beaucoup de ce Télémaque très-chrétien, dont une camarilla – les ducs de Chevreuse et de Beauvilliers, l'archevêque de Cambrai, les dévots, M. de Saint-Simon – chantait les hautes vertus. « Il faisait à Dieu, écrit son oncle le maréchal de Berwick, un sacrifice continuel de toutes les traverses et mortifications qu'il essuyait. Il avait un très bon sens et une grande pénétration, aimait fort la lecture et la conversation des gens de mérite et instruits. En cela il avait en vue de se rendre capable de bien gouverner pour faire le bonheur de ses peuples lorsqu'il serait sur le trône [7]. » Nul ne pouvait en effet savoir, en 1712, ce qui l'emporterait un jour, chez ce deuxième Dauphin, de l'autoritarisme ou de la dévotion, tant il avait, jusqu'ici, transformé en défauts les qualités de son aïeul. De son côté le duc d'Anjou donnait à l'Espagne, à la France et au monde une leçon de courage et d'obstination.

Flanqué de sa jeune femme, d'un confesseur jésuite et d'une maîtresse (comme si jouait ici l'hérédité de caractères acquis), Philippe V fit preuve, durant toute la guerre de succession, d'une volonté et d'une lucidité hors du commun. Même vaincu, même chassé de sa capitale, il ne désespéra point. Menacé d'être abandonné par la France, il envisagea froidement de continuer le combat aux Indes. Il sut s'attacher des lieutenants admirables, comme Vendôme et Ducasse, récompenser le haut mérite, entretenir les loyalismes. En 1709, en 1710, au pire moment de l'interminable conflit, quand se jouait avec le sort de sa couronne le destin même de l'Europe, l'ex-duc d'Anjou se montra plus grand, s'il se peut, que son illustre aïeul.

Au milieu de tant d'héroïsme cornélien, Monsieur frère du Roi semble plus proche des personnages de Jean Racine. Au vrai, ce Philippe fils de France et duc d'Orléans (1640-1701) n'est pas le premier venu. Au XVIe siècle il eût sans doute fait merveille, tant il ressemble à un prince Valois. De Henri III il a l'ouverture d'esprit, la culture, les raffinements, le courage physique et la piété un peu formelle; il en a aussi l'ambiguïté et les indécisions dangereuses. À défaut de gouverner la France, il règne sur Saint-Cloud. À défaut de rivaliser avec son frère, il est devenu l'homme qui connaît le mieux notre cérémonial. À défaut d'être un grand capitaine, il s'est bien comporté à Cassel (1677), ayant à ses côtés l'illustre maréchal de Luxembourg, et contre lui le malheureux Guillaume d'Orange. À défaut d'être un saint, il collectionne les chapelets, multiplie les signes pieux, ne manque pas une prédication. À défaut de fixer ses affections, il hésite sa vie durant entre le chevalier de Lorraine, son intime, et ses épouses successives, Henriette d'Angleterre (†1670) et Elisabeth-Charlotte de Bavière.

Ces deux belles-sœurs du Roi, si différentes, semblent parfois être dotées de l'excès de personnalité qui manque à Philippe d'Orléans. La première, petite-fille de Henri IV, est surtout connue par son oraison funèbre (*Madame se meurt! Madame est morte!* [11]). Elle avait si grand charme qu'elle faillit entraîner le Roi dans une galante aventure en 1661. Son esprit lui valut la constante admiration de Mme de la Fayette, orfèvre en la matière; ses capacités la firent choisir pour une mission secrète en Angleterre. Madame Palatine, dont Rigaud, peintre courtisan, n'a pu dissimuler les formes monstrueuses, fut, comme Henriette d'Angleterre, amoureuse de son beau-frère. Elle aimait comme lui le plein air, les courses à cheval, la vénerie. En novembre 1709, elle a déjà vu forcer plus de mille cerfs, en est à sa vingt-sixième chute de cheval à la chasse [53]. Son affection pour Louis XIV l'engageait à haïr la marquise de Maintenon, qu'elle traitait volontiers de vieille *ripopée* (frelatée) ou de vieille ordure. Le Roi ne lui pardonna pas cette attitude, ni d'ailleurs l'invraisemblable liberté de sa correspondance, dont le lieutenant de police La Reynie ou M. de Louvois lui lisait périodiquement quelques morceaux choisis. De ces lettres de Madame Palatine à sa parentèle teutonne, il ressortait que la France était un pays frivole, la cour de Versailles le lieu de toutes les dépravations! ... La grosse princesse bavaroise adore la choucroute, la soupe à la bière, son appartement versaillais, le théâtre, la marche à pied, la chasse à courre; peut-être encore le psautier et les chorals luthériens de son enfance. Elle paraît détester le reste, méprise Monseigneur et Monsieur, hait le duc du Maine (qu'elle nomme fort aimablement «le boiteux» et «le bâtard»), jalouse tout ce qui touche au Roi. Elle n'aime pas davantage la dévotion à la mode, ni les prêtres, ni les messes de plus d'un quart d'heure, ni le catholicisme – qui est pourtant sa confession d'adoption –, ni Paris, ni Marly, ni la guerre, ni le jeu, ni la cuisine française. Elle déplore notre liberté d'esprit et de mœurs [53]. On ne saurait assez se méfier de sa correspondance : tantôt la cour de Versailles est donnée pour trop dévote, tantôt pour un lieu de débauche. L'auteur met vingt ans à deviner le mariage secret de Louis XIV, dont tout le monde a compris l'existence après cinq ou six ans d'hésitation.

Un commensal : le premier gentilhomme

« La cour de France, écrit vers 1690 Ezéchiel Spanheim, sur le pied où elle est sous ce règne, est dans une grande soumission pour son roi, en sorte qu'on ne saurait voir ni plus d'empressement à lui marquer son zèle et à lui faire sa cour, ni plus d'attachement à s'y acquitter, avec une régularité entière et exacte, des fonctions où chacun est appelé [65]. » Les officiers de la maison de S. M. ne sont pas de simples figurants, bien que tous contribuent à l'ordre de la cour et à son faste, mais les membres d'un service public peut-être unique au monde. À la limite, malgré les apparences, il n'y a guère de sinécure dans l'entourage royal. Le vrai courtisan, le courtisan cher au cœur du Roi, n'est pas le duc de Saint-Simon, cet oisif si critique, mais un commensal colonel, ambassadeur, gouverneur de province ou gouverneur de place. Le vice de cette cour n'est pas l'oisiveté; c'est souvent le cumul. Le duc de Beauvilliers (1648-1714) peut en servir d'exemple.

Cet honnête homme, ce dévot que tous respectent, est duc et pair, gendre de M. Colbert. S'il quitte assez tôt l'armée, il ne boude point pour autant le service. Sa carrière de cour et de gouvernement aurait pu occuper deux personnes au lieu d'une. En 1685 le Roi l'a nommé chef du conseil royal des finances, en 1689 gouverneur du duc de Bourgogne, en 1691 ministre d'État. Cela n'empêche pas Beauvilliers d'exercer, depuis la mort de Saint-Aignan son père (juin 1687), la charge enviée et astreignante de premier gentilhomme de la chambre.

C'est un office qu'on exerce par roulement, selon l'usage des cours, dans le cas présent une année sur quatre. Il oblige d'abord à des activités domestiques, au sens strict. Quand S. M. mange au petit couvert (dans sa chambre), le premier gentilhomme le sert. Lorsque le Roi s'apprête le soir à se coucher, le premier gentilhomme lui demande l'heure prévue pour son lever du lendemain. Il remplace en cas d'absence le grand maître et le maître de la garde-robe. Au lever du Roi, c'est le grand chambellan qui présente la chemise et le pain du déjeuner; mais il revient à M. le premier gentilhomme de présenter le verre. Si S. M. réclame sa *chaise d'affaires* (chaise percée), c'est encore le premier gentilhomme qui prépare la station [144]. Celle-ci peut être fort longue, surtout les jours de médecine. Elle permet des audiences intimes («on appelle à la cour un brevet d'affaires le brevet qui donne permission d'entrer dans la chambre du Roi quand les autres se sont retirés, et dès qu'il est sur sa chaise *d'affaires* [26]»). Il faut donc à ce prince une robe de chambre et des mules, une serviette chaude et une couverture, sans oublier le linge d'affaires : c'est M. le premier gentilhomme qui lui fournit tout ce matériel.

À un échelon qui nous semble plus noble, cet officier commensal est responsable de la sécurité royale dans la chambre, l'antichambre et le cabinet. En outre il présente à Sa Majesté les étrangers ou les gens qui ne sont point habitués de la cour. Il est derrière le Roi dans les audiences. À la demande du souverain il peut aller chercher les fils de France ou les princes du sang. Il a l'ordonnance des deuils, mais aussi de la musique, des ballets ou de la comédie. De lui dépendent les officiers de la chambre (gentilshommes, valets, huissiers, etc.), et les pages – cette turbulente jeunesse dont les bruyantes facéties créent un interminable contentieux [18]. Il veille sur la rédaction des menus, les jetons de l'argenterie, le linge de Louis XIV et celui du Dauphin, les coffres et les malles de la chambre, les cierges et luminaire des fêtes religieuses. Tout cela représente un travail administratif et un contrôle financier.

Le premier gentilhomme est, bien entendu, logé au château. Il est vrai que, pendant son année de service, sa présence constante est indispensable. Dans les carrosses du Roi, il se place en troisième position, derrière le grand écuyer et le grand chambellan, mais précède le capitaine des gardes et le grand maître de la garde-robe. Lorsqu'il suit le prince à la guerre, le premier gentilhomme choisit son logement immédiatement après M. le grand chambellan. L'année d'exercice, sa charge lui rapporte 38 500 livres, « sur quoi le premier gentilhomme est obligé de faire nourrir et entretenir six pages de la chambre, un gouverneur avec un premier valet [144] », les trois autres années près de 30 000.

Mais ce n'est pas le caractère lucratif de l'office qui le rend alors si enviable, car les dépenses de prestige et même les frais quotidiens de train de vie sont immenses. Le premier gentilhomme – comme d'ailleurs le grand maître, le grand chambellan, le grand écuyer ou le capitaine des gardes – a, par fonctions, un capital de crédit inestimable. Étant sans cesse près du souverain, il peut lui parler constamment, présenter des requêtes à l'instant opportun, obtenir pour l'un, une faveur ; pour l'autre, une audience. Si le Roi, qui déjà l'a choisi, comme tous les grands commensaux, veut bien augmenter son amitié pour lui, le premier gentilhomme est l'un des hommes les plus influents du royaume.

Car c'est moins l'importance des fonctions qui détermine la cordialité de Louis XIV pour ses serviteurs, que la proximité et l'assiduité. La double qualité d'historiographe et de gentilhomme de la chambre fait de Racine, né roturier, un des courtisans les plus proches du Roi. Lecteur de Sa Majesté, M. d'Usson de Bonrepaus gagne si bien sa confiance qu'il devient – sans le titre – une sorte de chef d'état-major général de sa marine. Le vaniteux duc de Saint-Simon, si fier de son rang de pairie, passe par le roturier Fagon, archiatre, pour l'octroi de ses rares et courtes audiences. Louis XIII déjà, Mme de Motteville en témoigne, «aimait les gens de services [82]». La moitié des amis de Louis XIV sont des commensaux : Boileau, Fagon, La Porte, Lauzun, Pellisson, le président de Périgny, le président Rose, Racine, Saint-Aignan, Villeroy. Ce sont à la limite d'assez modestes serviteurs, comme ces Antoine, qui, de père en fils, exercent la fonction de porte-arquebuse du Roi, et qui, avec précision et avec amour, noteront chaque détail de la maladie et de la mort du monarque [82]. Ce sont plus souvent des commensaux moyens, comme les Bontemps, premiers valets de chambre, détenteurs de tous les secrets de Versailles, depuis la vie privée du souverain jusqu'aux arcanes de la politique européenne, et qui, forts de la confiance de Louis XIV, n'ont jamais laissé passer ou même filtrer la moindre indiscrétion.

En août 1686, tandis que le Roi souffre d'une fièvre *quarte*, voilà que Bontemps, comme solidaire de son maître, s'alite avec une fièvre *double-tierce*, «avec de grands redoublements». Le marquis de Sourches, qui nous en instruit, nous dit aussi que Louis XIV «lui témoigna dans cette maladie une amitié toute particulière». Quinze ans plus tard, le vieux Bontemps tombe en apoplexie. «Le Roi en témoigna beaucoup d'inquiétude, voulant qu'on lui vînt dire de ses nouvelles à tous moments, même chez la marquise de Maintenon.» Lorsque Bontemps mourut, le 17 janvier 1701, «le Roi, écrit encore Sourches, lui donna cette louange si belle et si rare, qu'il ne lui avait jamais dit du mal de personne et qu'il n'avait jamais passé un jour sans lui dire du bien de quelqu'un [64].» Cette noble complicité fait l'éloge du serviteur comme du maître.

Prestige et utilité de la cour

La cour n'est alors ni un spectacle gratuit, ni un luxe inutile. Si le Roi a modelé amoureusement son décor, orienté sciemment sa structure et son existence, c'est avec une intention constante de prestige, de formation et d'action.

Il y a des cérémonies de prestige – réception des ambassadeurs de Siam ou des envoyés de Moscovie, audience accordée au doge de Gênes – que nous ont conservées les mémoires du temps, les peintures, les tapisseries, les gravures, les médailles. Ce souci de pérenniser quelques moments exceptionnels marque l'importance que leur donnèrent le Roi et les Français de son temps. Mais enfin, même lorsqu'un potentat étranger attend son jour d'audience, lorsque des envoyés sont volontairement éblouis par un faste chargé de les écraser, on ne voit là que l'amélioration, étonnante mais logique, de rencontres éminentes qui ont toujours existé. Louis XIV cherche et trouve sans cesse un prestige plus rare, et surtout permanent. Pourquoi a-t-il, malgré Colbert, préféré Versailles à Paris ? C'est parce que, au Louvre et aux Tuileries, il ne fait que suivre (et améliorer) ses devanciers ; à Versailles, il crée de toutes pièces. Et pour que nul ne pense que ce grand œuvre a épuisé sa capacité créatrice, il invente successivement, dans l'ordre artistique Clagny, Trianon, Marly, sur le plan technique la machine de Marly et le canal de Maintenon.

À la vue de tous les visiteurs de Versailles – et la foule de toute condition s'y presse, les jours autorisés –, à la disposition des courtisans, se trouve une des plus étonnantes institutions de prestige, la flotte du grand canal. Ces modèles réduits, qui servent aux promenades, aux concerts, aux illuminations, sont le symbole de la nouvelle suprématie navale de la France. Le Roi se plaît à voir évoluer sa flottille, témoignant ainsi, sans faire le voyage de Brest, de l'intérêt crucial qu'il a toujours porté à sa flotte de combat, dont les petits navires de Versailles sont l'image. Il aime à s'y embarquer, jusqu'au jour où le docteur Fagon dit à son vieux maître de ménager ses rhumatismes. En 1687 sont à flot sur le grand canal plusieurs yacks et chaloupes, quelques gondoles vénitiennes (dont une grande gondole richement décorée de frais), *La Dunkerquoise* (barque fabriquée sur place en 1685 par des charpentiers compatriotes de Jean Bart), une galère, *La Réale* (également construite à Versailles), et le « grand vaisseau » (qui a été lancé en 1685 lui aussi). Ce dernier a été réalisé sur place par M. le marquis de Langeron, inspecteur des constructions navales de S. M., avec du bois importé d'Amsterdam, et le concours de vingt-deux charpentiers havrais ou provençaux [31]. Il a la taille d'une corvette légère, mais la structure d'un vaisseau de haut bord ; il porte même treize pièces d'artillerie fondues à son intention en 1686 par les Keller.

Les vêtements des gondoliers ne sont que damas, taffetas, brocart cramoisi, galons d'or et d'argent, « boutons à queue », bas de soie rouges, bonnets et escarpins. Mais les matelots, que les filles bleues de Versailles équipent en « pavillons, flammes, cornettes, chemises et caleçons », sont aussi coquettement parés. On leur voit en particulier des « jarretières de soie cramoisie ». Ils sont logés à la *Petite Venise*, un village bâti pour eux à quelque distance des appontements. En 1687, ils sont jusqu'à cinquante et un : un capitaine, un maître, le comite de la galère et son sous-comite, quatre charpentiers et deux calfats, le sieur Jean Merceron garde-magasin, vingt-six matelots, et quatorze gondoliers vénitiens aux appointements compris entre 900 et 1 440 livres. Trois compagnies de soldats de galiotes, venus ramer temporairement, complètent le personnel de la flottille [31]. Jusqu'à 1715 cette dernière va continuer de symboliser – avec des effectifs à peine réduits – la vocation maritime de la France.

Si les navires du grand canal font comme une revue navale permanente, les constructions royales peuvent être comparées à une exposition universelle non moins constante. D'incessants chantiers procurent de la main-d'œuvre aux humbles, des commandes aux artistes : Versailles s'accroît et s'embellit, transforme son décor intérieur; le grand Trianon est substitué au Trianon « de porcelaine ». Architectes, jardiniers, sculpteurs – en 1693 ils sont soixante-dix au service du Roi [158] –, stucateurs, ornemanistes, ébénistes, menuisiers, ciseleurs, bronziers, peintres, graveurs rivalisent de zèle pour un maître dont le goût est remarquable, souvent renouvelé. L'escalier des ambassadeurs, les pavillons de Marly, le mobilier d'argent, la perspective de la grande galerie (galerie des Glaces) font autant pour la gloire du Roi et la réputation de la nation, qu'une bataille gagnée, qu'une province occupée. Pour que nul n'en ignore, en France et dans le monde, dans l'actualité et à l'intention du futur, le Roi pensionne [31] et entretient M. Félibien (1619-1695), historiographe de S. M., garde du cabinet des antiques, membre de l'académie des inscriptions, et ce bon M. Félibien publie, afin de faire rayonner les « excellents bâtiments » : *Description sommaire du château de Versailles* (1674), *Description des tableaux, statues et bustes des maisons royales* (1677), et autres ouvrages descriptifs autant qu'apologiques.

L'honnête homme

Si la cour forme le goût des visiteurs, émerveille l'étranger, encourage par toute l'Europe un certain mécénat, elle a une fonction plus remarquable encore : elle éduque la nation. La cour et la ville sont des vases communicants. Les courtisans ont à Paris mieux que pignon sur rue ; ils ont hôtel sur cour et sur jardin. L'entourage de S. M. n'est d'ailleurs pas non plus coupé des provinces. Il y a des relations constantes et réciproques. « La cour polit bien les gens de province » ; « les provinciaux se *dérouillent* bientôt à Paris, à la cour, à l'armée ». La cour « est une bonne école, où on apprend à vivre [26] ». Or celui qui a reçu cette initiation heureuse à Saint-Germain, aux Tuileries, à Versailles, va à son tour servir de modèle dans l'administration ou dans l'armée, à Paris ou dans les provinces. On trouve d'ailleurs à des centaines de lieues de la capitale d'authentiques seigneurs de la cour. Ils en ont naturellement le bon ton. Ils vivent loin du monarque parce qu'ils le servent au loin ; mais ils sont rarement isolés.

Par sa belle-mère Mme de Sévigné, le comte de Grignan, toujours en son gouvernement de Provence, connaît presque au jour le jour les nouvelles de la cour.

Le père Bouhours pense que la France a atteint son étonnant niveau de civilisation avant la paix des Pyrénées (1659), pendant la guerre contre la maison d' Autriche [12]. C'est assez vrai [147]. Nos pères n'ont pas attendu *L'Homme de cour* (1684), traduction française de l' *Oraculo manuel* de Balthazar Gracian [29], ni même la translation de la cour à Versailles, pour connaître et appliquer les règles de l'honnêteté. Mais la cour elle-même n'est pas éclose par génération spontanée en 1682. Depuis la mort de Louis XIII elle *façonne* [26] la nation. La civilité, le goût des bienséances, le bon air, la bonne mine, la bonne grâce, les façons du monde, la science du monde, le savoir-vivre, en un mot la politesse, et ce je ne sais quoi qui fait l'honnêteté, sont de cour, par voie directe ou par imitation ; sont de cour, même si un détour apparent les a quelque temps conduits à l'hôtel de Rambouillet ou dans certaines *ruelles* de *précieuses.*

Ce produit de la cour, l' *honnête homme,* est aussi le produit d'une ascèse, la rayonnante illustration d'une discipline qui engage tout l'être. (« Pour paraître honnête homme, en un mot, il faut l'être [8]. ») Il ne connaît pas tout d'instinct, mais les catéchismes du bon ton – même les discours du chevalier de Méré, parus en 1677 : *Des agréments, De l'esprit, De la conversation* [46] – ne suffisent pas à former cet oiseau rare. Il y faut la pratique. Celle-ci est d'abord nationale, et l'on doit rendre justice à l' Italien Mazarin, à l'Espagnole Anne d' Autriche, qui ont renoncé à leurs habitudes, corrigé leurs préjugés, pour aider à former l'honnêteté française. L'honnête homme, en effet, n'est jamais le double ou le simulacre du *cavaliere* transalpin ou du *caballero* de Philippe IV ou Charles II. Il se distingue bien du *Kavalier* teuton, et a cent ans d'avance sur le *gentleman.* Il est strictement régnicole, bien que exportable. Mais, s'il est aisé à distinguer, il est difficile à définir. Un livre n'y suffirait point.

L'honnête homme est avant tout doté de bonnes manières, sociable avec finesse, homme de bonne compagnie. Il sait ce qui se fait ou non, déteste les malséances, connaît les bienséances. Il est bienséant, par exemple, «de se tenir découvert et en posture honnête devant les grands et les dames» ; «il est malséant à un conseiller de jouer des comédies, même par divertissement. Il est malséant à une vieille de s'habiller de couleurs éclatantes [26].» Il est malséant en France de baiser la main d'une dame, si elle n'est pas princesse [189]; il est bienséant de dire pourtant «à la manière d'Espagne, je vous baise les mains [26]». La bienséance ne connaît pas les droits, mais elle exige «plusieurs devoirs». Les plus raffinés des honnêtes gens ont un tel sens de ces devoirs qu'ils devancent de deux siècles la civilisation des mœurs. Comprendre que « les cracheurs et tousseurs sont gens incommodes en une assemblée», c'est pousser jusqu'à la vertu romaine l'amour des bienséances; mais c'est rester dans une logique stricte, puisque le savoir-vivre est l'allié du bon goût.

Ce même souci du goût règle la science et le langage. La rudesse de la cour de Henri IV est bien éloignée. L'ignorance n'est plus de mise dans l'élite. La bourgeoisie n'a plus le monopole de l'instruction. Les collèges de jésuites et d'oratoriens ont formé plusieurs générations d'écoliers nobles ou roturiers. Il en résulte que «le bel esprit n'est pas borné aux hommes de lettres : il s'étend aux gens d'épée et aux personnes de la première qualité, dont il semblait que l'ignorance fût le partage dans les derniers règnes [12].» C'est une révolution culturelle, et le R. P. Bouhours écrit dès 1671 : «Nous avons encore des ducs, des comtes et des marquis fort spirituels et fort savants, qui manient également bien la plume et l'épée, et qui ne s'entendent pas moins à faire un dessein de ballet et à écrire une histoire qu'à former un camp et à ranger une armée en bataille.» L'honnête homme peut montrer son instruction et même son intelligence, qu'on nomme alors *l'esprit*, «dans un État où l'esprit est un moyen pour faire fortune [12]». Le correctif de cette licence est d'éviter absolument toute cuistrerie. Saint-Évremond se pose en parfait honnête homme lorsqu'il déclare : «J'évite autant que je puis d'être ennuyeux [59].» Mais ici, comme il se doit en phase de très haute civilisation, le fond et la forme s'unissent par mariage d'amour. L'honnête homme est à la fois bien-pensant (sa religion le faisant *homme de bien*; sa franchise, sa générosité lui conférant un brevet de *galant homme* [190]) et *bien-disant* (il parle « avec éloquence et politesse [26] »).

Il n'est pas de véritable honnête homme, qui ne soit aussi *brave homme*, comme écrit Bussy-Rabutin [62], c'est-à-dire courageux, et homme d'honneur, ce qui est en partie pléonasme (« Honneur s'applique plus particulièrement à deux sortes de vertus, à la vaillance pour les hommes, et à la chasteté pour les femmes [26] »). Bien avant Montesquieu, nul n'ignore que la monarchie est fondée sur l'honneur, que la noblesse n'existerait pas sans honneur, et que l'honneur bien compris est une façon, élitiste mais correcte et sûre, de respecter la loi de Dieu. Ce n'est pas tout à fait un hasard si *honnêteté* est à la fois vertu morale et vertu de civilisation et de sociabilité.

N'avez-vous point oublié, direz-vous, le paramètre de la naissance ? Ne croit-on pas, avec raison, que l'homme de bonne compagnie des Lumières peut être bourgeois ou écrivain, tandis que l'honnête homme du XVIIe siècle est obligatoirement de bonne noblesse ? Nous n'avons pas oublié la naissance, mais la plaçons volontairement en dernier. Un grand historien remarque avec pertinence qu'Esprit Fléchier est un fils d'épicier, Racine l'héritier d'un employé des gabelles, Colbert celui d'un négociant, Boileau l'enfant d'un greffier [122]. Certes il ne faut pas sans doute qu'un fils de laquais se prétende honnête homme (tout siècle a ses préjugés) : « On dit que la caque sent toujours le hareng [26]. » Mais on peut être « homme de *qualité* », distingué dans l'État « par ses emplois, ou ses dignités », – on pourrait ajouter ses talents –, sans être homme de *condition*, c'est-à-dire gentilhomme de bon niveau : Racine, écrivain anobli, lecteur du Roi, jouit des *premières entrées*; le duc de Saint-Simon ne les a pas. Pourtant l'un et l'autre peuvent alors se dire honnête homme. Tant il est vrai que, jusque sur le chapitre des nuances sociales, s'étend l'ombre portée du Roi-Soleil.

De la cour à la ville

Il y a un petit nombre de personnes qui se prennent si bien à toutes les actions de la vie, et qui parlent de si bon air, que pour se rendre honnête homme et de bonne compagnie, il vaudrait mieux les observer et les entretenir de temps en temps, que de vieillir à la cour.
Le chevalier de Méré

L'expression alors en usage, *la cour et la ville*, n'est plus toujours comprise de nos jours, où il semble parfois que le petit et tienne la place d'un rude *contre*. Certes, il est des cas où « cour et ville » signifie presque noblesse et bourgeoisie (ce qui n'est d'ailleurs pas une constante opposition) ; où « cour et ville » semble dresser les gens d'épée face aux gens de boutique. Mais, pour nous garder de tout contresens, songeons que le mot ville ne désigne pas ici Rouen ou Beauvais, Nantes ou Romorantin, mais Paris, ce qui change tout. Entre la cour et Beauvais il y a quelque liaison, ne fût-ce que par les seigneurs possessionnés. Mais entre Saint-Germain et Paris, entre les Tuileries et Paris, entre Versailles et Paris, c'est une constante complicité, une symbiose, souvent morale, à beaucoup d'égards sociale.

Le grand chemin qui relie la cour à la capitale, toujours encombré de cavaliers, de carrosses, de courriers, d'équipages, est le symbole de l'union organique de ces deux éléments essentiels à la vie de la nation. Il nous faut l'emprunter présentement dans la direction de Paris. Le temps de la course suffit à montrer que la cour ne peut être séparée de la ville.

Épée, robe, finance

Le découpage de la société française en trois ordres (clergé, noblesse, tiers état) n'est qu'une survivance. Il ne retrouve vie que dans les pays d'états, surtout en Bretagne et en Languedoc où les représentants des trois ordres siègent solennellement et ont un pouvoir administratif. Et puis chacun sait alors qu'un criminel roturier est ignominieusement pendu, qu'un criminel gentilhomme est élégamment décapité. Mais le bourreau n'est pas juge d'armes et c'est au tribunal de séparer le noble du non noble, tâche parfois presque impossible. Il y a de vrais nobles qui, par accident, n'ont pas été maintenus lors de la grande recherche de noblesse (1666-1674, 1696-1715), des faux nobles qui au contraire l'ont été. Certaines charges anoblissantes vous lavent de roture (on les dit quelquefois, par ironie, *savonnettes à vilain*) en vingt ans d'exercice; d'autres réclament deux générations, deux fois vingt ans [89]. Tous les secrétaires d'État de Louis XIV sont d'origine noble, à la seule exception de Colbert et de M. de Croissy son frère; tous sont pourtant tenus par l'usage d'exercer des offices anoblissants de secrétaire du Roi, à l'instar de M. Jourdain ou d'autres bourgeois parisiens en sommet d'ascension.

Si l'on accorde trop d'importance à la frontière noblesse-roture, on s'expose à ne rien comprendre à la société du XVIIe siècle. Car le plus humble membre du clergé ne domine nullement les grands nobles; et le plus décavé des gentilshommes ne saurait l'emporter sur un riche et puissant financier encore bourgeois. D'autre part, la noblesse n'est pas une classe, comme le montre clairement le tarif de l'impôt nouveau de la capitation (1695), qui divise les contribuables français en 22 *classes* et 569 catégories particulières. Alors que la première classe compte déjà quelques roturiers huppés, les plus grands officiers comptables, les fermiers généraux, on voit des nobles ravalés presque aux derniers rangs de la société.

En septième classe, les gentilshommes titulaires de fiefs de dignité – marquis, comtes, vicomtes, barons – voisinent avec les receveurs des tailles. Dans la dixième classe, les nobles seigneurs de paroisse se trouvent au même rang que les notaires parisiens. En quinzième classe, les gentilshommes possédant fiefs et châteaux sont moins bien traités que les marchands de vin privilégiés ou que les gardes-livres des chambres des comptes. Enfin, dans la classe dix-neuf, apparaissent à la fois les gentilshommes sans fief ni château, les messagers de bourgs clos ou les bedeaux des universités [90] ! La noblesse est donc une réunion de gens, à l'origine, à la fortune, aux conditions d'existence extrêmement variées. Elle ne retrouve quelque unité que dans ses privilèges et dans un idéal de vie. « Être noble – appartenir au second ordre – c'est *héréditairement* être exempté de *taille* personnelle, pouvoir *tenir fief* sans payer de finance, porter des *qualifications nobles* (écuyer, chevalier, etc.), *partager noblement* (en pays de droit coutumier) et pouvoir accéder aux *ordres de chevalerie* [88]. » C'est aussi tenir le courage, l'honneur et la fidélité pour des valeurs primordiales. Cela ne signifie ni que le noble soit obligatoirement descendant d'un chevalier du moyen âge, ni qu'il domine la société locale, ni qu'il se consacre absolument au métier des armes; encore moins, bien sûr, qu'il soit apte à venir à la cour et à être présenté à Sa Majesté.

Dans ce tarif de la capitation qui établit au milieu du règne de Louis XIV la hiérarchie sociale du royaume, on trouve presque en chaque classe supérieure, avec un léger dégradé, la lancinante succession de trois groupes : *cour* (ou métier militaire), *robe* (et plume), *finance* (étatique, semi-étatisée ou indépendante). En première classe figurent les princes du sang, mais aussi les ministres et les fermiers généraux; en deuxième classe, les ducs, mais aussi le premier président du Parlement et les trésoriers des revenus casuels; en troisième classe, les chevaliers du Saint-Esprit, mais aussi les présidents à mortier et les trésoriers de l'ordinaire des guerres...

Cela signifie que, trente-quatre ans après la mort de Mazarin, Louis XIV a littéralement remodelé la société;

que la noblesse n'est plus un critère obligatoire du succès, que dans la noblesse le paramètre de la naissance n'est plus toujours prioritaire ; que le mérite rivalise désormais avec la qualité des familles; enfin que le service public passe avant tout. L'épée, la robe et la finance sont trois états ou professions ; elles sont trois regroupements sociaux ; elles sont d'abord et surtout trois formes de service, « les trois colonnes de l'État [90] ».

Le creuset du service

Au temps de Richelieu, service s'entendait du service aux armées. Au milieu du règne de Louis XIV, en 1688, le sens de ce mot s'est, par la constante volonté du monarque, étendu. Il s'est aussi chargé de valeurs sensibles. Ouvrons le dictionnaire de Furetière, « ce Molière de la lexicologie ». On y rencontre de remarquables définitions. « *Service*, se dit aussi des secours et assistances qu'on donne au Roi, à L'État, au public, tant en guerre qu'en paix. » Le Roi, comme l'étaient Henri IV et Louis XIII, est certes premier servi. C'est juste et c'est traditionnel. Mais l'État et même le souci du bien public sont donnés comme inséparables de l'obéissance au Roi : il n'est plus question d'isoler le Roi de l'État comme jouaient à le faire les frondeurs. « *Servir*, écrit encore Furetière, se dit aussi à l'égard du Roi et de la république (=État). Aller *servir* le Roi, c'est s'enrôler, prendre parti dans les troupes. » Au XVIe siècle, dans la première moitié du XVIIe siècle, un lexicologue se fût arrêté là. Mais le *Dictionnaire universel* ajoute : « On le dit aussi dans la robe. Cet ambassadeur a bien *servi* dans un tel traité, celui-là dans une telle intendance ». Il célèbre la robe après l'épée, il témoigne de la nouvelle structure, de la nouvelle union du service public. Mais lorsqu'il en vient au terme de *serviteur*, il fait encore mieux progresser sa pensée : « Ce magistrat, lit-on, ce capitaine sont de bons *serviteurs* du Roi. » Il n'y a point là de lapsus, mais une sorte d'instinct de la plume, la libre expression d'une association d'idées. On peut vers 1690 citer la robe avant l'épée sans faire sursauter son interlocuteur, habitué alors sans doute aux nouveaux alliages qui font la force du service public.

Le Roi n'a jamais dit : « L'État c'est moi. » En revanche, sur son lit de mort, il aura ce mot magnifique : « Je m'en vais, mais l'État demeurera toujours [18] » ; et, en 1679, il nota, à propos du renvoi de M. de Pomponne : « L'intérêt de l'État doit marcher le premier [42]. » Et, pour faire comprendre à ses sujets qu'un État moderne a besoin de militaires, d'administrateurs et de gens de finance, il a, presque au jour le jour, encouragé ces trois groupes de serviteurs.

Les militaires demeurent son premier souci. Le Roi est à la fois chef d'état-major général de ses armées et quelquefois chef d'armée. Lors de ces discours miniatures par lesquels, en allant à la messe et en revenant, à son dîner, à son coucher, Sa Majesté communique à ses proches, nouvelles et commentaires, une grande place est réservée aux faits d'armes de l'actualité guerrière [18]. Si l'on veut plaire au Roi, on part le premier à la guerre, on en revient le dernier. Le 6 janvier 1696, Louis XIV reproche au duc de la Ferté de faire exactement le contraire [186]. Qui veut être bien en cour doit servir, même lorsque l'avancement semble lent : en démissionnant très tôt, Saint-Simon s'est condamné lui-même. À l'opposé, Louis XIV nomme généraux quelques officiers de fortune, nomme colonels ou brigadiers nombre de vieux lieutenants-colonels qui ne pourraient acheter un régiment [18]. Enfin, si parfois le Roi favorise trop tel ou tel courtisan ami, il a une manière de privilégier les vrais soldats qui ne trompe pas sur les priorités du service. Louis-François de Boufflers (1644-1711) accumule les services autant qu'il attire les récompenses.

Cadet aux gardes à dix-huit ans, colonel à vingt-cinq, il est sans cesse employé, sans cesse en première ligne, souvent blessé. Il devient brigadier de dragons en 1675, maréchal de camp en 1677, lieutenant général en 1681. En cette qualité il commande plusieurs fois en chef. Le 31 décembre 1688, le Roi le comprend dans une promotion de chevaliers du Saint-Esprit. Nouveaux commandements, nouvelles blessures. Le 27 mars 1693, à quarante-neuf ans, Boufflers reçoit le bâton de maréchal; en 1694 il est fait gouverneur de Flandres. L'année suivante, il résiste deux mois dans Namur aux troupes du prince d'Orange. Sa défense est si belle, que Louis XIV, par lettres de septembre 1695, érige en duché les terres du maréchal. En 1703, Philippe V lui octroie la Toison d'or pour son heureuse intervention dans les Pays-Bas espagnols. L'année suivante c'est Louis XIV qui nomme Boufflers capitaine des gardes du corps. Tous ces honneurs ne diminuent en rien l'ardeur combative du maréchal. En 1708 il se jette volontairement dans Lille, capitale de son gouvernement, pour défendre cette place le plus longtemps possible. Il réussit la gageure de la tenir pendant soixante-quatorze jours, et ne la rend «qu'après des ordres réitérés [2]». Une capitulation si honorable vaut une victoire en plaine. Le Roi, en décembre 1708, transforme en pairie le duché de Boufflers. Le maréchal a, dès lors, atteint le sommet des honneurs. Il ne peut plus être récompensé au-delà. En revanche, il peut encore servir et ne s'en prive pas. Secondant Villars à Malplaquet, le 11 septembre 1709, il contribue à faire de cette sanglante journée une véritable victoire, et ramène nos troupes en ordre parfait sans perdre un canon. Il meurt en 1711 au comble de la gloire. Tout le monde sait que Boufflers n'est pas un stratège. Madame Palatine le trouve même un peu bête. Mais nul n'ignore, de la cour au plus humble soldat, que ce maréchal est le dévouement personnifié, la bravoure incarnée. Chacun se réjouit quand on le récompense. Chaque honneur reçu par ce combattant hors pair ressemble à une citation de tous les braves à l'ordre de la nation.

Avec la robe, le Roi est, par la force des choses, moins familier : peu de robins hantent la cour, en dehors des ministres, du lieutenant de police, éventuellement de M. le premier président. Ne comptons qu'à demi les conseillers d'État : si le conseil des parties se tient au rez-de-chaussée du palais de Versailles, les bureaux de ces messieurs, leurs commissions, leurs études, leurs relations et leurs plaisirs sont à Paris. Ils passent une partie de leur temps en carrosse entre la capitale et la résidence royale. Mais le Roi traite avec la plus grande considération le premier président, surtout lorsqu'il a la personnalité d'un Lamoignon. Il reçoit les intendants avant leur départ pour la province. Il décide de leur nomination en qualité de conseiller d'État, uniquement au choix, et après examen minutieux de la qualité des services rendus. S'il se méfie à juste titre, depuis la Fronde, des longues robes, il a l'intelligence d'employer à des missions délicates les plus sérieux personnages de ce monde parlementaire dont la culture – à défaut de l'ouverture – est remarquable. Amelot est longtemps ambassadeur de France auprès de Philippe V, le poste diplomatique le plus important du moment avec l'ambassade de Rome. Surtout le Roi prend et continue de prendre ses grands commis dans la société parlementaire, où robe et plume se rencontrent sans cesse, la robe étant comme le terreau indispensable à la floraison du monde des intendants et autres grands serviteurs de l'État. Des alliances bien choisies achèvent de consacrer l'apogée de la plume : Colbert marie ses trois filles à trois ducs.

Mais cette émulation constante entre la cour et la grande robe ne doit pas faire oublier la hauteur, désormais acquise, de la finance. Elle s'inscrit entre deux coups de semonce : la chambre de justice de 1661 et celle de 1716. L'ancien régime, qui use beaucoup de la finance et craint d'en être exagérément envahi, a trouvé dans ses relations avec elle ce *modus vivendi.* D'ailleurs la finance n'est jamais sacro-sainte. Si les dévots avaient fort retardé *Tartuffe*, les traitants échouèrent à interdire *Turcaret* (1708). Ces réserves faites, les gens de finance ont acquis droit de cité. En 1695 les plus gros financiers sont mis en première classe dans le tarif de la capitation, en somme derrière le Dauphin, en fait avant les ducs. Lorsque Nicolas Desmarets devient contrôleur général en 1708, moins parce qu'il est le neveu de Colbert, que parce qu'il est l'homme de la finance, le fonctionnaire royal en qui les gens d'affaires ont la plus grande confiance, les financiers achèvent de montrer combien ils sont utiles à l'État, combien leur ascension sociale est désormais consacrée. Dans l'ordre institutionnel, ils marquent leur gratitude au Roi en agissant en membres du service public, car le service public d'alors n'est pas toujours étatique; sur le plan social, ils achèvent de se décrasser de leur mieux. Désormais il y a compatibilité entre les grands emplois de finance (fermier général, grand officier comptable, receveur général) et la noblesse; désormais les financiers qui craignent de déroger prennent la précaution initiale – roturiers comme nobles récents – d'acheter une charge anoblissante de secrétaire du Roi.

Il n'y a pas égalité entre gens d'épée, robins et financiers; mais il n'y a plus, – quoi qu'en dise la comédie –, ni frontières fortement marquées entre états et milieux, ni supériorité automatique des uns sur les autres. C'est à chacun de consolider une place acquise. Un robin honnête homme n'a plus à craindre de mépris. Un financier cultivé et de bonne compagnie peut espérer marier sa fille dans la meilleure noblesse de cour. Déjà se trouve vérifié à Paris vers 1707 ce que Sébastien Mercier décrira en 1787 : « Dans le grand monde on ne rencontre point de caractères outrés [...]. Une noble familiarité y déguise avec adresse l'amour-propre, et l'homme de robe, l'évêque, le militaire, le financier, l'homme de cour semblent avoir pris quelque chose les uns des autres : il n'y a que des nuances, et jamais de couleur dominante [85]. »

Nuances sociales

Ces nuances entre groupes de la bonne compagnie apparaissent surtout à la première génération chez ceux qui montent. On les voit à l'œil nu si l'on compare un vieux capitaine et un vieux conseiller; un général et un président; un maréchal et un fermier général. Le vieux capitaine garde des habitudes de camp ou de bivouac; le parlementaire est tenu, lorsqu'il n'est pas en robe, d'être vêtu de noir, à la rigueur de gris; le financier, trop riche et trop peu habitué à sa fraîche noblesse, blasonne exagérément. La jeunesse, au contraire, agit dans un mimétisme permanent. Les fils de magistrats s'habillent en cavalier, portent l'épée, chassent à courre. Jeunes gens de cour, de plume, de robe ou de finance, hantent les mêmes académies. Ce sont des établissements privés, à la fréquentation coûteuse, où, en quelques mois, on forme un adolescent aux exigences prioritaires de la vie noble : un peu de préparation militaire, la danse, l'escrime et l'équitation.

Le siècle est, en effet, celui de la civilisation du cheval, comme le nôtre est le temps obsessionnel de l'automobile. Ce n'est pas impunément que se rencontrent et se mêlent le vocabulaire de l'équitation et celui de l'affinement des mœurs. « Cavalier signifie aussi un gentilhomme qui porte l'épée, et qui est habillé en homme de guerre [...]. Cavalier se dit aussi d'un galant qui courtise, qui mène une dame [26]. » Dans les dictionnaires du temps, la vénerie, l'équitation, les termes de manège tiennent une place lancinante ; sans parler de la cavalerie, des gendarmes du Roi, des mousquetaires ou des dragons ; et sans compter l'interminable suite des expressions imagées dont les nobles montures sont le point de départ. Au reste, le canon de *beauté* de la femme est aussi le canon de *bonté* du cheval. « Un cheval, pour être bon, doit avoir trois parties correspondantes à trois de la femme, la poitrine, le fessier, et les crins, c'est-à-dire poitrine large, croupe remplie, et les crins longs [26] »

En matière de chevaux, les princes (le Dauphin est un vrai centaure) et les grands ont plusieurs longueurs d'avance, comme si l'acquis des siècles était irrattrapable. En 1694 le prince d'Elbeuf, de la maison de Lorraine, engage un grand pari avec le marquis de Chémerault. Il s'agit pour le premier de faire exécuter l'aller et retour Paris-Versailles en moins de deux heures par six juments « avec un train de carrosse ». L'enjeu est de 10 000 francs. Elbeuf a le droit de faire à l'avance dégager la route. Plusieurs courtisans ont parié en faveur de l'un ou de l'autre. Au jour dit, le 1er mars, une « prodigieuse quantité de monde » s'aligne dès huit heures entre la porte de la Conférence et Versailles. À dix heures le prince est en place : – Fouette, cocher ! Après la course aller, ses juments ont gagné quelques minutes sur l'heure. Alors, « bien sûr de son fait », Elbeuf monte sur le siège et ramène lui-même son carrosse à Paris. À midi moins six, le pari est gagné [64].

La chasse à courre donne, elle aussi, une avance aux grands. Celles de Monseigneur sont quotidiennes, dangereuses et belles. Celles du Roi et de son grand veneur sont plus courtes, moins sportives (quand Louis XIV a la goutte, il suit la chasse dans une calèche légère faite à cette intention), mais toujours réussies. Plusieurs dames y sont invitées. Le 23 janvier 1699, en forêt de Marly, elles expérimentent pour la première fois l'habit d'homme, le justaucorps rouge. Il paraît que l'innovation ne réussit guère à la comtesse d'Estrées et à la comtesse d'Ayen, mais que ce costume sied à ravir à Mme la duchesse de Bourgogne. Le 25 août 1708 à Fontainebleau a lieu la première exécution d'une grande cantate tout entière consacrée à la vénerie, *La Chasse du cerf* de Jean-Baptiste Morin, ouvrage mythologique et galant, puisque le maître d'équipage n'est rien moins que la déesse Diane, réussite technique. La chasse se déroule de manière heureuse, airs et duos, chœurs et symphonies alternant avec les sonneries d'usage : le *réveil*, le rendez-vous, le *rapport*, le déjeuner mettent en condition. C'est ensuite la chasse, avec ses fanfares, avec sa liturgie. Aussi habile compositeur qu'instruit de son sujet, Morin intègre à sa relation le *laissez-courre, le lancé, la vue, le défaut, la seconde vue, l'hallali courant, l'hallali par terre, la curée* : « Hallali, hallali. C'est fait, il est pris [191] » ... Si vous lisez trop vite la lettre de Mme de Sévigné à sa fille Grignan, du 12 juillet 1675, il vous semble suivre de même tous les épisodes rituels d'une chasse au cerf : « C'est une des belles chasses qu'il est possible que celle que nous faisons après M. de Bellièvre et M. de Mirepoix. Ils courent, ils se relaissent, ils se forlongent, ils rusent, mais nous sommes toujours sur la voie; nous avons le nez bon, et nous les poursuivons toujours. » En y réfléchissant, il ne s'agit plus de vénerie mais de procédure : ces messieurs sont en procès avec le comte de Grignan. La marquise, solidaire de son gendre, s'excite si bien contre la partie adverse qu'elle sonne l'hallali et la curée!

La cour est un peu déracinée; la robe et la finance sont, toutes deux, possessionnées non loin de Paris. Le comble du déracinement se trouve contenu dans une lettre du comte de Tessé. En novembre 1710, ce courtisan s'est décidé à visiter la terre de son nom. Or voici ce qu'il en écrit à la duchesse de Bourgogne : « Il y avait, madame, trente-deux ans que je n'y avais été, et je n'y trouve ni porte, ni fenêtre, ni vitres, hormis dans une tour où il n'y a qu'une chambre, et où cinq degrés montent [...]. Je trouve mes affaires comme mon château, c'est-à-dire fort délabrées [68] ». Les magistrats parisiens, eux, sont fieffés à proximité de Paris : c'est une tradition qui a déjà deux cents ans. Leurs deux mois de vacances à l'automne les encouragent, non seulement à user du bon air, mais à bien gérer leur domaine. À Basville, près Dourdan, MM. de Lamoignon mènent un train de duc, mais sont de bons agriculteurs. Un soir d'octobre 1671, l'abbé Antoine Arnauld, voyageant de Paris vers Tours, s'apprête à passer la nuit dans une auberge de Chartres, lorsque survient l'abbé de Feuquières avec une calèche de M. de Basville. Il est chargé par le premier président Lamoignon de ramener souper et coucher Arnauld. Les grands seigneurs hospitaliers ont un réseau de renseignements; ils surveillent le passage des gens de qualité! Les deux abbés arrivent à Basville à dix heures du soir, comme la compagnie va s'attabler. Le souper achevé, la plupart des convives se mettent au jeu. Lamoignon ne joue pas; il se consacre à son hôte. Ce dernier note dans ses *Mémoires* : « Sa conversation me semble en vérité préférable à tous les plaisirs après lesquels on court dans le monde, tant on y trouve à la fois de douceur et d'honnêteté, de brillant et de savoir. C'est à Basville qu'il le faut voir pour le bien connaître : c'est là qu'il sait se proportionner à tous ceux qui l'y visitent, et que, se dépouillant de la gravité qui convient au chef du premier parlement de France, et dont pourtant personne n'a jamais usé avec une plus grande modération que lui, il descend dans tous les devoirs d'un homme privé, faisant aussi bien que personne les honneurs de sa maison. Il se tient même obligé de l'honneur qu'il fait à ses amis de les y recevoir; et, par l'honnête liberté qu'il y donne, il y invite beaucoup plus qu'il ne pourrait faire par des paroles [63]. »

L'imitation de la cour

Le monde courtisan s'applique au meilleur et au pire. Il semble que Paris suive sans barguigner.

Le meilleur n'est point un mot convenu. Il y a des courtisans édifiants. Ce n'est pas en vain que les prédicateurs d'avents choisissent, le dimanche de la Toussaint, de parler de la sainteté. Bourdaloue, Bossuet, Fléchier et les autres n'oublient jamais de dire que l'on peut faire à la cour mieux que son salut. Des hommes comme le maréchal de Bellefonds, comme le duc de Beauvilliers, tentent journellement de réaliser cet idéal. D'autres, aussi différents que le ministre Le Peletier, M. du Passage, « gentilhomme du Dauphiné d'un mérite extraordinaire » et lieutenant général des armées, ou M. Le Vayer, intendant de Soissons [64], prennent une retraite prématurée et se consacrent aux exercices de piété; l'épée, la plume et la robe étant ici fraternellement unies dans la méditation. « Les plus sages, avait écrit La Rochefoucauld en ses *Réflexions*, savent employer à leur salut le temps qu'il leur reste [37]. »

À l'opposé se voit une turbulence, non toujours excusable, mais toujours explicable : on ne passe pas sans remous de l'anarchie féodale de la Fronde à la discipline moralisante et presque militaire de la nouvelle cour. Il faut des soupapes de sécurité. Louis XIV en limite le nombre, atténue certains excès, autorise les moins dangereux. Mais aucune puissance au monde ne peut empêcher que la jeune robe et la jeune finance ne louchent en direction des seigneurs de Versailles, surtout lorsqu'il s'agit de rivaliser à contretemps. Or, vers 1680, le vice que l'on dit ultramontain fleurit à la cour. Il prend une telle importance que l'installation à Versailles, au printemps 1682, va être suivie d'une spectaculaire épuration. Les sodomites en question ne sont pas efféminés : ils occupent des emplois militaires, ils ont récolté des prix au grand carrousel du Dauphin. Ils ne sont surtout pas les premiers venus. Ils se nomment le prince de la Roche-sur-Yon, le prince de Turenne, le comte de Brionne et le comte de Marsan, ces deux derniers de la maison de Lorraine. Ils approchent de si près les fils du Roi, que ce dernier les soupçonne de vouloir «convertir» le Dauphin, sans parler du jeune comte de Vermandois, prince légitimé, qui, habilement interrogé, a tout raconté [64]. Tous vont être frappés de disgrâces savamment dosées, mais relativement modérées [186]. La mode n'est pas près de disparaître. En mars 1684 Bourdaloue la condamne encore en un sermon célèbre *Sur l'impureté* [129]; et, durant des années, Madame Palatine continue de la dénoncer, jusque dans son foyer.

En théorie, le Roi a mieux imposé son ordre moral sur le chapitre des duels. C'est une idée reçue. Il est très vite admis que «le Roi [...] a entièrement aboli les duels [26]. Dans les *Mémoires* écrits par Louis XIV pour l'instruction de son fils, on lit, pour la fin de 1661 : «Je mis la dernière main à cet utile règlement des duels, dont l'effet a été si grand et si prompt qu'il a presque exterminé un mal contre lequel mes prédécesseurs, avec d'aussi bonnes intentions que moi, avaient inutilement employé toutes sortes de remèdes.» Certes, on ne voit plus comme sous Louis XIII des rencontres à chaque coin isolé de Paris. Certes M. de Gabaret, coupable de duel, ne pourra jamais, malgré la qualité de ses services, quitter l'Espagne et revenir dans le royaume [18]; François de Grossolles, marquis de Flamarens, qui a participé en 1663 au fameux duel où, uni à Chalais, à d'Antin et à Noirmoutiers, il a affronté Argenlieu, Saint-Aignan et les deux La Frette, lui aussi réfugié en Espagne, y mourra en 1706 [72]. Mais qui peut dire que les rapières ne quittent plus le fourreau? Dans l'armée, trop de complicités protègent les contrevenants. À la cour même, il arrive qu'on se batte! En décembre 1691, MM. de la Vauguyon et de Courtenay s'échauffent si bien qu'ils tirent l'épée en plein château. Ils risquent une condamnation à mort, au moins d'avoir la main coupée. Ils subissent tout de même deux mois de Bastille suivis de cinq bons mois d'exil [64].

Louis XIV suit d'assez près la vie de sa cour pour sentir que trop d'interdits éloigneraient ceux qu'il veut voir à ses côtés. Le billard à l'intérieur, le mail au-dehors, la chasse ou les promenades en traîneau ne suffisent pas à fixer les impatients. C'est pourquoi, même lorsque Mme de

Maintenon l'a éloigné du théâtre, il ne refuse jamais qu'il y ait spectacle à Versailles. Et c'est pourquoi surtout, il tolère et parfois encourage le jeu. On a trop dit qu'il exerçait par là une manière de chantage sur les gens de cour : facilement ruinés par leurs imprudences, ces derniers auraient été, au-delà de toute mesure, dépendants des faveurs, pensions et bienfaits de Sa Majesté. Qu'il suffise de croire que le jeu, malgré ses dangers, conserve une vertu sans prix : il est, à Versailles, l'antidote de l'ennui ; à Paris, la façon de singer Versailles.

La folie du jeu

« On dit proverbiablement qu'aux échecs les fous sont les plus près des rois, pour marquer que cela est vrai aussi en la cour de plusieurs princes [26]. » À Versailles la principale folie, la seule peut-être, mais elle est dévorante, est celle du jeu. Jusqu'à la fin du règne, jusque dans les lieux ou les temps les moins propices, le jeu retient et passionne. « Madame la duchesse de Berry tient le lit, écrit le comte de Tessé en 1713, et une infinité de gens, comme il y en a dans toutes les cours, jouent chez elle un fort gros jeu, depuis six heures jusqu'à dix ; le jeu est si gros, qu'il faut dire que si l'on n'a pas le nécessaire, l'on a au moins le superflu, et cela est vrai. » Or, en dépit des ordonnances de police de M. de la Reynie, Paris suit ce mauvais exemple. Le jeu y est devenu aussi un vice inguérissable, comme le montre Dancourt en sa *Désolation des joueuses* (1687) :

« On a défendu le lansquenet ? – Eh, oui, madame, on a défendu le lansquenet ! – Vous vous moquez, Clitandre, cela ne se peut pas, et c'est comme si l'on défendait de dormir [17]. »

Le Persan de Montesquieu assure, en 1714, qu'à Paris « c'est un état que d'être joueur : ce seul titre tient lieu de naissance, de bien, de probité ; il met tout homme qui le porte au rang des honnêtes gens [49] ». Au milieu de cette folie du jeu, les femmes sont pires que les hommes, et les vieilles pires que les jeunes. « J'ai vu souvent, ajoute Usbek, neuf ou dix femmes, ou plutôt neuf ou dix siècles, rangées autour d'une table; je les ai vues dans leurs espérances, dans leurs craintes, dans leurs joies, surtout dans leurs fureurs : tu aurais dit qu'elles n'auraient jamais le temps de s'apaiser, et que la vie allait les quitter avant leur désespoir. »

Les jeux à la mode ne sont pas toujours très subtils. Ils n'en ont que plus d'adeptes. En 1675, le *hoc* ou *hoca*, défendu à Paris, fait la passion de la cour. On y joue « des sommes immenses à Versailles [...]. Cinq mille pistoles en un matin, ce n'est rien [62] ». C'est un mélange de piquet, de brelan et de séquence, « qu'on appelle ainsi parce qu'il y a six cartes qui font *hoc* ou assurées à celui qui les joue, et qui coupent toutes les autres cartes. Ce sont les quatre as, la dame de pique et le valet de carreau. Ce jeu a deux noms, et deux façons de jouer différentes, le *hoc Mazarin* et le *hoc de Lyon* [26]. »

Trois ans passent : la folie nouvelle est celle de la *bassette*. « On y perd fort bien cent mille pistoles en un soir [...]. Le Roi paraît fâché de ces excès [62]. » : il interdira ce jeu en mars 1679. Si vous ne craignez pas de vous y ruiner, en voici les règles : « Il se joue avec un jeu entier de cartes que tient toujours un banquier [...]. Chacun des joueurs choisit une carte, sur laquelle il couche ce qu'il veut. Le banquier tire deux cartes à la fois. Quand elles se rencontrent pareilles à celles où on a couché de l'argent, la première fait gagner le banquier, la seconde le fait perdre [26] ». Ce jeu de pur hasard nous vient de Venise, par le truchement de l'ambassadeur Justiniani.

Presque aussitôt, à la bassette succède le reversi, sorte de jeu à qui perd gagne, celui-ci importé d'Espagne. En 1681, pendant le voyage de Strasbourg, le Roi organise lui-même des sociétés de courtisans pour jouer gros jeu au *reversi*, les croupiers étant Monsieur, le marquis de Dangeau joueur célèbre, le comte de Roye, et un certain sieur Langlée émule bien connu du dit Dangeau. À ce sujet le marquis de Sourches apporte un commentaire lumineux, donnant avec précision les raisons du Roi. « Ce n'était pas, écrit le grand prévôt, qu'il aimât naturellement le jeu, ou qu'il eût besoin de son secours pour passer des heures inutiles; mais c'est qu'il était bien aise de donner à la Reine et aux courtisans une occupation qui les amusât et qui les empêchât de songer trop aux fatigues et à la longueur du voyage. Ce qui le doit faire croire plus aisément, c'est que, au lieu de jouer, il avait tous les soirs de très longues conversations avec Mme de Maintenon, et qu'il ne venait prendre son jeu chez la Reine qu'un quart d'heure avant qu'il se mît à table. »

En 1689 le reversi occupe toujours les tables. En 1693, en 1695, il est détrôné par le *lansquenet*. Ce « vilain jeu fort à la mode [53] » a des règles on ne peut plus sottes : « On y donne à chacun une carte, sur laquelle on couche ce qu'on veut ; et si celui qui a la main en tirant les cartes amène la sienne, il perd ; s'il amène quelqu'une des autres, il gagne [26]. » Le reversi et la bassette sont allés de la cour à la ville ; le lansquenet a fait la route inverse. Vers 1680 il est « fort commun dans les académies de jeu et parmi les laquais », en 1687, nous l'avons vu, il passionne la ville, cinq ans plus tard il règne à la cour ; triste mais indubitable exemple des échanges entre les deux sociétés qui animent la France.

De la table de jeu à celles des dîners et soupers – sans parler des nobles médianoches que les bourgeois nomment uniment réveillons –, il n'est souvent qu'un pas. Nous pouvons le franchir sans abandonner l'union de la ville et de la cour.

Tables royales et bourgeoises

Un art où nos compatriotes excellent, celui de la gastronomie, date du règne de Louis XIV. On le dit royal. Il fut d'abord princier ou aristocratique. Il n'est point né dans les palais du monarque, mais à l'ombre de la cour, dans les offices des grandes maisons. Son manifeste, le *Cuisinier françois* (1651), est l'œuvre d'un sieur La Varenne, écuyer de cuisine du marquis d'Huxelles, lieutenant général. Puis quarante années passent. L'art de cuisiner progresse étrangement ; et l'Europe, sur ce point aussi, subit la prépondérance de Versailles. D'ailleurs, le domaine de la gastronomie s'est élargi. Des recettes, essayées chez S. M., les princes du sang, les ministres, les ducs, sont désormais offertes au grand public français ou étranger. Depuis juillet 1691, vous pouvez, pour 33 sous, acheter, relié en veau, un exemplaire du livre de l'année. L'ouvrage est à la cuisine française, en éliminant l'abus des épices, ce que le *Discours de la méthode*, démolissant la scolastique, fut à sa philosophie : rupture avec le moyen âge. Vous achèterez le livre chez Charles de Sercy, libraire au Palais, à l'enseigne de *La bonne foi couronnée*. C'est l'échoppe qui se trouve au sixième pilier de la grand-salle, face à l'escalier de la cour des aides. On lui voit ce titre alléchant : *Le cuisinier roïal et bourgeois, qui apprend à ordonner toute sorte de Repas, & la meilleure maniere des Ragoûts les plus à la mode & les plus exquis. Ouvrage tres-utile dans les Familles, & singulièrement necessaire à tous Maîtres d'Hôtels, & Ecuïers de Cuisine,* avec Privilège du Roi [45]. L'auteur anonyme est un cuisinier originaire de Limoges, du nom de Massialot. Il propose des modèles de repas adaptés aux saisons, sans omettre pour les jours d'abstinence « repas en maigre » ou « repas en racine ». Certains ont été servis réellement, au petit commun du Roi, chez le duc d'Orléans ou son fils, chez le marquis d'Arcy, chez Louvois à Meudon (25 août 1690), chez Seignelay (le 11 mai précédent).

S'il est difficile à un particulier de faire aussi bien, tout lecteur doit trouver des idées, à méditer l'étonnant souper offert aux princes par le ministre de la marine. Il est vrai que le marquis de Seignelay reçoit ce jour-là Monseigneur, Monsieur, Madame, le duc de Chartres, Mademoiselle, Mme la princesse de Conti « et toute la suite de la cour ». Le château de Sceaux a été mobilisé « dès la veille » ; une partie des plats, commencés le 10 mai. Il y faut trente-six « officiers de cuisine », quatre-vingts casseroles, vingt marmites et trente broches. Massialot n'a pas osé compter les poulets et poulardes, pigeons et perdrix indispensables à la préparation des potages, coulis, bouillons, petits jus, sauces et autres ragoûts, sans parler des entrées ni des entremets.

Le souper de Sceaux est constitué de deux services. Le premier présente cinq types de potages (bisque de pigeons, poulets farcis à la laitue, dindon à la chicorée, oie aux pointes d'asperges et aux pois verts, etc.), que suivent quatorze sortes d'*entrées.* En voici un échantillon : « Deux croupes de veau de rivière, garnies de côtelettes, et piquées de hattelettes ; le veau de rivière moitié piqué, et un salpicon sur la cuisse. » On offre ensuite seize *hors-d'œuvre* (notamment pigeons au basilic, poulets au jambon, perdrix rôties sauce à l'Espagnol, filets de mouton aux morilles, fricandeaux farcis). Le second service est inauguré par « seize plats de rôt [...] composés de toute sorte de volailles, gibier, marcassins, cochons de lait, etc. » et dix salades. Suivent huit entremets, où les oreilles de veau farcies voisinent avec le « blanc-manger », « deux grands pâtés de jambon » et de nouvelles poulardes, et onze types de hors-d'œuvre (tourtes de blanc de chapon, crêtes farcies, pieds de cochon à la Sainte-Menehould, et d'autres plats fins).

Certes chaque convive ne goûte pas à chaque plat. Mais on imagine quelles tentations tous ces ragoûts pouvaient présenter à un homme aussi gourmand et glouton que le grand Dauphin. Il lui fallait aussi oublier que la Dauphine était morte trois semaines auparavant...

De telles réussites ont fait de Massialot « un cuisinier qui ose se qualifier de roïal », dans un domaine où, ajoute ce grand chef, « l'on peut se vanter, principalement en France, de l'emporter en cela sur toutes les autres nations, comme on le fait en politesse, et en mille autres avantages assez connus ». Selon lui, les particuliers auront toujours de bonnes recettes à prendre, à travers ces menus princiers du *Cuisinier roïal.* Mais, dans l'intention d'aider celles des « maisons bourgeoises où l'on est réduit à s'en tenir à peu de chose [...] surtout à la campagne et dans les provinces [...] si l'on excepte ce qu'on appelle du dernier bourgeois », l'auteur présente à tout un chacun une « Instruction en forme de dictionnaire » : quatre cent dix-sept pages de recettes variées. Les perdrix et perdreaux font quinze recettes, les bécasses neuf, les cailles huit, les macreuses neuf, les grives quatre. Massialot offre dix-neuf manières d'utiliser l'agneau et le mouton, treize pour le bœuf, douze pour le veau, sept pour le cerf, quatre pour la biche, trois pour le chevreuil, deux pour le sanglier.

Il y a dans ce livre « bien des choses inconnues dans les livres de cuisine imprimés ci-devant ; et d'autres dressées avec beaucoup plus d'art et d'un meilleur goût, aussi bien qu'expliquées (l'auteur a la modestie des génies) d'une façon plus claire et plus intelligible ». Et, certes, il est réconfortant de songer qu'un public sans cesse élargi va connaître dix-sept manières d'apprêter le brochet, treize pour la carpe, neuf pour les anguilles et les huîtres, huit pour les écrevisses, six pour les barbues et les tanches, cinq pour les perches et pour les éperlans. Ajoutez « mille manières de choses assez communes, comme poulets, pigeons, et même [...] viande de boucherie, qui peuvent donner beaucoup de satisfaction dans des ordinaires passables. » *Le Cuisinier roïal et bourgeois* présente vingt-trois recettes pour les poulets, dix-sept concernant chapons et poulardes, neuf les dindons, huit les lapins et sept les lièvres.

Ces énumérations, qui nous éprouvent un peu, tant la race des mangeurs a dégénéré, mettaient l'eau à la bouche de nos ancêtres. Et ainsi, depuis M. de Livry, premier maître d'hôtel de S. M., jusqu'au plus humble des bourgeois moyens (le « dernier bourgeois » étant, nous l'avons vu, provisoirement exclu avant le siècle des Lumières et Brillat-Savarin), se forme, par le truchement des plaisirs variés de la table, une nouvelle chaîne d'émulation et de solidarité, autre indice de l'élargissement permanent d'une civilisation des mœurs, où la cour a toujours un rôle moteur. Le lecteur de Massialot – il s'en trouve un certain nombre aujourd'hui, grâce à une judicieuse réédition – constatera, de surcroît, que la guerre de la ligue d' Augsbourg non plus que les rudes fantaisies du climat, n'ont fait du royaume un pays affamé où trop parler de la table serait provocation.

Le despotisme de la mode

Si les modes changent, leur mécanisme est immuable, où l'imitation engrène sur la vanité :

Tout bourgeois veut bâtir comme les grands seigneurs.
Tout petit prince a des ambassadeurs,
Tout marquis veut avoir des pages [36].

En 1671, la nouvelle Madame, Charlotte-Elisabeth de Bavière, arrive en France fagotée à l'allemande : tout le monde moque son accoutrement, surtout son inséparable zibeline. Cinq ans passent, Madame Palatine a la faveur du Roi. En décembre 1676, elle fait le médianoche avec son beau-frère tous les samedis chez la marquise de Montespan. Comme il fait froid, elle s'avise de mettre à son cou sa « vieille zibeline ». Or nul ne rit désormais. Au contraire, « chacun s'en est fait faire une sur ce patron, et c'est maintenant la très grande mode [...] Ainsi vont les choses dans cette cour », conclut Madame. Deux ans plus tard, chacun imite la coiffure de Mlles de Valence et de Montargis. La grosse Madame, à son tour, suit la mode : elle porte elle aussi, d'ailleurs sans grande conviction, des *touffettes à la dinde* [53] ! Hors de la cour, chacun s'efforce de suivre ; très vite à Paris, bien plus tard en province.

Pour le tabac, qui est apparu à la cour au milieu du XVIe siècle, il s'est si bien généralisé, que Colbert l'a organisé en ferme générale, l'a fiscalisé pour le meilleur profit de l'État. Au temps de Louis XIV, bien fin qui saurait reconstituer les flux et reflux d'engouement qui vont ici de la cour au peuple et du peuple à la cour. Le tabac, ou nicotiane, ou petun, ou herbe à la Reine, « dessèche le cerveau et fait éternuer ». On en use sous plusieurs formes : on peut le « prendre en poudre par le nez, ou en mâchicatoire par la bouche, ou en fumée avec une pipe [26] ». Ce dernier mode est celui des marins, pas seulement du rude Jean Bart : « Les plus honnêtes gens sont obligés de fumer quand ils sont sur les vaisseaux aussi bien que la soldatesque ». Le mâchicatoire est réservé au bas peuple, surtout aux matelots. Les gens de qualité prisent. Sganarelle, dans le *Dom Juan* de Molière, l'assure avec grandiloquence : « Quoi que puisse dire Aristote et toute la philosophie, il n'est rien d'égal au tabac : c'est la passion des honnêtes gens, et qui vit sans tabac n'est pas digne de vivre. » À la fin du règne, à la cour, même les femmes en usent et en abusent : « Rien n'est plus commun à cette heure [1701] : Mme d'Orléans et Mme la Duchesse prisent que c'en est dégoûtant. » Et, plus tard, Madame écrit encore : « Cela me met hors de moi de voir arriver toutes les femmes d'ici avec leur nez sale, comme si elles l'avaient, sauf votre respect, frotté dans la boue, et fourrer leurs doigts dans les tabatières des hommes ». Mais de tels exemples encouragent partout la manie de priser. Ceux qui trouvent trop cher la nicotiane mettent en leur tabatière un succédané, la bétoine : « Elle fait le même effet », elle « fait éternuer [26]. »

En matière de toilette et de parure, on retrouve la même concurrence de l'authentique et de l'imitation. Il est universellement admis que la mise situe son homme : « Encore ce serait beaucoup s'il ne fallait qu'être propre, qui est une qualité nécessaire à un honnête homme ; il faut aussi avoir dans ses vêtements de la diversité et de la magnificence ; car on donne aujourd'hui presque partout aux hommes le rang selon leur habit ; on met celui qui est vêtu de soie au-dessus de celui qui n'est vêtu que de camelot, et celui qui est vêtu de camelot au-dessus de celui qui n'est vêtu que de serge [27]. » Un monarque aussi éclairé que Louis XIV aurait dû songer à créer un grand conseil de modes. On en mesure l'intérêt pour l'État : la création d'offices nouveaux. Il y aurait des procureurs de modes, des auditeurs de modes. « Pour juges on prendrait les plus légers et les plus extravagants de la cour, de l'un et de l'autre sexe, qui auraient pouvoir de les arrêter et vérifier. » Ils seraient assistés par des huissiers porteurs de modes et par des correcteurs de modes. Ces derniers « seraient de bons prud'hommes qui mettraient des bornes à leur extravagance, et qui empêcheraient, par exemple, que les formes des chapeaux ne devinssent hautes comme des pots à beurre, ou plates comme des cales. » On trouverait au greffe du grand conseil « une pancarte ou tableau où seraient spécifiés par le menu les manières et les règles pour s'habiller, avec les longueurs des chausses, des manches et des manteaux, les qualités des étoffes, garnitures, dentelles, et autres ornements des habits », avec cette précision qui marque les devis de maçonnerie ou de charpente. Ce serait pain bénit pour ceux qui dépensent beaucoup et s'habillent mal, faute de connaissances et de doigté : riches bourgeois, surtout de province, étrangers, surtout Allemands [27].

La constante de la grande mode, et ce n'est pas nouveau, c'est que le costume masculin égale ou dépasse en richesse les vêtements féminins. Certains habits du Roi valent une fortune. Impuissantes à limiter les excès de dépense, l'abus des fils d'or et d'argent, les lois somptuaires s'efforcent à protéger la bourgeoisie d'une ruineuse et vaine émulation. Des fortunes sont parfois investies dans les perruques. Il y en a d'industrielles, les «perruques au métier» du sieur Jean Quentin, que protège un privilège royal de 1675 [138]. Mais les belles perruques de cour, faites à l'image et la semblance de celles du Roi, sont exécutées artisanalement, ou mieux artistement, par de rares spécialistes; les plus belles étant, bien entendu, «celles qui sont frisées à grosses boucles [26].»

Les élégantes, de leur côté, consacrent à leur parure presque toute la matinée. La coiffure à elle seule exige une bonne heure. Jusqu'en 1666 «on portait sur le front de petites boucles, de grosses aux deux côtés du visage, et tout autour de la tête un gros bourrelet de cheveux cordonné avec des rubans ou des perles [16].» En 1671, la duchesse de Nevers, à la pointe de l'innovation, avait «tous les cheveux coupés sur la tête et frisés naturellement par cent papillotes, qui lui font souffrir toute la nuit mort et passion. Tout cela fait une petite tête de chou ronde, sans nulle chose par les côtés : toute la tête nue et *hurlupée* [62]». À quelques jours de là, Mme de Sévigné, après consultation de Mme de la Troche, adresse à Mme de Grignan une recette de coiffure à la mode, adaptée à son type de beauté : «Je ne sais si nous vous avons bien représenté cette mode, ajoute-t-elle; je ferai coiffer une poupée pour vous envoyer». En 1687 la princesse des Ursins pense que «les habits et les coiffures à la cour et à la ville n'ont jamais été moins de bon air [20].» C'est que les coiffures montent sans cesse. Bientôt la décrue suivra, puis la crue reviendra. « Quelquefois les coiffures montent insensiblement, et une révolution les fait descendre tout à coup. Il a été un temps que leur hauteur immense mettait le visage d'une femme au milieu d'elle-même ; dans un autre, c'était les pieds qui occupaient cette place ; les talons faisaient un piédestal qui les tenait en l'air. Qui pourrait le croire ? les architectes ont été souvent obligés de hausser, de baisser, et d'élargir leurs portes, selon que les parures des femmes exigeaient d'eux ce changement ; et les règles de leur art ont été asservies à ces caprices. On voit quelquefois sur un visage une quantité prodigieuse de mouches, et elles disparaissent toutes le lendemain [49]. »

Il est en effet une stratégie et une tactique de l'emploi des mouches. La jolie femme à sa toilette, entourée de ses domestiques, semble méditer quelque grande bataille. « Un général d'armée n'emploie pas plus d'attention à placer sa droite ou son corps de réserve, qu'elle en met à poster une mouche, qui peut manquer, mais dont elle espère ou prévoit le succès [49]. » La mouche est un petit rond de velours ou de taffetas noir « que les dames mettent sur leur visage par ornement, ou pour faire paraître leur teint plus blanc [26]. » Taillées en longueur, les mouches se nomment des *assassines*. Un jour de 1712 où la duchesse de Berry arbore douze mouches sur son visage, Madame Palatine lui trouve mauvais genre et l'admoneste : « Vous êtes la première personne de ce pays-ci ; cela demande un peu plus de gravité que d'être mouchetée comme les comédiens sur le théâtre. »

La mouche n'est qu'une des armes que renferme alors l'arsenal de la séduction. Les élégantes, surtout les vieilles, usent de fards, à l'huile de talc, à la céruse, ou à tout autres ingrédients avec quoi « les chimistes trompent les femmes » et abîment leur peau [26]. Les belles parent leurs chapeaux. En 1691 « ce qui se porte beaucoup, c'est une boucle de diamants brillants retenant la plume devant, et au retroussé on porte de gros diamants qui forment une espèce d'agrafe [53] ». Celles qui ne craignent point de souffrir usent du busc, « morceau de bois, d'ivoire ou de baleine, que les femmes mettent dans les corps de jupe pour se tenir droites [...] On en fait aussi d'acier [26] ! » L'une met son point d'honneur à user de beaux éventails, l'autre a les plus magnifiques mouchoirs de col.

On appelle ainsi « un linge garni ordinairement de dentelles exquises, dont les dames se servent pour cacher et pour parer leur gorge ». Pour la couleur des robes, les choses vont au contraire de ce que nous imaginons. On use à tout âge des couleurs. Mme de Maintenon, contrairement aux stéréotypes, en a un vaste choix [98]. On en use sans limite d'âge, mais non sans danger, car au XVIIe siècle « les chiens sont sujets à compisser les jupes des dames, particulièrement quand elles sont de couleur éclatante [26] ». En revanche, « les femmes prennent le noir quand elles font des visites de cérémonie » ; le noir « d'ivoire brûlé » n'est pas sans beauté, mais le noir de velours demeure sans rival.

À méditer cela, on devine « combien il en coûte à un mari pour mettre sa femme à la mode [49] ». Mais, dans le grand monde, l'élégance n'attend pas le jour du mariage. En 1693 Mlle de Cosnac, riche héritière il est vrai, perçoit 5 000 livres l'an pour s'habiller. « C'est de quoi être honnêtement, comme vous pouvez croire [20]. »

Le décor de la vie

Malgré sa noble apparence, l'hôtel particulier construit sous Louis XIV n'est pas toujours la demeure des plus grands seigneurs. Les Pomponne de Bellièvre habitent, rue des Bourdonnais, une maison ancestrale datant du XVe siècle [62]. Mme de Sévigné loue l'hôtel Carnavalet, qui a été construit sous François Ier. De même que les titres en règle de marquis et de comte sont alors octroyés surtout aux robins et aux financiers, de même ces deux groupes éclipsent-ils souvent l'ancienne noblesse lorsqu'il s'agit de construire et de décorer. En province, c'est la robe qui ennoblit le paysage urbain de ses demeures aux frontons armoriés, timbrés de ses mortiers. À Paris, les financiers sont parfois en avance sur les ducs et les présidents. Au témoignage de Colbert, en 1669, « les bâtiments, les meubles, argenteries et autres ornements n'étaient que pour les gens de finance, en quoi ils faisaient des dépenses prodigieuses [187] ». Le financier des *Caractères*, messire de Périandre, qui se veut homme de qualité à force de millions, s'est fait bâtir l'hôtel approprié à son ambition. « Sa demeure est superbe : un dorique règne dans tous ses dehors; ce n'est pas une porte, c'est un portique : est-ce la maison d'un particulier? est-ce un temple? le peuple s'y trompe [33]. » Si la place le permet, l'hôtel est construit entre cour et jardin. Au faubourg Saint-Honoré, qui commence de se bâtir à la fin du règne, au plus traditionnel faubourg Saint-Germain, le jardin est parfois très vaste. Mais si les gens de finance lotissent dans le premier de ces quartiers, ils sont exclus du second.

Les gens de robe se plaisent au Marais, entendu au sens large, du quartier Saint-Martin au quartier Saint-Antoine. Bullet construit pour eux l'hôtel Le Peletier de Saint-Fargeau, rue Culture-Sainte-Catherine, l'hôtel Amelot, l'hôtel Poulletier, l'hôtel de Mesmes [132]. La vieille noblesse s'installe au faubourg Saint-Germain – qui demeurera son bastion jusqu'à nos jours –, les gens de finance regardent vers la paroisse Saint-Roch, la rue de Richelieu, la rue Saint-Honoré, la place Vendôme, le faubourg Saint-Honoré *alias* du Roule. Mais il n'y a pas une manière de cour, une façon financière (sauf à beaucoup dépenser) et un procédé robin, pour construire et pour décorer. Bullet, Mansart, Robert de Cotte travaillent pour les trois clientèles. Et cette communauté dans la création artistique et dans la construction, dans le bâtiment et dans le décor, contribue à unir les trois classes, bien plus que les particularismes de localisation ne tendent à les distinguer.

L'influence de Versailles, plus visible dans les châteaux de ces privilégiés que dans leurs hôtels, apparaît avec la disposition nouvelle des pièces. Chacun imite le Roi dans les vingt dernières années du règne, en doublant les grandes pièces de réception par de petits appartements qui préparent les intimités du XVIIIe siècle. Surtout peut-être, la lumière s'est introduite, elle aussi annonciatrice de nouveaux styles. Certains architectes, s'inspirant de la galerie des Glaces, percent de nombreuses fenêtres : les survivants du règne de Louis XIII en sont déboussolés. Dès 1700 ce qu'on nommera plus tard le style Régence se dessine : l'hôtel de Rohan, rue vieille du Temple, est un réceptacle offert à la lumière du dehors. Ses fenêtres sont étirées, ses trumeaux ont une grande légèreté [170]. L'hôtel de Torcy, construit par Boffrand en 1714 au faubourg Saint-Germain, ne montre pas en façade moins de treize croisées. À la même époque se sont multipliés les escaliers au plafond « ouvert en lanterne ». Même dans les hôtels plus traditionnels, où les fenêtres sont moins étirées, où les trumeaux restent forts, de nombreux artifices augmentent la lumière intérieure. On voit se multiplier les miroirs, en ce temps où il n'est plus nécessaire d'acheter des glaces de Venise. Une compagnie royale en fait d'aussi belles à Reuilly – au faubourg Saint-Antoine –, à Saint-Gobain, à Tourlaville [164]. On voit suspendre de plus en plus de lustres en cristal de Bohême, poser sur des crédences ou des consoles de nombreux candélabres. La bougie, « chandelle de cire dont se servent les personnes riches [26] » à l'imitation du Roi, largement utilisée, vous éclaire *a giorno*.

Les gracieux décors de Bérain, expérimentés chez le Roi et chez Monseigneur, égaient les lambris muraux, les trumeaux, les dessus de porte ; les sujets chinois ou « façon de la Chine » font merveille. Cependant le mobilier ne cesse de s'affiner, de s'adapter aux goûts et de former le goût. En 1680 il est encore massif, à Paris comme à Versailles, aimant les formes « lourdes, amples, monumentales [180] ». En 1700 il devance le XVIIIe siècle. Certain mouvement, certaines courbes se sont introduits ; « les frontons des armoires se cintrent, les pieds des sièges ou des tables se terminent en pieds-de-biche ou parfois en consoles, les dossiers prennent un mouvement ondulé, plus ou moins en accolade » : ainsi évolue la menuiserie, vieille spécialité de l'artisanat parisien traditionnel. Mais l'ébénisterie – monde plus ouvert, et notamment aux étrangers – connaît un changement parallèle : « Les pieds notamment se cambrent, s'élèvent et dégagent la silhouette du meuble [180]. » André-Charles Boulle invente pour Sa Majesté la commode. Maintenant chacun en réclame.

Paris, sans savoir que la mort du vieux roi ramènera la cour dans ses murs, prépare, c'est évident, le relais de Versailles.

Paris

Hors de Paris, il n'y a pas de salut pour les honnêtes gens.
Molière

On dit que Paris est le paradis des femmes, le purgatoire des hommes, et l'enfer des chevaux.
Furetière

Paris est, par sa population, la première ville du monde chrétien. En outre, depuis le déclin de l'Italie à la fin du XVIe siècle, Paris est incontestablement la capitale intellectuelle de l'Europe. On y trouve plus du sixième, peut-être le cinquième de la république internationale des arts, des sciences et des lettres [100]. Autour des grandes fondations de Louis XIV, les académies, la bibliothèque du Roi, l'Observatoire, le jardin royal, se groupe et s'entasse ici tout ce qui en France compte sur le plan de l'esprit, des connaissances et du talent. Aucun nationalisme ne fermant les frontières, les étrangers de valeur recherchent les séjours à Paris; le Roi s'efforçant de retenir et de s'attacher les meilleurs. Jusqu'à la Révolution il en est ainsi.

Mais cette vocation internationale ne doit pas faire oublier un fait plus quotidien : Paris est la capitale du royaume. Jamais Louis XIV n'a songé à lui substituer Versailles. Vous trouvez donc à Paris les grandes directions administratives, les intendants des finances, les intendants du commerce, les bureaux et les commissions du conseil des parties, les fermiers généraux et presque tous les receveurs généraux des finances, la plupart des conseillers d'État et beaucoup des maîtres des requêtes, les principales cours de justice (Parlement, chambre des comptes, grand conseil, cour des aides, cour des monnaies). Le gouvernement au sommet est écartelé entre Versailles et Paris; mais les ministres, les secrétaires d'État, le contrôleur général ont tous un hôtel et des bureaux à Paris – l'*Almanach royal* n'en indique pas d'autres! –, tandis que M. le chancelier de France « donne le sceau ordinairement toutes les semaines, à Versailles ou à Paris, selon qu'il lui plaît [1] ». On imagine ce que ces institutions peuvent attirer de monde. Le Palais à lui seul, où le badaud vient aussi bien pour la galerie marchande que pour entendre plaider un avocat fameux, grouille de peuple. S'y côtoient princes et ducs – le Parlement est en même temps cour des pairs –, plaideurs, curieux, magistrats, auxiliaires de la justice. Ces derniers ne sont pas les plus silencieux, ni les plus discrets. Dans la grande galerie certains avocats interpellent leurs éventuels clients; d'autres donnent des consultations simples. L'ancien palais des rois de France accueille, dans un entassement hérité du moyen âge, le parlement de Paris, la chambre des comptes, la cour des aides, celle des monnaies, la chambre des décimes, la juridiction des requêtes de l'hôtel du Roi, les trois tribunaux de la table de marbre (amirauté, connétablie, eaux et forêts), le bureau des finances, l'élection, le bailliage du Palais, la maîtrise particulière des eaux et forêts et quelques autres juridictions encore.

Un livre serait nécessaire pour évoquer la vie de ces tribunaux et de ces administrations. À elle seule la Basoche, folklorique compagnie des clercs de procureur, mériterait une étude. Ces jeunes gens forment une communauté, hiérarchisée à l'instar des corporations de métiers. Mais ce groupement s'intitule en toute simplicité royaume de la Basoche, son premier officier est appelé chancelier. Le résultat de leurs délibérations s'achève par ces mots : *Prononcé en la chambre de saint Louis, l'audience de la Basoche tenante* [159]. Les « audiences » sont souvent des procès burlesques, en principe destinés à la formation professionnelle des clercs, quelque chose comme une conférence du stage avant la lettre.

Les présidents les plus guindés, les conseillers du Parlement les plus jansénistes et les plus bilieux acceptent en souriant ces parodies.

Le mal français : la boutique aux offices

La traversée du Palais nous a fait côtoyer des centaines d'officiers. Les avocats (nobles ou roturiers, futurs magistrats ou futures gloires du barreau, avocats achalandés ou nombreux avocats sans causes) n'achètent pas leur charge, mais les procureurs, ancêtres des avoués, sont officiers : en 1692 un procureur postulant près le parlement de Flandres paye sa charge 3 000 livres [90]. Les présidents, les conseillers, les substituts, mais aussi les greffiers, les huissiers, les payeurs des gages, les receveurs des amendes et épices, et jusques aux buvetiers du Palais achètent leur office.

C'est à Paris, capitale du royaume, capitale de l'État, que l'on achète les offices de nouvelle création ou ceux tombés en déshérence. La boutique aux offices se confond avec l'hôtel de M. Bertin, rue Royale, butte Saint-Roch. M. Bertin est trésorier général des parties casuelles. Le créateur des offices est le Roi, par droit régalien, assisté du contrôleur général. Ils en sont aussi les bénéficiaires. Même les charges achetées de gré à gré paient annuellement le « droit annuel » ou *paulette*, impôt royal de 5 %. De temps en temps, quand les caisses sont vides, notamment pendant la guerre de la ligue d'Augsbourg, l'État crée des centaines de charges vénales, souvent parfaitement inutiles, au moins par leur multiplicité. Vers 1695, vous pouvez acheter 14 000 francs un office de juré chargeur de bois en charrettes ès ports et places de Paris, 9 000 une place de juré cordeur de bois à Rouen, 6 000 un office de jaugeur de vin à Dunkerque, 550 une place de mesureur, de blé à Rouen, 440 livres une charge de langueyeur de porcs à Angers [90]. Comme chacun sait, le langueyeur fait bâtonner le cochon pour qu'il tire la langue, afin de « voir s'il est ladre » : c'est en somme un contrôle vétérinaire.

Les finances royales ont parfaitement compris tout ce que

peuvent rapporter ces dizaines de milliers de parts de la puissance publique. Tantôt un édit fait payer aux titulaires un droit de confirmation, tantôt il leur impose un « supplément de gages » (euphémisme pour dire supplément de finance, donné non au prédécesseur, vendeur de l'office, mais à l'État). Parfois il dédouble la charge : ainsi trouve-t-on au grenier à sel de Paris – qui est administration, lieu de stockage et juridiction – un grènetier ancien et mi-triennal, qui travaille un an sur deux, un grènetier alternatif et mi-triennal, qui entre en fonctions lorsque son confrère entame son année de liberté. Souvent le contrôleur général ne crée des offices nouveaux que dans l'espoir de les voir racheter en bloc et « réunis » par un corps riche et notable, qui n'entend pas voir multiplier les privilèges qu'il cultive jalousement. Le bruit court, tenace bien que non vérifié, que Pontchartrain aurait dit au Roi : « Chaque fois que Votre Majesté crée un office, Dieu crée un sot pour l'acheter. » Il est vrai que les acheteurs, sots ou finauds, ne boudent guère.

Il paraît flatteur d'être titulaire d'office : en France c'est d'abord une dignité, une marque d'honneur. Certaines charges ne sont même que cela, comme celles de lieutenant d'épée dans les bailliages, de chevalier d'honneur dans les cours souveraines, créées au temps de la succession d'Espagne. Ici ce sont des sinécures pour vrais nobles, car il faut en principe faire ses preuves ; puis vous êtes installé dans un poste purement décoratif. La dignité de l'office est permanente, « ordinaire » comme disaient les juristes. L'officier en est propriétaire, sauf mort ou vente, sauf forfaiture ou haute trahison. Moyennant finance, nous l'avons vu, il a le droit de résigner, de choisir son successeur, en général fils, gendre ou neveu. Car l'office est aussi capital, objet de commerce. On peut ironiser sur cette confusion de la puissance publique et de la propriété privée. Mais le fait de payer de ses deniers sa place dans la fonction publique ajoute au prix de votre place une charge affective inestimable [99]. N'est-on pas, en effet, tenté d'exercer avec tout son cœur un office qui est à soi ?

Au reste, de nombreux privilèges (parfois la noblesse, quelquefois le simple titre d'*écuyer*, très souvent l'exemption de taille, en certains cas le droit au franc-salé – le sel dédouané –, l'exemption du logement des gens de guerre, etc.) sont attachés à l'office vénal. Il n'y a que les charges très modestes qui ne font pas de vous un « conseiller du Roi », « titre qu'on donne à presque tous les officiers du royaume [26] ». Et toute la bourgeoisie d'alors, tous les messieurs Jourdain grands, moyens et petits, de se précipiter vers les charges. Ici elles ornent agréablement la qualité de rentier; là elles cachent opportunément la véritable profession. Il est plus flatteur de se dire juré cordeur ou courtier royal, que fabricant de chandelles ou regrattier. Tout ce snobisme détourne, certes, de l'industrie et du commerce, beaucoup de candidats potentiels : c'est *le mal français* [162]. Mais l'office est l'obsession du marchand, le rêve de l'écolier, l'étape nécessaire de la montée sociale. C'est aussi « le chausse-pied du mariage, ce qui a rendu nos Français (naturellement galants et amoureux) si friands de charges, qu'ils en veulent avoir à quelque prix que ce soit, jusqu'à acheter chèrement des charges de mouleur de bois, de porteur de sel et de charbon [27] ». Le *Petit Poucet*, dont la fulgurante ascension récompense la chance, mais aussi l'intelligence, a très bien compris l'usage des charges. « Il mit, nous dit Perrault, toute sa famille à l'aise. Il acheta des offices de nouvelle création [*Les Contes de ma mère l'Oie* paraissent en 1697] pour son père et pour ses frères, et par là il les établit tous, et fit parfaitement bien sa cour en même temps [52] ». La septième femme de *Barbe-Bleue*, elle, achète à ses deux frères des compagnies (« des charges de capitaine »). Et il n'est pas interdit de croire que le *Chat botté*, qui « devint grand seigneur », et que les beaux-frères de *Cendrillon*, « deux grands seigneurs de la cour », ont aussi acheté des offices, mais appropriés à leur glorieux destin.

En effet ce qui corrige, et en quelque sorte humanise cette baroque vénalité des offices, venue du crépuscule du moyen âge et renforcée aux XVIe et XVIIe siècles par le temps des troubles civils, c'est la variété du choix proposé à l'acquéreur. Aux alentours de 1695, le trésorier de l'extraordinaire des guerres achète sa charge deux millions, ce qui suppose, outre une grosse fortune, un grand crédit et un emprunt considérable;

un président au parlement de Paris paie 500 000 francs son mortier; un commis au contrôle général verse 66 000 livres pour entrer en charge, un contrôleur des guerres 10 500, un dizainier de Paris 900, un sergent royal à Marseille 200 francs [90]. En 1689 lorsque la fonction de barbier-perruquier devient un office royal (M. de Pontchartrain ne manque vraiment pas d'imagination!), il peut en coûter 2 000 livres à Rouen, 1 000 à Orléans, 500 à Verdun, 400 à Beauvais, 300 à Grenoble, 150 à Châlons-sur-Marne, 100 à Chalon-sur-Saône, 40 à Bourg-en-Bresse, 30 à Pau, 20 à Riom ou 10 à Andely. Il est vrai que, dans ces derniers cas, de tels versements peuvent être comparés à ceux d'une patente, le Roi n'ayant jamais eu l'intention de nationaliser les salons de coiffure!

Maintenant, ne le répétez pas à n'importe quel acheteur d'office, rue Royale, butte Saint-Roch, mais il faut que je vous le confie encore : la charge de M. Bertin, celle de trésorier général des parties casuelles (ou revenus casuels), lui procure 20 000 livres de gages annuels; c'est ce que Louis XIV donne à un ministre d'État!

Les misères de Paris

Paris, dont la population a doublé entre 1620 et 1660 [100], et qui compte désormais un demi-million d'âmes, semble alors admirable, mais non moins effrayant. Cette importance de la population inquiète, d'autant qu'elle est surestimée : en 1694 Vauban lui attribue 720 000 habitants. Le Paris de la fin du règne, avec ses faubourgs inégalement urbanisés mais tous ébauchés, semble à bon droit au gouvernement quelque chose d'immense. Aussi va-t-on, au XVIIIe siècle – d'ailleurs en vain –, multiplier les opérations de bornage et les interdictions de construire [165]. Les autorités craignent cette capitale démesurée, monstrueuse car difficile à contrôler et un peu inhumaine.

Admirable donc, mais effrayant Paris! «Paris, écrit Furetière, est un *abrégé* de merveilles.» Mais on y vit malheureux, répondent les chansons contemporaines : *Maudit pays/ Méchante ville, / Où l'on est par trop habile.* La circulation est infernale ; c'est *Courir au trépas / Sitôt qu'on fait un pas!* Infernal est aussi le bruit, diurne et nocturne : *Tous les diables ensemble, / Me semble, / Feraient moins de bruit. / Peut-on dormir la nuit? / Ce sont cris furieux, / En tous lieux, / D'ivrognes, d'oublieux, / Des concerts amoureux.* La capitale ne paraît peuplée que de fripons, occupés de ruiner ou de gruger le provincial : les procureurs, nous dit-on, sont voleurs ; les catins ont la vérole ; *Au cabaret tout est poison; / Le meilleur médecin / Est un grand assassin / Et les joueurs / Sont tous pipeurs / ... Quittons donc cette ville infâme* [179].

Quinze ans après le début de mandat de M. de la Reynie, la sécurité de la capitale est imparfaite : « On est sujet à Paris aux insultes des filous et des bretteurs [26] ». C'est sans doute, croit-on, un vice structurel : « Il est difficile de purger une grande ville de filous et de coupeurs de bourses. » À Paris ils sont noyés dans la grande ville. Solidaires, ils forment déjà ce qu'on nommera plus tard *le milieu* : « Les larrons, les coupeurs de bourse, sont tous d'intelligence. » Ils ont leurs coutumes, leurs institutions, leur *argot* (le mot est d'époque). « Jargon, écrit le *Dictionnaire universel*, est aussi une langue factice, dont les gens d'une même cabale conviennent, afin qu'on ne les entende pas, tandis qu'ils s'entendent bien entre eux : tel est le *jargon* de l'*argot* dont se servent les coupeurs de bourse, les bohémiens, qui est composé pour la plus grande partie de mots tirés du grec (*sic*). » Des *cabales* voisines réunissent ceux qui *riblent* (courent la nuit), comme font les filous, les débauchés, les traîneurs d'épée, les *ribauds* (« adonnés à la paillardise et à la lubricité »), les *ruffians* (« paillards et maquereaux »), les *caimands* (mendiants professionnels) ou les *estropiats* (soldats invalides qui mendient). On ne parle pas de putains – c'est « une injure atroce » – mais leurs nombreux clients, les *putassiers*, savent où les retrouver ; de préférence au Marais, « le canton de la ville où l'on se divertit le mieux ». C'est pourquoi, pour désigner les filles de joie, on parle des « demoiselles du Marais ». Mais la prostitution n'est pas limitée à quelque quartier. Maquereaux et maquerelles se faufilent partout ; beaucoup de prétendues

« revendeuses » (les futures marchandes à la toilette) n'étant que « des suborneuses de femmes et de filles ». Mais la truanderie parisienne est hiérarchisée. Le monde interlope de la grande ville reconnaît la primauté d'un personnage dont les multiples noms indiquent assez le rayonnement. C'est le bretteur, ou spadassin, ou traîneur d'épée, ou coupe-jarret, qui bat ou tue sur commande, « ne porte l'épée que pour malfaire, et non pas pour servir le Roi [26] ».

C'est au Pont-Neuf qu'on peut rencontrer tous ces mauvais garçons pour les embaucher, ce Pont-Neuf si attirant, si inquiétant. En effet, près de la statue du roi Henri IV, grouillent tire-laine et truands, bretteurs et *cagnards* (les clochards du Grand-Siècle), ruffians et coureuses, surnommés bien naturellement « les courtisans du cheval de bronze ». Badauder dans ce coin de Paris, c'est prendre des risques, jamais celui de l'ennui, tant abondent les charlatans, les bateleurs, les chanteurs. Une des curiosités du Pont-Neuf est le sieur Philippot (1595-1670), qui s'intitule, en toute simplicité, « l'illustre Savoyard ». Cet aveugle bruyant déclame ou chante, à longueur de journée, des couplets satiriques et mille quolibets critiques [179]. On lui achète sa production. Septuagénaire, il déclame encore, au sommet de sa pittoresque notoriété :

Je suis l'illustre Savoyard,
Des chantres le grand capitaine…
Je suis l'Orphée du Pont-Neuf…
Et que chacun de vous se pique
De bien acheter mes chansons [74].

Si bonne est la place qu'on la veut garder. À la mort du Savoyard, s'installe au même lieu, et dans ce même rôle d'oracle populaire, le sieur Étienne, ancien cocher de M. de Verthamon [179]. Quand les gazettes sont rares et sous contrôle, on met en musique les pamphlets et libelles.

Mais il ne faut pas exagérer la présence et la puissance de la truanderie parisienne. Ce que Scarron écrivait en 1655 dans sa *Gazette burlesque : Dans Paris, séjour de nos rois, / On vole comme dans un bois*[34], semblerait excessif en 1695. C'est que, depuis 1667, fonctionne dans la grande ville une institution moderne, et pour l'époque modèle, la lieutenance de police, une de ces innovations qui font de Louis XIV le souverain le mieux obéi de l'Europe.

La lieutenance de police

Colbert n'est devenu vraiment ministre de Paris qu'en 1669, mais il en a fait les fonctions bien plus tôt. Dans le cadre de la réforme municipale de 1667 (qui vise à imposer un contrôle royal là où fleurissaient des échevinages oligarchiques et indolents), il a obtenu du Roi la création d'une lieutenance de police pour la capitale et la nomination à ce poste d'un homme énergique. Gabriel-Nicolas de la Reynie est d'abord chargé de nettoyer la ville et d'y rétablir la sécurité. Il y parvient, aidé de quelques commis et des commissaires du Châtelet. Mais ni le Roi ni le ministère ne peuvent imaginer que La Reynie va exercer trente ans, sa charge durer plus de trois cents ans : en devenant préfecture de police, la lieutenance générale n'a fait que changer de nom.

Comme toute institution nouvelle, en cet âge d'empirisme administratif, la lieutenance de police s'impose peu à peu, tant il est vrai que Louis XIV ne l'a pas dotée de pouvoirs sans limites. La Reynie n'a rien de ce noir dictateur imaginé par le romantisme. Pour bien lutter contre cagnards et truands, il lui faut en même temps, et d'abord, soutenir d'incessants conflits de compétence. Durant sept ans il se bat contre le lieutenant civil – son prédécesseur, demeuré son chef nominal au Châtelet.

Pendant trente ans il se heurte à maint pouvoir concurrent, le bureau de la ville (ancêtre de la mairie) ou le bureau des finances. Il doit aussi subir les prétentions d'un pouvoir de tutelle représenté par le Parlement. Enfin sa juridiction ne s'étend pas à toute la capitale : les berges, les quais, les ports, les remparts, les boulevards continuent de dépendre de la Ville. De plus subsistent à Paris nombre de juridictions seigneuriales. Leur multiplicité, leur enchevêtrement semblent d'abord peu compatibles avec une administration moderne. Jusqu'à 1789 resteront soustraits à la police les territoires dépendant de l'archevêque, du chapitre Notre-Dame, des abbayes Sainte-Geneviève, Saint-Marcel, Saint-Germain-des-Prés, de Montmartre et Saint-Martin-des-Champs, des prieurés du Temple et de Saint-Jean-de-Latran. Ces enceintes privilégiées possèdent leurs officiers – en général un bailli à qui obéissent des sergents –, leur régime pénal – chaque justice a sa prison –, leur organisation notariale échappant au Châtelet. Imaginons dans le Paris d'aujourd'hui une dizaine de principautés de Monaco, de républiques de San Marino ou d'États du Vatican : nous retrouverons une réalité administrative que le mythe du lieutenant de police a déformée.

Si M. de la Reynie est venu à bout de la cour des miracles, s'il a démantelé les hauts lieux de la cagnardise, il ne peut empêcher les filous de fuir ses archers et de trouver au Temple un droit d'asile; il ne peut faire procéder contre des *interlopes* (contrebandiers), dès qu'ils parviennent à se réfugier à Montmartre ou à Saint-Germain-des-Prés.

Ces réserves faites, La Reynie trouve le moyen de s'occuper de grande police (dans l'affaire des poisons, il souhaite que le Roi aille jusqu'au bout de l'investigation et de la répression), d'administration parisienne, d'édilité. La propreté de Paris progresse; «les *boueurs* sont tenus, nous dit-on, de nettoyer les rues toutes les semaines deux fois [26].» C'est une propreté relative, une propreté XVIIe siècle. L'usage de vider dans la rue le contenu des vases de nuit est en effet si répandu, même chez les notables, que, en 1701, un magistrat du Parlement, le chanoine Petit, meurt de s'être trop penché pendant cette opération. En effet, rapporte le marquis de Sourches, ce conseiller «s'était cassé la tête en tombant la nuit par sa fenêtre, lorsqu'il voulait vider lui-même son pot de chambre». Mais la sécurité progresse. Enfin, plus peut-être que la tranquillité réelle, s'impose dans l'opinion l'idée des bienfaits de la police urbaine.

Fontenelle admire tant Marc-René de Voyer d'Argenson, successeur de La Reynie, lieutenant de police de 1697 à 1717, qu'il écrit un morceau de bravoure à la gloire de l'institution ; et le sérieux *Dictionnaire de droit et de pratique* de Ferrière accueille en ses colonnes ce texte plus littéraire que juridique [23]. « Entretenir perpétuellement, dit Fontenelle, dans une ville telle que Paris une *consommation* immense, dont une infinité d'accidents peuvent toujours tarir quelques sources ; réprimer la tyrannie des marchands à l'égard du public, et en même temps animer leur *commerce*; empêcher les usurpations naturelles des uns sur les autres, souvent difficiles à démêler ; reconnaître dans une foule infinie tous ceux qui peuvent si aisément y cacher une industrie pernicieuse, en *purger la société*, ou ne les tolérer qu'autant qu'ils peuvent être utiles par des emplois dont d'autres qu'eux ne se chargeraient pas, ou ne s'acquitteraient pas si bien ; *tenir les abus* nécessaires dans les *bornes précises de la nécessité*, qu'ils sont toujours prêts à franchir ; les renfermer dans l'obscurité à laquelle ils doivent être condamnés, et ne les en tirer pas même par des châtiments trop éclatants ; ignorer ce qu'il vaut mieux ignorer que punir, et *ne punir que rarement et utilement*; pénétrer par des souterrains dans l'intérieur des familles, et leur *garder les secrets* qu'elles n'ont pas confiés, tant qu'il n'est pas nécessaire d'en faire usage ; être présent partout sans être vu ; enfin mouvoir ou arrêter à son gré une multitude immense et tumultueuse, et être l'âme toujours agissante de ce grand corps : voilà quelles sont *en général les fonctions* du magistrat de police [23]. »

À regrouper les passages soulignés de cette tirade, on retrouve les tâches quotidiennes du lieutenant de police, si multiples. Sa juridiction s'applique aux imprimés et à la librairie. Il tient lui-même au Châtelet deux fois par semaine la chambre de police. Il y juge sur requêtes les procès concernant les métiers. Il est surtout juge des flagrants délits. Son rôle dans le ravitaillement est souvent étendu par des commissions royales particulières. Mais le plus frappant peut-être en ce texte, si antérieur à Beccaria, est d'y voir, dans les lignes comme entre les lignes, le constant souci de prévenir plutôt que punir ; le tout sans nul laxisme. Toujours empirique. l'administration moderne de Louis le Grand peut se montrer libérale à force d'intelligence.

Quand d'Argenson réforme les mœurs

Marc-René d'Argenson, non content de punir ou de prévenir le crime ou les délits, est tenu d'informer sans cesse le ministre de Paris (c'est alors Pontchartrain), qui lui-même lit ou résume ses rapports au Roi. Il arrive que le souverain réclame quelques détails complémentaires, parfois « par une simple curiosité [166] ». Le lieutenant général, lui-même aidé par ses quarante-huit commissaires, parvient toujours à satisfaire Sa Majesté. Chemin faisant, il nous a transmis, selon le mot de Saint-Simon, « toutes les galanteries et toutes les sottises de Paris ».

En matière de mœurs, d'Argenson est surtout censé réprimer les excès de la prostitution déclarée ; mais il est des libertinages voyants qui lui paraissent de son ressort.

En 1703 il tient à l'œil « la nommée Forgerot », qui n'est ni une catin professionnelle, ni une femme honnête, mais une libertine ensorceleuse d'hommes, sorte de Manon Lescaut avant la lettre. Elle a été chassée d' Abbeville, son pays natal, a empaumé dans les villes de Flandres plusieurs officiers ; a échoué à Paris en 1697. « Tous les quartiers furent successivement les témoins de son dérèglement et je la condamnais à l'amende cinq ou six fois [...] Elle se mit en tête d'épouser un jeune homme d'une condition honorable, et mon entremise, précise d'Argenson, ne fut pas inutile pour le préserver de ce malheur. » La Forgerot a ensuite cherché des hommes mariés. « Elle en est maintenant à sa douzième ou quinzième dupe, sans compter quelques ecclésiastiques du plus bas étage et quatre ou cinq moines. » Au fil de ses désordres il lui est arrivé quelquefois d'être enceinte, et la police ignore ce qu'il est advenu de ses bâtards. Elle tient actuellement un homme marié, qui « lui sacrifie tout son bien et refuse à sa femme et à ses enfants les choses les plus nécessaires ». Cette personne est folle d'amour. C'est pourquoi M. le lieutenant de police demande et obtient une lettre de cachet pour enfermer la Forgerot à l'hôpital général.

La même année il a obtenu le renfermement d'une prostituée, considérée comme *dangereuse* et comme *infâme* [166], présentement dénommée Anasthasie. Sur cette triste fille de joie, à la vie picaresque, d'Argenson ne tarit pas de détails. Il est vrai que la biographie de la malheureuse n'est pas banale. Elle est fille d'un juge des ports de Malte. «Elle fit ses premières armes (s'il est permis de parler ainsi) avec M. le chevalier Colbert.» Ce dernier n'aurait trouvé, pour s'en libérer, qu'à la marier d'autorité à un cabaretier de Beaucaire. Ils allèrent bientôt à Marseille où son tavernier de mari se mua en proxénète conjugal. Là «selle se fit une protection considérable, mais l'ardeur de son tempérament ne lui permit pas de la ménager longtemps.» Anasthasie retomba donc bien vite de l'état de femme entretenue à celui de catin. La police ne sait si le cabaretier mourut alors de chagrin ou de poison [N. B. On retrouve là l'habituel préromantisme du XVIIe siècle, celui même du duc de Saint-Simon, il faut toujours mourir d'empoisonnement ou de douleur]. Veuve, elle s'établit maquerelle, vendant chemin faisant sa fille aînée à un lieutenant des galères, puis redevint simple prostituée. L'expression «descendre la pente du vice» se trouve ici parfaitement justifiée, puisque Anasthasie passe des jeunes gens fréquentables aux marchands étrangers, de ces derniers aux soldats ou aux laquais, avant de s'attacher «uniquement à un forçat de *L'Héroïne*, nommé La Grange. Mais la misère de cet amant l'obligea bientôt à chercher de meilleures pratiques, par son ordre et de son aveu.» Alors elle remonte provisoirement, empaume plusieurs gros marchands. Après un trop vif scandale, «elle allait traîner sa débauche à Tarascon, à Beaucaire et à Aix, où M. le président Califer lui donna des marques de cette hospitalité générale qu'il exerce, dit-on, un peu trop volontiers envers les personnes de cette espèce.» Il paraît qu'elle étale, ensuite, à Lyon «ses charmes usés», parvenant à séduire de bons bourgeois, un apothicaire, un banquier. Une de ses victimes la conduit alors à

Paris, escortée de deux filles, qui sont peut-être les siennes mais sûrement des catins. Anasthasie et ses jeunes acolytes s'étaient venues loger en face de l'hôtel des mousquetaires, comme en un lieu convenable à leur commerce «et le plus fertile en jeunes dupes». Par sentence de police, d'Argenson la chassa bientôt «du voisinage des mousquetaires», mais elle se contenta de s'installer un peu plus loin dans le même faubourg Saint-Antoine. Il paraît que, «pour se donner un nouveau relief, elle se dit femme d'un comédien italien nommé Cyntio qu'elle ne voit point; elle ajoute que ses filles sont mariées avec des officiers de la première distinction, qui paraîtront quand il sera temps, et, sur ce fondement, elle imagine, chaque jour, de nouvelles friponneries dont elle prétend se procurer l'impunité par quelque tour d'esprit ou par le savoir-faire de ses protecteurs [166].» La patience du lieutenant de police est à bout. Il ne demande pas aujourd'hui l'internement administratif de la première prostituée venue, mais d'une récidiviste *dangereuse* et *infâme*. De ces fameuses lettres de cachet, qui sont la forme courante du droit régalien de «justice retenue», l'administration fait alors, on le voit, un usage tempéré.

Ces lettres sont employées le plus souvent à la demande des familles pour des cas de dissipation extrême. Le lieutenant de police en réclame parfois «pour la paix des ménages». L'affaire Dormoy en est un exemple. Le sieur Dormoy est un bourgeois tranquille; mais sa femme ne tient pas en place : en 1702 elle en est à son huitième amant, un nommé Billaut, « grand chicaneur». Cet homme a si bien séduit Mme Dormoy – qui n'avait rien d'ailleurs de la rosière – «qu'il y avait, dit le rapport de police, plus de trois mois qu'elle passait les jours et les nuits avec Billaut, se moquant des remontrances de son curé, injuriant ses voisins et protestant qu'elle ne connaissait d'autre religion que celle de bien mépriser son mari et de vivre à sa fantaisie.» L'amant abusif a plusieurs fois évité l'intervention de la police grâce à «des protections secrètes» et en faisant agir «des ressorts extraordinaires». Quant au mari, comme il est paradoxal mais fréquent, «il est assez enragé» pour aimer encore «son infidèle» après quinze ans d'adultères répétés et «de procédure inutile». Voici la conclusion de Marc-René d'Argenson : «Quand aura-t-on recours à l'autorité immédiate du Roi si ce n'est pour réprimer une insolence aussi déclarée et pour venir au secours d'un pauvre mari?» La femme Dormoy va donc être expédiée dans un couvent sur ordre de Sa Majesté [166].

«Avec une figure effrayante, qui retraçait celle des trois juges des enfers [60]», d'Argenson, on le voit, n'abusait pas de son très grand pouvoir.

Du millesoudier au gagne-denier

On trouve dans l'immense ville des gens de toute condition, comme le lieutenant de police y connaît des personnes de toute moralité. Cependant, jusqu'aux travaux du baron Haussmann, les contrastes entre beaux quartiers et zones populaires sont moins nets qu'il ne le semblerait. D'abord le quart du sol appartient au service de Dieu [100]. Les cinquante paroisses de Paris, avec leur curé, leurs nombreux vicaires et leurs plus nombreux encore «prêtres habitués», les abbayes, prieurés, monastères et couvents qui quadrillent le sol de la capitale, introduisent du clergé jusque dans les quartiers les plus pauvres, avec la double conséquence d'élever le niveau social et d'aider les déshérités. Au reste, il y a tant d'occasions à jubilés, à processions, à défilés religieux, que cette présence ecclésiastique est un fait quotidien. Les Parisiens, nés badauds, savent mieux que les provinciaux que suivre un prêtre et son acolyte se rendant au chevet d'un moribond est œuvre pie recommandée par l'Église : voici une occasion journalière de processionner.

Il est des quartiers résolument pauvres : le quartier de la place Maubert, le faubourg Saint-Marcel. D'autres sont d'aspect pauvre, tel l'immense faubourg Saint-Antoine. Il est mal bâti, les maisons y sont construites de bric et de broc, médiocrement entretenues, mais il est beaucoup moins misérable que son apparence ne le ferait croire. Depuis 1665 la manufacture de Reuilly – une des curiosités de la capitale –

y occupe plusieurs centaines d'ouvriers [164]. Depuis cent ans l'artisanat du meuble y entretient ouverture (puisqu'il y a nombre d'ébénistes venus de l'étranger), vie et gaieté. Les menuisiers et les ébénistes, membres de la même corporation mais résolument rivaux, s'y chamaillent bruyamment. L'un de ces derniers est l'habile André-Charles Boulle, que nous retrouverons après 1672 dans un quartier plus noble, en ce même chapitre.

Il y a des quartiers à la dominante irrécusable : le Marais et l'île Notre-Dame (île Saint-Louis) semblent convenir à la robe, le faubourg Saint-Germain à l'épée, le faubourg Saint-Honoré à la finance. Mais il en est d'autres – la rue Saint-Honoré, le riche quartier Saint-Eustache, les alentours des halles – où l'on rencontre un échantillon de presque toutes les couches de bourgeoisie; sauf peut-être les libraires et imprimeurs qui s'entassent sur la rive gauche, près de l'Université, notamment dans la longue et intellectuelle rue Saint-Jacques. La rive gauche compte beaucoup de noblesse à l'ouest, beaucoup de tanneurs au long de la Bièvre, beaucoup de pauvres gens dans le quartier Maubert, beaucoup de malheureux et de misérables à la Salpêtrière; au centre, beaucoup d'écoliers souvent turbulents, parfois faméliques, en quelques cas tournant à la truanderie. Mais elle contient aussi de nombreuses communautés religieuses, dont l'abbaye Saint-Germain-des-Prés, le Val-de-Grâce, l'abbaye Saint-Victor, et les Chartreux sont les plus visibles.

Mais les gens d'affaires, ceux de négoce (qui ont magasin et ne dérogent pas), ceux de marchandise (qui tiennent boutique et sont obligatoirement roturiers), notamment MM. des Six-Corps, habitent la Ville, sont installés au nord de la Seine. Du côté de l'église Saint-Roch, du couvent de l'Oratoire ou de l'église Saint-Eustache, on ne compte plus le nombre de *millesoudiers*. C'est le nom que donnent à Paris les petites gens, aux hommes riches : ils sont censés avoir mille sous à dépenser par jour, soit 50 livres, et donc posséder au moins 18 250 francs de rente [26].

Les marchands des Six-Corps se considèrent comme une aristocratie du négoce et de la marchandise, bien que chacune de leurs composantes soit un aimable fourre-tout où de riches importateurs de denrées d'outre-mer côtoient de petits boutiquiers. Ce genre de contraste est frappant dans la mercerie, « le plus nombreux et le plus puissant des six corps des marchands. Les gros marchands merciers vendent toutes les belles étoffes de soie, d'or et d'argent, et quelque marchandise que ce soit, tant du royaume, que des pays étrangers, comme étoffes, cuirs, fourrures, tapisseries, passements, soies, joailleries, drogueries, métaux, armes, quincaillerie, dinanderie, coutellerie, et tous ouvrages de forge et de fonte [26] » ; les petits vous vendent de menues marchandises sans grande valeur, mais agrémentées d'un sourire de mercière. Les cinq autres corps privilégiés sont les pelletiers, les épiciers, les drapiers, les bonnetiers et les orfèvres. Les marchands de vin ont la prétention de former un septième corps ; les libraires tentent de se faufiler à la suite et d'en faire comme un huitième. Tant il est vrai que l'organisation en corps constitués, avec ses *jurés élus* et ses *gardes*, avec la possibilité de siéger au tribunal de la juridiction consulaire et l'ambition d'accéder aux charges bourgeoises de la ville (dizainiers, cinquanteniers, conseillers de ville) et même à ses charges anoblissantes (celles des quatre échevins), paraît enviable, plus importante même que la richesse.

À l'autre extrémité de la marchandise fleurissent, avec un plus ou moins grand bonheur, les petits métiers : regrattiers ou revendeurs au détail ou d'occasion, *gagne-petit*, etc. Ce dernier nom ne désigne pas n'importe quel petit commerçant, mais le « pauvre garçon coutelier qui mène une meule par la ville propre à aiguiser les couteaux [26] ». Pour sa part, le *gagne-denier*, au nom presque semblable, est « en général un homme de peine ou crocheteur qui sert à porter des fardeaux ». L'édit de 1691, qui porte de cent cinq à cent vingt-neuf le nombre des communautés de métiers, ne compte pas les tout petits métiers. Ils abondent pourtant. Parmi les *grisettes* actives de la capitale, il y a par exemple « les petites fruitières et regrattières qui vendent en boutiques, échoppes ou étalages en place fixe », et, plus humbles encore, « celles qui marchent dans les rues ou vendent debout dans les marchés sur un panier qu'elles portent sur elle, vulgairement appelé *inventaire* [187]». Les commis des petits marchands, les compagnons de l'artisanat, les ouvriers de fabrique (Paris n'est pas un gros centre industriel, mais a déjà la spécialité du petit objet charmant et inimitable, l' «article de Paris») composent avec elle le menu peuple de la grande cité.

Dans les quartiers qui ne sont ni très riches, ni uniformément pauvres, la hiérarchie sociale est marquée verticalement, presque inscrite dans l'escalier. Laissons de côté le rez-de-chaussée, souvent occupé par des boutiques. Le premier étage est le niveau noble. Il peut s'y trouver un aristocrate – vieux conseiller, douairière, provincial en séjour pour procès –, un rentier, un officier de bonne bourgeoisie – payeur des rentes de l'hôtel de ville, contrôleur des guerres –, un avocat au Parlement. Au deuxième étage habite un trésorier de France ou un conseiller en l'élection. Dans la maison voisine c'est une étude de procureur, souvent crasseuse mais rarement gênée. Un personnage de roman de cette époque remarque avec bien du bon sens que l'on connaît beaucoup de procureurs ayant ruiné des gentilshommes, mais que l'on ne connaît aucun gentilhomme qui ait ruiné un procureur [27]. Au troisième étage habite le marchand ayant sa boutique au rez-de-chaussée. Si sa petite famille est trop nombreuse, il a aménagé le logis en conséquence : un cabinet de garde-robe est devenu la chambre de la servante; *une* bouge est la demeure inconfortable du commis. Au quatrième, vous trouverez d'un côté une «fille majeure» (vieille fille) économe et pieuse, très attachée à la paroisse, de l'autre un compagnon tapissier retiré; au milieu un clerc de la chambre des comptes (si les clercs de procureur en Parlement composent, nous le savons, le royaume de Basoche, nul n'ignore que ceux des comptes forment l'empire de Galilée [159]). Le cinquième étage est une petite cité ouvrière. Elle n'est pas toujours sombre – les fenêtres sont en mansarde, mais la hauteur permet l'entrée du soleil dans l'humble logis –, elle est évidemment pauvre. Il y a quelquefois encore un grenier, qu'une échelle placée sur le palier supérieur permet d'atteindre. Il n'est éclairé, lui, que par de mauvaises lucarnes. Mais vous n'imaginez pas ce qui peut s'y entasser : débarras (le grenier fonctionnel d'alors se nomme « garde-meuble »), stock de marchandises, bois de chauffage, mais aussi soupentes plus ou moins cloisonnées où voisinent peut-être un saute-ruisseau, un garde-française un peu proxénète et sa belle, et le donneur d'eau bénite patenté de l'église voisine.

Le bon côté de cette superposition réside en ceci, que la dame du second, sachant qu'il y a une femme malade au cinquième, peut sans quitter son toit lui faire porter une jatte de bouillon. L'usage alors n'est pas nouveau. Deux siècles plus tard il a même résisté à l'haussmannisation, comme le prouve la première partie du *Crime de Sylvestre Bonnard!*

Les divertissements de Paris

Les plaisirs ne manquent pas en cette ville où rien n'étonne. « Quand j'ai payé ma capitation, fait dire Sébastien Mercier à un riche, tout le pavé du Roi m'appartient; je le broie à mon gré, pour voler à mes plaisirs [87]. » Quatre-vingt-dix ans avant le *Tableau de Paris*, la chose est déjà vraie. Voici d'abord une ville où, comme à Rome d'ailleurs, il fait bon se promener. « Paris est un abrégé de merveilles. » Il grandit à vue d'œil : le règne voit la création de cent vingt-trois rues nouvelles [113]. L'édilité est efficace. « On a élargi depuis peu les rues de Paris pour la commodité publique, ce qu'on a appellé les *ouvertures de la ville* [26]. » L'éclairage progresse. À la fin du règne les rues sont éclairées par cinq mille cinq cent trente-deux lanternes, inégalement réparties mais bien utiles pour décourager le tire-laine [113]. Paris est déjà ville lumière.

Par la volonté du Roi, la capitale est aussi ville ouverte. Le boulevard n'est plus un gros bastion, un élément de fortification : il est devenu le Boulevard (avec une majuscule), la promenade bourgeoise par excellence, entre la ville et ses faubourgs du nord, décorée de ces portes triomphales qui disent l'histoire du règne : la porte Saint-Antoine, la porte Saint-Martin, œuvre de Bullet, la porte Saint-Denis, réalisée par Blondel, la porte Saint-Honoré. À l'ouest, le cours la Reine est une agréable promenade; «les Tuileries sont le rendez-vous de tous les *muguets*». Le muguet est un jeune homme «galant, coquet, qui fait l'amour aux dames, qui est paré et bien mis pour leur plaire [26]». Au cours la Reine, les élégants et les élégantes s'exhibent en carrosse ou en calèche. Le Cours est alors ce que sera deux siècles plus tard le Bois. Cinq ou six voitures y peuvent circuler de front sur plus d'un tiers de lieue. *Lors d'un pas doux et coulant / Les carrosses vont branlant / Portière contre portière* [187]. À l'opposé, du côté oriental de Paris, le petit peuple hante le cours Saint-Antoine et le grand jardin de l'Arsenal.

Auberges, cabarets, tavernes et bouchons offrent au Parisien un lieu de détente urbain, ou un but de promenade à une lieue à la ronde. Il paraît qu'on en compte, dès 1670, pour la ville et ses faubourgs, quelque mille huit cent quarante-sept. Sur les deux cent quatre cabarets du faubourg Saint-Germain, il en est de très beaux et très bien fréquentés; les cent quatre-vingt-dix-neuf établissements du faubourg Saint-Antoine sont au contraire tous populaires et bon marché. Les meilleurs écrivains du siècle ont chanté ces lieux où l'on se désaltère, où l'on discute, où l'on joue, où l'on chante des chansons à boire. Molière a fréquenté la taverne dite *Aux bons enfants*, rue de même nom. La Fontaine, toujours insoucieux du qu'en-dira-t-on, passe des heures *À la croix de Lorraine*, près la place de Grève. Boileau fréquente chez *Boussingault*, Racine va *Au mouton blanc*. En 1686 un homme de génie, venu de Sicile sous son nom originel de Procoppio, ouvre rue de Tournon, puis transfère rue des Fossés-Saint-Germain, près de la comédie-française, le luxueux et engageant café Procope. Il existe encore aujourd'hui, 13, rue de l'Ancienne-Comédie : la rue seule a changé de nom.

S'il est des cafés populaires et des cafés pour gens riches, on compte, en revanche, un divertissement accessible à chacun. C'est celui des foires. La foire Saint-Laurent, au faubourg Saint-Denis, ouvre le 10 août et dure deux mois. Elle a pour spécialité marchande les verreries et la céramique, en particulier des porcelaines «venues à grands frais des extrémités du monde». La foire Saint-Germain, sa concurrente, débute au lendemain de la Chandeleur et ferme à Pâques fleuries (les Rameaux). La foule s'y presse dans la journée. On y admire les boutiques, aux produits de luxe variés, on applaudit comme à la foire Saint-Laurent les petits spectacles des tréteaux. Le soir, les gens de qualité y viennent en carrosse, défilent aux bougies, portent le masque et nouent quelque aimable intrigue [187]. Dufresny et Regnard en ont fait, en 1695, une comédie en trois actes, *La Foire Saint-Germain* : la belle Angélique utilise la tenue de cette foire propice pour échapper aux entreprises du Docteur, son tuteur abusif, puis aux assiduités du ridicule provincial Nigaudinet, et tomber dans les bras d'Octave, son amoureux fervent.

La taverne, la badauderie des foires, ce sont là, direz-vous, plaisirs bien frivoles. Ils existent pourtant, mettent de la vie, de la couleur, de la gaieté, en ce rude XVIIe siècle que nous imaginons trop volontiers tout austère et janséniste. Le vrai du siècle est dans la cohabitation du grave et du plaisant, dans l'alternance de ce qui édifie et de ce qui divertit : les pères jésuites ne sont-ils pas, en dépit d'un préjugé accusé, attachés en leurs collèges au théâtre ? Ces faits nous autorisent à alterner, nous aussi, les modes dévotes et les rires. Le lecteur est donc invité à participer maintenant à deux types de spectacles, tous deux fort recherchés, celui de la chaire et celui de la comédie.

Le temps des beaux sermons

Transportons-nous, si cela vous convient, en avril 1682. Le carême s'achève au milieu d'un prodigieux succès. Le *Mercure galant* écrit : « La cour et Paris, qui dans les jours de réjouissance n'épargnent rien pour mêler dans les plaisirs la galanterie la plus magnifique, ne font pas moins paraître de dévotion dans les temps de piété. Jamais l'assiduité n'a été plus grande qu'on l'a vue pour les sermons pendant le dernier carême [129]. » Telle est la sensibilité des catholiques de tout niveau social, en cet âge de la piété baroque.

Elle se faufile jusque dans le lit des amants. La marquise

de Sévigné raconte en 1676 cette « sottise ». Depuis deux ou trois heures le comte de Fiesque conversait et folâtrait avec sa maîtresse, Mme de Lyonne (aimablement surnommée *la Souricière*), lorsqu'il s'entendit interpeller en ces termes : « *Petit Bon*, j'ai quelque chose sur le cœur contre vous. – Et quoi, madame ? – Vous n'êtes point dévot à la Vierge ; ah ! vous n'êtes point dévot à la Vierge : cela me fait une peine étrange [62]. »

Le public d'alors trouve un plaisir infini aux belles pompes funèbres, aux oraisons funèbres, aux panégyriques des saints, aux prédications de la cour et de la ville (ce sont les mêmes, de par la rotation des orateurs, et leurs répétitions). Et il arrive qu'un carême ou un avent soit plus brillant à Paris qu'à Versailles. Durant le carême de 1670, Monsieur, frère du Roi, grand connaisseur, fait des infidélités à Mascaron qui prêche à la cour, lui préfère Bourdaloue engagé cette fois-ci à Saint-Louis des jésuites. Le 7 avril il y entraîne Madame, née Henriette d'Angleterre. À Noël de l'année suivante, alors que Mascaron occupe encore la chaire du Louvre, Monsieur et sa nouvelle épouse, Madame Palatine, entendent la messe le matin à Saint-Eustache, vont l'après-midi écouter à nouveau le P. Bourdaloue, cette fois à Saint-Jean-en-Grève [129]. Un carême complet, un « grand carême », peut comporter jusqu'à trente-deux prédications ; il commence à la quadragésime, s'achève le mardi de Pâques, comprend les sermons des dimanches, deux sermons par semaine ordinaire, et beaucoup plus durant la semaine sainte. La *station* de carême de Bourdaloue à Notre-Dame, en 1671, lui a procuré 320 francs d'honoraires. Les autres grandes chaires de Paris sont Saint-Sulpice, Saint-Eustache, Saint-Séverin et Saint-Germain-l'Auxerrois.

Prêcher à la chapelle royale est le plus grand des honneurs : « Le gros du monde ne juge ordinairement du mérite des prédicateurs que par la dignité des lieux où ils ont prêché [39]. » Et, dans cette course à la réputation dont nous avons trop oublié les scores, les résultats, comparés en 1715, sont assez déconcertants, car Bossuet n'arrive qu'à la sixième place (quatre stations prêchées), *ex aequo* avec dom Cosme. Les précèdent le jésuite Gaillard (douze stations et demie), l'oratorien Mascaron et le jésuite Bourdaloue (douze stations), le jésuite La Rue (neuf stations et demie) et l'oratorien Le Boux (cinq stations et demie) [192].

Les prédicateurs de la cour, Bossuet ou Mascaron, dom Cosme ou Bourdaloue, ne diminuent pas de sévérité pour complaire aux grands. Ils jouent, selon leur nature et suivant leurs talents, le jeu de l'éloquence chrétienne, dénonçant le vice, appelant à la pénitence. Selon l'usage, ils complimentent Sa Majesté au début et à la fin du discours; mais on ne trouve aucune différence de fond, par exemple, entre les sermons d'un P. Bourdaloue à Saint-Louis ou à Saint-Gervais, et ceux qu'il prononce devant le Roi et la cour. Certains de ceux qui l'écoutent peuvent vouloir, à tout prix, découvrir quelque allusion aux maîtresses royales; l'orateur ne l'a pas cherché. Ce qu'il a dit naguère au peuple chrétien de Paris, il le répète (quelquefois mot à mot) en présence du souverain. Il use du «privilège de la chaire», n'en abuse pas.

Le Roi, lorsqu'il assiste à une prédication, est contraint d'écouter et de faire bon visage; car, à défaut de donner l'exemple en sa vie privée (avant 1683), il doit être attentif à chaque détail, à chaque nuance de son existence publique. En revanche, avant son deuxième mariage, il lui arrive d'éviter certaines grandes prédications de carême ou d'avent. Le 6 mars 1672, il prend prétexte d'un deuil pour annuler le sermon du Louvre; le 25 mars, il laisse Bourdaloue prêcher devant la Reine et les princes d'Orléans : il est vrai qu'on est à quelques jours seulement de la guerre de Hollande [129]. Au cours de cette même station de carême, l'orateur sacré provoqua un incident qui amusa la cour et la ville : «Le maréchal de Gramont, nous dit Mme de Sévigné, était l'autre jour si transporté de la beauté d'un sermon de Bourdaloue qu'il s'écria tout haut, en un endroit qui le toucha : – *Mordieu, il a raison!* Madame s'éclata de rire, et le sermon en fut tellement interrompu qu'on ne savait ce qui en arriverait [62].»

Vous vous demandez sans doute comment les Mascaron, les Gaillard, les Fléchier, les Massillon pouvaient varier suffisamment leur discours pour affronter, parfois deux ou trois ans de suite, les mêmes auditoires distingués. De fait ils ne cherchaient point à se renouveler. Mascaron, par exemple, répète presque mot pour mot deux carêmes, du moins «les sermons qui ont été les plus agréables au Roi [129]», ne modifiant que les compliments. De même que Louis XIV ne se lasse jamais d'entendre *Le Bourgeois gentilhomme*, la cour et la ville exigent d'abord d'un orateur sacré la répétition d'une œuvre connue et appréciée; du jésuite La Rue on attend inlassablement deux sermons : *Le Pécheur mourant* et *Le Pécheur mort.* L'engouement va si loin qu'on affiche ces deux textes lorsque le révérend père doit les prononcer [73].

Dans cette ambiance, au milieu d'un tel enthousiasme («Nous entendîmes, après dîner, le sermon du Bourdaloue, qui frappe toujours comme un sourd, disant ses vérités à bride abattue [...] Sauve qui peut, il va toujours son chemin [62]»), les prédicateurs, on s'en doute, font école. Il est des vocations ecclésiastiques qui se confondent avec des ambitions d'éloquence. L'abbé Louis Le Gendre, né à Rouen en 1655, cadet de bonne bourgeoisie, ayant hésité entre la compagnie de Jésus et le barreau, trouve ce moyen terme : se faire prêtre et s'imposer comme prédicateur. Il y gagnera de devenir secrétaire de M. de Harlay, l'archevêque de Paris. Il nous a laissé un état comparé des prédicateurs réputés vers 1675, jugements à l'emporte-pièce dus à un jeune confrère intelligent. De Fléchier il rappelle «la justesse, l'élégance, la pureté», de discours préparés lentement et limés avec grand soin : «Il excellait, dit-il, dans les panégyriques et dans les oraisons funèbres.» L'abbé Anselme avec «la mine d'un pédant», l'abbé Boileau avec «l'air d'un paysan» se sont fait la main dans le panégyrique avant de conquérir de façon stable «les premières chaires de Paris». Ils mettent cependant «trop d'art dans leur prédication». Le P. Séraphin, capucin, est tout à l'opposé. Il joue de la simplicité, il en abuse. De talent, assure Le Gendre, il n'a «que celui de crier bien fort et de dire crûment des injures». Le père Chaussemer, jacobin, a «la voix faible, mais la composition très fine». Dom Jérôme, feuillant, bon déclamateur aimé des Parisiens, solide théologien, «fort estimé, même de ses jaloux et de ses ennemis», prêche en régent de collège : on croit toujours qu'il explique une leçon. De Bourdaloue, il n'est qu'éloge à faire, sinon qu'il gesticule un peu. Ses sermons sont traduits « en latin, en italien, en espagnol et en allemand; il n'y a pas jusques aux protestants qui ne les estiment». Son rival et confrère La Rue attire les foules par «sa physionomie d'honnête homme, sa voix forte quoique un peu rude, et sa science», mais il est moins éloquent en chaire d'église et en français, qu'en chaire de régent et en latin. Le P. Gaillard, autre jésuite réputé, admiré par Louis XIV, vanté par Mme de Sévigné, a réussi, pense Le Gendre, «par ses manières de cour et sa souplesse de caractère; en dehors de quoi, en lui tout est médiocrité [39]».

Ce tableau, hélas limité – il y manque les trois grands oratoriens des années 1688-1704 : Soanen, Maure et Massillon –, fait comprendre l'étonnante variété de fond et de forme de ces rivaux de la chaire. L'un convainc par sa profondeur théologique, l'autre par sa fidélité évangélique. Tel plaît par sa brutalité, et tel par sa douceur. Certains auditeurs ont entendu un prédicateur à la vêture (ou prise d'habit) ou à la profession d'une jeune parente, ou encore dans un panégyrique. Frappés par sa mine, son geste, son regard, sa voix, ils le suivent alors à la trace, de paroisse en église, de station en station, devenant, chemin faisant, une partie de son auditoire ambulant, et le support de sa gloire. D'autres sont plus éclectiques. Les uns, comme Monsieur, recherchent à la fois chez un prédicateur la conviction et le talent. Certains croient privilégier la valeur littéraire, qui sont en réalité attachés au contenu. Des esprits parmi les plus éclairés de leur siècle – Mme de Sévigné, le Roi lui-même – applaudissent les orateurs les plus différents. La marquise de Sévigné ne voit pas qu'un abîme sépare Bourdaloue d'un P. Gaillard ou d'un abbé Anselme [62]. Quant à Louis XIV, pourtant si connaisseur en belles-lettres, il est presque toujours satisfait, accorde à l'un puis à l'autre le brevet de meilleur prédicateur du royaume. La foi domine alors les conformismes et les snobismes.

Les Parisiens aiment le théâtre

Les prédicateurs, comme tous les ecclésiastiques et les moralistes du temps, fulminent contre le théâtre. Tous les dévots affectent d'approuver les rudes condamnations de Pierre Nicole : « Un faiseur de romans et un poète de théâtre est un empoisonneur public, non des corps mais des âmes des fidèles, qui se doit regarder comme coupable d'une infinité d'homicides spirituels [30]. » Mais les Parisiens, pourtant zélés catholiques – militants de la Ligue, pavoisant à la révocation de l'édit de Nantes –, ne suivent là-dessus ni M. Nicole, ni Bossuet. Ils raffolent des spectacles, ne savent que préférer de l'opéra, où règnent despotiquement Lully et Quinault, ou de la comédie, que Molière, ami et protégé du Roi, a hissé au sommet même des belles-lettres.

Il est vrai que Lully est aussi l'ami de Louis XIV. Depuis 1672 il a, par lettres patentes, le monopole de tout le théâtre en musique. En 1673 il fait représenter *Cadmus et Hermione*, le premier véritable opéra français. Boileau peut se moquer :

> *Les héros chez Quinault parlent bien autrement,*
> *Et jusqu'à Je vous hais, tout s'y dit tendrement.*

La collaboration de Lully et Quinault, qu'il faudra bien un jour étudier sans préjugé, est aussi heureuse et parfaite que seront plus tard celle de Mozart et Da Ponte, celle de Richard Strauss et d'Hofmannsthal. Le 29 janvier 1674 Mme de Sévigné écrit : « On va fort à l'opéra ; on trouve pourtant que l'autre était plus agréable [*Alceste* a succédé à *Cadmus*]. Baptiste croyait l'avoir surpassé ; le plus juste s'abuse. Ceux qui aiment la symphonie y trouvent toujours des charmes nouveaux. »

En 1677 le vieux Corneille a la joie de voir les Parisiens se presser de nouveau à ses pièces [53]. Les anciennes, il est vrai, les tragédies de style Louis XIII, valent cent fois les nouvelles. Le procureur Vollichon a quitté un jour son étude et « tout le jour fait la débauche, ayant été à la comédie, et de là au cabaret, où une de ses parties l'avait traité ». Il est tout heureux du spectacle, disant « qu'il avait été à la plus belle comédie qui se pût jamais voir ; et qu'il y avait tant de monde, qu'on ne pouvait entrer à la porte ». Comme on le presse, en compagnie, de raconter ce qu'il a vu, d'expliquer pour le moins quelle pièce l'a si bien enthousiasmé, il répond : « Attendez, je vais vous le dire : Un particulier nommé Cinna s'avise de vouloir tuer un empereur ; il fait ligue offensive et défensive avec un autre appelé Maxime. Mais il arrive qu'un certain quidam va découvrir le pot aux roses. Il y a là une demoiselle qui est cause de toute cette manigance, et qui dit les plus belles pointes du monde. On y voit l'empereur assis dans un fauteuil, devant qui ces deux messieurs font de beaux plaidoyers, où il y a de bons arguments. Et la pièce est toute pleine d'accidents qui vous ravissent. Pour conclusion, l'empereur leur donne des lettres de rémission, et ils se trouvent à la fin camarades comme cochons. Tout ce que j'y trouve à redire, c'est qu'il y devrait avoir cinq ou six couplets de vers, comme j'en ai vu dans *Le Cid*, car c'est le plus beau (*sic*) des pièces. » À quoi une interlocutrice lui répond : « C'est dommage qu'on ne vous donne la commission de faire des prologues, car vous réussissez merveilleusement à expliquer le sujet d'une tragédie [27]. »

La tragédie, même dévote, ne plaît en revanche pas plus aux dévots que la comédie au sens moderne du mot. Harcelé par son entourage, le Roi va progressivement se résoudre, sinon à interdire, au moins à limiter le nombre de ces spectacles qui pourtant ravissent les sujets de sa capitale. Le théâtre italien, naguère adulé, va être victime de ses foudres, le théâtre français, impossible à supprimer – la capitale recommencerait la Fronde –, va finalement être réduit à une scène unique, de qualité, certes, puisqu'il s'agit de notre comédie-française...

Comédies française et italienne

Il faut se faire une raison. Cette comédie-française, dont on a fêté en 1980 le glorieux tricentenaire, est moins une création du Roi-Soleil que le résultat d'une politique toujours un peu restrictive. D'ailleurs la « maison de Molière » ne prend véritablement corps que sept ans après la mort de l'auteur du *Misanthrope*. Pourtant l'on ne peut comprendre l'évolution de ces spectacles sans revenir à Molière. Vers 1670, la salle du Palais-Royal, quoique plus petite que le théâtre du Marais et que l'hôtel de Bourgogne ses rivaux, peut contenir jusqu'à mille cinq cents spectateurs. Le parterre à lui seul en accueille beaucoup, puisque l'on s'y tient debout; l'amphithéâtre compte vingt-sept degrés; il y a sur les côtés deux balcons, face à la scène trois rangs de loges; sans compter les petits marquis et autres gens de qualité qui ont leur siège sur la scène [92]. Il est vrai que la salle n'est en général remplie qu'au tiers de sa capacité. Le 10 février 1673 s'est tenue la représentation du *Malade imaginaire*, comédie en trois actes mêlée de musique et de danses. L'illustre M. Molière – après avoir incarné Mascarille, Scapin, Sganarelle, Orgon, Arnolphe, Sosie, Alceste, George Dandin, Pourceaugnac, Harpagon, M. Jourdain, Chrysale, dom Garcie de Navarre, Lycarsis, Moron, don Pedre, Lycas, Clitidas et Zéphyre [93] – y a créé le type d'Argan. Or la moyenne d'assistance des quatre premières représentations est de cinq cent quarante personnes; il est vrai que c'est à prix doublé, selon l'usage des créations. On sait qu'après la quatrième, sur les dix heures, Molière est mort dans sa maison de la rue Richelieu.

La troupe de Molière joue les jours ordinaires (dimanches, mardis, vendredis). Dans les intervalles, soirées jugées moins favorables, la salle est occupée par les comédiens italiens. Depuis 1671 ils ont obtenu du Roi, qui les aime, la permission de parler un peu français. Mais ils cultivent surtout les deux spécialités qui ont fait leur succès : la pantomime et l'usage des *lazzi*. Ils ont perdu en 1670 le fameux Pantalon, et ne l'ont pas remplacé. Mais ils font applaudir Scaramouche, mime sans rival, et le docteur (Lolli). Ils ont le meilleur Arlequin du siècle (Domenico Biancolelli). Ce Dominique, roi des lazzi, se dédouble, se multiplie sur scène, mis en valeur par des pièces composées à son intention, comme les *Quatre Arlequins* de 1667 [92]. Pour suivre le goût du public, les Italiens vont peu à peu augmenter dans leur répertoire la part du français, puis s'adresser à des auteurs français pour bien se renouveler : Dufresny et même Regnard vont s'y faire la main, donnant à l'exotisme et au baroque une place de choix. Dès 1683 cette francisation relative, cette relative trahison de la *commedia dell'arte* porte ses fruits ; et le *Mercure galant* écrit alors avec enthousiasme : « Jamais la comédie italienne n'a été si applaudie ni si suivie qu'elle l'est présentement ; aussi les comédiens italiens ne sont-ils jamais entrés dans nos manières, comme ils y entrent depuis quelque temps. Ils joignent l'utile à l'agréable et il y a beaucoup à profiter dans leurs pièces [...] Jamais on n'a vu tant d'intelligence pour la comédie, avec une si grande jeunesse [92]. »

Cependant la troupe de Molière, privée de son chef, puis de Baron, des Beauval et de La Thorillière, qui passent à l'hôtel de Bourgogne, se trouve bientôt réduite à quatre hommes et quatre femmes. Le fidèle La Grange, que protège Monsieur, frère du Roi, et Armande Béjart tentent de garder un public et de conserver à la troupe sa réputation. La situation est d'autant plus délicate que, du côté du Roi, il n'y en a désormais que pour Lully. Déjà en août 1672, une ordonnance avait interdit aux troupes théâtrales d'engager au-delà de douze violons et six chanteurs ; désormais, depuis 1673, le plafond est abaissé à six violons et deux chanteurs. L'opéra de Lully, avec Quinault pour librettiste, a conquis la faveur royale. Louis XIV ayant applaudi, en avril 1673, leur *Cadmus et Hermione*, accorde en récompense à Lully la salle du Palais-Royal [93]. L'opéra français a détrôné la comédie-ballet.

La Grange et le meilleur acteur du Marais s'associent alors pour louer la salle Guénégaud, rue Mazarine. Elle est bien située ; elle a été aménagée en vue de l'opéra ; elle contient plus de monde que la rue Richelieu. Son défaut est celui des jeux de paume transformés : elle a une forme oblongue. Après une négociation difficile avec les derniers acteurs du Marais, la fusion des deux troupes est obtenue par Colbert. Les

Parisiens peuvent donc, depuis l'été 1673, aller applaudir la « troupe du Roi à l'hôtel Guénégaud ». Il est vrai que, malgré son titre royal, elle n'a plus les 6 000 francs annuels de subvention touchés jusqu'à la mort de Molière. Les acteurs continuent de reprendre les comédies de l'auteur de *L'Avare*. Mais ils doivent aussi élargir leur répertoire et s'adapter au goût ambiant. Alors ils jouent, par exemple, *Circé*, pièce « à machines » de Thomas Corneille, gros succès sur le plan financier ; ils créent les petites farces de l'acteur Rosimond ou celle d'Antoine de Montfleury. Au début de 1678, les Parisiens viennent applaudir à l'hôtel Guénégaud *La Dame médecin*, de Montfleury. Cela fait plus de cinq mille spectateurs pour quinze représentations. Sur cent de ces amateurs de farce, soixante-sept restent au parterre, onze occupent les places les plus chères. Tous sans doute goûtent une langue brillante, des échanges rapides, la satire des médecins. L'argument, repris de l'Espagnol Tirso de Molina, est à la vérité aussi simple que baroque : en se travestissant en médecin, Angélique, fille d'un docteur qui lui a enseigné les rudiments avant de mourir, découvre que sa présumée rivale n'a qu'une feinte mélancolie, et se fait passer pour son frère afin de rencontrer celui qu'elle aime par son intermédiaire [93]. Cela ne vaut pas *Le Malade imaginaire,* mais change du *Médecin malgré lui*, et permet aux comédiens de la rue Mazarine de n'être pas totalement voués à conserver et illustrer Molière.

Le public parisien, en vrai connaisseur, se plaît à revoir des pièces consacrées, mais aime aussi la nouveauté. Alors on lui propose en 1674 *Les Aventures de Panurge* d'un nommé Pousset de Montauban, qui joue ici à rabelaiser à l'envi, en 1675 *Don César d'Avalos*, espagnolade signée Thomas Corneille, en 1678 *Le Cavalier par amour* d'un certain Vaumorière, en 1680 *Les Carrosses d'Orléans* du non moins oublié La Chapelle. Pour varier, les comédiens de Guénégaud ont entrepris, contre ceux de l'hôtel de Bourgogne, de soutenir la « guerre des tragédies ». Opposée à l'*Iphigénie* de Racine, les successeurs de Molière montent une *Iphigénie* cornélienne due à Le Clerc et Coras. En 1677 la *Phèdre et Hippolyte* de Pradon, écrite pour gêner Racine à la demande de la duchesse de Bouillon, fait les beaux jours de l'hôtel Guénégaud : pièce à surprises et à rebondissements, pièce baroque assez voisine de Thomas Corneille, la tragédie de Pradon concurrence, d'abord victorieusement, le chef-d'œuvre de Jean Racine. Mais en 1677 on va au théâtre pour son plaisir sans s'occuper de ce que la postérité décrétera au sujet des divers auteurs.

En 1679, La Grange, décidément bon gestionnaire, réussit un coup de génie ; il enlève à l'hôtel de Bourgogne sa vedette, la Champmeslé. Désormais la voie est assez libre pour obtenir la fusion des deux troupes. La Grange va plusieurs fois à la cour dans cette intention. Le Roi s'y montre bientôt favorable. Le 18 août 1680 un ordre de S. M. ordonne la jonction des deux troupes pour « rendre les représentations des comédies plus parfaites [93] ». La troupe unifiée, de la sorte va bientôt être nommée la « comédie-française ».

Les tribulations d'Arlequin

Cependant les Italiens continuent d'attirer les Parisiens. Les personnages des pièces nouvelles y ont des noms français. La soubrette est parfois Marinette, presque toujours Colombine ; le barbon est appelé indifféremment Brocantin, Sottinet ou Roquillard ; Pierrot remplace Polichinelle. Ce personnage, façonné par Regnard, joué depuis 1673 par le Français Jératon, n'est plus l'enfariné au blanc costume que nous imaginons d'après Watteau, mais un valet faussement naïf, faussement balourd, faussement impertinent et, pour tout dire, vraiment sage de toute la profondeur du bon sens populaire. Le type italien qui résiste le mieux au changement, c'est Arlequin. Alors la comédie italienne affiche *Arlequin Protée, Arlequin Mercure galant, Arlequin Grapignan, Arlequin lingère du Palais, Arlequin chevalier du Soleil, Arlequin empereur de la Lune*. Quand meurt Dominique (1689), le rôle est tenu par Evariste Gherardi, à qui nous devons la réunion et l'édition de tout ce gracieux répertoire [92].

Les Parisiens qui vont aux Italiens pour se détendre, pour

rire sans contrainte de petites pièces sans prétention, sentent confusément que ces amuseurs ont une manière de génie. Jadis ils ont donné des idées à Molière, naguère ils ont en revanche accepté de lui des recettes pour relever et ennoblir leurs farces. Aujourd'hui ils servent au nouveau Molière, Jean-François Regnard, de ban d'essai avant la mise au point de ses chefs-d'œuvre (*Le Légataire universel*, 1696 ; *Le Joueur*, 1708) : « Au cœur du burlesque mythologique, des plaidoiries ridicules, des spectacles orientaux et des parodies d'opéra, Regnard a su faire la satire de la société contemporaine et de la décadence des mœurs issue de la guerre, raillant les gens de robe et de finance, les militaires enclins au jeu, au tabac et aux femmes, les caprices de la mode et le nouvel usage des fards [92]. » Il est vrai que la satire d'alors est sélective, au théâtre comme dans la librairie. Le gouvernement laisse moquer les financiers vaniteux, les médecins pédants ou ignorants, les avocats sans cause, les rentiers trompés, les marquises adultères. Il ne saurait supporter de voir ridiculiser les évêques, les curés de grande paroisse, les secrétaires d'État, les généraux en chef, les présidents des cours, et même les simples conseillers au Parlement. Or, enhardis par leur succès, enclins à passer à la satire systématique, les comédiens italiens vont attirer la foudre de l'État sur leur impertinent théâtre. En 1688, ils ont déjà fixé l'attention des autorités ; en 1695, celles-ci n'ont pas apprécié *Le Retour de la foire de Bezons*. Désormais, à chaque représentation assiste un officier de police. Deux ans plus tard, le ministre de Paris, Pontchartrain, intime au lieutenant de police d'Argenson l'ordre d'expulser ces comédiens et de fermer définitivement leur théâtre. Ils viennent en effet de jouer quatre fois, avec beaucoup de succès, une comédie acidulée, *La Fausse Prude*. Figurait-elle, ne figurait-elle pas Mme de Maintenon ? L'auteur, d'ailleurs anonyme, l'eût nié jusque sous la torture ; mais le public y voyait malicieusement l'épouse morganatique de Sa Majesté.

Depuis le 4 mai 1697, il n'y a donc plus à Paris qu'un seul théâtre de comédie sérieuse ou de tragédie, la comédie-française. C'est une économie pour l'État, si l'on songe que vers

1670 le Roi accordait 6 000 francs à Molière et 12 000 aux comédiens de l'hôtel de Bourgogne, rien à la troupe du Marais, mais 16 000 à Scaramouche. C'est une victoire pour le parti dévot qui, depuis une vingtaine d'années, et toutes théologies confondues (le janséniste Nicole, le prudent Bossuet, la marquise de Maintenon et bien d'autres), réclame l'interdiction du théâtre. Le Roi, jadis très ami de la scène, s'est d'abord reconverti à l'opéra lullyen et aux ballets, puis n'a pu que calmer un peu l'offensive des prohibitionnistes. À ceux qui l'importunent exagérément, il répond que sa pieuse mère, Anne d'Autriche, ayant consulté sa conscience autant que les docteurs de Sorbonne, a toujours aimé et protégé le théâtre. Mais le souverain vieillit, augmente de piété, est irrité de l'extrême liberté de Mezzetin, cet Italien insolent. Avec un seul théâtre, aisé à contrôler, ne peut-on à la fois satisfaire les Parisiens et les empêcher de faire du mauvais esprit?

En fait l'esprit des Scaramouche, des Gherardi, des Mezzetin n'est pas mort à Paris. Sous le titre modeste de tréteaux de la Foire, sept théâtres populaires attirent en 1706 les spectateurs ravis. En dépit de la jalousie du théâtre français, en dépit d'une réglementation restrictive, ces forains conservent l'héritage des Italiens : la pantomime, les machines, le burlesque, l'exotisme, le merveilleux, la fantaisie... et même la satire. Les Parisiens sont enchantés. Le Roi, qui a vaincu l'Europe, n'est pas venu à bout de l'invincible Arlequin [92].

Les pensionnés de la culture

Une forme d'intervention royale, dont Paris est, ici encore, le principal théâtre, est le mécénat officiel, en grande partie fait pour éblouir l'Europe, et qui y réussit, au moins pendant un siècle. À défaut d'un quelconque ministère de la culture, fleurit alors une surintendance des bâtiments du Roi. Entre autres tâches, elle canalise le mécénat. Or cette charge n'est point attribuée au premier venu : Colbert, Louvois, Mansart l'ont exercée. Le premier nommé a donné à la surintendance efficacité, force et prestige. « Le ministre, assure Voltaire, doit partager la gloire du maître. Mais qu'eût fait Colbert sous un autre prince ? » En 1666 il crée l'académie des sciences et l'académie « de peinture, sculpture et architecture en la ville de Rome » ; en 1667 l'observatoire de Paris : toutes institutions qui vont connaître, à peine nées, une gloire universelle.

Dès 1664, le Roi et son ministre consacrent une part du budget de cette surintendance aux hommes de lettres et gens de science : jusqu'à 1690 ils sont en moyenne quarante-deux à percevoir annuellement une pension de Sa Majesté. Ce n'est pas la première fois que des princes entretiennent écrivains ou chercheurs, mais jamais on n'avait vu attribuer tant de gratifications, aussi régulièrement (tout est relatif) et aussi longtemps. La politique, bien sûr, et la propagande y trouvent leur compte, car, à l'admiration du monde, Louis XIV et Colbert pensionnent d'illustres étrangers, dix par an pendant dix ans. Il s'agit d'humanistes, de professeurs d'éloquence, d'érudits, de philologues, de poètes, d'historiographes, de géographes, de mathématiciens, de physiciens, d'astronomes. Ces bénéficiaires des grâces du roi très-chrétien sont parfois protestants, comme les Hollandais Isaac Vossius ou Nicolas Heinsius [31].

Pour les Français – ils forment la majorité des pensionnés –, cette manne officielle n'est pas négligeable : elle permet à nombre de poètes ou de savants de ne plus être esclaves de la protection privée, d'échapper à la dépendance ou au parasitisme. Jusqu'alors, seuls les moines ou les riches laïcs avaient cette liberté. Grâce aux pensions royales, beaucoup désormais peuvent cultiver sans souci les belles-lettres. En échange de quelques odes, de quelque éloge à l'antique, ils gagnent une indépendance réelle et quotidienne.

Les plus substantielles des gratifications sont réservées à des savants étrangers qu'il a paru souhaitable d'attirer et de retenir en France. Le grand physicien et astronome hollandais Christian Huygens, membre de notre académie des sciences, ne touche pas moins de 6 000 livres. Cassini a la plus grosse pension : 9 000 francs. Chez les Français, Eudes de Mézeray, dont on admire la monumentale *Histoire de France*, reçoit 4 000 livres; les érudits Baluze et Du Cange parviendront à 2 000. M. Chapelain, avec une pension de 3 000 livres, est très favorisé. Il est vrai qu'il conseille Colbert et mérite pour cela récompense; il est non moins vrai que l'auteur de *La Pucelle* était, vers 1667, ce que sera Paul Valéry en 1937, une sorte de symbole vivant de la poésie et de l'intelligence réunies.

Certains pensionnés touchent toujours les mêmes annuités, soit qu'ils représentent, comme le vieux Corneille, des valeurs consacrées, soit qu'il n'ait pas semblé expédient de les stimuler. Boileau perçoit 2 000 francs, Benserade et Daniel Huet 1 500, Molière et Thomas Corneille 1 000 francs, Fléchier seulement 800. En d'autres cas, il y a progression. En 1667, l'écrivain Charles Perrault et le mathématicien Carcavy passent de 1 500 livres à 2 000; Quinault, dont la pension d'origine n'était que de 800 francs, est promu à 1 200 en 1672, à 1 500 en 1674. Les changements les plus fréquents se voient avec Racine, comme si Chapelain et Colbert s'étaient penchés sur sa carrière, s'efforçant de récompenser en lui, presque au jour le jour, les succès de ses tragédies, les progrès de la protection du Roi. En 1664 et 1665, l'auteur de *La Thébaïde* touche annuellement 600 francs. En 1666, l'auteur d'*Alexandre* perçoit 800 livres. En 1668 et 1669, l'auteur illustre d'*Andromaque* voit sa pension portée à 1 200 francs. De 1670 à 1678, l'auteur très fêté de *Britannicus*, de *Bérénice* et de *Phèdre*, membre de l'Académie en 1673, historiographe de Sa Majesté en 1677, ne perçoit pas moins de 1 500 livres. À compter de 1679, le futur inventeur d'*Esther* et d'*Athalie*, touche la même gratification que son vieux rival Pierre Corneille : 2 000 livres [31].

Malgré son intérêt pour les sciences exactes, Colbert donna longtemps la primauté aux belles-lettres. Ce n'est qu'en 1674 – l'année de la mort de Chapelain – que l'on voit, au chapitre des pensions, récompenser plus de savants que de littéraires. Cette nouvelle donne devient la règle avec la surintendance du marquis de Louvois. Il est vrai que le siècle de Louis XIV brille sans doute également dans les lettres et par la science. Les pensionnés de Sa Majesté, outre Huygens et Cassini, ont pour nom Carcavy, Claude Perrault, Mariotte, Roberval, Borelli, La Hire; ils comprennent les démonstrateurs du jardin royal des plantes.

La société royale de Londres, quelques universités ou académies d'Italie ont une activité un peu comparable. Mais aucun pays ne peut à cette époque et ne pourra de longtemps être comparé à la France de Louis XIV en ce domaine du mécénat. Il importe peu que la guerre ait contraint Louvois d'arrêter ces pensions à la fin de 1690. Un élan est donné, que le siècle suivant ne démentira pas.

Le Louvre donné à la nation

Les rois de France, pour habiter le Louvre, ont naguère fait don de leur ancien palais, aux institutions de l'État : le palais de la Cité, nous l'avons vu, est de la sorte devenu palais de justice. Aujourd'hui Louis XIV, qui a d'abord préféré les Tuileries au Louvre, puis Saint-Germain à Paris, et maintenant Versailles à Saint-Germain, prête à l'élite de son peuple la plus grande partie de ce Louvre, «le plus bel édifice du monde», du moins avant que Mansart et Robert de Cotte n'aient achevé le château de Versailles.

Alors que la colonnade orientale, attribuée à Claude Perrault – «un des plus beaux morceaux d'architecture qui soit dans le monde[26]» –, n'est encore pas achevée, Charles Perrault, frère de Claude, membre de l'académie française et premier commis des bâtiments du Roi, obtient, en 1672, de Colbert, que l'Académie puisse s'assembler au Louvre. D'abord installée dans une vaste antichambre séparant les appartements d'été et d'hiver de la Reine mère, elle sera ensuite déménagée dans l'aile Lemercier, entre le pavillon de Beauvais et celui de l'Horloge. Ce n'est pas une installation médiocre. La compagnie occupe les anciennes salles du Conseil. Elle est plus tard rejointe par l'académie des inscriptions dont les peintres Coypel et Rigaud décorent superbement la salle d'assemblée. L'académie de peinture et de sculpture, après deux déménagements, est installée, par grâce royale, le 15 mars 1692 dans les bâtiments construits par Le Vau en 1661-1663 sur la cour de la Reine. Dix ans plus tard Sa Majesté lui donnera le salon carré et l'ancienne bibliothèque du Roi pour exposer ses collections. Cependant, à peu de distance, dans la grande galerie, vont avoir lieu en 1699, 1704 et 1706 les premiers «salons», les premières expositions ouvertes au public des œuvres de MM. les académiciens [133]. C'est encore en 1692 que l'académie d'architecture obtient un logement au Louvre, venant du Palais-Royal. Elle hérite tout simplement de l'ancien appartement de la reine Marie-Thérèse!

Plus tard venue, mais mieux lotie que toutes ses consœurs, l'académie des sciences est installée en 1699 dans l'ancien appartement du Roi. Elle va tenir ses assemblées savantes dans la salle Henri II. Elle installe dans l'ex-chambre de parade de Sa Majesté son éléphant (disséqué par Claude Perrault) et son beau chameau empaillé. Dans la chambre à coucher qu'avaient occupée tous les souverains, de Henri II jusqu'à Louis XIII, et dans le cabinet voisin décoré naguère par Le Brun, elle empile des armoires bourrées de pièces d'anatomie [133].

En des ailes moins royales, en des salles moins nobles, s'entassent une foule d'habitants variés. Des logements sont concédés à certains courtisans, M. de Vivonne, Mme de Thianges, M. de Saint-Aignan. D'autres sont légitimement occupés par des commensaux employés sur place. C'est le cas de ce pauvre M. Seguin, capitaine du château, qui ne sait où donner de la tête, entre la chasse aux occupants pirates, le maintien de l'ordre, la surveillance des matériaux abandonnés (le Louvre est inachevé, en grande partie sans toits), la recherche des sous-locations indues et la guerre aux prostituées des cours et des fossés. L'abbé de la Vau, bibliothécaire, est très normalement logé. Mais en outre le Roi a la bonté de le laisser nourrir et loger deux religieux, le P. Aignan et le P. Rousseau, dits bientôt «les capucins du Louvre», chimistes «qui travaillaient à faire des remèdes pour la médecine». Ils ont construit, sans crainte des incendies, un laboratoire que décrit en 1678 le *Mercure galant*, sans doute situé dans la cour du palais, en l'«apothicairerie».

Mais les habitants les plus remarquables sont les savants et les artistes hébergés par le Roi au rez-de-chaussée ainsi qu'à l'entresol de la grande galerie. Dans les années 1680, on trouve ici Bérain et Isaac Silvestre, le géographe Sanson, l'armurier Piraube, le fourbisseur Renoir, le graveur Châtillon, le sculpteur Girardon (ce dernier occupe un «duplex»), Renaudot, rédacteur de la *Gazette de France*, le mécanicien Vigarani constructeur de la fameuse salle des machines, le graveur en médailles Chivron, l'horloger Bidoux, l'ébéniste André-Charles Boulle [133]. Ce dernier a succédé, comme ébéniste du Roi et dans la qualité de *logé* (le *logé* artiste et roturier du Louvre n'est pas cousin du Roi, et se juge aussi bien loti que l'aristocratique *logé* de Versailles), à feu le sieur Jean Massé, de même état. La chose s'est passée en 1672, Sa Majesté se trouvant à la guerre. En bon surintendant des bâtiments, M. Colbert a demandé au Roi s'il convenait de laisser le logement de Massé au fils, assez médiocre, du défunt, ou s'il ne vaudrait pas mieux l'allouer au sieur Boulle, le plus habile ébéniste sur la place; et le Roi a ordonné à M. Colbert d'attribuer l'appartement d'ébéniste «au plus habile», c'est-à-dire à André-Charles Boulle [193].

Plusieurs des artistes logés s'étalent, et grignotent des locaux qui ne leur sont nullement destinés. Girardon aménage ses collections et ateliers dans une partie de la galerie des antiques. Il possède notamment une momie que le voyageur anglais Lister admire fort en 1698.

Le palais des rois de France abrite aussi, outre une partie des collections royales, embryon du futur musée du Louvre, la plupart des antiques de Louis XIV, venus d'Italie à grands frais, au temps de Mazarin, puis sous la direction et selon les ordres précis de Colbert. Il renferme encore l'imprimerie royale, source de bruit et de nuisance. Tous ces privilégiés que le Roi tolère se sont installés tout à fait comme chez eux et comme pour l'éternité. Lorsque la ville organise des fêtes et des feux d'artifice sur la rivière – par exemple le 25 août 1682 pour la naissance de monseigneur le duc de Bourgogne –, les artistes logés construisent des échafaudages au long de la grande galerie et les louent sans vergogne aux amateurs. En contre-échange il participent à la décoration : en 1682, pour la naissance du duc de Bourgogne, le décorateur Bérain veut bien disposer les feux illuminant l'immense façade sur Seine; en 1704, à l'occasion de la naissance du duc de Bretagne, c'est au tour de Girardon [133].

Les logés du Louvre se sont habitués à la munificente hospitalité à eux offerte par Sa Majesté; les Parisiens ont fini par trouver tout naturel que le plus grand palais d'Europe soit devenu surtout une cité des arts. Mais il n'est pas d'autre exemple dans le monde d'un mécénat aussi bon enfant. En dépit des légendes, il ne fait pas si mauvais vivre à Paris, au temps de la monarchie que l'on dit absolue, pour les artistes, savants, et autres intellectuels.

Les après-dînées d'Auteuil

Qui frissonne à Paris en Auteuil guérit : c'est là le sentiment profond de M. l'abbé Le Gendre, secrétaire de l'archevêque Harlay. En 1692 cet homme d'Église prend froid et gagne une forte fièvre, grâce à quoi nous allons visiter la banlieue de Paris. L'abbé, qui méprise la faculté mais veut guérir, consulte d'abord trois médecins. «L'un me dit blanc; l'autre me dit noir; le troisième [...] ne me dit que des choses frivoles [39].» Dégoûté, il décide alors de se soigner lui-même : «Je ne me fis ni saigner ni purger; je mangeai moins, je bus davantage : sur un demi-septier de vin je mis trois demi-septiers d'eau; je bus de l'eau pure entre les repas, la plus chaude que je pusse souffrir; je demeurai en repos sans lire ni écrire et sans entendre parler d'affaires; je me fis suer deux fois, et sans aucun médicament je me ressuscitai moi-même [...] Cette lavasse d'eau emporta la fièvre et dégagea la tête qui commençait à s'embarrasser.» Au bout de trois semaines il est si bien, qu'il décide d'aller «à Auteuil prendre l'air» pour se rétablir.

C'est un «village délicieux à une lieue de Paris [...]

Comme l'air y est excellent, il y a quantité de jolies maisons». La plus belle appartient alors à une manière de monsieur Jourdain, M. Galpin, trésorier de France, autrefois enrichi dans les étoffes d'argent et d'or. Sa demeure «est un petit palais, si bien meublé qu'il n'y a personne, même de la première qualité, à qui il ne fît envie». Mais le centre du village, pour l'esprit et la sociabilité, est la maison des champs de M. Boileau-Despréaux, de l'académie française. Elle n'est ni belle, ni laide. Son jardin est agréable. La vue est «charmante». Si le logement du poète «était d'un négligé cynique; la salle à recevoir le monde était un peu plus arrangée», garnie d'une grosse tapisserie à la façon de Bergame. À la place d'honneur trône un portrait de la reine Christine de Suède; sur le reste des murs figurent les portraits des Ménippe, des Perse, des Juvénal «et autres aïeux satiriques du maître de maison». Dès que ce dernier apprend que l'abbé Le Gendre séjourne à quelque distance, il lui ouvre son logis, l'invite «à y passer au moins les après-dînées».

C'est un salon littéraire, tenu chaque après-midi, aussi éloigné, semble-t-il, des vanités de la cour que du terre-à-terre bourgeois. Il s'y presse «toujours une compagnie triée d'hommes et de femmes de lettres». Mme Deshoulières († 1694) y brille des derniers feux de sa beauté – elle a cinquante-cinq ans –, de son esprit, de sa vertu. «Elle était muse autant par sa sagesse que par ses poésies; ses idylles sont fort estimées.» L'abbé Régnier fréquente cette même assemblée : il achève alors de préparer la première édition de ce fameux dictionnaire de l' Académie si longtemps attendu (Madame Palatine assure que ses auteurs sont restés des années sur le Q [53]), et en l'honneur duquel la docte compagnie a anathématisé le pauvre Furetière. M. Racine, lecteur du Roi, historiographe comme lui, est le grand ami du maître de maison. Les Dacier, le R. P. Bouhours sont les autres célébrités du moment. André Dacier, protestant converti, garde des livres du cabinet du Louvre, traducteur d'Horace, de Platon, de Sophocle, d'Aristote et de Plutarque, se prépare en somme à devenir académicien. Il est accompagné de sa femme, elle aussi convertie, future traductrice d'Homère. Mme Dacier sait «le grec parfaitement, le latin pas si bien» ; elle vient pourtant de traduire en français trois pièces de Térence.

C'est pourquoi, sans aucune arrière-pensée, l'abbé Le Gendre, emporté par cette émulation de science qui fait bourdonner l'air du salon de compagnie, commet la gaffe de sa vie. «Un jour, nous dit-il, que la conversation tomba sur Plaute, sur Térence, sur Phèdre, sur Horace et insensiblement sur la belle latinité, je me mis à dire en latin ce que je pensais de leurs ouvrages; alors je parlais latin aussi aisément que français; ce n'était point incivilité mais justesse de parler cette langue devant des dames qui se piquaient de la savoir et qui la savaient en effet.» Il est applaudi, mais Mme Dacier, ayant voulu répondre également en latin, « bronche deux ou trois fois, faute d'habitude» de parler de la sorte. Alors Racine et Boileau prient le lourdaud de revenir au français. Le R. P. Bouhours, de la compagnie de Jésus, bel esprit et mauvaise langue, présentement en pension au palais Galpin, raccompagne alors Le Gendre et retourne le fer dans sa plaie. À l'en croire, et Boileau et Racine s'étaient trouvés plus gênés encore que Mme Dacier, ne sachant eux-mêmes «le latin que médiocrement».

La fâcheuse expérience du latin une fois terminée, les commensaux du logis Despréaux reviennent à la belle langue française. Ici il n'est pas de jour qu'il ne s'agite «quelque problème littéraire». Il y a là je ne sais quelle cuistrerie inconnue de la cour, rejetée de la ville. Entre eux, ces gens de lettres dépassent parfois les bornes de l'honnêteté. C'est le danger des réunions de spécialistes. À en croire l'abbé Le Gendre, Boileau-Despréaux s'amuse «à agacer les gens sur Perse, sur Horace, sur Juvénal», afin qu'on en vienne sans heurt à ses propres *Satires.* Et ceux des visiteurs qui avaient cru leur hôte tout plein d'admiration envers la reine Christine sont brutalement ramenés à une mesquine réalité.

BOILEAU

Je n'ai mis la reine Christine de Suède vis-à-vis Perse et Juvénal, qui ont été les hommes les plus déchirants de leur temps, que parce qu'elle a été la femme de son siècle la plus médisante.

LE GENDRE

Aussi lui a-t-on rendu la pareille. Que n'a-t-on point dit de cette reine hermaphrodite ?

Le mot choque. Alors l'abbé s'explique : certes la reine de Suède a été femme « par toutes les faiblesses du sexe », mais elle a souvent déclaré aussi « qu'elle eût été ravie d'être homme ». Régnier soutient Christine, la proclame héroïne.

BOILEAU

Héroïne ! et par quel endroit ? Est-ce par ses amours avec l'ambassadeur d'Espagne, le galant et valeureux Pimentel ? Est-ce par sa cruelle fureur contre un autre de ses amants qu'elle fit poignarder dans une galerie du palais de Fontainebleau ? Est-ce par les assemblées qui se tenaient chez elle à Rome, ou, sans enveloppe ni correctif, elle disait des obscénités à faire rougir les moins modestes ?

L'abbé Régnier voit de l'héroïsme dans sa décision d'abdiquer.

BOILEAU

Oui, si c'eût été par héroïsme, mais on ne peut disconvenir que ce fut par légèreté et dans le désir peu sage de courir le monde.

Ni dans l'hôtel de Rambouillet, ni au XVIIIe siècle dans les fameux salons parisiens on n'eût accepté cette liberté de langage, ces joutes interminables, ces attaques ou ces sous-entendus. Il est vrai qu'il manque en l'assemblée d'Auteuil une présidence féminine. Ce ne sont pas les Dacier et les Deshoulières, ces bas-bleus, qui suffisent à faire retrouver le bon ton, quelquefois perdu. Crime suprême, le maître de maison veut avoir raison. La guerre de Suède se termine ainsi : la compagnie reconnaît (ou affecte de convenir) « que cette reine hermaphrodite avait peu l'air d'une héroïne [39] ». Nous y gagnons de pouvoir, aujourd'hui, entendre parler Boileau comme si son discours eût été enregistré sur bande magnétique…

Du berceau au tombeau

– Quelles sont les fins principales du mariage?
– La première est de donner des citoyens à l'État, des enfants à l'Église, des habitants au Ciel.
P. Feline

Pour un Français de 1680, il n'y a pas cent façons de considérer l'existence. «Nos pères et mères, dit-on, nous ont donné la vie, nous ont mis au monde», mais «c'est Dieu qui est le premier auteur de notre vie [26].» Il en a fixé la limite. «La vie de l'homme a été bornée depuis le Déluge par l'Écriture à six-vingts [cent vingt] ans.» Et pourtant cette existence est courte, elle «passe comme une ombre, comme un songe», si on la mesure à l'aune de l'éternité. Les croyants attendent d'ailleurs «la vie éternelle après cette vie transitoire», espèrent fermement passer «à meilleure vie, à une seconde vie». Dans cette intention ils s'efforcent d'être vertueux ici-bas. « Les riches mènent bonne vie, font la vie» : ce n'est pas ce qu'ils font de mieux. «Il faut soutenir le genre de vie qu'on a choisi, quand il est bon; changer de vie, se repentir, quand il est mauvais.» Chacun devrait mener, autant qu'il est possible, «une sainte vie, une vie chrétienne», non une «vie de pourceau, courte et bonne», ou une «mauvaise vie». L'idéal est «la vie spirituelle, religieuse contemplative, austère, exemplaire».

Les proverbes alors en usage sont moins pieux, moins exigeants. Ils résument pourtant une morale directement issue du Décalogue. On dit : «Telle vie, telle fin, pour dire qu'on meurt de la même manière qu'on a vécu. » Ils évoquent d'ailleurs une vie que peut interrompre inopinément la mort ou frapper rudement la maladie : « Qui a temps, a vie », « On a toujours plus de biens que de vie », « Il faut faire vie qui dure ». « Merci de ma vie, est un serment du petit peuple [26]. »

L'espérance de vie

La vie est précieuse alors, et la vie est fragile. Elle est précieuse pour l'Église, qui condamne avec force l'infanticide. L'État lui a emboîté le pas : une vieille loi de Henri II, toujours en vigueur, met sous surveillance des autorités la fille enceinte non mariée, qu'il faut détourner de la tentation d'un avortement provoqué. L'existence a du prix pour l'administration. Le colbertisme est un populationnisme. Colbert fait établir en 1670 par le lieutenant de police de Paris des tables mensuelles des baptêmes, mariages et sépultures. Vauban publie en 1686 une *Méthode générale et facile pour faire le dénombrement des peuples* [114]. Les intendants entreprennent une statistique générale du royaume pour l'instruction du duc de Bourgogne [9]. Enfin la vie est indispensable à l'harmonie du terroir, à l'équilibre d'un canton, d'une paroisse, d'une exploitation agricole. Aussi l'on assiste, au temps de Louis XIV, à une extraordinaire autorégulation de la démographie.

Dans une société surtout agricole, et qui n'en est plus au stade du défrichement, il ne faut pas multiplier les tenures, car la terre ne suffirait plus à nourrir les manants. Alors il y a un assez grand nombre de célibataires, et ceux qui se marient le font tard [200] (dans les campagnes du Bassin parisien, à près de vingt-sept ans en moyenne pour les hommes, vingt-quatre ans et demi pour les femmes). Le nombre des enfants illégitimes étant alors insignifiant (1 pour 100), on peut mesurer chemin faisant la sagesse des vieux célibataires et la retenue des jeunes gens, c'est-à-dire l'étonnante autorité de l'Église sur ses ouailles, respectueuses des commandements. Mais dans cette société traditionnelle, il ne convient pas non plus que la terre aille à l'abandon, que les friches se développent ou que la terre paysanne passe en bloc à des propriétaires de la ville. Alors, quand la mort fauche avec brutalité des centaines de milliers d'âmes, nos pères presque instinctivement trouvent la parade : les mariages augmentent aussitôt, par voie de conséquence les naissances ; et le creux se trouve comblé [114].

Les années de grande mortalité ont été 1676, 1680, 1691, 1705 ; mais, plus rudement 1709 et 1710, et bien plus terriblement encore 1693 et 1694. La crise de 1709-1710 tue quelque 1 400 000 Français, celle de 1693 et 1694 2 000 000 de personnes. Le froid brutal et les mauvaises récoltes font quelques ravages directs ; ils font surtout des dégâts indirects, favorisant la propagation des maladies et la non-résistance aux épidémies. Brochant sur le tout, l'état de guerre, moins en raison des morts au combat que des mouvements de troupe et de leur pillage, n'arrange rien. La mortalité frappe les villes plus que les campagnes – contrairement au stéréotype que nous lions en général à une fameuse citation de La Bruyère –, tant il est vrai que la mauvaise hygiène, l'entassement, l'usage d'eau non potable et l'accumulation des ordures renforcent la vague épidémique. Tout cela souligne la fragilité de la vie d'autrefois. Mais ce qui est le plus frappant, c'est la revanche de la vie. En 1694 la France a connu un hiver et un printemps exceptionnellement meurtriers. Or, dès 1695, le redressement se dessine : les mariages augmentent et bientôt les naissances [114]. Les curés ne sont pas hostiles, les agents du Roi pas davantage, mais tout se passe comme si les Français avaient naturellement trouvé, à l'échelon local du territoire de la paroisse, la seule riposte possible aux progrès dangereux de la mort.

Celle-ci, entre deux paroxysmes, a un territoire de prédilection : la petite enfance. Les décès observés chez les moins de cinq ans sont une réalité si quotidienne, que bien des curés, qui ont scrupuleusement inscrit les baptêmes, négligent sur leurs registres les inhumations de ces petits. Pour le clergé, comme pour les parents, il suffit de savoir que le sacrement a ouvert à ces enfants les portes du ciel. Il y a beaucoup de mort-nés ou de nouveau-nés frappés durant les premiers mois de la vie. Sur dix cas, moins de huit nourrissons atteignent l'âge d'un an, six seulement fêteront leurs dix ans, cinq peut-être iront jusqu'à vingt-cinq ans, qui est l'âge moyen du mariage [114]. C'est dire la médiocrité d'espérance de vie. Et cependant la France est un pays riche et civilisé!

Pour compenser quotidiennement cette rude mortalité infantile, et périodiquement la grande fauchaison des maladies épidémiques, les couples ont plus de six enfants par mariage. S'ils en avaient eu moins de cinq, le royaume n'eût cessé de voir diminuer le nombre de ses habitants. Le contraste, entre ce grand effort pour engendrer et enfanter, et le résultat nuancé qu'il provoque, fait sans doute, mieux que toute autre considération, mesurer la fragilité de la vie. Et encore, ne l'oublions pas, la peste, la guerre et la famine (les trois terreurs du moyen âge) ont presque disparu ou plutôt se sont éloignées de nos frontières!

Une fois atteint l'âge de vingt-cinq ans, nos pères peuvent enfin espérer un bon reste de vie. Dans des conditions favorables la mort s'éloigne un peu. Les moniales bénédictines de Faremoutiers-en-Brie vivent en moyenne soixante-deux ans [69].

Les âges de la vie

Chacun pense alors que c'est Dieu, maître de la vie et de la mort, qui marque les frontières de l'existence, permet la fragilité du nouveau-né, limite le temps humain. Au départ, du baptême de l'enfant jusqu'à son septième anniversaire, celui-ci «ne pèche point [26]» : on appelle donc les sept premières années de la vie «l'âge d'innocence, l'âge tendre». À sept ans, le petit garçon ou la petite fille atteignent «l'âge de raison». L'Église considère qu'ils ont dès lors une conscience nette du bien et du mal : comme leurs aînés ils pèchent, se repentent, méritent.

Les rythmes de croissance et de déclin varient selon les sexes. À quatorze ans, les garçons atteignent «l'âge de puberté» ou «âge nubile». À quinze et seize ans, on les appelle adolescents. Jusqu'à vingt-cinq ans – seuil de la majorité –, ils sont encore des jeunes gens. Dans les cas favorables on parlera de jeunesse jusqu'à trente ans. Ce dernier anniversaire marque une profonde césure, la fin de la jeunesse, la fin de « la fleur de l'âge ». L'adulte qui fête son trentième anniversaire est désormais « entre deux âges ». De trente à cinquante ans, on dira « la force de l'âge, l'âge mûr, l'âge viril ». Le quinquagénaire commence sans nul doute de vieillir. On parle à son sujet d' « être sur l'âge, être avancé en âge, sur le déclin de son âge » ; on le traite volontiers de « barbon ». À soixante ans, nul n'échappe à cette appellation. Alors débute « l'âge caduc ». « Les hommes sont vieux à soixante ans », écrit Furetière, comme on rapporte un sûr proverbe. Vous êtes devenu un « homme d'âge », un vieillard ; en attendant que les soixante-quinze ans vous introduisent dans « l'âge décrépit ».

La femme mûrit et vieillit plus tôt. Dès douze ans la petite fille atteint « l'âge nubile » Jusqu'à vingt ans la jeune fille a droit au doux nom de « tendron ». C'est un passage périlleux, le tendron ayant toujours attiré les désirs du barbon. À vingt ans, la femme du XVIIe siècle rayonne de maturité. Elle n'en profite guère. « Une femme n'est plus jeune passé trente, trente-cinq ans. » Cinq années de plus, et c'est le coucher du soleil : « Quand une femme passe quarante ans, son teint se fane, sa beauté est fanée, est passée [26]. » Elle est vieille, vingt ans avant son mari ou son amant.

Si prompte à découper d'impitoyables tranches d'âges, cette société ne connaît cependant pas de limites d'âge. En principe on ne peut plus acheter un office après soixante-dix ans ; dans la pratique on voit nommer des octogénaires. C'est à quatre-vingts ans qu'Étienne d'Aligre est fait garde des sceaux (1672). Deux ans plus tard, il sera chancelier, et il mourra en charge à quatre-vingt-cinq ans. Les bonnes gens parlent de vieillards de soixante ans, mais trouvent naturel de voir Duquesne diriger à soixante-quatorze ans l'escadre chargée du bombardement de Gênes (1684) ; tandis qu'à soixante-douze ans le marquis de Villette commandera avec vivacité, à Velez-Malaga (1704), l'avant-garde de l'armée navale du comte de Toulouse. À l'autre extrémité du cadrage, on peut être tonsuré à onze ans comme Bossuet, volontaire à treize ans, colonel à seize, magistrat à dix-huit comme Lamoignon ; quand ce n'est pas survivancier d'une charge de secrétaire d'État dès quatorze ans, tel Louvois.

Chacun a l'âge de sa précocité ou de sa chance, de ses artères, de sa valeur, de son crédit. Au début de 1702, alors qu' « âme qui vive ne reconnaîtrait plus Mme de la Vallière », qui a cinquante-sept ans, alors que la glorieuse Mme de Montespan a les cheveux tout blancs, la figure rouge et sillonnée d'innombrables rides – elle a soixante ans –, la marquise de Maintenon, âgée de soixante-six ans, « est absolument la même » qu'à trente-six. En 1711 Madame Palatine, qui la déteste, lui trouve « fort bonne mine encore [53] ». À âge égal, à vertu inégale, l'ex-amie de Françoise d'Aubigné, l'étonnante Ninon de Lenclos ignore plus encore ce que c'est que vieillir. Les dons de la Providence sont mystérieux : ils ne couronnent pas toujours la dévotion ou la bonne conduite.

Images de l'enfance

La grande dévotion du siècle, du moins avant le Sacré-Cœur, est celle de Jésus enfant. Le cardinal de Bérulle a remis le Christ au point central de la foi ; traduite en dévotion populaire, cette théologie développe le thème et le culte de l'enfant Jésus. Il doit beaucoup à Marguerite du Saint-Sacrement, une petite carmélite de Beaune : en 1632 (elle a treize ans) une apparition du Sauveur enfant l'a incitée à prier pour que Louis XIII ait un fils, en 1635 le même enfant Jésus lui a promis que la Reine allait attendre un Dauphin [94]. Jésus, protecteur des hommes, l'est d'abord de l'enfance. Sa jeune image, partout peinte, sculptée, gravée, contribue à faire aimer les petits, surtout peut-être à faire prendre l'enfance au sérieux. Par ailleurs l'iconographie pieuse continue de représenter l'enfant Jésus entre Marie sa mère et Joseph son père nourricier. La sainte Famille, entre autres mérites, a celui d'ennoblir l'enfant, de le placer en position d'honneur, et de proposer à tous le modèle de la famille chrétienne.

Tout laisse croire que le message a été reçu. Une gravure de 1701, signée F. Guérard, nous montre un jeune ménage de marchands. Le chef de famille désigne, au-delà de la fenêtre de son bureau, un port et ses navires de commerce. Sur la table on voit une bourse et un boulier. À côté, la femme du négociant berce un nourrisson et surveille un garçonnet en jaquette (la robe des moins de cinq ans). Or, sous ce calme tableau domestique, on lit cette belle légende :

Heureux qui du Ciel suit la loi
Et met le plus beau de sa vie
À bien servir son Dieu, sa famille et son Roi [76].

Dès 1680, l'enfant a conquis une place immense autant que nouvelle. Le *Dictionnaire universel* l'atteste. L'enfance s'y rencontre sans cesse, au cœur d'une sensibilité familiale. Certes – réalité oblige – l'ouvrage n'escamote pas le fouet, la férule, les verges, les *claques* (« ce mot est bas »). Deux axiomes justifient cet appareil de la répression pédagogique : « Un père doit châtier ses enfants », « Un maître châtie ses écoliers. » Mais les mots affectueux abondent, dont usent, surtout dans la bourgeoisie et le peuple, des parents facilement attendris : mon *poupon*, mon *petit poupard*, ma *mignonne*, *mon petit cœur*, *mon petit bouchon*; et les recettes pour atténuer la réprimande : *petit espiègle* est plus doux que *merdaille*! L'ironie gentille n'est pas condamnée, comme dire à son fils : «Allez à l'école fouetter le maître.» Furetière, en bon moraliste, invite les parents à ne pas être trop parents gâteaux, et ce faisant nous dévoile un XVIIe siècle presque ignoré. Il conseille de réglementer les marques de l'affection (« Les pères et mères doivent baiser leurs enfants au front »). Il dénonce les excès de faiblesse (« C'est le défaut des mères de trop *mignarder* leurs enfants, de les trop dorloter et flatter »). « Il est dangereux, écrit-il, de trop *amignarder* les enfants » ; « on gâte les enfants à force de les *amignoter*», en particulier en les bourrant de confitures.

Le même dictionnaire – n'est-ce pas justifier sa prétention à l'universalité? – contient, disséminé mais bien visible, un petit lexique utile du vocabulaire enfantin : *bobo, bonbon, dada, dodo, maman téton* (nourrice), *papa mignon.* Le chat n'est pas encore minet ou minou ; il est, le restera jusqu'au second Empire, *minon.* L'argot écolier lui succède, dont voici quelques échantillons. La *bouffe* n'est point une nourriture, mais la rotondité de la joue ; les écoliers brutaux menacent les camarades de *leur donner sur la bouffe* (« ce mot est bas »). Avoir *campos,* c'est avoir reçu congé de quitter l'école ou le collège « pour sortir, pour aller aux champs, et se divertir ». *Capon* ne veut point encore dire peureux, mais fripon, vandale, escroc et tricheur... Savez-vous ce qu'est une *compotation* – mot inconnu de la cour, de la ville et des bourgs? Le terme désigne « des petites débauches et repas que font les professeurs ou les écoliers qui se divertissent ensemble ». Et *croquignole* n'est pas passé dans la littérature ; le mot veut dire nasarde ou chiquenaude : « La malice des pages et des écoliers leur fait donner des croquignoles à leurs camarades qui sont faibles ou niais. »

Les jeux de l'enfance, de la maison, du jardin, des écoles, ont aussi leur place dans notre encyclopédie. Cela va du *poupard* – le jouet des petites filles pauvres –, « une poupée emmaillotée et sans bras », jusqu'à l'*escarpolette,* « exercice où on se brandille, étant assis sur un bâton attaché de travers à une corde qui est pendue en quelque lieu haut » : plus acrobatique que l'escarpolette du temps de Boucher et de Fragonard, cette balançoire baroque peut déjà être fort coquine. Elle réjouit, semble-t-il, les écoliers comme les laquais. Il est deux sortes de *cochonnets.* Il y a sous ce nom une manière de dé perfectionné, d'os ou d'ivoire, « taillé à douze faces », faisant douze pentagones marqués de 1 à 12. On le roule sur la table en tâchant de faire plus de points que les concurrents. Mais il existe aussi, de même nom, un jeu de plein air, ancêtre simple de la pétanque provençale : « On appelle jouer au *cochonnet* lorsqu'on joue à la boule en se promenant, et qu'on change à chaque coup de but. » Dans les cours de récréation ou dans les réunions d'enfants, les jeux courants sont le *ballon*, déjà moderne, déjà gonflable (« Il n'y a guère que les écoliers qui jouent des parties de ballon »), les *barres*, le saute-mouton qui s'appelle alors *coupe-tête*, comme si la maladresse y était de mise. En hiver la mode est à la *crosse*, l'ancêtre rudimentaire mais direct du hockey sur glace (« On a de la peine à se garantir des crosseurs durant la gelée »).

Les jeux d'intérieur ne sont pas oubliés. Il y a le *corbillon*, où chacun en tournant s'exerce à trouver rime en *on*; le bruyant *colin-maillard;* le très paisible jeu des *colifichets*. Le colifichet est un « petit morceau de papier, de carte, de parchemin, coupé proprement avec des ciseaux, représentant diverses figures ou dessins, qu'on colle ensuite sur du bois, du velours, etc. » Enfin le cache-tampon de l'époque, dit alors *Cache cache Mitoulas*. Furetière trouve ces termes populaires et peu honnêtes. Il en indique pourtant les règles. « C'est un jeu de jeunes gens, qui consiste à mettre quelque chose secrètement entre les mains ou dans les habits de quelqu'un de la compagnie : ce qu'on propose à deviner à une tierce personne. Ce mot vient par contraction et transposition de *Mie tu ne l'as*, au lieu de *tu ne l'as mie*[26]. »

L'enfant n'est donc ni un ange en sucre ni un jésus en chocolat. C'est un marmot pas toujours bien *ébrenné* (torché), un petit garçon parfois *éventé* (« emporté, évaporé, imprudent »), qui troue son haut-de-chausses, peut-être un collégien inscrit par les régents sur leurs *cédules* (fichier des mauvais sujets). Mais c'est aussi un petit homme, que les grandes personnes, professeurs en tête, traitent en responsable, en ce temps où le bien existe et le mal, la faute et le repentir. Nul ne prendra ce petit plus au sérieux que M. Charles Perrault, de l'académie française – « un des génies les plus transcendants (le mot est de Nodier) qui aient éclairé l'humanité depuis Homère ». Il transformera pour l'enfant des contes de nourrice en chefs-d'œuvre [52].

Alliances et mésalliances

Cette société, inégalitaire et qui s'en trouve bien, est fermement attachée à l'idéal – plutôt bourgeois – du mariage égal. Dans le rapt, la loi et les juges punissent la violence, certes, mais en même temps, presque toujours, sanctionnent une inégalité. D'où les tribulations du compositeur Henri Desmarest, jugé indigne d'épouser une certaine demoiselle de Saint-Gobert [75]. Le mariage clandestin scelle, pour l'ordinaire, quelque inégalité : aussi est-il poursuivi avec rigueur, dans l'esprit du concile de Trente, qui a ordonné la publication de trois bans pour éviter cet abus.

Le mariage d'amour, qui se relie au cas précédent, inquiète tous les milieux. Les chansonniers en entretiennent pourtant la nostalgie. Dans les couplets populaires d'alors, on rencontre souvent le thème de la jeune fille mariée d'autorité à un riche, vieux et maladif, alors qu'elle aimait un jeune et beau gars sans fortune : il ne reste à la belle que de préférer le cloître, ou de tromper son homme [179]. Mais, si de l'imaginaire on revient au quotidien, l'union amoureuse est presque toujours suspecte, car elle ouvre la porte aux solécismes sociaux.

Trop accusées, les différences d'âge font cependant scandale. Chez les petits bourgeois, dans les bourgs, à la campagne, on assaille les couples mal assortis. Ils ont droit à de bruyants *charivaris*. À la cour même, il est rare que les alliances entre contractants de génération différente, n'engendrent pas des oppositions familiales, des critiques, un contentieux. Dans la meilleure hypothèse, l'ironie s'en mêle. Le 17 juillet 1709, le maréchal de Tessé écrit à la princesse des Ursins : « Nous avons eu, ces jours passés, la noce de mademoiselle de Mailly, qui n'a que treize ans, et du vicomte de Polignac qui en a cinquante passés. La mère, éplorée de voir la victime exposée au moment du sacrifice, se jeta quasi aux pieds du sacrificateur, représentant avec tendresse que treize ans était un âge qui méritait quelque recommandation… – Rassurez-vous, madame, lui dit le vicomte, si votre fille n'a que treize ans, votre gendre en a cinquante [68]. »

Et cependant la mésalliance – exemple tranché d'une inégalité sociale entre fiancés – n'a pas en France, alors, la réputation exécrable que lui font les Allemands. Cela tient à ce que les normes du convenable et du condamnable appartiennent à la noblesse. Or, dans le royaume, les preuves des gentilshommes ou des dames se comptent par degrés, de père en fils en ligne masculine, et non par quartiers comme dans le Saint Empire (tous les ascendants paternels et maternels étant alors décomptés). À la limite, les ducs peuvent épouser des bergères, les faire recevoir à la cour, et procréer en leur compagnie de futurs ducs. Se mésallier ne fait pas perdre la noblesse, ne déroge pas, au sens légal de ce mot. On y peut, en revanche, perdre des avantages « d'honneur ou de dignité [26] », dans la proportion même de la mésalliance. Déjà, à milieu égal, peuvent apparaître des conditions inégales. À la fin de 1679, la marquise de Sévigné est fort soucieuse : son fils Charles prétend, en effet, épouser une demoiselle nommée Sainte de la Coste, âgée de plus de trente ans, sans fortune et sans beauté [62]. Mais souvent la mésalliance est une nécessité financière, voire alimentaire. La langue de jadis traduit bien une telle situation : « *Faire un boudin* est un vieux proverbe qui signifie marier un gentilhomme avec une riche roturière, parce que le mari anoblit la femme, et est le soutien de la maison ; et la femme qui est riche fournit de graisse pour l'entretenir. » Dans plusieurs cas extrêmes, le noble se déclasse à jamais : « Celui qui épouse une courtisane fait déshonneur à sa race [26]. »

Ainsi, dans cette société où la dignité est toujours le premier critère, l'opinion pèse et soupèse la qualité des mariages. De la cour à la ferme, en passant par la boutique et par l'échoppe, on affecte de dénoncer avec vigueur, quand ce n'est avec horreur, les inégalités. « Une duchesse qui n'épouse qu'un gentilhomme se mésallie et perd les honneurs du Louvre. Un bourgeois qui se mésallie en épousant sa servante, ou une coureuse, perd sa réputation et son crédit [26]. »

Pour éviter tout excès, harmoniser les unions, satisfaire sa famille, ses proches, l'opinion locale et générale, il convient donc de s'en tenir au mariage de raison. Des multiples critères d'une telle « raison », le premier est alors – le restera jusqu'à 1914... – l'adéquation des dots.

L'union des « sacs d'argent »

Sans dot la plus belle fille du monde, alors, perd ses droits; tandis qu'un laideron bien doté garde toutes chances. Ainsi le veulent « la corruption du siècle » et la méchante coutume de « marier un sac d'argent avec un autre sac d'argent [27] ». Au reste, la vie se charge de démentir et dissocier les unions trop calculées en fonction des écus. Lorsque Charles Le Gouz de Morin, gentilhomme bourguignon, épouse en 1697 sa cousine Marie-Anne Loppin, lui veuf quelque peu barbon, elle âgée seulement de dix-huit ans, il pense unir deux fortunes égales : les deux fiancés possèdent chacun à peu près 100 000 livres. Mais la jeune femme, sans enfants et traitée sans délicatesse, ne supportera pas les dépenses inconsidérées d'un mari léger et bâtisseur. Il en résultera un interminable procès en séparation de biens (1713-1720), perdu par M. Le Gouz [81].

Dans son merveilleux et baroque *Roman bourgeois* (1666), si vivant et si vrai, Antoine Furetière s'est complu à reconstituer pour nous un Tarif « ou évaluation des partis sortables, pour faire facilement les mariages [27] », dont voici les termes, à peine simplifiés :

« ÉVALUATION DES PARTIS SORTABLES»	
Il faut aux personnages ci-dessous...	*Une fiancée dont la dot soit comprise entre...*
Un marchand du Palais, un sergent au Châtelet, un petit commis	1 000 et 6 000 livres
Un marchand de soie, un drapier, un procureur au Châtelet, le secrétaire d'une grand seigneur	6 000 et 12 000 livres
Un procureur au Parlement, un notaire, un greffier, un huissier	12 000 et 20 000 livres
Un avocat, un conseiller au siège des eaux et forêts, un magistrat de la cour des monnaies	20 000 et 30 000 livres
Un auditeur des comptes, un trésorier de France, un payeur des rentes	30 000 et 45 000 livres
Un conseiller à la cour des aides, un conseiller au grand conseil	45 000 et 75 000 livres
Un conseiller au Parlement, un maître des comptes	75 000 et 150 000 livres
Un intendant des finances, un maître des requêtes	150 000 et 300 000 livres
Un président à mortier de Paris, un duc et pair	300 000 et 600 000 livres

L'auteur de ce plaisant tableau déplore de n'y pouvoir faire figurer les rentiers, les voue en somme au célibat. Ils ont oublié qu'un office est «le chausse-pied du mariage», au point que la furie des charges, qui caractérise la France, ne s'est pas développée sans raison dans un peuple «galant et amoureux» ! Furetière n'a pas prévu d'étendre son tarif au-dessus de 600 000 livres. Les dots supérieures eussent, en effet, concerné «des filles de financiers ou de gens d'affaires» :

« or, elles ne sont pas vendues à l'enchère comme les autres, mais délivrées au rabais».

Il signale ensuite que certains paramètres, non négligeables, permettent de nuancer le tableau d'ensemble. Par exemple, « le mérite et la beauté d'une fille la peut faire monter d'une classe, et de celle de trente mille livres avoir la fortune d'une de quarante; mais, ajoute-t-il avec humour, il n'en est pas de même d'un homme, dont le mérite et la vertu sont toujours comptés pour rien [27].» La condition personnelle et l'importance de la charge sont, du côté mâle, seules prises en considération.

La formation du couple

Il est interdit de contracter mariage là où le droit canon y voit un obstacle «dirimant». Il y a treize sortes d'empêchements : l'âge (trop tendre), l'impuissance, le lien, la disparité des cultes, l'ordre sacré, le vœu solennel, le rapt, le crime, la consanguinité, l'affinité, l'honnêteté publique, la parenté spirituelle, la parenté légale. L'évêque peut lever certains de ces obstacles, après enquête, et accorder dispense dès qu'il s'agit, non d'un empêchement absolu, mais d'un empêchement relatif. Là où tous ces dossiers sont conservés, nous avons une sorte d'analyse spectrale du mariage sous l'ancien régime, surtout en milieu populaire. Ceux du diocèse de Coutances sont très instructifs [128].

Le mariage est d'abord un «établissement». Une orpheline, souvent sans domicile, a besoin d'une maison. En Normandie, où seuls les garçons héritent, la jeune fille habite, dans la meilleure hypothèse, une maison qui n'est pas à elle. C'est en cette demeure, pourtant, que le prétendant vient d'abord faire sa cour, s'il y est autorisé. Y est-il reçu, la parentèle, le voisinage comprennent que sa demande a été agréée. Dans la maison des parents de la jeune fille est préparée la cérémonie du contrat («Et même ledit parlant a accompagné ledit Le Brun, son neveu, quatre ou cinq fois chez ladite Jourdan à dessein de convenir des *pactions* de leur espéré mariage avec le frère de ladite fille, n'ayant plus de père ni mère», 1697).

Les suppliants de Coutances donnent ainsi les raisons qui les incitent à abandonner le célibat : ils ne supportent pas la solitude; «ils ne conçoivent pas une maison sans femme, mère, fille, bru, épouse ou servante». Ils attendent de leur future épouse un soutien pour toute la vie; pour cela souhaitent généralement «une femme d'un bon caractère», non une virago. Le marchand, voyageur, veut quelqu'un de confiance afin de lui «confier le gouvernement de sa maison». Le laboureur ne raisonne pas autrement : s'il vaque au-dehors, il faut une personne chargée de «veiller l'intérieur». Cette épouse indispensable a le gouvernement de la demeure de son mari; en échange de quoi elle est souvent une domestique sans gages.

Le mariage ne conduit pas seulement une jeune fille de la maison paternelle au domicile conjugal. Il la dépayse parfois, l'arrache à sa communauté dans un cas sur deux, alors que les deux tiers des hommes mariés ont la satisfaction de naître et de mourir dans la même paroisse. Donc «le mariage déplace la femme». À la fin du siècle, dans la région de Saint-Pierre-Église, le contrat de mariage indique sans finasserie que la fille est «donnée, promise et accordée [...] avec les biens qui ensuivent...». Dans ce pays du Cotentin, la dot est généralement réglée en espèces. S'y ajoute le «don mobil», qui est une autre somme d'argent, et un trousseau : coffre pour les pauvres, armoire pour les plus riches, linge, hardes, vaisselle; souvent encore têtes de bétail. Le déménagement ne passe pas inaperçu. Ici il se pratique en grand appareil la veille du jour des noces.

En attendant ce grand jour, les fiancés sont invités à la réserve et à la chasteté. Comme ils ont tendance à confondre fiançailles et mariage, l'évêque de Coutances impose des fiançailles après les publications de bans! Sinon le scandale arrive bientôt, voire le déshonneur...

Au risque de subir le tyrannique espionnage des voisins, les filles de cette basse Normandie – sont-elles différentes de celles des autres provinces? – préfèrent se marier dans leur paroisse avec un garçon dont elles ont toujours connu la famille. Les curés encouragent ces unions assorties et cette stabilité. Parfois le hobereau s'en mêle (en tout bien tout honneur; dans l'intérêt de la seigneurie et de la communauté). Celui de Sainte-Mère-Église a imposé en 1678 cette règle contraignante : « *Item* ne peuvent mes dits hommes marier leur fille aînée hors la paroisse sans mon congé et qu'au préalable ils ne m'en aient parlé et demandé licence et ne leur aie donné mon consentement [128]. »

Dans un monde où la fille majeure a peu de droits, et où le mariage tardif est de mise, les jeunes villageoises ont loisir de réfléchir à leur avenir; mais, si elles veulent rester sur place, elles ne doivent pas attendre trop. Parfois les gars normands « laissent les vieilles aux étrangers ».

Les campagnards forment souvent d'excellents couples, de bons ménages. Les visites pastorales d'évêques ne parlent pas de scandales nombreux. Il n'en va pas de même dans les hautes classes. Madame Palatine ne voit à la cour qu'adultères ou couples indifférents. Elle exagère, comme toujours, mais n'invente pas tout. « L'amour dans le mariage, écrit-elle en 1697, n'est plus du tout de mode; les époux qui s'aiment bien passent pour ridicules [...] C'est chose convenue que les hommes ont des liaisons galantes et dédaignent leurs femmes [53]. » Dix ans auparavant on en faisait déjà un proverbe inquiétant : « Les cornards sont plus à la mode qu'ils n'étaient autrefois [26]. » Et, comme plus tard Stendhal, Saint-Évremond exilé refuse à ses compatriotes et contemporains le privilège (ou le talent) de l'amour-passion : « En Espagne, assure-t-il, on ne vit que pour aimer. Ce qu'on appelle aimer, en France, n'est proprement que parler d'amour et mêler aux sentiments de l'ambition la vanité des galanteries [59]. » Il faut pourtant qu'il y ait des exceptions, puisque la langue même a prévu une gradation des états affectifs : « *Brûler* est un état violent [...] Languir est le plus beau des mouvements de l'amour [59]. » Chacun le sait, et les vieilles chansons le répètent : le mal d'amour est une maladie, le médecin ne sait pas la guérir.

« Clysterium donare, Postea seignare, Ensuita purgare »

Il faut que le médecin paraisse un peu sorcier. Il y gagne en prestige ; et le mystère des poses, des gestes et des mots ranime la foi du patient. Ce défaut, ou cette nécessité, sont de tous les âges. Au XVIIe siècle, on ne doit pas croire que seuls les médecins français « savent parler en beau latin, savent nommer en grec toutes les maladies, les définir et les diviser ; mais pour ce qui est de les guérir, c'est ce qu'ils ne savent point du tout [47] ». Il est sûr que Fagon, premier médecin, en refusant l'amputation préconisée par le chirurgien Mareschal, a littéralement assassiné le Roi ; mais il est probable que bien des souverains ont également été tués par leur archiatre respectif. Il serait plaisant d'en établir le répertoire.

Si la faculté ordonne des remèdes aux noms grecs et les commente en latin (*Quid dicis ? Dico. Bene. Optime. Nego consequentium. Concedo* [47]), elle a, en ce temps, une double excuse. *Primo,* le latin demeure la langue des savants : c'est en latin que Harvey a établi la réalité de la circulation sanguine (*Exercitatio anatomica de motu cordis et sanguinis in animalibus, Francfort,* 1628), ouvrant à la physiologie un champ immense. *Secundo,* c'est dans l'antiquité grecque et romaine que siège toujours l'Olympe scientifique et thérapeutique : « Hippocrate et Galien sont les princes de la médecine [26]. » Rien de plus vénérable que ces vieilles autorités. Hélas on sait depuis toujours qu'elles tirent à hue et à dia : « Hippocrate dit oui, mais Galien dit non » (Regnard, 1704). Il résulte de tout cela que les docteurs du temps de Molière et de Regnard sont à la fois des anciens et des modernes.

La saignée, thérapeutique prioritaire (*Primum saignare*), dite en style pédant *phlebotomie* [40], se fait « avec une lancette pour tirer le sang corrompu ou superflu qui est dans les veines. Les médecins méthodiques usent de saignée pour remède principal [26] ». On assure que l'école de Paris fait trop de saignées. Quand elles répondent aux coups de sang, leur usage paraît légitime : « Dans l'apoplexie, il faut faire, pense-t-on, de grandes évacuations par la saignée. » Parfois ce type de soins semble plus étrange. Le maréchal de Tessé écrit, le 16 janvier 1713 : « Madame la duchesse de Berry fut saignée il y a quelques jours, sans autre raison pourtant, sinon que l'on saigne dans les grossesses, comme dans d'autres temps, quand on a trop de sang [68]. » Mais nous oublions que la saignée, parfaitement anachronique et pourtant encore usitée au début du XXe siècle, est sous Louis XIV une technique de pointe (sans nul jeu de mots). Elle est en somme le corollaire pratique de la proposition théorique de Harvey. Saigner, c'est montrer sa foi en la circulation sanguine. Les bons traitants s'efforcent de ne pas tourner aux zélateurs, de ne pas imiter cet empirique des années 30 qui saigna sa cliente « soixante-dix-sept fois en divers endroits et lui retira la presque totalité de son sang [167] ». Mais ils saignent sans hésitation, surtout les patients très sanguins, comme monseigneur le Dauphin [18].

Purger est plus traditionnel, et c'est tout naturellement que Molière nomme un de ses docteurs M. Purgon. Purger, c'est « ôter – chacun le sait – les impuretés par l'art et les remèdes. Les médecins purgent plusieurs fois leurs malades, leur donnent plusieurs médecines. Les personnes craintives se purgent souvent par précaution [26] » ; le Roi se purge préventivement chaque mois, non parce qu'il est craintif, mais parce que ce monarque qui passe pour absolu ne peut rien contre la tyrannie de son archiatre. La purge (*Deinde purgare*) ne se confond pas avec le lavement ; encore que le clystère soit souvent appelé en renfort en cas de « ventre dur » et d' « obstructions dans les boyaux », de coliques ou de flatulences. L'injection liquide, qu'introduit en clystère l'immense seringue de l'aide-apothicaire, visite les intestins « pour les rafraîchir, pour lâcher le ventre, pour humecter ou amollir les matières, pour irriter la faculté expultrice, dissiper les vents, aider à l'accouchement, etc. ». On en fait d'eau, de lait, de son, d'herbes en décoction. On évite maintenant (vers 1680) d'y mêler du sucre rouge et du catholicon ; mais on continue d'y introduire du miel. « Il y a des clystères remollitifs, carminatifs, lénitifs et astringents, laxatifs, anodins, etc. [26]. » L'harmonieux fonctionnement des intestins, beaucoup trop négligé de nos jours, est l'obsession générale de nos pères. C'est à peine si le marquis de Dangeau ne nous indique pas la couleur du *bran* (excrément) de Sa Majesté; en tout cas il nous dit ou nous fait deviner si la matière en est louable, en somme à mi-chemin de la raideur que provoque la constipation et de la *bonne cacade* qu'entraîne la colique [18]. Au XVIIe siècle, comparables aux augures ou aux haruspices, nos « médecins jugent des maladies par les déjections [26] », ne cessent de les considérer et de les évaluer. On connaît la célèbre demande de la marquise de Sévigné à la comtesse de Grignan (1679) : «Parlez-moi, je vous prie, de la manière dont s'est passée votre dernière colique; croyez-vous que ce ne soit pas une chose importante?»

On ne saurait quitter le domaine des purges sans parler des délicats mélanges qui sont alors absorbés par voie buccale. S'ils ont le nom, en quelque sorte générique, de *médecines*, cette désignation montre leur fréquence. La médecine purge, mais ne traite pas seulement les malaises intestinaux. Elle est «composée de plusieurs drogues convenables à la qualité de la maladie». Pour la constipation, on préconise volontiers «une médecine composée de casse, de séné, de rhubarbe, de tamaris, etc. [26] ». Il s'agit sûrement là de quelque chose d'efficace!

En apparence, drogues et médicaments sont fort nombreux. Contre la colique on utilise l'épine-vinette; en cas de « grosse vérole», il n'est guère que le traitement au mercure; contre les maladies du cuir, il faut user du cérat; en cas d'anémie prolongée, on peut absorber des bouillons de vipère. C'est ce que fait en 1679 Mme de la Fayette à qui un tel régime redonne «des forces à vue d'œil [62] ». Certains docteurs vous assomment de remèdes variés. Ceux qui soignent en 1677 Mme de Sévigné commencent par lui soutirer quatre palettes de sang, puis passent de sang, puis passent à la pharmacopée. «À force de remèdes, écrit la marquise, de ce que l'on appelle remèdes, dont on compterait aussi tôt le nombre que celui des sables de la mer, je me suis trouvée guérie.» Au contraire les médecins des petites villes ou des bourgs recherchent les panacées : la thériaque en est une, «remède composé de quantité de médicaments chauds pour la guérison des maladies froides [26]».

Les bons médecins d'alors ordonnent leurs soins selon les quatre sortes de tempérament. Or, il y a quatre tempéraments parce qu'il y a dans le corps quatre humeurs, «substances liquides qui abreuvent tous les corps des animaux» : le flegme ou la pituite, le sang, la bile et la mélancolie[26]. Dès lors, le vrai remède, le *médicament* digne de ce nom, est celui «qui peut changer notre nature en mieux», atténuer la mélancolie chez les mélancoliques, purger la colère, guérir la pituite, etc. Les bons médecins n'usent pas sans contrôle de l'immense pharmacopée sur laquelle veillent les apothicaires. Car il y a «des médicaments attractifs, répercussifs, résolutifs, raréfactifs ou anodins, suppuratifs, détersifs, modificatifs, régénératifs, cicatrisatifs, corrosifs, détersifs, carminatifs, roboratifs, dessicatifs et stupéfactifs. Il y en a d'astringents, d'émollients, de caustiques, pyrotiques, diurétiques, diaphorétiques, carcotiques, épulotiques, narcotiques [26]». Et c'est pourquoi la fameuse liste de remèdes du monologues d'Argan, si elle semble comique, est à peine caricaturale [47].

Les seuls Français un peu à l'abri des Diafoirus, les humbles, les manants, se confient aux médicastres, aux empiriques, aux sorciers; d'ailleurs «les paysans appellent ensorcellement les maladies de langueur que les médecins ne peuvent guérir [26]». Encore sont-ils bien plus libres que les grands. Le journal des médecins de Louis XIV, surtout en 1686 (l'année de la fistule) ressemble fort au jardin des supplices : purges incessantes et brutales, saignées multipliées, chirurgie tortionnaire, rien n'est épargné au roi le plus puissant du monde [70]. Robert Challes, un contemporain de bon sens, a raison d'écrire : «Plus un homme est élevé, plus les médecins, les chirurgiens et les infâmes apothicaires sont à craindre [15]!»

Médecine et liberté

La dictature des Purgon et des Sganarelle engendre alors aussi sûrement le scepticisme ou le relativisme, que parfois le fanatisme et le zèle font les rationalistes. « Quelle sottise, dit Robert Challes, que cette chirurgie; ou plutôt quelle impertinence que cette médecine [15] ! » Un médecin de son escadre « est Latin et, dit-il, nous avons eu ensemble une conversation à être mise dans *Le Malade imaginaire* ». Même le *Dictionnaire universel* manque de foi, s'il garde l'espérance : « Le médecin console le malade, s'il ne le guérit pas. » Ou encore : « La plupart des guérisons se font par la nature plutôt que par l'art [26]. »

Quelques cures, de rares médications échappent au scepticisme de cette nouvelle critique. Ce sont, chez les riches, le thermalisme et le quinquina; chez les humbles, les remèdes empiriques et les pèlerinages guérisseurs. Mme de Sévigné séjourne à Vichy, en la double qualité de reporter et de curiste volontaire; Mme de Montespan fréquente Bourbon-l'Archambault; le marquis le Louvois prend les eaux de Forges. Mais le succès du thermalisme n'est pas comparable à la vénération quasi universelle du nouveau fébrifuge, le quinquina. Les jésuites l'ont rapporté du Pérou en 1650. Sa grande vogue est de 1680, le Roi usant par privilège d'une préparation particulière réalisée par un Anglais. La princesse des Ursins, d'abord sceptique, doit reconnaître que le quinquina a « beaucoup de bons effets [20] ». Elle en a été parfaitement requinquée après vingt-deux accès de *fièvre double* et trois de *fièvre tierce...* C'est toujours le même quinquina (méthode Talbot), qui ressuscite en 1682 le chancelier Le Tellier, presque octogénaire, lui aussi secoué d'une « violente fièvre tierce [64] ».

Mais, dans ces mêmes années 80 du siècle, la mode est aux boissons chaudes exotiques qui guérissent en régalant. On ne trouve guère, pour s'y opposer, que Madame Palatine : « Au thé, je lui trouve un goût de foin et de paille pourrie, au café un goût de suie et de lupin, le chocolat je le trouve trop doux. Mais ce que je mangerais volontiers, c'est un bon birambot ou une bonne soupe à la bière [53].» Les autres, c'est-à-dire les Français et Françaises, nobles ou bourgeois, assez riches pour en user sans gêne, absorbent de grandes quantités des trois boissons tant célébrées. Le thé est une vraie panacée. Cette plante, pense-t-on, «guérit la goutte et la gravelle [le XIXe siècle dira le contraire] ... Elle guérit les indigestions de l'estomac. Elle désenivre, et donne de nouvelles forces pour boire, et dissiper les vapeurs qui causent le sommeil. Elle fortifie la raison que le vin affaiblit, et guérit soudain la migraine et les douleurs de ventre [26]». Le café fortifie vos membres, chasse la sueur, parfume le corps, «guérit l'obstruction des viscères, provoque le mois des femmes, guérit la gale et la corruption du sang, la migraine et l'hydropisie». On pense que, porteur de sels volatils et de soufre, « il dissipe aussi la tristesse». Contre-indication : ne pas trop en donner «aux bilieux, ni à ceux qui digèrent trop vite».

Le chocolat est bon, mais en général on lui prête moins de vertus. Et le *Dictionnaire universel* écrit avec sobriété : «On dit qu'il aide à la digestion, qu'il rafraîchit les estomacs trop chauds, et qu'il échauffe ceux qui sont trop froids [26].» Mais les adeptes, les enthousiastes, les fanatiques ne tiennent pas le même langage. La marquise de Villars, qui s'ennuie à Madrid en 1680, à l'ambassade de France, n'a pour «seul plaisir» que le chocolat. Elle en a fait son régime, remède préventif universel, et, grâce à lui, se «porte bien, sans faire aucuns remèdes [72]». D'ailleurs elle se rationne et semble avoir inventé un chocolat de régime : «Je n'en use pas comme une folle, et sans précaution. Mon tempérament ne paraîtrait nullement se pouvoir accommoder de cette nourriture. Elle est pourtant *admirable et délicieuse.* J'en ai fait faire chez moi, qui ne peut jamais faire mal [...] Rien n'est meilleur pour la santé.»

Au fond, parodiant sans le savoir Madame Palatine, beaucoup de nos ancêtres pensent «qu'il faut se faire *son petite* médecine à soi». Pour Mme de Villars, c'est le chocolat quotidien. Pour le grand nombre, ce sont les herbes, les simples, les tisanes et, brochant sur le tout, les boissons alcoolisées. Robert Challes, naviguant en 1691 dans l'océan Indien, et voulant éviter à la fois les «fièvres chaudes» et le scorbut, a trouvé dans les mémoires de Bassompierre une médication miracle, «son remède allemand» : «Je vidai moi seul quatre bouteilles de vin de Graves et en bus plus de cinq pintes, mesure de Paris, sans rien manger du tout. J'ai sué, vomi et dormi comme un porc [...] Mon remède allemand m'a tiré d'intrigue [15].»

Lorsque toutes ces recettes se révèlent insuffisantes, il n'est qu'à se confier à la Providence; ou bien, en appliquant le proverbe «Aide-toi, le Ciel t'aidera», à recourir aux vertus thaumaturgiques des saints. Les plus courageux, les plus valides partent en pèlerins vers les hauts lieux réputés guérisseurs. Les invalides, les timides se font apporter de pieux remèdes. «En dévotion il y a eau de saint Clair, qui guérit du mal des yeux, eau de sainte Geneviève qui guérit de la fièvre.» Malheureusement il n'est pas dit où l'on se les procure. L'illustre patronne de Paris se contente aussi, il est vrai, de quelques neuvaines [26].

« Il faut mourir, madame, et tout à l'heure [52] *»*

On ne sait qu'admirer, surtout, des belles morts d'alors, ou des nobles relations de ces morts édifiantes. Toute la grandeur du catholicisme baroque semble contenue dans le récit, par la marquise de Sévigné, de la fin du chancelier Séguier, le 28 janvier 1672. Ce dignitaire, qui n'était plus que l'ombre de lui-même, avait recouvré toute raison, toute lucidité. Il est «mort en grand homme, nous dit-on. Son bel esprit, sa prodigieuse mémoire, sa naturelle éloquence, sa haute piété, se sont rassemblés aux derniers jours de sa vie. La comparaison du flambeau qui redouble sa lumière en finissant, est juste pour lui. Le Mascaron l'assistait, et se trouvait confondu par ses réponses et par ses citations. Ils paraphrasait le *Miserere*, et faisait pleurer tout le monde; il citait la sainte Écriture et les Pères, mieux que les évêques dont il était environné. Enfin, sa mort est une des plus belles et des plus extraordinaires choses du monde [62].»

Son successeur Michel Le Tellier mettra plusieurs jours à mourir «fort chrétiennement et fort calmement [18]». Il demande à ses proches de ne pas rester ainsi à l'entourer : « Je veux, dit-il, m'arracher jusqu'aux moindres vestiges de l'humanité.» Plus tard, dévoré de souffrances, le vieux chancelier se dresse et, bras levés, déclare : «Je ne désire point la fin de mes peines, mais je désire de voir Dieu.» Puis, à peu de temps du dernier soupir : «Je rends grâces à Dieu de voir défaillir mon corps devant mon esprit.» Enfin il meurt en récitant le début du psaume 89 : «Je chanterai éternellement les miséricordes du Seigneur.» Et Bossuet ajoute, en son *Oraison funèbre* du grand ministre : «Il continue avec les anges le sacré cantique [11].» Mme Le Tellier, née Élisabeth Turpin, avait, durant les derniers jours de son mari, passé de longues heures à prier pour lui à l'église; mais, rapporte encore Bossuet, elle revenait bientôt à son chevet, « pour apprendre à mourir et profiter de cet exemple». La suite montrera qu'elle avait bien appris, comme la cour et la ville purent s'en persuader le 28 novembre 1698. «Elle avait toujours demandé à Dieu deux choses, nous dit le marquis de Sourches : la première, de conserver le jugement jusqu'à la mort, et la seconde de mourir le vendredi; et Dieu lui accorda ces deux grâces, sans doute à la prière des pauvres, auxquels elle avait fait toute sa vie de prodigieuses charités.»

Une mort de bon style fut, en février 1697, celle d'un oncle de Colbert, le vieux Pussort, doyen du Conseil. On rapporte qu'il fit nettoyer sa chambre; «ensuite il s'habilla, comme s'il eût voulu sortir, et reçut le saint sacrement en viatique, appuyé sur un prie-Dieu; après cela, il se fit donner l'extrême-onction, il se mit au lit et mourut en paix [64].»

Des grands du royaume jusqu'aux plus humbles, chacun s'efforce de bien mourir; même les libertins, ou penseurs indépendants, comme le prince de Condé. Lorsque ce dernier sut que sa fin était proche (1686), il se recueillit quelques instants, puis dit : «O mon Dieu! vous le voulez; votre volonté soit faite! je me jette entre vos bras, donnez-moi la grâce de bien mourir.» Comme le P. Bergier, son confesseur, lui recommandait de répéter la prière de David : *O Dieu! créez en moi un cœur pur,* le prince fit cette humble profession de foi : « Je n'ai jamais douté des mystères de la religion, quoi qu'on ait dit. Mais j'en doute moins que jamais. Que ces vérités se démêlent et s'éclaircissent dans mon esprit! Oui, nous verrons Dieu comme il est, face à face [11]. » Bossuet pensait que cette victoire de la foi était un plus grand triomphe que la gloire de Fribourg ou de Rocroi.

Dix ans plus tôt, le 17 juillet 1676, la marquise de Brinvilliers, empoisonneuse récidiviste et l'un des très rares cas d'athéisme du siècle, s'était convertie dans les dernières vingt-quatre heures de sa vie. Jusqu'au coup de hache du bourreau elle montra tant de calme, de politesse, de piété et de contrition que l'abbé Pirot, son confesseur, garda toute sa vie le souvenir de ce « visage contrit et plein de componction de cœur et de l'espérance du pardon ». La condamnée avait même déclaré : « Je voudrais être brûlée toute vive pour rendre mon sacrifice plus méritoire [120]. » Le lendemain, rapporte Mme de Sévigné, « on cherchait ses os, parce que le peuple disait qu'elle était sainte ».

Ce qui étonne les clercs de notre siècle paraissait naturel au monde de la contre-Réforme. Pour lui, Dieu pardonne toute faute, absout les plus grands criminels. À chaque pécheur de demander merci. En revanche les humbles haïssent les libertins impénitents, tel ce François-Sicaire marquis de Bourdeille, mort en 1672 en révolte ouverte contre la religion. « Il ne voulut point se confesser, écrit Mme de Sévigné, et envoya tout au diable, et lui après. » On a déposé son corps à Saint-Nicolas, mais l'opinion y vit une provocation, due à la trop grande indulgence du curé. « Le peuple s'est mis dans la tête que son âme revient la nuit tout en feu dans l'église, qu'il crie, qu'il jure, qu'il menace; et là-dessus ils veulent jeter le corps à la voirie [62]. » Ces mêmes gens du peuple savent que la contrition parfaite peut changer un homme en deux secondes et lui ouvrir les portes du ciel. « On crie aux agonisants : *Jésus Maria* » et celui qui a « l'âme sur les lèvres [26] » peut encore, avant de trépasser, accueillir le flux de la grâce. Dès lors, le libertinage – luxe de privilégiés –

n'exclut pas le salut; mais tout se joue dans la pénitence finale. C'est pourquoi les Parisiens, qui voulaient profaner le cadavre de M. de Bourdeille, canonisent sans gêne (*vox populi...*) la marquise de Brinvilliers.

Des testaments modèles

Il est recommandé de ne point attendre l'agonie pour se préparer à la mort. Jamais les dispositions dernières n'ont connu et ne connaîtront pareille dévotion ni profondeur de foi. Les testaments d'alors – M. Pierre Chaunu en a fait la savante exégèse [100] – sont des prières devant notaire, souvent d'admirables prières. Certes la croyance est de mode; les notaires ne sauraient être déjà voltairiens; il y a ici une part de conformisme. Mais, à ce degré de répétition, d'intensité et de chaleur d'expression, la foi et l'inspiration dominent. Chaque détail compte. Le seul article de l'élection de sépulture peut être une profession de foi. Que l'on veuille lire et méditer le testament d'un grand commis pieux, l'ancien lieutenant de police La Reynie († 14 juin 1709). Il marque l'humilité chrétienne du magistrat, son souci moderne de l'hygiène, une haute spiritualité, le sens de la solidarité paroissiale. M. de la Reynie désire être déposé dans le cimetière de sa paroisse «sans aucune cérémonie ou pompe funèbre [...], aucune marque particulière, ni inscription», «et non dans l'intérieur de l'église ou d'aucune chapelle croyant que, sans blesser la piété de ceux qui veulent être enterrés au-dedans de l'église, je puis éviter de contribuer par la pourriture de mon corps à la corruption et infection de l'air dans le lieu où les saints mystères sont célébrés et où les ministres du Seigneur passent la plus grande partie de leur vie [...] J'entends néanmoins que les droits pour l'ouverture de la terre soient payés, à l'ordinaire, à l'œuvre et fabrique comme si mon corps était enterré au-dedans de l'église [177]». Et ce grand homme fut inhumé, conformément à son désir, dans le modeste cimetière Saint-Joseph, paroisse Saint-Eustache à Paris.

Au temps de Louis XIV un testament fait selon les règles contient une invocation religieuse (qui est profession de foi et véritable résumé de la théologie romaine), des clauses mortuaires, quelquefois une demande de réparation des torts causés, mais toujours l'institution de messes ou de prières; toujours aussi, des dons aux pauvres ou aux organismes d'assistance et de charité.

Écoutons l'expression des volontés dernières d' «honorable fille Louise Gueguen», «gisante au lit malade» à Kerbrat en Locmaria, paroisse de Ploabennec, diocèse du Léon, énoncées devant notaires le 10 février 1664 [107]. Son testament débute par une préinvocation : *In nomine Domini amen.* Au milieu du préambule figure le fameux membre de phrase chargé de sagesse : «Connaissant qu'il n'y a rien de plus certain que la mort, ni plus incertain que l'heure d'icelle.» Vient ensuite l'invocation. Ne contient-elle point, en quatre lignes, la religion du concile de Trente? «Premièrement recommande son âme à Dieu, à la benoîte Vierge Marie, et à tous les saints et saintes du paradis, les suppliant d'intercéder pour elle à ce qu'il plaise à notre Sauveur et Rédempteur Jésus-Christ, par les mérites de sa mort et passion, avoir pitié de son âme...» On trouve des actes plus précis, où par exemple Marie est dite «Mère de Dieu [100]», mais le texte de Louise Gueguen va bien à l'essentiel. Il est théocentrique : Dieu est le premier désigné, le premier servi. Il est christocentrique, comme la bonne théologie française depuis Bérulle. Il est antiprotestant, comme tout le catholisme d'alors : la cour céleste, Marie en tête, y a vertu d'intercession. Mais il tient compte du recentrage tridentin. Rien n'est pélagien : ce ne sont pas les actes et les vertus humaines qui ouvrent les portes du ciel, mais les incommensurables mérites du Christ rédempteur.

L'invocation pieuse est suivie des clauses mortuaires. Contrairement à la Reynie, mais comme presque tous les notables d'alors, la demoiselle testatrice veut être inhumée en l'église locale, «dans la tombe, dicte-t-elle, qui est jouxte autre tombe où ses père et mère ont été enterrés». Ici se placent habituellement les fondations de messes pour le repos de l'âme du mourant : *annuels* (trois cent soixante-cinq messes), *bouts de l'an* (service anniversaire), *trentains* (trente messes) et autres célébrations destinées à diminuer le temps d'épreuve du purgatoire. Il est des testaments où l'on demande des centaines, voire des milliers de messes propitiatoires. À ces torrents de messes, souvent canalisés par la même paroisse, Louise Gueguen, vieille fille et pieuse Bretonne, préfère une dispersion précisément réglée : de l'évêché de Morlaix à celui de Vannes, en passant par Saint-Pol et par la Cornouaille, elle ne dissémine pas moins de soixante et un dons, ici cinq sous, là trente sols ; ici douze livres, là jusqu'à cent vingt francs. Et d'énumérer avec amour cathédrales et paroissiales, chapelles de fondation, lieux de « perelinage » (pèlerinage), communautés d'hommes et de femmes. En échange d'une donation importante, la testatrice réclame un annuel ou du moins un trentain. Parfois elle ne souhaite qu'un seul service. Souvent elle demande, comme à Saint-François de Landerneau, « une *octave*, les messes grégoriennes et les messes de cinq plaies et Résurrection de Notre-Seigneur et une messe privilégiée ».

Mais, au XVIIe siècle, aucun testament n'oublie les œuvres dites de miséricorde. Louise Gueguen n'est pas bien riche ; et elle a privilégié la prière et l'intercession. Cependant elle ne saurait négliger le devoir charitable. Elle donne à l'hôtel-Dieu de Paris six livres. Elle charge sa sœur Jeanne de distribuer soixante francs « aux pauvres les plus nécessiteux et confus [107] ». Ces derniers, que l'on appelle d'ordinaire « pauvres honteux », parce qu'ils cachent leur misère et répugnent à solliciter, partagent avec les « pauvres malades » et avec les « pauvres prisonniers pour dettes » l'attention des testateurs d'ancien régime. Jusqu'au siècle des Lumières – tant que la charité n'a pas été détrônée par la bienfaisance et la philanthropie ; tant que le Seigneur tout-puissant de la Bible n'a pas cédé la place à l'Être suprême –, nos pères restent fidèles, face à la mort, au double devoir d'adoration et d'assistance.

Le grand âge dévot

Disons sans déguisement la vérité. Jésus-Christ n'est pas obéi partout avec la fidélité qu'on lui doit. Mais Jésus-Christ ne laisse pas d'y être souverain [94].

R. P. Cameret

Oui *il fut gallican*, ce siècle, et janséniste. Cela ne lui interdit pas, toutefois, d'être comme le moyen âge *énorme et délicat*. Cela ne l'empêcha jamais, bien au contraire, d'être le grand siècle de la réforme catholique. Car la France, qui n'a « reçu » les prescriptions théologiques et canoniques du concile de Trente (1545-1563) qu'après un interminable délai, regagne glorieusement son retard. Elle est, au XVIIe siècle, la vraie chrétienté, en tout cas la première nation de l'Église romaine, le pays des grands évêques, des pieuses moniales, des docteurs – Bossuet domine l'Europe pour deux siècles –, des missions étrangères ; elle est aussi le peuple qui reçoit quotidiennement les instructions de ses pasteurs ; celui dont l'existence et la vie de tous les jours sont marquées, modelées, dirigées par l'Église. Même les rares mécréants, même les *libertins*, les jureurs, les sacrilèges, les sorciers et les blasphémateurs ont alors une façon de mal croire, de jurer, de dévier ou de blasphémer, qui porte l'empreinte indélébile de la contre-Réforme. D'ailleurs, s'il y a mille blasphémateurs pour un saint, rien n'est irréparable. « L'histoire de l'Église n'est, à la bien prendre, que l'histoire intime des saints, en donnant à ce nom de saint le sens que lui donnaient les apôtres [94]. »

Le siècle des saints

Jadis les historiens n'hésitaient pas à nommer le XVIIe siècle tout entier, «siècle des saints». Depuis quelques années, la mode tendrait à faire débuter vers 1680 le siècle des Lumières, après avoir arrêté en 1660 le siècle des saints. Il faut toujours se méfier des modes. En effet, vers 1710, saint Louis-Marie Grignion de Montfort – ce super-champion de la mariologie et des missions populaires – et son émule, sainte Jeanne Delanoue, pratiquent «de ces gestes déconcertants» qui semblent aux antipodes du libertinage érudit ou du rationalisme naissant. Jeanne Delanoue, insoucieuse de tout respect humain, «va mendier sur la route de Tours. Ou bien, si on lui donne de l'argent pour faire dire des messes, elle le dépense en nourriture pour ses pauvres. Le siècle des Lumières commence, mais la sainteté de ce temps semble se

LA SAINTETÉ RECONNUE PAR ROME 1643-1715		
Date de mort des saints personnages :	*Nombre :*	*Dont canonisés :*
1643-1660	10	2
1661-1678	4	
1679-1696	7	2
1697-1714	3	2
	24	6

complaire à étonner la sagesse des hommes [168].» À l'opposé, un simple tableau (page précédente) montre que la seconde moitié du XVIIe siècle est à peine indigne de la première.

Il s'agit là des saints canonisés, des béatifiés et des pieuses personnes dont la béatification est en cours à Rome [137]. Ces chiffres ne comprennent donc ni les protestants (qui d'ailleurs refusent l'idée d'une sainteté institutionnelle), ni les jansénistes ou présumés tels : à vue humaine, il paraît improbable de voir un jour, sur cette liste romaine, la mère Angélique,

Arnauld d'Andilly, M. de Sacy, l'évêque Henri Arnauld, Blaise Pascal, Caulet évêque de Pamiers, Pavillon évêque d'Alet, et autres augustiniens édifiants. Et puis, peut-être par assimilation à Port-Royal, les papes ont écarté des oratoriens remarquables, même leur saint fondateur Pierre de Bérulle, maître incontesté de la spiritualité française. En d'autres temps, sans la crise gallicane, sans la déclaration des quatre articles, Bossuet aurait été canonisé. Rome n'a pas davantage encouragé la possible béatification de Mabillon, de Catherine de Bar, de Mme de Miramion ou du fameux abbé de Rancé, le réformateur de la Trappe. Cependant, pour étroite et incomplète que soit la liste romaine, elle peut être instrument de mesure, si tant est que la mesure soit recevable en un domaine aussi subtil.

Notre tableau montre que le siècle des saints ne s'achève pas en 1660, avec la mort de Vincent de Paul. Le règne de Louis XIV s'inscrit encore glorieusement dans le palmarès de spiritualité de la contre-Réforme. Au reste, selon le beau mot de M. de Viguerie, « la sainteté ne dépend pas du siècle. C'est le contraire [137] ». Les saints tiennent leur temps à bout de bras. Aucun *Envers du grand siècle*, aucun pamphlet ne peuvent effacer cette réalité : le rayonnement (secret, apparent ou diffus) des saints français d'alors. Ils façonnent la sensibilité de leurs contemporains. Ils orientent la foi. Ils canalisent la dévotion, engageant chacun du côté de la transcendance. Que les catholiques refusent la sainteté réformée et même la spiritualité port-royaliste, que les protestants récusent la mise en catalogue des élus du Seigneur, ne change rien à cette réalité, tout à la fois profonde et rare, difficile et quotidienne, du siècle des saints.

Les saints sont en somme les chefs de file de l'Église invisible ; les évêques encadrent l'Église visible. Au XVIIe siècle il y a souvent coïncidence et toujours complicité entre les uns et les autres.

Évêques de France

L'image du prélat grand seigneur, beaucoup trop jeune, croyant mais désinvolte, fuyant son diocèse, occupé à Versailles ou Paris de sa carrière et de ses plaisirs, est un méchant stéréotype. En réalité, « le règne de Louis XIV fut, de tous les temps modernes, celui où la naissance compta le moins pour l'accession à l'épiscopat [175]. » L'origine des évêques est fort variable. Clermont-Tonnerre, Noailles, Beauvilliers, mais aussi Fénelon ou Harlay sont de haute noblesse ; La Bourdonnaye, Briqueville de la Luzerne, d'Argouges sont d'aristocratie ancienne ; Crillon, Forbin ont deux cents ans de noblesse ; Colbert, Le Tellier, Phelypeaux, Bochart de Saron, Choart de Buzenval, Loménie de Brienne sont de bonne robe ; d'Aquin, Verthamon, Malézieu sont proches de la roture ; Vallot, Anselin, Desclaux, Mascaron, Fléchier, Joly sont d'humble origine. Cette ouverture à la bourgeoisie, et presque au peuple, n'est d'ailleurs pas un fait nouveau. Richelieu et Vincent de Paul, pour ne citer que ces deux hommes, ont fait nommer à la prélature de bons candidats sans naissance. Les évêques les plus édifiants du règne de Louis XIV ont été installés avant 1661, parfois avant 1643.

Il est sûr que le concordat de 1516, en donnant au Roi le droit de nommer aux sièges épiscopaux, risquait aussi de le pousser à des choix politiques ou au favoritisme. Pourtant Louis XIV s'est peu trompé. Rien ne lui paraît plus sérieux que cette distribution des bénéfices ; et il écrit à l'usage du Dauphin : « Peut-être n'y a-t-il rien de plus épineux en toute la royauté. » Il convient de bien réfléchir, de peser et de repeser les mérites des candidats possibles : « J'ai toujours cru que trois choses devaient entrer dans cet examen : le savoir, la piété et la conduite [42]. » En préférant à tous autres des docteurs de Sorbonne, en récompensant de grands orateurs sacrés, le Roi s'assure des évêques suffisamment théologiens ; en favorisant des clercs édifiants, il participe aux progrès mêmes de la réforme catholique. « Ce qui rend les prélats considérables, c'est la sainteté de la vie [26]. »

Il n'y a pas deux diocèses semblables : celui de Toul

groupe mille sept cents paroisses, celui d'Agde en compte dix-neuf. Les uns sont à proximité de Paris, les autres ressemblent à des exils. Les uns sont rentés, les autres crottés. En outre chaque diocèse a son bréviaire, son missel, son catéchisme. L'influence personnelle du prélat joue beaucoup. S'il choisit la vie de cour et la non-résidence, tout est déréglé en son territoire. L'évêque d' Autun néglige tant les visites épiscopales que sainte Marguerite-Marie Alacoque, – la future visionnaire de Paray-le-Monial –, ne reçoit la confirmation, en septembre 1669, qu'à l'âge de vingt-deux ans, et d'ailleurs des mains de Mgr de Maupeou, évêque de Chalon, venu suppléer son confrère déficient [169]. « Entre les fonctions épiscopales, la principale est de faire souvent des visites dans le diocèse [26]. » Fléchier trouve cette tâche ennuyeuse, mais se plie à l'obligation canonique [24]. Nîmes, il est vrai, n'est pas un coin de tout repos. Voilà un homme de lettres, bon orateur, qui est installé à Lavaur, évêché aimable et tranquille. Là-dessus, le Roi, pour l'honorer et pour utiliser contre les protestants un bon controversiste, le nomme au siège de Nîmes. Alors, à une demoiselle qui le félicite, le prélat académicien répond : « Je n'en suis pas si satisfait que vous : j'étais affectionné à mon diocèse; j'y trouvai ma joie et mon repos. Le changement m'est insupportable et dans celui-ci je n'y trouve d'autre avantage que la marque d'estime que le Roi me donne. » Être nommé à Nîmes en 1687, est une affectation en première ligne. Pour bon nombre, ce type de comparaison militaire n'est pas déplacé. En 1693 l'évêque de Cahors (Le Jay), en 1710 l'évêque d'Aire (Matha) meurent en visitant des malades contagieux.

Il est des non-résidences tout à fait justifiées. Certains évêques jouent un rôle important dans les assemblées générales du clergé qui se tiennent périodiquement à Paris, votent le « don gratuit », administrent l'Église de France. D'autres vont à la cour ou dans la capitale pour des affaires de leur diocèse. C'est à Paris que meurt l'évêque de Luçon, Barillon, « et le royaume perdit en lui, dit le marquis de Sourches, un des plus saints prélats qu'il eût eus depuis longtemps ». Auparavant ce saint homme passe à Paris neuf mois tous les trois ou quatre ans [161]. Mais les évêques zélés mettent leur honneur épiscopal à pratiquer la résidence la plus stricte : en 1661, il y a déjà vingt-deux ans que Nicolas Pavillon, «le saint Charles de l'Église de France», est évêque d'Alet; or, toute la France le sait, il n'est «jamais sorti de son diocèse que pour assister aux états de la province [55]». Henri Arnauld, évêque d'Angers, François-Étienne de Caulet, évêque de Pamiers ont des comportements analogues. Comme par hasard, ils sont jansénistes. Pendant toute la durée du règne, il y a toujours une demi-douzaine de prélats augustiniens, suspects au Roi, haïs des jésuites, mais admirés du clergé et du peuple pour une sainteté indéniable.

M. Lancelot, l'ancien solitaire de Port-Royal, a séjourné à Alet, chez Nicolas Pavillon et il a consigné dans ses *Mémoires* le souvenir de cet étonnant voyage. La chambre de l'évêque a la taille d'une petite cellule de moine. Elle ne comprend aucune chaise à dossier, mais des pliants inconfortables. Autrefois Mgr Pavillon n'avait d'ailleurs même pas de chambre, logeant dans un «trou de galetas afin d'être plus près de ses domestiques». Sa table est frugale : on n'y sert ni entremets, ni «pièces de four», ni ragoûts. Les jours maigres, ce sont repas de «racines» (légumes) et d'œufs. Un hôte est-il attendu? on tue pour lui un poulet. Survient-il au dernier moment? il aura droit à une petite friture de poissons de la rivière [176]. L'évêque dit sa messe le matin de fort bonne heure. Plus tard il assiste à la grand-messe, au bas du chœur. On ne reconnaît sa place qu'à la présence d'un minuscule tapis violet. Il n'intervient que pour réciter à l'autel le *Confiteor* initial, et, à la fin, pour bénir l'assemblée. Le reste de la journée, le prélat fait de pieuses lectures, médite la sainte Écriture, visite les pauvres ou les malades, tient conseil, donne des audiences, règle des détails d'administration. Le soir on chante vêpres et complies. Après un léger souper, c'est la prière en commun que termine une bénédiction épiscopale. Puis l'évêque et ses éventuels invités gagnent directement leur chambre.

Payant de sa personne, donnant l'exemple, le prélat réformateur a transformé en moins de vingt ans son diocèse. Il est arrivé en 1639 dans un évêché de bout du monde, abandonné des hommes et ignorant tout du concile de Trente (l'évêque précédent, Polverel, ancien capitaine de cavalerie, était ignorant et débauché). Il a dû tout réformer. Il a interdit le cumul des cures, redistribué les bénéfices, changé les titulaires de paroisse en fonction de leur âge, de leur activité, de leurs moyens, de leurs besoins spirituels. Il a libéré les églises paroissiales trop contrôlées par les seigneurs ; a durement imposé la loi de Dieu et celle de l'État aux nobles abusifs, excommuniant pour inceste ou pour rapt, pour viol ou même pour duel. Vers 1660 le diocèse ne ressemble plus au territoire sauvage de 1640 : c'est la réplique en miniature de l'évêché de Milan à la mort de Charles Borromée. Alet semble une ville-couvent. Le dimanche y est si bien respecté que même les voitures ne peuvent pénétrer dans la ville. La noblesse a, bon gré mal gré, dû accepter la réforme des mœurs. Les paysans sont si reconnaissants au bon évêque d'avoir bridé les hobereaux qu'ils le suivraient au bout du monde. En attendant ils acceptent à peu près de bon cœur l'interdiction des bals, même en temps de foires, même le jour de la fête patronale! Toutes ses ouailles vénèrent cet exigeant empêcheur de danser. La France entière connaît ses vertus. En 1661 le ministre Michel Le Tellier décourage Louis XIV de convoquer à Paris Mgr Pavillon : comment reprocher ses sympathies jansénistes à un tel homme, comment « faire le procès à un évêque ainsi canonisé par le peuple et infiniment respecté de tous les honnêtes gens [176] » ?

Le tombeau d'un saint prélat

Le 15 octobre 1677 Nicolas Pavillon est frappé d'un mal mortel ; le 8 décembre il meurt, universellement regretté. Pendant les sept semaines de sa maladie, « Monseigneur édifie par son silence, par ses gestes et par le peu de paroles qu'il dit [...] Je lui ai demandé, rapporte un ecclésiastique, aujourd'hui dans quels sentiments il attend la mort, s'il est ennuyé de la vie, s'il a l'impatience d'aller à Dieu. Il m'a répondu : – *Soumission* [111] ». Autour du pasteur moribond, les ouailles s'agitent : «Chacun tâche d'avoir de ses reliques, et l'on vient de toutes parts voir s'il est mort.» Pavillon règle avec calme les détails de sa vie et de sa mort. Il reçoit les derniers sacrements en public pour donner l'exemple aux fidèles; il exige d'être enterré au cimetière – et non dans sa cathédrale –, défendant même «de mettre sur son tombeau aucune pierre ni aucune épitaphe». Le 9 décembre, Mgr de Pamiers (M. de Caulet), son confrère et ami, chante la messe à son intention et prononce l'oraison funèbre en présence d'une foule inimaginable. Caulet assure «qu'il aurait besoin d'une octave entière pour faire l'éloge des vertus de Mgr d'Alet [...], un véritable saint, le plus saint évêque que Dieu ait donné en ce temps à son Église, un bienheureux qu'il ne doutait point être déjà dans le ciel [111]».

Immédiatement après la mort de Pavillon, le même évêque de Pamiers avait, «en pleurant et en sanglotant», dit les prières du rituel. Ensuite il avait fait ouvrir et lire le testament du défunt. Celui-ci, rédigé un an auparavant, était à l'image de la vie de son auteur : «Au nom du Père et du Fils et du Saint-Esprit, ainsi soit-il. Je, Nicolas, indigne évêque d'Alet, ai fait mon testament comme s'ensuit. Je remets mon âme entre les mains de Dieu, mon créateur, afin qu'après ma mort il daigne la recevoir en sa gloire par les mérites infinis de Jésus-Christ mon Rédempteur. J'emploie à cet effet les intercessions de la glorieuse Vierge Marie, mère de Dieu, des anges et de tous les saints du paradis. Je proteste à la face de toute l'Église militante et triomphante, que je veux vivre et mourir dans la très sainte foi et uniquement vraie religion catholique, apostolique et romaine...» C'est bien là cette parfaite invocation chère au catholicisme baroque : glorification de la Trinité, christocentrisme, honneur rendu aux intercesseurs privilégiés composant la cour céleste, emploi à la gloire de la Vierge, de la vieille formule conciliaire «mère de Dieu» (*Theotokos*), soumission totale à l'Église. Suivent les humbles dispositions prévues pour l'inhumation, les dons aux serviteurs, au séminaire, aux «régentes» des écoles chrétiennes – pour reconnaître «le fruit des instructions qu'elles font aux personnes de leur sexe».

« Pour le surplus des biens qui pourront rester après lesdits legs acquittés [...], *je fais mes héritiers universels les pauvres de mon diocèse*, pour leur être distribué pendant les deux années après mon décès ou plus tôt, s'il se peut, en la manière qui sera jugée la plus convenable, et eu égard aux nécessités les plus pressantes [...] Fait à Alet le 9 octobre 1676. [*Signé*] : Nicolas, évêque d'Alet [111]. »

Le tombeau de Pavillon est celui de « l'évêque qui n'est qu'évêque ». Jusqu'au XXe siècle, les fidèles viendront gratter la mousse de la croix de pierre qui domine la modeste sépulture du prélat : « sa tombe porte bonheur », assure-t-on. Mais les plus grands de ses pairs lui ont aussitôt rendu hommage. Écoutons Mgr de Choiseul : « L'heureux des heureux est M. d'Alet. Porter dans le ciel quatre-vingts ans d'innocence baptismale, d'une pénitence continuelle et d'une application à Dieu et au salut du prochain sans aucune interruption, et sans que sa constance ait jamais été ébranlée, est-ce une sainteté ordinaire ? [...] J'ai peine à croire qu'il ait fait même aucun péché véniel avec une pleine délibération [...] On dit qu'il se fait des miracles à son tombeau : je le crois, je m'y suis attendu, et ce serait pour moi une espèce d'infidélité à Jésus-Christ d'avoir de la peine à en être persuadé (25 janvier 1678) [111]. »

Ombres et lumières dans la pastorale

Si l'exemple des évêques édifiants émeut leurs pairs, il ne peut que créer une émulation chez tous les prêtres. Un Nicolas Pavillon vit comme un curé de campagne. Il n'a pas de palais, mais une simple maison, semblable à beaucoup de presbytères. S'il imite saint Augustin, il annonce le curé d'Ars. D'ailleurs un bon évêque a, dans ses principaux devoirs, à former, entraîner, stimuler ses prêtres ; ils sont ses auxiliaires, ses coopérateurs paroissiaux. Au synode de Nîmes, l'évêque Fléchier (1687-1710), avec une éloquence qui a naguère conquis d'autres publics, consacre une belle suite de discours à enseigner à ses clercs les devoirs et les charges de leur état [24]. Ces textes, inspirés par le concile de Trente, nous rappellent ce qu'on attend des prêtres dans la France de Louis XIV. Ils dénoncent des manquements. Ils dessinent les traits du bon pasteur chrétien.

Certains prêtres se sont choisis eux-mêmes, avides de pouvoir, attirés par un bénéfice : ce sont des intrus. Ils ont oublié que Dieu seul distribue les vocations, qu'il faut «entrer dans le sacerdoce par Jésus-Christ». Déplacés, téméraires, ils côtoient le sacrilège, risquent de se perdre et d'entraîner leurs ouailles dans la chute.

Un curé est coupable s'il reste étranger à sa paroisse, ou s'il ignore cet axiome : «Les églises ne sont pas faites pour les curés, mais les curés pour les églises.» Le défaut des « esprits inquiets» est la non-résidence. Que penser d'un pasteur qui disparaît le lundi, ne réapparaît que le samedi? Tantôt il court les routes, perd son temps aux foires et marchés, tantôt il s'attarde à la ville, collectionne les invitations à dîner et toute sorte d'amusements. Même lorsque ces fantaisies ne l'entraînent pas au péché, elles le détournent de ses devoirs. Quel temps lui reste-t-il pour visiter ses ouailles, enseigner les enfants, préparer sa prédication dominicale? Les défaillances ecclésiastiques peuvent être irréparables. « Un enfant meurt sans baptême, dit Fléchier, un malade sans sacrement par la négligence d'un curé : quel remède?»

Aussi condamnable est le pasteur paresseux qui fait « l'œuvre de Dieu négligemment», considère son état comme un métier de tout repos, une dignité sans obligations, une sinécure. Il n'a de temps ni pour étudier, ni pour faire oraison, ni pour lire les Écritures, encore moins pour pratiquer les œuvres de charité. Le dimanche est son seul jour occupé. Encore dit-il une messe «de nécessité», rapidement expédiée. S'il le peut, il abandonne sa chaire à des religieux du voisinage. Quand il est contraint de porter la parole, il parle « une heure entière», amplifiant un prône mal préparé, vague, ennuyeux, et de doctrine obscure.

Il y a des curés frivoles «qui ne travaillent pas à ce qu'ils doivent» ou œuvrent à contresens. De tels prêtres croient qu'il n'existe qu'un péché, celui de la chair. Ils ne se privent point des autres, cultivent la vanité, l'orgueil, l'esprit procédurier, la cupidité (personnelle ou ecclésiale), l'esprit de vengeance. En revanche ils seront sans charité envers les *nouveaux convertis*, mauvais pédagogues au temps du catéchisme, sévères et indiscrets dans le confessionnal. Ils auront l'humeur farouche, un détestable air de domination, comme si la rigueur devait remplacer l'autorité. Ils auront aussi la prétention d'arbitrer les querelles, mais y introduiront la sévérité du juge. Ils seront les courtisans du seigneur; peut-être iront-ils jusqu'à flatter ses vices. Un «esprit de vaine gloire» leur fera rechercher les riches, rebuter les pauvres.

Fléchier condamne enfin une quatrième catégorie de prêtres, les «timides», qui n'osent pas «corriger les maux qu'ils connaissent», veiller à l'ordre moral, dénoncer le péché, réprimer les abus les plus criants.

À l'opposé, il nous décrit le bon pasteur de Jésus-Christ. À l'exemple de son maître, celui-ci doit instruire par la parole, assister ses ouailles par l'administration des sacrements, édifier par le rayonnement de sa conduite. Sûr d'être appelé, soucieux de rester fidèle, le prêtre modèle est strictement attaché à l'obligation canonique de la résidence; toujours disponible pour visiter les fidèles, les recevoir, les instruire, les aider, les secourir matériellement et spirituellement. Ces tâches ne l'empêchent pas d'étudier, de prier, de méditer l'Écriture sainte, de préparer sa prédication – point d'orgue de la semaine – ou le catéchisme des enfants.

Son prône est une homélie courte, aisée, intelligible, expliquant l'Évangile du jour. Ses leçons catéchétiques feront connaître à la jeunesse le symbole des apôtres (récapitulation des mystères de la foi : la Trinité, l'Incarnation et la Rédemption), les sacrements, les commandements de Dieu et de l'Église, le *Notre Père*.

Administrateur des sacrements, le pasteur veille à ce que chaque nouveau-né reçoive sans tarder le baptême, chaque moribond obtienne le secours de l'extrême-onction. Il aura toujours à cœur de «garder les saints mystères». Il s'efforcera de trouver, pour les anciens protestants, le bon usage de l'eucharistie : «leur faire voir les horreurs d'une communion indigne», et cependant aussi «les inviter au festin des noces de l'Époux [...] s'ils ont la robe nuptiale». Il se persuadera de la dignité du confesseur, toujours désireux, à l'égard de ses pénitents, d'écouter ses ouailles au lieu de les interroger, de préférer la douceur à la sévérité, d'adoucir la loi pour la faire aimer.

Hors de l'église, ses devoirs participent du même esprit. « Un curé dans sa paroisse est obligé de faire tout le bien qu'il peut», puis «d'empêcher tout le mal qu'il peut» ; enfin il doit «donner sa vie pour ses brebis», comme le Bon Pasteur de l'Évangile, c'est-à-dire vivre pour son peuple. Il devra prêcher l'exemple, être humble, patient, vertueux, doux, charitable, affable, accueillant. S'il doit apaiser les discordes, qu'il le fasse comme un père, non comme un juge. S'il y a contentieux entre les seigneurs et les habitants, qu'il ne craigne pas de «s'opposer et de se déclarer même contre ceux qui oppriment ses paroissiens». Il ne s'agit pas d'épouser toujours les querelles des manants par démagogie; pas plus qu'il ne serait acceptable de donner, par principe, raison au seigneur ou à ses officiers. Mais le curé doit être le protecteur des petits, le consolateur de ceux qui souffrent. «À qui voulez-vous que de pauvres paysans s'adressent contre les injustices qu'on leur fait, qu'à celui qui est chargé de leur salut et de leur repos, et qu'ils voient tous les jours à l'autel offrir pour eux le saint sacrifice [24]?»

À travers ces mercuriales se dessinent les traits du prêtre léger et du curé modèle. Le contraste, volontairement appuyé, est ici une nécessité pédagogique. Combien de pasteurs correspondaient alors à chacune de ces définitions? Il est difficile de le dire, même après trois siècles. Entre le groupe des bons et celui des mauvais existait une majorité de prêtres estimables, sans zèle excessif, sans défauts trop graves. Mais, dans une société où les clercs sont soumis à de tels recyclages, en un monde imprégné des vertus tridentines et de la spiritualité de l'école française, la perfection joue un rôle attractif supérieur aux tentations du siècle. Quelques saints curés suffisent d'ailleurs à tenir l'édifice. Il y a *hic et nunc* plus de dix justes dans Sodome.

Vocations et observance

À un adulte torturé qui hésite à entrer dans les ordres mais songe à le faire par devoir, Fléchier écrit : « Le vœu de vos parents ne vous engage à rien. Il faut que les vœux soient volontaires et personnels. La vocation doit venir de Dieu, non pas des hommes. » À une dame de la noblesse que désole l'entrée en religion de sa fille, le même prélat dit au contraire : « Madame, je ne puis que louer Mlle votre fille. Elle entend la voix du Seigneur, elle la suit. Voudriez-vous la retenir lorsque Dieu l'appelle [24] ? » Telle est la bonne doctrine en matière de vocation : les parents n'ont ni à pousser (encore moins à contraindre), ni à refuser. C'est aux intéressés de décider, non en fonction de l'attrait d'un bénéfice ou d'une timidité devant la vie, mais d'après l'appel de Dieu et non sans réflexions et conseils éclairés.

S'il est vrai que, vers 1660, la France compte deux cent soixante-six mille ecclésiastiques, dont plus de cent quatre-vingt mille moines ou religieuses [116], il y a sur un tel nombre sûrement quelques fausses vocations. Il est tentant pour les parents de pousser vers le cloître les cadets de famille nombreuse. Or le concile de Trente permet les vœux dès seize ans. À seize ans les adolescents sont (alors) influençables. Colbert a cherché en vain à relever cette limite inférieure. Massillon la croit dangereuse, surtout lorsque la décision précède de quelques années la prise d'habit précoce. Dans son grand carême de 1704, il dénonce les choix non mûris : « On se détermine d'ordinaire, clame-t-il, dans un âge où à peine la raison peut connaître, loin qu'elle soit capable de choisir [184]. » Les cas de contrainte sont rares, bien qu'ils soient dénoncés sans cesse. Il y en a de trois types. Un père égoïste, une mère veuve, orientent d'autorité leur enfant vers l'Église pour y gagner plus de liberté. Une veuve remariée fait de même, pour éviter l'irritation ou la jalousie de son second mari. Des parents forcent leur enfant à prendre les ordres pour conserver un bénéfice dans la famille. D'ailleurs, il en va un peu, avec l'Église, comme dans les mariages de raison : la sincérité, l'attachement, l'amour peuvent venir plus tard.

Pour les vrais postulants – ceux qui présentent les quatre indices de vocation sérieuse : la vertu, les aptitudes, l'appel de Dieu reconnu par l'évêque, l'intention droite [184] –, attirés non par la facilité, mais par la rigueur édifiante, le moment est bien choisi pour être moine ou moniale. Les anciens ordres ont presque tous fait peau neuve, dans l'esprit du concile de Trente : la congrégation de Saint-Maur, par exemple, « restaure en France l'idéal bénédictin [194] ». Dans la seule Normandie, elle réforme ou rebâtit vingt-sept monastères. À Saint-Germain-des-Prés, elle anime un foyer d'érudition unique au monde, dont la monumentale publication des *Acta Sanctorum* n'est qu'une des activités. Il est vrai qu'à ce prix l'observance en est modifiée : le travail manuel disparaît, l'intellectuel accapare. Un dom Claude Martin doit rappeler à ses moines les règles de base de l'ordre, « le silence, la solitude et les jeûnes réguliers » ; ce que Mabillon va plus tard leur redire.

Mais chaque jour voit aussi des créations nouvelles. Ce ne sont plus de grands instituts – comme les oratoriens (1611), les lazaristes (1625), les sulpiciens (1641), les eudistes (1643) – ou des ordres comme les ursulines; mais une mosaïque de fondations particulières, issues d'une initiative limitée ou d'un besoin local. Il en résulte un réseau large et serré de maisons religieuses, surtout hospitalières ou enseignantes. En 1661, un augustin, le père Ange Le Proust, fonde à Lamballe, en Bretagne, une congrégation, celle des religieuses de saint Tomas de Villeneuve. Ces filles se destinent à soigner les malades des petits hôpitaux. Elles ne diffèrent guère des filles de la charité de M. Vincent, ont la « mystique du Pauvre ». Mais elles bénéficient de la nouveauté – il y a vingt-sept ans d'écart entre les deux fondations –, du recrutement local générateur d'émulation et de solidarité, du prestige de leur promoteur. Lorsque leur parviennent en 1671 les lettres patentes d'approbation du Roi, elles animent déjà douze maisons. À la mort du fondateur, en 1698, elles ont essaimé en vingt-huit établissements. Outre la maison mère – qui va passer à Paris en 1700 –, et nombre d'hôpitaux, les filles de saint Tomas tiennent des refuges et des écoles [169].

À la fin du siècle, le curé d'Alençon, l'abbé Bélard fonde la « Providence d'Alençon », dans un double but d'enseignement populaire et d'aide sociale : il s'agit de donner aux jeunes filles modestes une formation professionnelle [169]. La France va, pendant deux siècles, connaître plusieurs maisons de la Providence, les unes regroupées en congrégations, les autres isolées, toutes réunies dans un même but. Elles sont vraiment la providence des populations rurales.

Paradoxes et piété

Notre siècle aime les étiquettes, les simplifications, il est collectiviste, il est réductionniste. À l'opposé, les Français du temps de la contre-Réforme échappent à nos catégories niveleuses. Prenez deux exacts contemporains : Armand-Jean Le Bouthillier de Rancé, abbé de la Trappe (1626-1700), Jean Mabillon, moine bénédictin de Saint-Germain-des-Prés (1632-1707). Ils auraient mille raisons de se ressembler : la tradition de saint Benoît, le souci de vie intérieure, l'émulation vers la sainteté, une mort édifiante. Pourtant ils se heurtent et s'affrontent sur le chapitre de la science ; leurs thèses sont inconciliables. L'auteur *De la sainteté et des devoirs de la vie monastique*, au nom de la spiritualité, ne veut pas de moines savants ; dom Mabillon, lui-même érudit remarquable, défend au contraire avec vivacité les études monastiques [94].

Tous alors attachent du prix aux formes, aux gestes et aux symboles. Mais pour les uns il faut des gestes simples, sobres, sévères et dépouillés ; tandis que les autres encouragent l'exubérance baroque et la couleur. En apparence l'abbé de Rancé et Jeanne de Matel ont choisi des voies opposées. Le premier est presque confit dans son austérité. « Son humilité sincère ne permettait pas qu'on pût lui demander la complaisance de le peindre. » « Il meurt couché par terre, sur la paille et sur la cendre [60]. » La seconde († 1670), fondatrice de l'ordre du Verbe incarné, vit dans le chatoiement des symboles les plus enfantins. Elle est visitée de voix célestes – celle du

Christ qui ne lui parle que latin, celles de la Trinité, de Marie, de l'archange Michel, de saint Jérôme et de saint Denis – sous la dictée desquelles elle reconstruit sa théologie et dirige ses moniales. Ainsi le costume de ces filles vient-il du ciel : tunique bleue, robe blanche et manteau rouge. Cet ensemble tricolore (à l'époque du drapeau blanc) est le vêtement de la femme forte. Le bleu, paraît-il, évoque le ciel, le Père céleste, « l'assurance et la loyauté des citoyens du ciel », « la candeur du Père céleste et celle de la sainte Vierge », l'origine divine du Christ, son sang meurtri. Le blanc symbolise la pureté, la « candeur de la lumière éternelle », le Fils de Dieu comme splendeur du Père, la robe du Christ chez Hérode, la terre dont Jésus est souverain, « l'espérance pour ceux de la terre ». Le rouge traduit la force, le Saint-Esprit « qui est tout feu d'amour », mais également l'humanité du Christ, le manteau de pourpre de la Passion, l'enfer lieu sans pardon, « la jalousie de l'Époux plus forte en durée que l'enfer [94] ».

Tandis que Marie-Henriette de Pontual († 1704), la visitandine aveugle de Nantes, déclare : « Je suis à mon Dieu pour qu'il fasse de moi selon sa volonté [169] », les deux plus célèbres évêques de la chrétienté d'alors se chamaillent à propos d'une affaire bien secondaire, connue sous le nom de quiétisme. Ils laissent l'opinion perplexe, comme en témoigne ce *noël* de 1699 : *Hé pourquoi tant écrire/ De Cambrai et de Meaux/ Quand on n'a rien à dire/ De bon et de nouveau? / Il vaudrait cent fois mieux/ Prier, gémir, se taire, / Se mettre en oraison, / Dondon, / Que de mettre à quia, / Lala, / Votre sacré confrère... / Attachez-vous tous deux/ À votre diocèse; / Vous verrez tout de bon, / Dondon, / Que le monde oubliera, / Lala, / Vos petites fadaises* [179].

Ce qui semble conflit de thèses est souvent simple opposition de tempéraments. Sous Louis XIV on se trouve engagé dans les amis de Port-Royal ou entraîné dans le camp moliniste pour diverses raisons. La naissance oriente; l'éducation et le milieu influent, mais aussi le hasard, les rencontres, la politique (Mme de Sévigné glissant vers le jansénisme), l'ambition, les clientèles (il est des rendez-vous d'anciens frondeurs où Port-Royal fait tache d'huile). Mais le vrai partage est lié à la sensibilité, ce qu'exprime bien en 1678 la marquise de Sablé : « Les maximes de la vie chrétienne, écrit-elle, qui se doivent seulement puiser dans les vérités de l'Évangile, nous sont toujours quasi enseignées *selon l'esprit et l'humeur naturelle* de ceux qui nous les enseignent. Les uns par la douceur de leur naturel, les autres par l'âpreté de leur tempérament, tournent et employent selon leur sens la justice et la miséricorde de Dieu [5]. » Cela ne signifie pourtant pas que M. Nicole soit âpre, ni doux le père Bourdaloue, tant on trouve de nuances jusque dans les camps les plus tranchés.

Le paradoxe fleurit chaque jour, et s'épanouit en tout terrain. Libéraux du côté de la Chine – acceptant d'adapter quelque peu le message chrétien pour ménager l'esprit et les traditions de l'Extrême-Orient – le P. de la Chaise et le P. Le Tellier, confesseurs successifs du Roi, haïssent les réformés et même les catholiques augustiniens. Il est vrai qu'aimer le prochain, au sens du plus proche, a toujours été un rude programme. Un autre paradoxe de la compagnie de Jésus consiste à suivre le siècle, en flattant Louis XIV, à devancer le siècle, en tendant au syncrétisme en Chine, et d'autre part à défendre impitoyablement une philosophie vieille de quatre cents ans (pour sa partie thomiste), ou même de deux mille ans (ce qui vient d'Aristote).

Leurs concurrents jansénistes ne sont pas toujours plus logiques. Ils sont justement fiers de leur grand défenseur, M. Pascal; mais ne cessent de lui tourner le dos. Ils ne se sont pas aperçus que l'auteur des *Provinciales*, des *Pensées*, des *Opuscules* et des *Traités* n'était pas seulement physicien, polémiste et apologète, mais aussi philosophe. Ils n'ont pas compris – même l'universel Antoine Arnauld – que la philosophie pascalienne avait une portée immense. D'une part, elle se rattache sans hiatus à la théologie positive; d'autre part, reliée à la physique et non à la seule mathématique, elle cultive la totalité de l'esprit humain, alors que Descartes enferme le moi, le monde et Dieu dans la géométrie, donc dans le rationalisme. Ce Descartes « inutile et incertain », qui semble le *nec plus ultra* de la modernité, va bientôt retarder la pensée française, empêcher nos pères de comprendre Newton [99]. Si les oratoriens, par exemple, si portés vers l'augustinisme, avaient dans leurs collèges enseigné Pascal au lieu de Descartes – préférant chemin faisant un auteur brûlant de foi, au père de déisme –, ils auraient été bien inspirés.

Dans l'ordre de la piété, les contradictions prolifèrent. Mais peut-être est-ce un corollaire du paradoxe précédent. Antoine Arnauld, M. Nicole ne semblent pas avoir compris qu'ils étaient compagnons de route d'une religion rationalisée, celle de Richard Simon, celle de la chasse aux reliques, celle de la remise en cause du miracle, ou de l'antimysticisme. Cinquante ans plus tard, au siècle des Lumières, il en sera résulté l'étrange et dangereuse alliance du jansénisme et du rationalisme, cause entre autres causes de la Révolution, moteur de la constitution civile du clergé. Faute de cette lucidité, les amis de Pascal, oubliant l'axiome magnifique et si intelligent du « Dieu sensible au cœur », ne cessent de bouder la religion du cœur. La grande dévotion nouvelle, la vénération du Sacré-Cœur, véritable vaccin contre l'unitarisme, le déisme et le rationalisme, ne leur inspire que dédain. Ils laissent aux jésuites le soin de répandre la leçon des apparitions de Paray-le-Monial. Sous prétexte de foi intériorisée, de refus des superstitions, ils boudent les reliques et passent au crible les miracles. Mais ils font exception pour la Sainte-Épine, leur propre relique, et son fameux miracle, leur propre miracle.

Toutefois il faut éviter l'erreur de trop rechercher en 1670 l'explication de 1770. À déterrer sans retenue des racines, on bouleverse un jardin, on casse un paysage : les héritiers du laboureur de Jean de la Fontaine semblent prédestinés à nous en avertir. Les pieux jardins du grand siècle, s'ils ne reproduisent point exactement le paradis terrestre, ne sont pas sans beauté, ne sont pas sans grandeur. Le foisonnement de leurs arbres est indice de vitalité tranquille.

Ad majorem Dei gloriam aliqua pugna

Certains détails d'esprit de corps peuvent alimenter l'héroïsme. Réciproquement les combats de plusieurs instituts en vue de la gloire de Dieu (les jésuites n'ont-ils pas pour devise, depuis Ignace de Loyola, *Ad majorem Dei gloriam*?) entraînent, au temps de la contre-Réforme, des conflits irritants, interminables et mesquins. L'Église de France est-elle divisée entre gallicans et ultramontains? Le gallicanisme a pour lui les *oratoriens*, les bénédictins, les docteurs de Sorbonne; le camp romain, les jésuites et les sulpiciens [144]. Les sensibilités se partagent-elles entre augustiniens, partisans farouches de la grâce efficace, et dévots modernes, partisans rassurés d'une grâce prévenante? Les *oratoriens* et les bénédictins penchent du côté d'Augustin, la *compagnie de Jésus* du bord de Molina. La théologie doit-elle avoir pour commensale la philosophie cartésienne; ou bien est-il indispensable de toujours la lier au thomisme médiéval? *Oratoriens*, le P. Malebranche à leur tête, et amis de Port-Royal, Arnauld et Nicole en premier, souhaitent adopter ou adapter Descartes; tandis que les *jésuites* demeurent scolastiques. Et sur bien d'autres points, de dogmatique, de liturgie, de pédagogie, de dévotion formelle, on trouve quotidiennement l'affrontement des enfants de Bérulle et des fils de Loyola.

C'est d'abord la guerre des collèges. Les jésuites ne pardonnent pas aux prêtres de l'Oratoire d'avoir obtenu en 1625 celui de la ville de Nantes, puis ouvert en cette ville un cours de théologie. Ils n'ont de cesse que s'établir en concurrence, ce qu'ils réalisent en 1665 [169]. À la fin du règne, ils accusent les oratoriens d'être partisans du P. Quesnel, suspects de jansénisme (c'est d'ailleurs un peu vrai), provoquant le déclin, sinon de leur collège, au moins de leur enseignement théologique. D'une longueur, les jésuites vont gagner cette bataille des collèges : en 1711, ils ont en France cent huit établissements; les pères de l'Oratoire seulement soixante-douze [183]. Le conflit fut et demeure d'autant plus âpre que ces diverses écoles se ressemblent par le recrutement, la qualité des études, les programmes. On ne peut même pas dire, comme dans le conflit de Port-Royal contre les jésuites, qu'il y a affrontement d'un élitisme et d'une éducation de masse (on disait alors : du plus grand nombre). Au reste, comme on voit des adultes passer de la robe à l'épée, il est alors des jeunes gens qui passent d'un institut à l'autre : le futur président Hénault est pensionnaire à Louis-le-Grand en 1694 chez les jésuites de la rue Saint-Jacques, novice à l'Oratoire de 1700 à 1702 [32].

Cette course de fond, presque épuisante, se poursuit dans le domaine des arts et lettres. Juge impartial en la matière – bien qu'ancien élève des jésuites de la rue Saint-Jacques, lui aussi – Voltaire mettra soixante-cinq religieux dans son palmarès intellectuel du *Siècle de Louis XIV* : un chartreux, un minime, deux cisterciens, trois dominicains, quatre chanoines réguliers, sept bénédictins (distancés malgré leur solide érudition), quinze oratoriens et... non moins de trente-deux jésuites [73]. Il est vrai que, seuls Bourdaloue et Bouhours ont traversé les siècles, côté compagnie de Jésus ; tandis que quatre au moins des quinze prêtres de l'Oratoire sont encore connus : le P. Quesnel, théologien de premier plan, Richard Simon (1638-1712), audacieux promoteur de l'exégèse moderne, Massillon illustré par l'oraison funèbre de Louis XIV, Malebranche enfin, exact contemporain du Roi (1638-1715), cartésien chrétien, « l'un des plus profonds méditatifs qui aient jamais écrit [73] ».

À la cour, auprès du Roi, la compagnie de Jésus paraît au premier regard, sans rivale : de 1654 à 1715 elle garde le monopole de la fonction de confesseur de S. M. Or les titulaires successifs – les PP. Annat, Ferrier, de la Chaise et Le Tellier –, non contents d'animer le souverain contre Port-Royal et contre les protestants, ont tous été hostiles à l'Oratoire. À Rome dans l'entourage du pape, à Paris, Versailles et Saint-Germain auprès du Roi, les confesseurs ne cessent de dénoncer les déviations doctrinales des disciples de Bérulle : ils les dépeignent en majorité augustiniens (voire jansénistes), fort souvent cartésiens, rarement orthodoxes. Cette action polémique porte fruits : Louis XIV admoneste le général de l'Oratoire [141]. Mais elle ne détruit pas plus l'institut oratorien qu'elle ne ruine le jansénisme :

LA VICTOIRE DES « GRANDS CHAPEAUX» SUR LES PERES DE L'ORATOIRE		
Stations complètes de carêmes et d'avents prêchés à la Cour…		
	… par des jésuites :	*… par des oratoriens :*
… de 1661 à la fin de 1674	4	12
… de 1675 à la fin de 1688	10	8
… de 1689 à la fin de 1702	13	7
… de 1703 à septembre 1715	14	2
Total :	41	29

en 1695 Soanen, oratorien et augustinien, est nommé évêque de Senez !

La victoire finale des jésuites, avant même qu'un P. Le Tellier ne soutire au vieux roi l'engagement de donner *post mortem* son cœur à la maison professe de la rue Saint-Antoine – la revanche des confesseurs royaux sur les lecteurs des *Provinciales* et autres amis, vrais ou faux, de Port-Royal, se traduit dans le choix même des prédicateurs de la cour. Un tableau permet de mesurer, voire de chiffrer la lente disgrâce des oratoriens : (voir tableau).

Comme ils l'ont toujours fait, les jésuites français du XVIIe siècle savent se rendre aimables ou haïssables ; ils ne laissent guère indifférent. En octobre 1678 Mme de Sévigné écrit à Bussy-Rabutin : « Les jésuites sont plus puissants et plus enragés que jamais. *Ils ont fait défendre* aux pères de l'Oratoire d'enseigner la philosophie de Descartes, et par conséquent *au sang de circuler*. Ils ont encore remis sur pied les cinq propositions. Il a fallu promettre et désavouer ce qu'ils ont voulu ; les lettres de cachet dont on est menacé sont de puissants arguments pour persuader leur doctrine [62]. » Pour Richard Simon, si les deux tiers des oratoriens penchent du côté du jansénisme, c'est moins par conviction innée que par animosité contre les jésuites [94]. Dans les toutes dernières années du règne, après la destruction de Port-Royal (1709) et la promulgation de la bulle *Unigenitus*, cette société de Jésus, qui combat pour Dieu mais dont le royaume est un peu de ce monde, est fort puissante mais souvent détestée. En trois ans le P. Le Tellier fait perdre au Roi dans l'esprit de ses sujets une grande part de son capital de prestige et de popularité. En 1715 l'opinion du bon peuple est résumée par ces trois vers :

Vous auriez pu, grand roi,
Suivre Jésus et sa loi
Sans tant aimer sa Compagnie [56].

Et Voltaire, évoquant les années tristes du vieux roi, remarque avec justesse : « C'est une chose très remarquable que le public, qui lui pardonna toutes ses maîtresses, ne lui pardonna pas son confesseur. »

Les choses ne sont pourtant pas aussi simples. Si la société de Jésus a fini par nuire à son royal protecteur, elle l'a d'abord et longtemps bien servi. L'abbé Le Gendre, secrétaire de l'archevêque de Paris, assure que les jésuites ont misé sur la France au moins depuis 1659, sinon depuis 1648. En échange des faveurs incessantes de Louis XIV, ils sont devenus, un peu partout dans le monde, les agents ou les alliés du Roi [39]. Et puis, malgré les insinuations des *Provinciales*, les fils de Loyola sont loin d'être tous casuistes. Rien n'est plus éloigné, par exemple, de la morale relâchée d'Escobar, que la solide doctrine prêchée par un P. Bourdaloue. Il y a jésuites et jésuites. Beaucoup se tiennent, derrière Bossuet et Louis XIV, sur ce qu'on nomme alors « la voie moyenne ». Hors de France et d'Europe, notamment en Nouvelle France (Canada), ils sont en première ligne de l'évangélisation et parfois du martyre. C'est pourquoi Furetière, bien qu'ami de Port-Royal, voit dans la compagnie de Jésus «l'ordre le plus étendu, et qui a rendu le plus de services à l'Église par les missions aux Indes, et par le soin qu'ils ont pris de l'instruction de la jeunesse [26]». En France cette instruction, tournée vers le respect du Roi, le sens de l'honneur et l'attrait du service public, forme pour Louis XIV les meilleurs serviteurs de l'État [173].

Sanctuaires, dévotions et miracles

La duchesse d'Orléans oppose volontiers les catholiques de France aux foules obscurantistes et superstitieuses d'Allemagne, d'Espagne ou d'Italie. Ici, écrit-elle, nul n'est « tenu de croire aux bagatelles et à d'ineptes miracles [...]. On n'ajoute aucun prix aux pèlerinages et autres choses semblables [53]. » Mais c'est un témoignage tardif (1701) et doublement faussé. Madame, protestante du Palatinat, n'a jamais rien compris à la religion romaine; d'ailleurs elle ignore tout de la France profonde.

À moins de trois lieues de Paris, le prieuré d'Argenteuil accueille toujours, à l'aube des Lumières, de nombreux pèlerins du diocèse (surtout du cru, vignerons, laboureurs, artisans, petits marchands, religieux), toujours confiants dans les vertus divines de la sainte tunique. Six fois l'an, mais particulièrement le jour de l'Ascension et le lundi de Pentecôte, le peuple des fidèles y participe à de grandes processions. Une confrérie de la Tunique, réorganisée en 1659, encourage ces assemblées et la visite votive du sanctuaire que gardent des bénédictins de la congrégation mauriste. L'un d'eux, dom Gerberon, a publié en 1677 *l'Histoire de la robe sans couture.* Il y paraît que ce vêtement pourpre, en forme de chasuble à mi-manches, aurait crû au rythme même de la croissance physique du Christ :

O vêtement inestimable
Qui d'une manière ineffable
Croissait autant que le Sauveur!

Bien que Trèves, au pèlerinage mondialement connu, revendiquât la véritable tunique sans couture de l'Évangile, que l'archevêque Harlay n'eût guère encouragé la dévotion d'Argenteuil, et qu'un certain abbé Thiers eût entrepris d'attaquer à la fois la «sainte larme» de Vendôme et la robe d'Argenteuil, le prieuré bénédictin – d'ailleurs défendu par l'illustre Mabillon – continue d'attirer les fidèles. Les bons moines attribuent à leur relique l'occasion de cent dix-huit miracles [96]!

Bien sûr, sans quitter les environs de Paris, ces malades, que la médiocre médecine du XVIIe siècle guérit fort mal, peuvent s'adresser à plusieurs thaumaturges. Mais, si l'on prête à saint Ouen le pouvoir d'abolir la surdité, à saint Prix de faire lever les paralytiques, à saint Maur de rétablir les estropiés, la Tunique est polyvalente. Cependant, l'aveugle et le paralytique étant les miraculés types du Nouveau Testament, nul ne s'étonne de voir le quart des guérisons d'Argenteuil concerner des troubles de la marche, un autre quart les maladies des yeux. On attribue aussi à la Tunique cinq cas de résurrection, entendez quelques moments de réanimation de mort-nés permettant de les baptiser. (Ce sont les « repits» de nouveau-nés).

Jamais on n'a vu, comme alors, en France tant de pèlerins sur les chemins; grands et petits (le *miquelot* est un jeune mendiant qui se fait passer pour pèlerin du Mont-Saint-Michel [26]), hommes et femmes, bourgeois et rustauds; tant de ferveur dans les rassemblements de la foi, tant de confiance en la toute-puissance de Dieu. Si la peste est vaincue, si la guerre est moins proche et moins cruelle, il est toujours des raisons d'aller en pèlerinage. Honorer des sanctuaires, vénérer des reliques, implorer une intercession mariale, c'est narguer le protestantisme (les réformés ont inventé par dérision l'adjectif *miraclifique* [26]). C'est aussi et surtout, pour le catholique de toute condition, marquer par ses démarches et par le geste une foi que le concile de Trente a réconciliée avec la dévotion.

Non seulement le pèlerinage ne décline pas au début du règne de Louis XIV, mais il se développe, entre 1660 et 1680, tandis que les lieux de dévotion se multiplient ou élargissent leur rayonnement. Même les jansénistes, que l'on dit méfiants à l'excès, toujours à dénoncer le risque de superstition, participent à cet élan. Le 24 mars 1656, ils ont vu dans le miracle de la Sainte-Epine l'intervention du ciel en leur faveur; en 1662 la guérison de mère Catherine de Sainte-Suzanne, religieuse de Port-Royal, est célébrée par son père, Philippe de Champaigne, qui en fait le plus spirituel des ex-voto [106].

La Provence voit naître presque simultanément deux grands sanctuaires mariaux à vertu thaumaturgique : Notre-Dame du Laus, dans les Alpes, et surtout Notre-Dame de Lumières, à proximité d'Apt. Ce dernier, situé sur la paroisse de Goult, a vu un premier miracle en 1661 ; une fois la chapelle locale reconstruite et les carmes réformés en possession du pèlerinage, Notre-Dame de Lumières connaît une affluence extraordinaire. En 1666, le R. P. Michel du Saint-Esprit, carme, gardien des lieux, publie un livre, dédié à la Reine, *Le Saint pèlerinage de Notre-Dame de Lumières.* Entre juin 1663 et janvier 1666, le sanctuaire aurait provoqué – sur place ou au domicile des malades – deux cent deux miracles! À elle seule, l'année 1664 est exemplaire. Le 1er avril, c'est l'installation du témoin principal de l'œuvre, le P. Michel du Saint-Esprit. Le 6 mai, Claude Meynaud, une jeune paralytique de Noves, vient à Lumières, conduite par ses parents qu'accompagnent un certain nombre de pèlerins. Elle se lève et marche. Aussitôt un *Te Deum* est chanté. Mais là ne s'arrête pas l'action miraculeuse. De retour à Noves, les Meynaud et leurs voisins traversent le village en processionnant et en chantant, un des consuls à leur tête. Or ce consul a un enfant gravement malade, et l'on constate sa guérison soudaine qui coïncide avec le temps de l'action de grâces. Le 7 juin, un estropié de Tarascon, nommé Jean Baptiste, recouvre à Lumières l'usage de ses jambes. Or tout le monde a pu observer que le pauvre garçon ne pouvait auparavant même pas se soutenir seul à dos d'âne. Il a fait la route en compagnie d'un ami, « lié et attaché sur une bête [105] ». Le 27 juillet, un carreleur de soixante-huit ans, Étienne Chastan, est brusquement débarrassé d'une « relaxation ou descente de boyaux » dont il souffre depuis trente ans ! Comme toujours, les miraculés, leurs parents, leurs voisins, leurs amis, célèbrent la guérison. Bientôt toute la Provence est informée. Les pèlerins viennent de tous les coins de cette province, mais aussi du Languedoc et du Dauphiné, encadrés par des religieux ou par des confréries de pénitents. Un des miracles de Lumières est de parvenir à réconcilier, et unir dans la même dévotion, ces assemblées concurrentes, zélées mais ombrageuses. Ainsi le 6 juillet 1664 toutes les confréries de la ville d'Apt – pénitents bleus, blancs et noirs – obédiences confondues, et encadrant un vaste peuple, processionnent ensemble jusqu'au sanctuaire [105]. Une autre constatation (mais ce n'est pas un miracle alors) doit être faite, que montrent les nombreux ex-voto de Lumières : ce sont des pèlerins de tout rang social qui viennent implorer ou remercier le ciel. Sur cent donateurs d'ex-voto, il y a treize notables et sept gens d'Église, vingt-cinq représentants du menu peuple, cinquante-deux bourgeois [105]. À la fin du siècle, Avignon édite une image destinée à glorifier Notre-Dame de Lumières, car la Provence reconnaissante voudrait donner à son sanctuaire, sinon la célébrité de Lorette, au moins la notoriété du pèlerinage picard de Liesse. On y voit la chapelle, la Vierge et Jésus, des processions de pénitents, et plusieurs médaillons illustrant chacun un type de miracle. Des légendes sans fioritures – « Les aveugles voient », « Les estropiés marchent », « Ressuscitent les morts », « Paralytique guéri » – font comme des modèles pour les centaines d'ex-voto que le pèlerinage a déjà ou va encore susciter [106].

Le vrai miracle tient aussi à l'étonnante vitalité de dévotions collectives que la hiérarchie catholique regarde souvent avec méfiance ; et au fait que tant de mouvements de foules, de vœux bien ou mal exaucés, de récits ou de représentations graphiques consacrés alors à des hauts lieux thaumaturgiques, se produisent et se répètent en évitant *grosso modo* les pièges de la superstition. Parlant de faits présumés prodigieux, observables à peu de distance de sa cathédrale, Esprit Fléchier, évêque de Nîmes, écrit (1707) : « Ce qui est de vrai et que je regarde comme le véritable miracle, c'est la ferveur, la vénération, le silence, l'ordre qui s'observent dans ces multitudes [175]. » Nous sommes déjà au XVIIIe siècle, et le concile de Trente (clos en 1563) est loin d'avoir achevé ses pieuses retombées. Les missions, les retraites en témoignent aussi, marquant la vie quotidienne de nos pères.

Les missions intérieures

La France est alors vraiment le royaume des missions intérieures. Trois définitions du *Dictionnaire universel* nous montrent ce qu'en pense vers 1685 l'opinion commune : « Les missionnaires vont *catéchiser* les paysans dans les villages », « L'éloquence et le zèle de ces missionnaires ont fait grand nombre de conversions », « Ce missionnaire prêche fort *évangéliquement*, c'est-à-dire l'Évangile tout pur, sans pompe et sans ostentation [26]. »

La première formule, idée reçue, est aussi en grande partie une idée vraie. Certes, les villes ne sont pas exclues des circuits de la prédication missionnaire, mais souvent la mission s'y confond avec les « stations » traditionnelles, les suites de sermons du carême et de l'avent [175]. Ce sont les bourgs et les villages qu'il faut d'abord réveiller, arracher à l'ignorance, à la superstition, à la routine. Le clergé séculier y est moins instruit et moins ouvert. Les réguliers de la mission – lazaristes, oratoriens, jésuites, dominicains, eudistes, capucins, montfortains ou autres – ont à la campagne plus et mieux à faire, souvent même « catéchiser » cette population qui constitue plus de 80 pour 100 des Français au temps de la contre-Réforme.

La mission se propose toujours de « convertir », de convertir à Dieu, à une foi plus ardente, à une dévotion mieux comprise. Il faut aussi l'entendre de la conversion du protestantisme au catholicisme. Avant et après la révocation de l'édit de Nantes, les zones réformées sont soumises, par la volonté du Roi et des évêques, à un véritable quadrillage, à un vrai ratissage confiés à des essaims de missionnaires. Tous ne sont pas complices des dragons. L'abbé de Fénelon, parcourant en 1685 et 1686 l' Aunis et la Saintonge, convertit par la douceur, la persuasion, les concessions [175].

Enfin la mission se veut évangélique, et y réussit en général. Pourtant le refus des fioritures, de la pompe et de l'ostentation, n'est évidemment qu'un idéal. Il faut émouvoir le peuple. Or le peuple aime les fioritures, la pompe et l'ostentation. Donc les religieux qui animent les campagnes missionnaires ne se privent pas d'user de cette ostentation. Au pays d' Avignon, en 1682, les missionnaires de l' Oratoire font jouer *Le Triomphe de l'enfant Jésus* : sur un brancard à reliques, que portent quatre gaillards en aube, trône l'image de Jésus enfant sur laquelle veille le fils du seigneur local déguisé en ange ; le cortège accompagne, en chantant les litanies appropriées ; à chaque station, d'autres enfants lisent des prières en vers. Ne concluez pas à la mascarade – comme font alors les protestants –, mais voyez là cela même que le clergé y voyait. Cet aimable triomphe est en somme de la théologie en action ; c'est du Bérulle en exercices pratiques [175].

Tous les missionnaires connus – Michel Le Nobletz (1577-1652), saint Jean Eudes (1601-1680), le bienheureux Julien Maunoir, s. j. (1606-1683), saint Grignion de Montfort (1673-1716) – usent du spectacle. Pour couronner ses longues missions bretonnes d'un mois, Maunoir fait de la procession du dernier jour le clou de son ouvrage. Il est vrai que les auditeurs, qui ont entendu une centaine de sermons, à la fois remués, tendus et fatigués, ont besoin de respirer, et de voir la pieuse synthèse illustrée de leurs méditations. La Passion est jouée par des dizaines de fidèles. Ce sont les participants les plus zélés qui obtiennent les beaux rôles : la Vierge, les apôtres, les martyrs. Le saint sacrement est conduit en cortège ; les fidèles chantent d'innombrables cantiques, puis viennent adorer l'hostie. Alors, de sa voix prenante, le

P. Maunoir fait, en présence d'une foule immense, son cent unième sermon : la méditation de la Passion, des mérites du Christ, de la dette des hommes envers leur Sauveur [107].

Le Nobletz, Maunoir concentrent leur action sur une province, passent et repassent dans les mêmes diocèses, les mêmes bourgs. Un très étonnant missionnaire, le P. Honoré de Cannes, capucin (1632-1694), est parvenu en vingt années, de 1673 à sa mort, à prêcher dans presque toute la France, à l'appel des différents évêques. Il fait jusqu'à deux cents lieues en moins de trois semaines, «la plupart à pied» : le 28 mars 1684 il quitte Perpignan, le 18 avril est à Angers [172]. Il prêche en ville, devant des auditoires variés : à Semur, aussi bien en présence du comte de Bussy-Rabutin [62] que devant des artisans de la ville ou des laboureurs des environs. Si grande est sa réputation qu'on accourt de plusieurs lieues pour l'entendre. En août 1684, quand le P. Honoré parle à Saumur, en plein fief protestant, la ville est trop petite pour accueillir ses fidèles. Il en est venu des diocèses de Poitiers et de Tours, de La Rochelle et de Luçon. Nombreux sont ceux qui couchent sous les auvents des boutiques ou sans aucun abri. On dort peu, tant il y a de chanteurs de cantiques. Les protestants, dont les temples ont été fermés par voie d'autorité pour la durée de la mission, n'ont qu'à attendre avec patience. C'est la revanche du papisme. L'église Saint-Pierre ne suffit pas à contenir une foule enthousiaste : le P. Honoré doit parler en plein air, sous le soleil, sur les rives de la Loire. Ainsi remue-t-il la France entière. Presque toutes les provinces l'accueillent : la Flandre maritime, l'Artois, la Picardie, le Beauvaisis, l'Ile-de-France et Paris, la Normandie, le Maine, l'Anjou, la Touraine, la Bretagne, la Brie, la Champagne, la Bourgogne, mais aussi le Nivernais, le Bourbonnais, l'Auvergne, le Limousin, l'Angoumois, l'Agenais, la Gascogne, le pays de Bigorre, le Rouergue, Toulouse (1678), le Périgord, le Languedoc et le Comtat, le Lyonnais et le Dauphiné, sans oublier cette Provence où l'illustre capucin a fait ses débuts.

Le P. Honoré a mis au point, au cours de ses voyages, «un cours de mission (= programme ou méthode) qu'on peut appeler parfait». Chaque jour comprend quatre actions. À l'aube, suivant la messe, dès cinq heures en été, c'est le «sermon instructif». Son style est adapté au public populaire qui vient l'entendre, «artisans, vignerons, domestiques, gens de boutique et de travail». En fin de matinée, devant des auditeurs que leur profession n'astreint pas, est proposée une action pieuse, la «méditation», qui est initiation à la spiritualité. C'est une innovation chère aux capucins. On indique d'abord à l'auditoire les règles du jeu : altenance de thèmes généraux et de réflexions personnelles silencieuses. «Le prédicateur fait tout haut l'oraison, disant ses pensées et faisant de temps en temps des pauses pour donner le temps de réfléchir.» Après dîner, c'est-à-dire en début d'après-midi, «la conférence est la plus agréable et la plus attrayante de toutes les actions, celle que plusieurs estiment la plus profitable et qui semble être le propre de la mission [...] Un missionnaire fait le personnage d'ignorant ou de pécheur et demande à être éclairé. Un autre lui donne la solution». Ces dialogues entretiennent l'attention, frappent les esprits. Le public n'est ni la foule de l'aurore, ni les auditeurs cultivés de dix heures. Il est mêlé, souvent extérieur à la ville, puisque ceux qui habitent loin ne peuvent suivre de la mission que ce qu'elle offre au milieu de la journée. Le sermon du soir, quatrième acte journalier de la récollection, «est l'exercice où il y a ordinairement le plus grand concours de peuple. Aussi doit-il être fait, dit le P. Albert de Paris, par celui des missionnaires qui réunit le plus de vigueur et le plus de renommée. Ce sermon doit être populaire, pathétique et enlevant [172].» Dans les tournées du P. Honoré, ses compagnons font la prédication de l'aube et la conférence, lui se réserve la méditation et le sermon pathétique.

Son éloquence est habile et variée. Quand l'évêque local l'y autorise, ou comme à Quimper l'y encourage, l'orateur appuie son discours en brandissant un tableau réaliste, voire une tête de mort. C'est une habitude baroque. Il ne fait, en revanche, nulle concession à la rhétorique à la mode. Il aime les raisons simples, les exemples communs, les comparaisons familières adaptées à son public. Sa doctrine est évangélique, comme celle de son confrère le P. Séraphin, prédicateur de la cour, aimé du Roi et moqué par Saint-Simon. Sa voix, presque toujours insinuante. Mais, nous dit un témoin, « il a par-dessus cela des éclats de voix si foudroyants et qui tonnent si à propos qu'il fait recevoir ses discours comme venant du ciel [172] ».

Pour frapper les esprits, la mission comporte parfois, parallèlement, des retraites. Elle est l'occasion de ranimer ou de créer de pieuses confréries, comme celle du Rosaire, d'établir des programmes ultérieurs de méditations. Les religieux de la mission distribuent aussi des feuilles dévotes, de petits livres édifiants, des images à la vertu catéchétique. Le P. Honoré, comme ses émules, installe à chaque fois un immense appareil pour les confessions. Le 30 octobre 1686, les habitants d'Amiens peuvent voir, à cinq heures du matin, un étrange cortège aux lumignons : ce sont trente capucins allant occuper les confessionnaux de la cathédrale. À onze heures ils processionnent en sens inverse, allant dîner ; à une heure trois quarts de relevée, ils sont revenus à leur poste. Jusqu'à cinq heures ils confessent sans relâche [172]. L'effet de certaines de ces missions peut être centenaire ; effet apparent, puisque l'effet réel est le secret de Dieu.

Retraites spirituelles

Les missions sont destinées aux foules. Aux âmes d'élite la contre-Réforme conseille les retraites. Les jésuites y sont experts : ils pratiquent séculairement et font pratiquer les *Exercices spirituels* d'Ignace de Loyola, leur fondateur. Ces méditations fameuses – sur le péché, l'appel du Roi éternel, la passion du Christ, sa résurrection et sa gloire –, prévues pour un mois, peuvent être condensées en quelques jours. En marge de leurs collèges, les pères de la compagnie créent donc, dans tout le royaume, des maisons pour récollections. À Vannes, c'est à l'initiative du P. Vincent Huby [169], en Normandie à celle du P. Louis de Valois [91].

De pieuses femmes s'associent au mouvement. Elles

pensent que, pour faire retraite chez soi, il faut une volonté, un sens de la prière et une méthode que peu de jeunes filles ou de femmes possèdent; elles croient aussi que le respect humain empêche certaines de se retirer quelques jours dans un couvent, qui viendraient volontiers dans une maison destinée aux retraites. À Vannes, Catherine de Francheville, qui a déjà donné aux pauvres une bonne part de sa fortune, a fondé une maison pour retraites féminines. Aidée par des collaboratrices laïques, «les filles de la sainte Vierge», elle a la joie, entre 1672 et sa mort (1689), d'organiser près de vingt retraites annuelles, réunissant cent à deux cents retraitantes de toute origine, toutes conditions confondues [169].

À Paris, la fameuse Mme de Miramion, «cette mère de l'Église [62]» s'inspire de tels exemples. Elle pratique chaque année, depuis 1658, sous la direction de son confesseur, une retraite, inspirée tantôt des méditations de Thérèse d'Avila, tantôt des exercices de Loyola. Par exemple, une première méditation rappelait que «la fin de l'homme est Dieu». La vie n'est qu'un passage en direction de la demeure céleste; il convient donc de renoncer au monde. «Tout n'est que vanité hors d'aimer et de servir Dieu.» Le second jour, la retraitante méditait «des inclinations naturelles», ces ennemies de la grâce divine, puis elle réfléchissait sur la mort et le jugement. Le troisième jour, elle examinait cette proposition : «La tiédeur est un plus grand mal que l'on ne pense.» Qui dit bien servir Dieu commet donc un mensonge. Une dernière réflexion s'appliquait aux moyens à employer pour éviter la damnation. «De quelles armes me servirai-je? demandait-elle. De l'esprit de haine et de dureté contre moi, de mortification, de confiance, de soumission et d'obéissance. Qui combattra avec moi? Dieu [91].»

En 1685, Mme de Miramion crée une maison de retraite à Paris. La marquise de Maintenon lui obtient l'agrément du Roi. L'archevêque Harlay est enchanté. La duchesse de Guise, suivie de beaucoup de dames de la cour, envoie de l'or. Ainsi est construite, quai de la Tournelle, une bâtisse de 100 000 francs. Sa grande salle peut contenir au moins cent vingt personnes et le réfectoire autant de couverts; cinquante chambres occupent les étages. À Noël de 1687, tout est prêt pour accueillir les retraitantes, non seulement catholiques, mais aussi jeunes protestantes désireuses de s'instruire du dogme romain. Deux fois l'an, il y a des retraites de sept jours pour dames de la société. Quatre fois l'an, des retraites de cinq jours pour femmes plus modestes, voire pauvres. À ces dernières on ne demande aucune participation aux frais. D'ailleurs Mme de Miramion ne rejette personne. Si on lui dit qu'une postulante a mené une vie scandaleuse, elle répond : « Tant mieux! les retraites sont faites pour ceux qui ont péché; peut-être que Dieu les touchera [91]. »

Quand agonisera cette pieuse femme, en 1696, son confesseur lui dira : « Oui, votre souffrance est grande, mais le bonheur que Dieu prépare dans le ciel à la patience des âmes fidèles est infiniment plus grand; vous le connaîtrez quelque jour. – *Je le connais déjà* », répondit-elle.

L'instruction publique

Un sot savant est sot plus qu'un sot ignorant.

Molière

La vie est très courte, l'entendement faible et limité. Appliquons la jeunesse à l'étude des choses nécessaires et fondées ; non à des études vaines et peu réjouissantes.

Ottavio Imberti [183]

Débourrer : apprendre à vivre à quelqu'un, le façonner dans le monde, l'avancer dans l'étude [...] Cet écolier s'est déjà débourré et commence à parler latin.

Furetière

Le XVIIIe siècle est peut-être le temps de la pédagogie, mais le XVIIe est l'âge de l'instruction. C'est une conquête récente, et qui rend fier. « Ce n'est guère que depuis cent ans, écrit vers 1684 un bon observateur, que l'ignorance a été bannie de la France [26]. » Sous Louis XIV l'enseignement se généralise et se démocratise. Il faut dire que, aux yeux des gens de bonne compagnie (et ils sont de plus en plus nombreux), l'enseignement et l'éducation, le décrassage intellectuel et la civilisation des mœurs sont inséparables. « On appelle un enfant mal instruit, celui qui est grossier, rustique, incivil ; bien instruit, quand il a de l'honnêteté, quand il sait bien vivre [26]. »

Car l'instruction n'est pas réservée aux privilégiés. Elle devient, chaque jour davantage, une instruction publique. Une école ouverte à tous, peu onéreuse (pour 3 sous par mois en Champagne vers 1710 on peut apprendre à lire, avec 5 sous à lire « en latin et en français », avec 7 sous à écrire et à calculer [182]), souvent gratuite, c'est ce que souhaitent et ce que réalisent alors l'État et l'Église, aidés par les communautés d'habitants, de généreux fondateurs et des congrégations religieuses. Les plus anciennes, jésuites, doctrinaires, oratoriens, fières de leur réussite intellectuelle et sociale, dominent l'enseignement secondaire. Les nouvelles se créent en fonction des besoins actuels, s'intéressent avant tout aux enfants du peuple : les frères des écoles chrétiennes de Jean-Baptiste de la Salle couronnent une œuvre de longue haleine.

Une école élémentaire partout, à la ville, dans le bourg, à la campagne même, c'est la volonté du Roi en même temps que le souci des évêques dignes de ce nom. La législation s'en mêle; les expériences heureuses se multiplient. À la fin du règne les résultats sont concluants. On peut l'affirmer sans paradoxe : « L'école obligatoire date de Louis XIV et non de Jules Ferry [182]. »

L'école autour de Montpellier

La scolarisation est une délicate entreprise, jamais un art pour l'art. Le souci de Ferry en 1881 sera de laïciser. Chez Louis XIV, deux siècles auparavant, l'idée motrice au contraire est religieuse. Les adversaires du Roi ne réagissent d'ailleurs pas autrement. Les protestants ont été en avance pour établir des écoles de bourg et de village. Beaucoup de consistoires ont demandé aux fidèles « de la Religion » d'entretenir de leurs deniers ces maîtres d'école, ces régents zélés qui mettent la sainte Écriture entre les mains de tout le peuple chrétien [121]. Chez les catholiques, la Bible est remplacée par le catéchisme, mais la volonté de propagande est comparable. Dans ses *Méditations à l'usage de toutes les personnes qui s'emploient à l'éducation de la jeunesse*, saint

Jean-Baptiste de la Salle († 1719) affirme : « C'est Dieu qui, par sa Providence, a établi les écoles chrétiennes [38]. » Pour lui, « ceux qui instruisent la jeunesse sont les coopérateurs de Jésus-Christ au salut des âmes ». Il compare les régents aux anges gardiens, évoque la sainteté de leur emploi. Le maître d'école, auxiliaire de l'Église, exerce un « ministère utile ». Il en rendra compte à Dieu, mais peut, en attendant la récompense céleste, y gagner bien des grâces [38].

Déjà au XVIe siècle la carte des écoles parlait un langage religieux. Les campagnes qui sortent de l'ignorance marquent des lignes de partage entre Réforme et contre-Réforme [99]. Dès lors, il n'est pas étonnant de voir coïncider dans le royaume, vers 1670, l'apogée d'influence du concile de Trente d'une part, la généralisation de l'école publique d'autre part. Les évêques y veillent à proportion de leur zèle. L'État y pousse, dans son espoir de réaliser un jour l'unité religieuse du pays. L'association de ces deux puissances donne des résultats intéressants ; excellents même en cette France méridionale, marquée de protestantisme et où il reste beaucoup à faire pour combattre l'ignorance.

Dans le diocèse de Montpellier, l'union scolaire du trône et de l'autel est entretenue et animée par de fortes personnalités. En 1677 l'intendant se nomme Henri d'Aguesseau, en 1685 Nicolas de Lamoignon de Basville. En 1677 l'évêque est Charles de Pradel ; en 1697 lui a succédé le fameux M. Colbert (de Croissy), janséniste convaincu, auteur d'un *Catéchisme du diocèse de Montpellier* dont l'audience va durer deux siècles. 1677 : trente-huit paroisses du diocèse ont au moins une école ; il s'en trouvera soixante-cinq en 1688, soixante-quatorze dix ans plus tard, peut-être quatre-vingt-huit en 1716. Du côté des filles, l'immense retard se comble étonnamment : deux écoles en 1677, treize en 1688, seize en 1698, et même quarante-sept en 1716 si l'évêque Colbert n'a pas pris quelques-uns de ses pieux désirs pour des réalités [121].

Autrefois la plupart des régents n'avaient qu'un bail temporaire, un engagement limité. L'école dépendait du souci local d'instruction : beaucoup de demandes faisaient créer des postes ; sinon, l'on se passait de maître. Les riches bourgs étaient pourvus, les plus pauvres négligés, les villages presque abandonnés. Maintenant MM. de Montpellier, aussi bien Pradel que Colbert de Croissy, généralisent l'école publique. Soutenus par l'intendant – surtout après l'édit scolaire de 1695 et la déclaration de 1698 –, ils mettent en place un régime de gratuité, secouent leurs curés, activent les communautés d'habitants. Depuis 1698 ces dernières ont officiellement la responsabilité de l'instruction ; encore doivent-elles rester soumises au contrôle diocésain, et aussi trouver par voie fiscale les 150 francs annuels qui font les gages minimaux du régent.

Cette déclaration du 13 décembre 1698 annonce les lois de Jules Ferry ; elle établit l'obligation scolaire en chaque paroisse de France. Mais elle ne prévoit pas de contrainte, ni du côté des écoles, ni du côté des écoliers : l'obligation demeure donc à l'état de principe. La déclaration n'est cependant pas lettre morte. Pour la période allant de 1697 à 1715, on voit plus de 80 pour 100 d'écoles dans les archipresbytérats de Tréviers, d'Assas et de Restinclières, plus de 72 dans celui de Viols-le-Fort, entre 60 et 72 dans ceux de Montpellier, Baillargues et Frontignan. Seuls Brissac et Cournonterral sont à moins de 60 pour 100 [121].

Parents et enfants s'habituent au personnage du *magister*, « maître d'école de village, qui enseigne à lire aux jeunes paysans. Il aide aussi à faire l'office au curé et au vicaire [26] » ; chantre s'il a une belle voix, bedeau-sacristain s'il ne peut mieux faire. Au début, ces régents des campagnes montpelliéraines viennent souvent de loin, en particulier d'Auvergne. Plus tard le recrutement local augmente, parallèlement à la montée de la considération qui s'attache à leurs modestes fonctions. En ville, dans un gros bourg, le magister, souvent fils d'artisan, a un état stable, une position de petit notable. Dans les villages il est moins assuré de rester en place ; il n'enseigne souvent qu'une partie de l'année, est presque toujours contraint d'exercer un métier. En ville, le régent enseigne en français à des enfants qui savent à peu près notre langue. À la campagne, le maître parle français à des galopins qui ne connaissent que leur patois. L'inconfort et l'irrégularité de la classe, la relative indifférence des parents, les contraintes du travail des champs, et par beau temps l'irrésistible tentation buissonnière, font un taux marquant d'absentéisme. Si le régent est loin d'être toujours un ignorant, ses élèves sont souvent dignes du bonnet d'âne.

D'ailleurs le maître de paroisse rurale est l'homme d'un seul livre, le catéchisme. La connaissance de ce manuel doit en principe armer le jeune catholique, le rendre capable d'argumenter ; tandis qu'elle est censée persuader le « nouveau converti » de la vérité de l'Église romaine ; préparant l'un comme l'autre à devenir bon chrétien et bon Français. Si le jeune rustaud est doué, s'il est assidu à l'école, il ne se contente pas d'apprendre ici les vérités du dogme ; il fait du catéchisme son livre de lecture. Car on trouve, dans les bourgs et les villages, plusieurs niveaux d'instruction. Beaucoup savent réciter le catéchisme. Les bons écoliers apprennent aussi à lire. Les plus brillants ou les plus favorisés écrivent [121]. Mais pour apprendre à compter, accéder au latin, et user d'autres livres, il est nécessaire d'aller à la ville.

L'éducation des petites filles pauvres

Pendant cinquante ans vont apparaître, par toute la France, des congrégations enseignantes nouvelles, à vocation populaire. Les plus novatrices concernent les filles.

Prêchant le carême de 1662 à Sotteville, près Rouen, le P. Barré, minime, s'adresse à des jeunes filles dévouées pour s'occuper des enfants pauvres le temps de la mission. Ainsi les parents peuvent venir écouter les sermons. Il ne s'agit pas d'une simple garderie, mais d'une « école », qui sauve les petits des dangers de la rue, les occupe, leur apprend la bonne tenue, un peu de lecture, le plus possible de catéchisme. Quelques donateurs subventionnent cette tentative scolaire, qui dure toute une année [168]. Sept ans plus tard, le même P. Barré réunit en communauté les « maîtresses des écoles chrétiennes et charitables » : elles visitent les femmes pauvres, accueillent et instruisent les petites filles sans ressources. En 1677 elles animent à Rouen quatre écoles. Ce sont des « filles séculières » ; elles ne sont pas cloîtrées, ne prononcent pas de vœux. D'ailleurs, faute de lettres patentes, leur statut demeure précaire. Les règlements préconisent un « complet abandon à la Providence » ; la médiocrité de leurs ressources les y contraint. Les maîtresses des écoles chrétiennes sont des sœurs catéchistes et des éducatrices ; elles distribuent l'alphabet de surcroît, ce qui n'est pas un don sans importance.

Une œuvre comparable est entreprise à Lyon par Charles Démia (1637-1689), un homme de la génération de Louis XIV. Ce juriste, devenu prêtre pour servir les pauvres, bientôt responsable diocésain pour l'enseignement, édite en 1666 ses fameuses *Remontrances*. Le livre souligne « la nécessité et utilité des écoles chrétiennes pour l'instruction des enfants pauvres [168] ». Il a un retentissement national. Comme Barré, l'abbé Démia s'est d'abord occupé des garçons ; comme lui, il donne ensuite priorité à la formation des filles : ne sont-elles pas futures mères, un jour ou l'autre, destinées à être éducatrices ? En 1675 il patronne deux écoles pour petites filles pauvres, créées à Lyon par de pieuses laïques. Deux ans plus tard il installe une « assemblée de dames de piété pour veiller à la perfection des écoles de ce sexe ». Sous le contrôle d'un « bureau des écoles », ces dames recrutent les maîtresses et les surveillent, s'occupent en même temps de procurer des ressources à l'œuvre. En 1678 les maîtresses se groupent en communauté ; en 1686 elles ont un noviciat, religieux et pédagogique. À la fin du siècle la communauté est en plein essor. Les sœurs demeurent séculières ; elles ne prononcent pas les vœux de chasteté, pauvreté et obéissance, elles se contentent d'en pratiquer les vertus. En revanche elles font « un vœu professionnel de stabilité dans l'enseignement des enfants pauvres [168] ». L'instruction, surtout religieuse, n'est pas à leurs yeux une occupation provisoire, une sorte de divertissement de riches, soucieux de générosité ; elle est « un ministère apostolique ».

À égale distance géographique de ces deux expériences, il s'en fait une troisième, à Reims, sous l'égide du chanoine

Nicolas Roland. Devenu théologal du diocèse en 1665, ce dernier est préoccupé lui aussi d'enseignement populaire. Il encourage l'orphelinat d'une certaine dame Varlet, puis fait venir de Rouen deux des maîtresses du P. Barré, Françoise Duval et Anne Lecœur (27 décembre 1670). Celles-ci organisent à Reims des écoles pour les filles pauvres et coopèrent avec Roland pour lancer une nouvelle communauté. Les classes fonctionnent bien et appliquent le principe de la gratuité parfaite; la communauté s'inspire des «statuts et règlements» du P. Barré. La mort prématurée du chanoine Roland ne contrarie pas ses œuvres : il a choisi pour exécuteur testamentaire Jean-Baptiste de la Salle [168].

La fondation et le succès populaire de ces congrégations enseignantes montrent que, si l'instruction religieuse est l'obsession du siècle, assurant et justifiant l'alphabétisation, elle vaut par elle-même. L'Église réalise la démocratisation de l'enseignement plus de vingt ans avant la révocation de l'édit de Nantes.

Progrès des séminaires

Si la pensée ecclésiastique associe l'instruction des couches populaires au catéchisme et à la vie morale, il y a aussi, à côté, une arrière-pensée, celle de favoriser l'entrée en religion et les vocations de prêtres. À un niveau supérieur aux écoles de charité, mais selon une même finalité, l'Église se préoccupe des séminaires, grands et petits.

L'installation d'un séminaire par diocèse a été l'une des dernières décisions du concile de Trente, en 1563 : dans l'esprit des pères conciliaires, il convient que le futur prêtre 1) soit préparé intellectuellement au sacerdoce, 2) ne soit pas abandonné à lui-même au milieu de l'université, et 3) reçoive en vase clos une initiation spirituelle. Sous le règne de Louis XIV, depuis 1643, la plupart des diocèses français se dotent de séminaires : Saint-Malo en 1645, Clermont en 1664, Avranches en 1666, Rennes en 1672. Même le petit diocèse de Vence, qui ne groupe que vingt-trois paroisses, a le sien, confié aux doctrinaires par l'évêque Godeau en 1669 [124].

Certains ne sont que des séminaires d'ordinands, où l'on fait une retraite annuelle avant de recevoir les ordres majeurs. À Saint-Malo, il y a deux sessions d'examens par an, en janvier et en août. Les candidats viennent de basse Normandie et de toute la Bretagne, attirés par la facilité des épreuves. Plusieurs ont fait des études universitaires; la majorité s'est formée dans sa paroisse natale, auprès d'un brave curé qui a signé les certificats de moralité et de niveau d'études requis. Les examinateurs, nommés par l'évêque, interrogent sur les matières suivantes : chant, catéchisme de Trente, Écriture sainte, et quelques ouvrages de théologie ou de philosophie. Soixante candidats sur cent sont reçus. Mais le *registre des examens* montre que des clercs peu doués s'obstinent pendant dix à quinze ans de suite. Pourtant l'examen n'est pas terrible. Qu'on en juge par l'exemple du pauvre François Samson, de Guéméné, diacre de trente-neuf ans. Il est admis en 1713 avec la notice suivante : « On lui avait dit de se préparer sur l'explication seule. Il n'y a pas réussi et s'abrutit tous les jours; ne fera jamais mieux. Il fallait le recevoir ou le laisser pour toujours dans le diaconat. Admis [154]. » L'année suivante, c'est un sous-diacre de vingt-neuf ans, Marc Orinel, de Quédillac, qui tente le diaconat pour la quatrième fois : « À vu *Les Sacrements en général*, les *Lois* et la *Genèse*; bonnes attestations. Ne chante point, explique mal [le catéchisme], répond un peu mieux sur les traités qu'il a étudiés à Rennes pendant une année entière. Reçu à cause qu'on a écrit qu'il ne pourra mieux faire. Admis, faible au dernier point. » Cela n'empêchera pas ce candidat d'être plusieurs fois recalé aux examens de la prêtrise [154].

Peu à peu les évêques corrigent les défauts d'une institution mal rodée. Selon les circonstances, suivant leur sensibilité, ils font appel, pour enseigner les ordinands, aux jésuites ou aux oratoriens, aux pères de la doctrine chrétienne ou aux prêtres de Saint-Sulpice (le prestige de M. Olier domine le siècle), aux lazaristes ou aux eudistes. Souvent des prélats consciencieux prennent l'affaire en main. Désigné en 1690 pour l'évêché d' Avranches, qui compte cent quatre-vingts paroisses, le savant Pierre-Daniel Huet, ancien sous-précepteur du Dauphin, conseille ainsi le directeur de son grand séminaire : il convient de donner aux candidats aux ordres majeurs « quelque instruction sur l'Écriture, de la leur faire lire et expliquer par quelque personne capable et de tâcher de les obliger d' *avoir chacun une Bible.* Il faut aussi prendre grand soin de leur faire connaître l'état auquel ils aspirent et, pour cela, leur apprendre ce que c'est que l'Église et la hiérarchie. Quand on les examinera, il faut principalement avoir égard à *l'intelligence de la langue latine, à la connaissance parfaite du catéchisme* et de la nature, fonctions et *dignité de l'ordre* qu'ils demandent et de la *matière des sacrements,* sans s'arrêter à des minuties de logique dont l'intelligence est peu nécessaire à un ecclésiastique [169] ». Il s'agit d'un programme raisonnable comprenant un soupçon de philosophie (sans scolastique abusive), quelque initiation biblique (sans restreindre la lecture de la sainte Écriture), davantage de latin. À une théologie prétentieuse, on préfère un catéchisme appris et dominé. Enfin le sens de la prêtrise et la compréhension des sacrements préparent le séminariste à sa tâche pastorale.

Dans les diocèses modèles, les saints prélats se font directeur de leur séminaire, quand ce n'est également professeur de leurs futurs prêtres. Ainsi agit Nicolas Pavillon, sacré évêque d'Alet en 1639, mort en 1677. À peine installé, il a créé un séminaire, bien que le diocèse n'ait que quatre-vingts paroisses. Jusqu'à sa mort il le perfectionne.

Monsieur d'Alet a fixé à trente le nombre des séminaristes. Il se fait envoyer par les curés de bons jeunes gens de dix-huit à dix-neuf ans, les affermit dans la piété, leur apprend la pédagogie, puis les envoie comme régents dans les paroisses : en développant l'instruction rurale, ils s'assurent chemin faisant de la solidité de leur vocation. Ensuite nos jeunes gens reviennent à Alet. Pendant deux ans le séminaire les prépare au ministère. « Il faut, disait Pavillon, qu'un prêtre soit savant. Dieu l'établit pour être la lumière du monde, mais il faut qu'il le soit uniquement dans la loi de Dieu, dont les peuples doivent être instruits par sa bouche [111].» En conséquence, M. d'Alet a exclu des programmes la scolastique; il fait enseigner le dogme en théologie positive, d'après la sainte Écriture et les Pères, et une morale sans casuistique. Pour prolonger l'enseignement du séminaire, Pavillon a imposé à son clergé un *Rituel*, réglementant et commentant la liturgie, que de nombreux diocèses vont adopter ou imiter : tout est «mâché» à l'usage des prêtres et des fidèles : conseils pour les prônes, orientation et méthodes du catéchisme. C'est «encore le séminaire, le séminaire agrandi jusqu'aux dernières limites du diocèse [111]».

Entre la demi-désinvolture des coutumes malouines et le zèle contrôlé du diocèse d'Alet, il y eut place pour bien des styles. Cette Église de la contre-Réforme, dont l'image nous paraît un bloc, est celle de la diversité des théologies, des liturgies, des catéchismes, des synodes, des conférences ecclésiastiques, des séminaires. Mais, selon une loi constante des sociétés élitistes, c'est du côté des grands modèles, des beaux exemples, que se tourne la masse. Les séminaires d'Alet, de Pamiers, de Châlons ou d'Angers ont un rayonnement très largement extérieur à leurs diocèses.

Enfin, on voit des efforts pour permettre aux pauvres candidats à la cléricature de développer leur vocation et de se former intellectuellement. Il existe à Paris, en marge de Saint-Sulpice, une communauté d'écoliers peu fortunés que dirige un diacre nommé Chancierges. À son exemple deux chanoines établissent à Rennes, en 1684, un «petit séminaire» dit encore «séminaire pour les pauvres écoliers». Les écoliers suivent les cours des jésuites. Une fois ordonnés, ils doivent accepter – c'est la rançon de la gratuité de leur formation – les postes ecclésiastiques auxquels l'évêque les destine. Claude-François Poullart des Places, fondant à Paris en 1703 le séminaire du Saint-Esprit, ne fait que perfectionner cette œuvre nouvelle des petits séminaires. Poullart des Places n'a que vingt-quatre ans; il n'est pas encore ordonné; soutenu par ses voisins, les jésuites de la rue Saint-Jacques, il ne se lance pas moins dans l'aventure. Son œuvre est installée rue des Cordiers, à l'enseigne symbolique du « Gros-Chapelet ». Elle accueille des écoliers choisis selon trois critères : « la pauvreté, les mœurs et l'aptitude pour les sciences [154] ». Dès 1705 elle doit déménager, tant les candidatures affluent. Dans une maison de la rue Neuve-Saint-Étienne, chacun mettant la main à la pâte, s'entassent bientôt soixante-dix séminaristes. Ils sont logés et nourris, parfois même vêtus, entretenus au minimum durant six ans, au maximum pendant neuf ans. La nourriture est sobre, mais suffisante, et chacun peut boire à table un *ronquille* de vin (un bon verre). Les pensionnaires de M. Poullart suivent les cours des jésuites – philosophie et théologie – et font à Louis-le-Grand leur retraite annuelle.

La première année, nos écoliers étudient la logique, la deuxième la physique et la morale, la troisième la métaphysique. Suivent quatre années de théologie. Il y a une heure de cours le matin, autant l'après-midi, chaque cours suivi d'une réflexion ou d'une *répétition* (récitation). Les cours sont en latin. Le samedi il faut subir une répétition *sabbatine*, chaque mois une *menstruale*, chaque année des disputes publiques. Au séminaire, trois répétiteurs contrôlent et encouragent cet enseignement. Mais, chez M. Poullart, comme aux séminaires d'Alet ou d'Avranches, jamais la science ne passe avant la spiritualité. Les responsables songent à l'action, veulent former de bons prêtres, de saints prêtres. Ils y sont parvenus.

Enseignements supérieurs

Les facultés ne réussissent pas aussi évidemment. À Paris la théologie est sérieuse, surtout en Sorbonne. À Bourges le droit a bonne réputation. L'enseignement médical, dans la capitale comme en province, ignore tout de la biologie : aucune faculté n'admet alors la circulation du sang [182] ! Les jeunes gens de bonne famille sont souvent docteurs de Sorbonne, rarement docteurs en médecine. Si on les destine à l'épée, ils sautent du collège à la tête d'une compagnie ou d'un régiment ; s'ils s'orientent vers la robe ou la plume, ils bâclent une licence de droit. Il y faut trois ans, même avec dispense; on tâche à diminuer de moitié ce délai. Le chancelier Pontchartrain (1699-1714) dénonce en vain «ce dérèglement d'esprit qui est devenu presque universel, qui fait que chacun veut être gradué sans s'être assujetti à aucun temps d'études [48]». À coups de dispenses, on peut être gradué en droit – *per saltum* – en une année [85].

Louis XIV, qui protège la science, intervient de son mieux pour corriger l'université. L'édit d'avril 1679 porte «règlement pour l'étude du droit canonique et civil dans tout le royaume, et le rétablissement du droit civil en la faculté de droit canon en l'université de Paris [138]». Il détermine le temps d'étude de ces disciplines, impose les conditions de la licence et du doctorat de droit. En 1707 le Roi interdit l'accès à la faculté de médecine de ceux qui n'ont pas étudié deux ans la philosophie [82]. Mais surtout il encourage les institutions concurrentes, ou en crée de nouvelles. Les bâtiments du collège royal sont agrandis; l'académie des sciences est fondée (1666), puis l'Observatoire (1667). Si Louis XIV n'a pas créé le jardin des plantes de Paris, il en fait un véritable institut d'enseignement supérieur, le futur Muséum.

Ce jardin, fondé par Louis XIII «pour la culture des plantes médicinales, et pour en faire la démonstration aux étudiants [14]», a été l'objet des soins attentifs de Louis XIV et de Colbert. Ce dernier «n'oublia rien pour rendre cet établissement utile et fort salutaire au public [14]». Depuis 1673, Pierre Dionis, futur chirurgien de la Dauphine, y fait un cours d'anatomie public et gratuit. Les assistants – ils sont près de cinq cents – y apprennent en particulier la circulation du sang, cette innovation que refuse toujours la Faculté [182]. L'établissement compte un amphithéâtre, un laboratoire, un cabinet des drogues, une salle des squelettes. Il est en liaison constante avec l'académie des sciences. Il l'est aussi avec le Roi puisque l'archiatre de S. M. est en même temps «surintendant des démonstrations intérieures des plantes et opérations médicinales [31]».

En 1689 le «jardin royal des plantes rares» coûte à l'État 16 950 francs et 18 sous. Neuf personnes y sont appointées [31].

On affecte 3 000 livres à M. Antoine d' Aquin, écuyer, seigneur comte de Jouy, seigneur de Châteaurenard, premier médecin de S. M., et intendant de la Dauphine. Ici, il est surintendant. Son fils, d' Aquin le jeune, gagne 1 500 livres en qualité de démonstrateur. Puis vient Guy-Crescent Fagon – futur successeur d'Antoine d' Aquin auprès du Roi et au Jardin –, qui cumule deux espèces de gages : il touche 1 500 livres comme démonstrateur et 1 200 comme sous-démonstrateur. Le traitement du successeur de Dionis est également de 1 500 francs. Il se nomme Joseph-Guichard du Verney, membre de l'académie des sciences. Il est professeur d'anatomie et démonstrateur. Jean Brement, lui, sous le titre modeste de «jardinier», est un botaniste accompli. Il perçoit en 1689, 2 500 livres d'appointements et une gratification de 400 livres «pour avoir herborisé». Quant à l'apothicaire Simon Boulduc, chargé de cours de chimie, il n'a pas de traitement, mais le Roi lui rembourse ses drogues, les surplus étant donnés à Mme de Miramion pour ses bonnes œuvres. Un portier, à 450 francs, et deux garçons de laboratoire, aux gages de 200 francs, complètent le personnel de cette savante petite cité des sciences naturelles [31].

Mais si le muséum d'histoire naturelle se reconnaît dans le jardin royal, l'actuelle école nationale d'administration (E. N. A.) compte, elle aussi, un prototype sous le règne de Louis XIV. Il s'agit de l'étonnante *académie politique* du marquis de Torcy, créée en 1712 [178], école supérieure des secrétaires d'ambassade, dont le ministre a lui-même rédigé les statuts. Pour y entrer il faut avoir entre dix-huit et vingt-cinq ans. C'est la première fois, si l'on excepte l'admission de certains pages, que l'État impose des limites d'âge. En revanche les conditions d'origine et de savoir sont traditionnelles : être «de bonne famille», «de bonnes mœurs», avoir «un bien suffisant», gage de décence et d'indépendance; savoir «au moins le latin et suffisamment pour entendre et pouvoir traduire les actes des pays où on les dresse en cette langue, des bulles, des brefs et autres pièces semblables». L'école est confiée à un directeur, M. de Saint-Prest, ancien conseiller au grand conseil bien instruit du droit public.

Ce précurseur invente la pédagogie active de la «conférence entre élèves», que l'école libre des sciences politiques retrouvera deux siècles plus tard.

« Dans ces conférences on ne se tiendra pas au seul discours du directeur qui tâchera de le rendre plus instructif qu'il sera possible; il exhortera les élèves à lui proposer leur difficulté et à lui faire diverses questions touchant la matière qui aura été traitée afin de les éclaircir ou sur-le-champ ou dans la conférence suivante.» Après un rodage de six mois, les élèves de l'académie doivent faire eux-mêmes leurs exposés : «Le sujet sera pris des dépêches auxquelles ils travailleront.» Ce n'est pas un hasard si Torcy est le neveu de Colbert. Fidèle à une tradition de famille, il dédaigne l'abstraction, aime le concret, souhaite des fondations utiles, un enseignement pragmatique, préparant à l'action. Selon une formule souple, où conférences et exercices complètent et permettent de contrôler l'acquis des instructions théoriques, il initie nos apprentis diplomates à leur futur état. Ces jeunes gens apprennent le droit public, les traités, le cérémonial, les langues vivantes, l'art de faire des extraits (c'est notre «contraction de texte»), celui de rédiger des dépêches. Autre trait moderne : l'expression orale et écrite est enseignée en priorité.

Ce programme intelligent et son application heureuse attirent bientôt des vocations à ce qui fut en France – vingt ans après le corps du génie – la deuxième en date de nos grandes écoles. Au lieu de six élèves il en vient douze. Torcy inspecte l'école avec plaisir. Tant que dure le règne de Louis XIV, l'*académie politique* fait merveille.

L'Oratoire : des collèges classiques et modernes

Entre les jésuites et les oratoriens, c'est alors une concurrence journalière, qui tourne à la guerre de tranchée. Les jésuites ont un plus grand nombre de maisons, et bénéficient de l'appui du Roi. Les oratoriens ont des méthodes modernes, et le soutien des jansénistes. Dans l'ordre social ils ont même clientèle : nobles et bourgeois s'y côtoient, accompagnés de quelques boursiers. Leurs collèges tiennent compte, de part et d'autre, de la méfiance du Roi et des ministres envers les lettres pures. On y forme des honnêtes gens, voués au culte de l'honneur, bons généalogistes, connaissant le blason, exercés à l'escrime. On y prépare au service du Roi, non seulement en théorie – puisque les louanges de la monarchie et du monarque émaillent les cours et animent les fêtes –, mais aussi en pratique : jésuites comme oratoriens enseignent l'art de la fortification ou *castramétation*, et l'art des sièges ou *poliorcétique*.

En 1676 les oratoriens n'ouvrent pas moins de deux établissements, aux deux extrémités du royaume d'ailleurs. Le premier, dans la petite ville épiscopale d'Agde, a été réclamé par l'évêque Fouquet. M. d'Agde veut trois prêtres de l'Oratoire pour la desserte de la paroisse Saint-André, et trois autres « pour enseigner et régenter gratuitement trois classes de grammaire, la 5e, la 4e et la 3e à tous les écoliers qui se présenteraient ». Le collège s'arrête à la 3e. Des cours de 6e sont faits par le régent de 5e « aux écoliers qui sauront lire et écrire [141] ». Il faut attendre 1693 pour que la maison d'Agde obtienne deux classes de plus. À Soissons, également en 1676, les pères se voient confier le grand collège Saint-Nicolas, sous le contrôle administratif des chanoines locaux. Le supérieur oratorien est intronisé par l'écolatre du chapitre. Avant l'ouverture des classes il soumet à celui-ci « la feuille des auteurs que l'on devra enseigner pendant l'année, dans chaque classe, et pareillement les programmes et le sujet de toutes les pièces que l'on voudra faire réciter publiquement dans le collège [141] ». Il y aura des boursiers internes. Le chapitre promet 100 livres par an, la ville 300 (sans compter une indemnité pour payer le mobilier scolaire). Les collégiens non boursiers paient 6 livres l'an. En 1682, aux quatre classes de grammaire (6e, 5e, 4e, 3e) et à la classe d'humanités, sont ajoutées une classe de rhétorique et deux de philosophie. Les pères doivent veiller, non seulement à ce que les classes soient faites en latin, mais à ce que leurs élèves, depuis la troisième, parlent entre eux la langue de Cicéron !

Les collèges oratoriens se règlent sur la *Ratio studiorum* de 1645 et sur l'usage de leur maison de Juilly, établissement pilote. Ils sont obligés de privilégier le latin – sinon leurs écoliers les quitteraient au profit de la compagnie de Jésus –, mais, depuis les années 60, leur modernisme se traduit sur trois points : l'importance accordée au français, l'introduction de l'histoire, enfin l'étude des sciences. L'Université enseigne jalousement le latin, en latin : il lui convient que l'idiome de l'Église et de la science soit traité en langue vivante. À l'opposé les pères de l'Oratoire ont édité la première grammaire latine de langue française. Contre l'Université, contrairement aux jésuites, ils traitent le latin en langue morte, surtout destinée à faire comprendre et aimer le français. Chez eux la version (avec commentaire en français) est donc préférée au thème. L'étude du français, appuyée sur les chefs-d'œuvre du siècle, les fait à l'avance choisir contre les Anciens le camp des Modernes.

L'Université s'intéresse si bien à la Grèce et à Rome qu'elle n'a pas le temps de suivre les événements plus récents ; paradoxalement elle fait mariner ses écoliers dans le monde des républiques païennes, celui des Brutus et des Caton, au détriment du christianisme et de la monarchie moderne. Les oratoriens, eux, prétendent mêler en leurs collèges l'amour de Dieu et le respect de la France : ils inaugurent dans tout le royaume les études historiques. Leur historiographie, providentielle et patriotique, est surtout une pédagogie. Elle démythifie la mythologie, christianise la littérature. Parmi tant de héros, ne vaut-il pas mieux, pense l'Oratoire, préférer Clovis à Jason, Roland à Énée, Charlemagne au bouillant Achille ? Les écoliers comprendront que les croisades valent l'expédition des argonautes, que la reconquête de Jérusalem éclipse le siège de Troie. Le P. Lecointe (1611-1681), professeur au collège de Vendôme, est le grand initiateur de cette mode de l'histoire, et du primat accordé à « la nation des Français [141] ». Il enseigne à ses élèves la guerre de trente ans ; il leur fait le tableau de l'Europe au lendemain de la paix de Westphalie, le même après le traité de Nimègue ; il décrit l'Alsace française. À

Condom, à la fin du siècle, son confrère le P. Claude d'Urfé imagine d'enseigner l'histoire de France et la géographie à l'aide de cartes à jouer. «Pour donner même une petite émulation, écrit ce dernier, on pourrait de temps en temps, tantôt en présence des pères, tantôt en présence de tout le collège, quelquefois même de messieurs de la ville, faire rapporter aux pensionnaires ce qu'ils auraient appris de ces petites curiosités; pour lors on ferait des billets, par exemple de tous les rois de France, on les plierait et celui que chaque assistant tirerait, le répondant en dirait l'histoire.» Plus austère, le P. Sauvage, supérieur de Juilly en 1715, fait un cours presque érudit. Un cahier d'élève nous montre ce qu'il a traité en un an : l'histoire de France depuis Philippe le Hardi jusqu'à la fin du règne de Henri II. Voici en quels termes il juge Louis XI : «C'était un grand génie, fécond en ruses et en expédients; mais son mauvais cœur, ses basses finesses, ses défiances et ses fourberies ne le laisseront jamais placer au nombre de nos plus illustres rois [141].» Cet exemple montre que le régent dicte son cours mot à mot : à l'élève de suivre. Il montre aussi que l'histoire – de même que le latin ou les lettres françaises – n'est pas une fin en soi, mais une leçon de religion, de morale, de psychologie et de logique.

Contrairement à la légende, l'exemple des oratoriens n'est pas isolé. Au collège de Thoissey, créé en 1680 par la grande Mademoiselle, et que dirige un prêtre non congréganiste, Philbert Girié, l'histoire locale, celle du pays de Dombes, est enseignée, et l'est en français, tandis que le reste des cours se fait en latin [169].

La troisième spécialité oratorienne est l'importance accordée aux sciences. Disciples de Descartes, les pères enseignent les mathématiques. Le P. Prestet édite en 1675 ses *Éléments de mathématiques*, le P. Duhamel, membre de l'académie des sciences, est un astronome connu. À la bibliothèque de Juilly on trouve des manuscrits sur le calcul intégral ou sur les «sections coniques». Et, comme les applications pratiques passionnent l'Oratoire, il n'est pas étonnant que celui-ci ait créé en France la plus ancienne chaire d'hydrographie.

C'est en 1665, au collège de Dieppe, celle de l'abbé Guillaume Denis (auteur trois ans plus tard de *l'Art de naviguer par les nombres* [141]).

La vie scolaire

Le collège, où l'on est si bien instruit et latinisé, n'est pas foncièrement différent du couvent : l'étude, l'oraison, la détente ponctuent la journée. Si les externes y échappent, boursiers et pensionnaires portent la longue robe. Au collège de Beauvais, à Paris, elle est bleu ou violette avant 1666, noire depuis lors. L'horaire des cours est de cinq heures par jour, comme aujourd'hui. En revanche l'emploi du temps est sévère. Chez les jésuites, l'élève est réveillé à cinq heures. Il n'a guère de loisir pour se débarbouiller : à cinq heures et quart il participe à la prière commune. Il y a étude de six heures moins un quart à sept heures. À sept heures et quart, récitation des leçons, suivie du déjeuner. De huit à dix, classe. La messe est à dix heures, le dîner à onze heures moins le quart. Suit une longue récréation qui dure jusqu'à midi. De midi à deux heures, étude. De deux heures à quatre heures et demie, classe de l'après-dîner. Quinze minutes de détente la séparent de la troisième étude, qui dure une heure. Le souper suit, assez vite expédié, achevé à six heures et quart. Vient une nouvelle récréation d'une heure. À sept heures un quart, étude et récitation des leçons. C'est ensuite la prière du soir. À neuf heures on éteint les lumières dans les « chambres communes » (dortoirs). Seuls quelques privilégiés, les chambristes, fils de ducs ou de courtisans, riches héritiers de la robe, ont un logement particulier qu'ils partagent avec un gouverneur et un laquais.

Les congés ne manquent pas : le beau jeudi est une innovation du XVIIe siècle. Il n'est pas de durée unique pour les grandes vacances : « Plus la classe est élevée, plus les vacances sont longues [182]. » Dans les collèges tenus par les pères de la doctrine chrétienne, elles sont de vingt jours jusqu'à la fin de la 4e, de vingt-cinq jours pour les 3e, de trente-quatre pour les humanistes, de trente-neuf pour les rhétoriciens, de cinquante-deux pour les logiciens, de quatre-vingt-huit pour les physiciens. Les départs s'échelonnent; l' « ouverture des classes », solennelle, est la même pour tout l'établissement, en général le 18 octobre, pour la Saint-Luc. Ce sont donc des « vacances de vendanges », mais aussi des congés de la Saint-Michel (temps où l'on renouvelle les baux, et où l'on engage les domestiques) recoupant pour les deux tiers les vacances parlementaires. De petits congés s'y ajoutent, variables selon les maisons, à Noël, pour le carnaval et à Pâques.

Le collège idéal est placé sous la loi du silence. «On appelle les écoliers immodestes, quand ils causent en classe [26].» Cette discipline est la b. a. ba de la formation morale imposée aux élèves. Or, comme l'écrira Rollin, qui préside aux destinées du collège de Beauvais (à Paris), «l'instruction des jeunes gens a trois objects, la *science*, les *mœurs* et la *religion* [58] ». Mais les éducateurs du XVIIe siècle se contentent du silence sur les rangs et de la sagesse en classe. Car « c'est la parole qui est d'or : la pédagogie humaniste invite l'écolier à la concertation, à la dispute, au discours. Pourrait-elle lui imposer, sitôt la classe finie, un silence monastique [182] ? » La chose est possible aux petites écoles de Port-Royal, avec quelques dizaines d'élèves triés sur le volet; elle est impensable dans les grands collèges.

Le recteur du collège gouverne et administre; le préfet est à la fois directeur des études et surveillant général. Il est assisté du principal et de « préfets des chambres ». Ces derniers sont à la fois répétiteurs, surveillants et maîtres d'internat. Dans les grands collèges de jésuites – où la discipline est presque prussienne –, on trouve en outre un « préfet des mœurs », inspecteur ambulant. Cet homme, toujours sur la piste, traque la « corruption qui n'est que trop ordinaire dans la plupart des collèges [55] ». À l'œuvre de discipline les écoliers sont associés. « À tour de rôle, ils exercent des fonctions de surveillants et de répétiteurs. Il s'agit de former en eux le sens des responsabilités, mais aussi, peut-être, de renforcer leur assujettissement [182]. » Auxiliaires des régents sont des élèves au titre romain de *décurion*. Ils ne sont pas chefs de classe, mais chefs de décurie (groupe de dix). Ils doivent par fonction faire du zèle, arrivent en classe avant leurs troupes, font réciter certaines leçons et les notent. Ils doivent pointer et dénoncer les fainéants. À cette époque où les régents sont rares et les classes trop nombreuses, le collège ne peut fonctionner sans les décurions; les pensionnats de jeunes filles sans les « décurionnes ». Les jésuites, dont la pédagogie est assez militaire, ont créé d'autres grades : « Le *famulus* est un appariteur; il ouvre les portes de la classe, range les bancs, tient le tableau des confessions. Le *censeur* est chargé du cahier des absences, il note les retardataires, relève les noms de ceux qui sont interrogés, afin que nul ne soit oublié. Le *vigile* est l'espion du régent, auquel il dénonce les délinquants. Il est désigné par les pères. Tous les autres officiers sont élus par les élèves [182]. »

L'année scolaire se termine par un examen de passage : on y juge de la capacité de chacun. La décision finale ne dépend pas des régents, mais du préfet. Certains collèges adressent aux parents des bulletins de notes, enrichis d'apostilles concernant la science, les mœurs (tel est dit « de mœurs douteuses ») et la religion de leurs enfants. Il existe deux sortes de compositions : les unes comptent pour les places; d'autres pour les prix. Il n'y a pas inflation : on ne distribue que trois ou quatre prix par classe. Mais les dons permettent d'offrir aux lauréats de beaux livres. Au collège Louis-le-Grand de la rue Saint-Jacques – le collège de Clermont rebaptisé –, c'est le Roi qui offre les prix. Les distributions sont toujours très solennelles, tant à Paris que dans les provinces. Les autorités religieuses, municipales, judiciaires les honorent de leur présence. Elles savourent l'exercice littéraire ou le spectacle que le collège a monté à cette occasion.

La mode est à l'humanisation. Les congrégations enseignantes ne suppriment pas le châtiment corporel mais le réglementent : « La peine doit être égale à la faute. » Un père doctrinaire écrit : « Un professeur préférera l'amour à la crainte. » Les jésuites ne fouettent pas eux-mêmes; ils ont des correcteurs à gages. Il est impossible d'aller moins loin : les élèves sont trop turbulents. Ils portent l'épée, parfois se mutinent, ailleurs *se libertinent*, les grands surtout. « En 1683, un scandale secoue la ville de Brive : on découvre que deux élèves de philosophie vivent chez des femmes de mauvaise vie [...] Le recteur du collège se plaint au sénéchal du Limousin. Ce dernier fait arrêter les suborneuses [182]. »

Une fois l'ordre acquis, la discipline imposée, les régents et les préfets, toujours attentifs, s'occupent d'éduquer leurs ouailles. Dans tous les bons collèges « on apprend aux enfants la civilité puérile [26] ».

Soldat et marins

Mars Christianissimus
Leibniz

Dans la France du Roi-Soleil, comme plus tard dans la Prusse de Frédéric le Grand, la guerre est la première industrie du royaume. La construction de la *ceinture de fer* (les places fortes dessinées par Vauban), celle de l'arsenal de Rochefort, celle des grands vaisseaux de la flotte, la fabrication des canons d'artillerie et des pièces de marine, la fortification des ports, tout cela représente un immense chantier. Si les hôpitaux militaires n'apparaissent vraiment qu'à l'extrême fin du règne, le service des vivres et celui des étapes sont modernes et efficaces. Ce qu'on nomme aujourd'hui de l'affreux mot de logistique est une réalité d'alors, une conquête de l'administration française. Le Tellier et son fils Louvois, aidés du marquis de Chamlay, pour la guerre, Colbert et son fils Seignelay, aidés d'Usson de Bonrepaus, pour la marine, les intendants aux armées et ceux de la marine, les commissaires des guerres et ceux de la marine ont réalisé, de 1643 à 1691, une œuvre sans précédent dans l'histoire et à l'époque unique au monde.

Pour mettre la machine en route on a créé, développé, favorisé une administration multiforme, qu'on nomme alors la *plume*. Louis XIV lui a même donné primauté sur *l'épée*. Mais ce sont comme toujours les combattants, de la jeune recrue jusqu'au vice-amiral ou jusqu'au maréchal, qui font en dernier ressort la décision. Ce sont eux également qui fixent et entretiennent l'esprit de patriotisme.

«Avis aux jeunes gens amateurs de la gloire et de l'argent!»

MACHAVIDE

Venez tous trois; je paye à chacun sa chopine,
Allons aux Entonnoirs.

TROTTANVILLE

C'est de l'argent du Roi;
Je ne suis pas si sot que de boire avec toi,
Tu nous enrôlerais sans y songer peut-être [123].

Cette scène de comédie, contemporaine de la guerre de la ligue d'Augsbourg, met en garde les naïfs contre les excès du racolage militaire. À cette date, il est vrai, les armées de terre de Sa Majesté réunissent deux cent mille hommes; en 1710 elles atteindront ou dépasseront trois cent mille soldats; sans préjudice des cinquante mille matelots qu'emploie la marine. Or le service militaire obligatoire n'existe pas : à l'instaurer, un monarque aussi puissant que Louis XIV y aurait perdu sa couronne. Il faut donc entretenir des mercenaires étrangers, selon le vieil usage, et, pour le royaume, user de l'enrôlement «libre» et «volontaire», de l'enrôlement forcé, enfin du tirage au sort de la milice.

Pendant le semestre froid, ou *quartier d'hiver*, chaque régiment se préoccupe de remplir les vides dans les diverses compagnies : un certain nombre d'officiers, surtout capitaines ou lieutenants, sont désignés comme recruteurs. Ils partent avec une somme d'argent, s'engageant à amener au corps avant le 1er avril le nombre d'hommes de recrues qui leur est attribué. Ils vont de préférence vers chez eux, les volontaires aimant s'enrôler auprès du seigneur du village plutôt que chez un inconnu. Ils prennent en général leur mission au sérieux, surtout les capitaines. «Par une règle établie en France, écrit un contemporain, un capitaine n'y est considéré qu'autant ou à proportion que sa compagnie est belle ou nombreuse.» S'il bouche les trous pour la revue avec de faux soldats, les *passe-volants*, il risque la dégradation. Dès lors sa campagne de recrutement se trouve soutenue par d'excellents mobiles.

Le recrutement étant réglementé par le Roi, l'officier recruteur ne peut enrôler n'importe qui. Le futur soldat de Sa Majesté doit être volontaire (ordonnance du 8 février 1692), éventuellement tenu quitte (par un congé) d'un engagement antérieur, être régnicole (de nationalité française), être suffisamment robuste et de taille correcte (il n'est pas de garde-française qui n'ait alors au moins cinq pieds quatre pouces), «bien fait» et sans infirmité. Il doit prouver son identité, même s'il est décidé ensuite à user d'un sobriquet.

Cela n'empêche pas le régiment de Vaudemont de compter dans ses rangs en 1709 une certaine Thérèse Gaumé, tandis que Jeanne Bensa, dite le soldat *Joli-Cœur*, sert au régiment de Bourbon. Le 9 janvier 1711, un commissaire des guerres, en inspection à Philippeville, enverra au ministre ce curieux rapport : «Le nommé *Saint-Louis*, âgé d'environ vingt-trois ans, dragon depuis dix mois dans la compagnie de Genestoux du régiment dragon de Rannes, en garnison dans cette ville, m'est venu demander son congé absolu pour se retirer à Meudon, attendu qu'il n'était garçon ni homme, mais une femme, ce qui s'est trouvé véritable [123].»

Dès que le volontaire a signé son acte d'enrôlement, il est soldat du Roi. Sa prime d'engagement peut alors varier de 3 à 40 livres; il arrive qu'elle atteigne 100 francs. Mais, de même que la législation n'a pas prévu de limite d'âge, elle n'a pas marqué de terme à l'engagement. On peut rester soldat toute sa vie. Cependant, quand, après une guerre, le Roi diminue le nombre de ses hommes de troupe, ce sont les plus vieux qui sont les premiers réformés. Depuis 1682 l'engagement est en principe de trois ans, plusieurs fois renouvelable. Dans la pratique, la libération est un privilège, non un droit.

Un des vices du système des enrôlements est l'habitude, très fréquente, du *débauchage*. Certains soldats s'y prêtent pour toucher une nouvelle prime non prévue; des capitaines trouvent plus facile de mettre la main sur des hommes en congé ou en permission de convalescence, que de rechercher trente ou quarante nouveaux venus. Mais ils peuvent y perdre leur grade, être condamnés à la prison et à l'amende. Quant au soldat passé illégalement d'un régiment à l'autre, il est traité comme les déserteurs. Non content d'être envoyé aux galères à perpétuité, il risque, en principe, l'ablation des oreilles et du nez ! Dans la pratique, le capitaine s'en tire avec une amende ; le soldat est gardé sans punition dans sa nouvelle compagnie, ou expédié d'autorité à son corps ancien. De tels contrastes entre le droit et le fait sont la marque et comme le pain quotidien de notre ancien régime.

La partie la plus difficile, et parfois la plus ambiguë de ces enrôlements de soldats, dragons ou cavaliers, réside dans le racolage lui-même. Il est réglementé. L'officier recruteur ne saurait « battre le tambour, sonner de la trompette ou mettre des affiches » en ville, sans avoir prévenu les autorités locales. Moyennant quoi, la municipalité, bonne enfant, prête volontiers les tambours. Une fois ce point réglé, notre capitaine embauche un beau et grand gaillard, habile à frapper la caisse et à interpeller les *grivois de bonne volonté*. Le discours classique de cet aboyeur débute ordinairement par un perçant : Avis à la belle jeunesse [123] ! C'est aussi le protocole des affiches de recrutement – préférées par les officiers riches –, quand elles ne se donnent pas un air officiel, comme ce placard de 1702 pour la mise sur pied d'une prétendue unité nouvelle, « le régiment de mousquetaires de monseigneur le duc de Bourgogne ». Il commence par un *De par le Roy* en gros caractères. Il est fort alléchant :

> *On fait assavoir à tous gentilshommes ou autres jeunes gens de famille, vivant noblement, bourgeois de connaissance, se faisant connaître, depuis l'âge de 18 ans jusqu'à 30, au-dessus de cinq pieds de hauteur, qui désirent de servir le Roi ; ils n'ont qu'à s'adresser à l'hôtel de Carignan, rue des Vieilles étuves, proche la Croix du Tiroir ; ils trouveront le commandant qui leur donnera toute sorte de satisfaction...*

À gauche sont figurées les armes de France ; au-dessus du

titre, un mousquetaire est montré caracolant. Il porte perruque et chapeau à plumes.

À croire ces boniments verbaux ou imprimés, il n'est rien de plus noble, de plus agréable, de mieux rémunéré (!) que le métier militaire. Peu le croient vraiment. Rares cependant sont les jeunes gens qui ne s'arrêtent pas pour écouter ou lire. Et de tomber dans le piège. Une fois signé votre enrôlement dans les prétendus mousquetaires du duc de Bourgogne, il vous reste à apprendre que ce régiment n'existe pas. Il est sorti tout monté de l'imagination du sieur Duplessis, capitaine d'infanterie au régiment de Montboissier [123]. La cavalerie attire plus que l'infanterie. Comme les dragons sont fantassins mais se déplacent à cheval, ainsi que les faux mousquetaires de Bourgogne, on joue de l'ambiguïté : Camarade, je ne vous ai pas trompé en figurant sur mon placard un mousquetaire ; il porte un mousquet comme vous le ferez aussi chez nous. Mais le stratagème courant repose sur une casuistique d'ivrogne. Si, à ses frais (avec l'argent du Roi), dans la taverne, un recruteur me fait lever mon verre à la santé de Sa Majesté, c'est comme si j'avais dit : *Tope à cela* [26] ; je suis devenu sans le vouloir, sans le savoir, soldat, ou dragon, ou maître, dans un glorieux régiment du Roi [123]. L'officier peut aussi, après quelques verres de vin, glisser une pièce d'argent dans la main ou dans la poche du jeune imprudent, et affirmer ensuite mordicus qu'il a reçu sa prime d'enrôlement.

L'État ferme les yeux sur la plupart de ces errements. Pour qu'il désavoue les racoleurs, il faut que ces derniers aient éhontément exagéré leurs méthodes. L'engagement dans l'infanterie, au lieu de la cavalerie ou des dragons, passe pour un procédé tolérable ; et de même le fait de trinquer au Roi. En revanche les recrues du capitaine Duplessis vont recouvrer leur liberté, puisqu'il est avéré que le régiment de mousquetaires du duc de Bourgogne (où l'on assure double solde et les services d' « un maître de mathématiques, un maître écrivain, un maître en fait d'armes et un prévôt, un maître à danser, deux maîtres chirurgiens, deux fraters et trois hautbois ») est un mythe.

Le ministère ne sévit guère plus dans les cas d'enrôlement forcé, assez fréquents à la campagne, et qui parfois provoquent des émotions locales et des rixes assez semblables à des combats. Il est vrai que les autorités n'entrent en jeu que sur plainte déposée. Mais les plaintes sont rares. La répression de l'enrôlement forcé est du ressort de l'intendant ; or les contrevenants se hâtent de changer de province, leur beau coup fait. Cette mansuétude généralisée s'explique – surtout pendant la dernière guerre du règne – par l'impérieux besoin d'hommes d'une armée qui défend, presque à elle seule, deux royaumes et deux empires contre l'Europe coalisée. D'ailleurs le côté pittoresque du racolage d'estaminet et de la publicité par affiches fait sourire tout le monde, et parfois jusqu'à ses victimes. Il y a là une manière de consensus, de la cour jusqu'aux villages, dans un spectacle permanent, sur un comique de répétition. La farce est si grosse qu'elle couvre, sans l'excuser, quelques dizaines de petits drames de l'enrôlement forcé.

D'ailleurs l'addition des engagements vraiment libres, des engagements aidés, des enrôlements sous la contrainte, ne suffit pas à la demande de l'armée. Le Roi doit recourir à d'autres méthodes, à user d'expédients.

Soldats de complément

Une partie de la *belle jeunesse* se trouvant en prison préventive, protestants et vagabonds, déserteurs ou contrebandiers, avant un départ pour les galères, ou en prison punitive, ce qui est le cas des débiteurs insolvables, les recruteurs tournent alors autour des cachots. Les faux-sauniers, gens endurants et combatifs, sont particulièrement recherchés. Mais le Roi ne veut pas voir trop de coquins en ses armées. Ce sont les intendants qui décident, cas par cas, sous réserve pour les contrebandiers de l'accord de M. le contrôleur général. En 1712, Turgot intendant de Moulins condamne lui-même un faux-saunier « à servir le Roi dans les troupes pendant sept années [123] » ! Des protestants on se méfie, pour ne pas les rapprocher des frontières, et des voleurs pour l'honneur des régiments. Mais les vagabonds paraissent si utilisables que le pouvoir lui-même s'occupe de les rafler. En avril 1705 le prévôt des marchands de Lyon écrit à Chamillart en toute simplicité : « Dès que je sais un libertin ou un vagabond dans la ville, je ne fais pas difficulté de le faire arrêter et de le donner au premier officier qui le demande. » Le plus étonnant est alors que nos chefs militaires parviennent à faire de ces hommes de bons soldats. Enfin, en 1712, ce sont mille deux cents forçats que l'on prend à Marseille, avec la permission de Sa Majesté, et que l'on répartit entre les unités décimées. Même le fier régiment de la Couronne, qui s'est d'abord refusé à ce triste expédient, finit par accepter cent quatre-vingt-six galériens.

Depuis 1688, pourtant, existe en France, sur l'initiative de Louvois, un embryon de service militaire obligatoire, l'institution de la milice. Louvois emprunte à Colbert, exactement vingt ans après, le système des « classes » destiné à la marine. Le peuple est en somme invité à participer lui-même à l'effort de guerre ; l'impôt du sang n'étant plus réversé aux mercenaires, aux volontaires et à l'élite nobiliaire du royaume. Les paroisses que l'intendant désigne doivent élire un milicien pris pour deux ans, « à la pluralité des voix ». Deux ans plus tard le ministre remplacera l'élection par le tirage au sort. Pendant la guerre de la ligue d'Augsbourg, les miliciens servent presque toujours à l'intérieur ou dans les forteresses. Ils sont dans des unités spéciales, ne fusionnent pas avec les « troupes réglées ». Ils passent le quartier d'hiver chez eux, sauf à faire l'exercice le dimanche. En dépit de ces privilèges, les miliciens se plaignent, ne font aucun effort de discipline, encore moins de patriotisme. Les campagnes tout entières protestent contre l'institution. Quand la fin de la guerre survient, en 1697, la dissolution des régiments de milice fait pousser un universel soupir de soulagement.

En 1701 une ordonnance du Roi rétablit les milices et modifie leur utilisation. C'est la première expérience d'*amalgame* entre volontaires et requis, entre auxiliaires et soldats de métier. Au lieu de composer des régiments de milice, Louis XIV groupe les miliciens en bataillons. Chaque bataillon de milice est rattaché, au moins nominalement, à un vrai régiment d'infanterie, en général utilisé sur les fronts lointains, ceux d'Italie ou d'Espagne. Cette fois, donc, les miliciens vont combattre, quelquefois sans quartier d'hiver. Ils sont requis pour au moins trois ans, mais l'armée ne les lâche pas facilement. Alors, en dépit de privilèges comme une exemption de taille de huit années, ils grognent encore et toujours. Que la France ait désormais une armée nationale ne les enthousiasme guère. Ils ne voient que l'arrachement à leurs terres, à leur paroisse, la discipline imposée, le risque, l'incertitude du retour. Si puissant qu'ait été le grand Roi, il eût provoqué une révolution en imposant un service militaire obligatoire. Le seul régime, si limité de la milice, diminue déjà beaucoup sa popularité. En douze ans (1701-1712) les milices ont requis 260 695 hommes, près de vingt-deux mille par an (plus de trente-trois mille en 1701, près de trente-neuf mille en 1711).

Sont susceptibles d'être tirés au sort les hommes d'au moins cinq pieds (1, 62 m), non infirmes, de dix-huit à quarante ans. Au début les garçons mariés n'y sont pas comptés, mais, bientôt, « les curés ont à bénir tant d'unions que le gouvernement est obligé de mettre le holà. En 1702, le curé de Bois-Guillaume, près de Rouen, a béni cent soixante mariages; et on ne voit que huit jeunes gens venir tirer au sort [123] ! » La plupart des privilégiés (nobles, ecclésiastiques, officiers, compagnons et maîtres de métiers des villes) échappent à la milice. Celle-ci frappe essentiellement les garçons des campagnes, cultivateurs ou artisans.

Alors, dans le plat pays, à l'annonce de la levée, c'est une débandade. Il y a des cas de mutilation volontaire, quelques simulateurs d'infirmités, mais surtout beaucoup d'insoumis. « Dès que les ordres sont rendus publics, écrit en 1701 l'intendant d'Angoulême, tous se cachent. » Parfois cela provoque de vraies migrations. Des paysans de Beauce émigrent à Paris, les Champenois vont en Lorraine, les Provençaux chez le pape dans le Comtat, les Béarnais passent en Espagne. Le phénomène est si général que le Roi, dont la législation est sévère, ne cesse de l'amender et de proclamer des amnisties. Mais l'indulgence peut être aussi dangereuse que la rigueur : si les réfractaires sont exemptés de milice, quelle injustice pour ceux qui ne fuient pas! Alors le gouvernement revient à la stricte exécution de la loi. Une ordonnance de décembre 1705 prescrit d'arrêter ceux qui ont changé de paroisse après l'ordonnance de levée, et de les prendre pour la milice «s'ils sont de l'âge et de la taille requise», «à la décharge des garçons et jeunes hommes mariés des paroisses qui les auront arrêtés [123]».

S'il n'est pas facile au Roi d'obtenir les recrues prévues, il l'est encore moins aux officiers escorteurs de conduire les nouveaux miliciens à destination. Leurs convois, bien que souvent protégés par la maréchaussée, sont suivis de près par des débaucheurs. Il y a des colonels pour encourager ce jeu immoral, en raison de «la disette de soldats» (1704). Quant aux officiers d'escorte, il leur arrive de laisser filer quelques-uns de leurs miliciens, moyennant une rançon clandestine, allant de 30 à 150 livres. Le ministre Chamillart en est scandalisé : «Ce que je trouve bien indigne, écrit-il en 1705, c'est qu'il y a beaucoup d'officiers qui vendent leurs soldats ou qui les renvoient chez eux pour de l'argent sous prétexte de désertion [123].»

L'admirable est que l'on a pu employer des hommes enrôlés en de telles conditions. Il faut tout le génie d'un duc de Vendôme, dont l'armée d'Italie sert de réceptacle à la milice, pour réaliser quelque peu un amalgame impossible. Mais sans doute l'arrivée de ces pauvres recrues renforce-t-elle chez les vieux soldats de métier l'esprit de corps et la fierté de servir. C'est une nécessité du moment : trois cent cinquante mille hommes sont réunis dans les armées terrestres du Roi. Tous ceux qui le peuvent, officiers et soldats, tentent de reconstituer cette solidarité magnifique des armées de vingt mille hommes à qui Turenne pouvait tout demander...

Officiers et soldats

Dans le recueil militaire officiel des *Victoires de l'armée française*, la palme revient à Turenne (neuf victoires), suivi de Condé – son cousin issu de germain [115] – et du maréchal de Luxembourg (sept), de Vendôme (six), de Créqui (cinq), et de Villars (quatre). Catinat est cité deux fois, tout comme Lorge, du Plessis-Praslin (de la maison de Choiseul), Noailles, Schomberg et Vauban. Il est vrai que ces succès sont d'importance et de mérites inégaux. On ne peut guère comparer le combat de Pforzheim (17 septembre 1692) où le maréchal de Lorge a la chance de s'emparer du prince Charles de Wurtemberg et la bataille de Villaviciosa (1710) ou celle de Denain (1712), qui permettent au duc de Vendôme et au maréchal de Villars de sauver chacun un royaume, de changer le destin de l'Europe! Vendôme n'est vaincu qu'une seule fois, à Audenarde en 1708, parce qu'on l'a maladroitement associé au duc de Bourgogne, jeune incompétent. Villars n'est battu qu'une seule fois, à Malplaquet l'année suivante, mais cette bataille meurtrière, où les pertes alliées montent au double des nôtres, a pour la France un résultat plus positif que plusieurs passages du Rhin... Les soldats de Sa Majesté ont donc, on le voit, de grands chefs. Pour quatre courtisans peu capables – La Feuillade, Tallard, Villeroy et Tessé –, il est une douzaine de bons généraux d'armée.

Le prestige du chef est sans prix. Il l'est déjà à l'échelon du régiment. L'historiographie se scandalise volontiers des « colonels à la bavette», jeunes gens ou adolescents de la cour, qui ont de quatorze à vingt ans, et qui commandent à des lieutenants-colonels quinquagénaires et à mille vieux troupiers. En fait, plus le chef de corps est jeune, plus il est aimé; plus il est de haute naissance, et plus il flatte l'amour-propre de ses officiers supérieurs, officiers particuliers, bas officiers et soldats. Car un colonel attaque à la tête de ses hommes. Il est toujours exposé, souvent blessé, parfois tué. L'impôt du sang n'est pas un vain mot. Le journal de Dangeau est un long nécrologe. Pour la seule guerre de la ligue d' Augsbourg il cite nominativement trois cent vingt-trois victimes, ou, si l'on préfère trois cent quarante-six tués ou blessés. La différence entre les deux chiffres vient du fait que vingt-trois combattants sont cités deux fois, ou même trois fois comme le comte de Saillant ou le marquis de Thianges [134]. En deux ans, de juillet 1690 au mois d'août 1692, la maison d'Hocquincourt perd trois de ses membres, tous trois colonels [18].

Le commandant en chef par son seul comportement fait les armées victorieuses. M. de Turenne, nous dit le maréchal de Saxe, n'eût jamais réussi sa belle campagne d'Alsace de 1674, s'il n'eût d'abord soigné l'encadrement de ses troupes, imposé une stricte discipline, obtenu l'entière confiance des soldats. Ainsi peut-on, sans diminuer la gloire du petit-fils du Taciturne, du vainqueur de Turckheim, dire que « l'infanterie française était la mieux disciplinée et la plus infatigable qui fût en Europe ; et comment, si elle ne l'avait pas été, eût-il fait ces campagnes si longues et si brillantes, et remporté des victoires qu'un autre que lui n'aurait pu espérer ? Nous savons que M. de Turenne a fait des marches qu'il nous serait impossible aujourd'hui de faire en aussi peu de temps. Le succès des entreprises extraordinaires qu'il a formées, quelque bien concertés qu'en fussent les projets, n'y eût jamais répondu s'il n'avait été sûr de l'exactitude et de l'obéissance de ses troupes [61]. » Il arrive que les officiers aient des passages à vide – de 1702 à 1712 la cour, les ministres, les généraux l'observent plusieurs fois ; les bas officiers et soldats échappent au découragement dès que les grands chefs savent leur parler. Catinat, avec sa tête de vieil avocat, Villars, avec son langage direct et hâbleur, sont adorés du simple soldat. Ce que le duc de Bourgogne n'est jamais parvenu à obtenir, son père le Dauphin le réussit au premier abord : galvaniser les troupes. Il faut, pour consacrer de telles ententes, que le courage physique du général s'accorde avec son discours vainqueur. Mais ce courage est presque quotidien. Le prince Eugène dans le camp adverse, Villars du côté français, ne cessent de charger eux-mêmes comme des mestres de camp de cavalerie, de faire tuer les chevaux sous eux, de recevoir des blessures.

Ils y perdent la possibilité de dominer le champ de bataille, de diriger l'action. Ils y gagnent un prestige dont nous n'aurons idée qu'en le comparant à celui des meilleurs lieutenants de Napoléon, les Murat, les Ney, les Lannes.

Le brave des braves, au temps de Louis XIV, est le duc de Vendôme. Bon chien chasse de race : il est neveu du duc de Beaufort; il est le neveu de Louis XIV à la mode de Bretagne; il est l'arrière-petit-fils du roi Henri IV. Depuis 1694, par la volonté royale, Vendôme clôt la liste des princes du sang, derrière le duc du Maine et le comte de Toulouse. Le duc de Vendôme rappelle quotidiennement son bisaïeul, intelligent et brave, fier de son sang mais familier d'abord, orgueilleux et démagogue, patriote et tenace, débraillé, jouisseur, et cependant toujours grand. Si frappante est sa personnalité qu'elle se dessine même au travers des attaques au vitriol que multiplie contre elle le petit duc de Saint-Simon. Le 8 février 1702, Vendôme quitte Marly pour assurer le commandement de notre armée d' Italie. Durant quatre ans, défendant la frontière, inventant même en mauvaise saison des opérations de harcèlement, ce prince va tenir le front. Il y a un régime de semestre pour les autres; lui se refuse aux quartiers d'hiver. Ce sont des choses qui se savent et se disent, d'abord dans l'armée, puis parmi la population civile. Aussi, lorsque, en février de l'année 1706, rappelé par la cour, M. de Vendôme traverse la France, il le fait au milieu des acclamations populaires, souvent entre deux haies d'admirateurs [64]. Le 12 il obtient à Paris un succès inouï, le peuple court après sa chaise de poste. Sa popularité dans la capitale n'est comparable, pense Saint-Simon, qu'à celle du duc de Guise après les barricades de la Ligue [18]. À sept heures du soir, l'homme qui défend depuis quarante-huit mois notre frontière du Dauphiné atteint Marly. Les serviteurs accourent vers lui, puis « tous les courtisans, à commencer par les princes du sang». S'étant changé, M. de Vendôme paraît au salon. Le Dauphin arrête le concert en cours pour embrasser son glorieux cousin. Louis XIV, prévenu, interrompt son travail avec Chamillart : «Je viens vous embrasser, dit le monarque à son neveu, dans le même lieu où je vous dis adieu il y a quatre ans [18].» Dans la langue de Jean Racine se coulent des sentiments à la Plutarque.

De cet étonnant duc de Vendôme, le chevalier de Quincy, humble officier particulier, a laissé, par petites touches, une suite de portraits émerveillés. Il ne le peint pas sans défauts : « Ce prince avait malheureusement une trop grande confiance en lui. » Mais il admire les multiples facettes de sa vertu romaine : il «se faisait un point d'honneur, écrit Quincy, de faire la guerre noblement», refusant de dévaster, même en manière de représailles, le pays occupé. Voici comment Quincy rejoint Vendôme à Cassano (août 1705) : «Je demandai à des officiers d'Anjou [...] où je pourrais trouver M. de Vendôme. Ils me montrèrent l'endroit à peu près où il était. Les officiers m'avertirent que je ne pourrais pas y aller à cheval, à cause de la quantité de morts, de blessés et d'équipages que je trouverais. Je mis pied à terre et je donnai mon cheval à un soldat blessé. Je trouvai M. de Vendôme qui faisait sa disposition pour rattaquer les ennemis, afin de les faire repasser le Ritorto; *il était à pied, l'épée à la main, son cheval ayant été tué sous lui; il était couvert de poussière et de tabac. Les* Impériaux étaient à la demi-portée du fusil. *Le feu ne discontinuait point* [54].» La suite est si vivante qu'il vaut mieux citer Quincy plutôt que le paraphraser. «Le régiment se mit en bataille dans l'île qui était entre les deux ponts de Cassano. Il n'y fut pas plus tôt, que M. de Vendôme passa à cheval. L'on portait devant lui les drapeaux que l'on avait pris aux ennemis; ils étaient tous ensanglantés. Il avait son habit et sa veste déboutonnés, le visage tout en sueur, sa chemise remplie de tabac et de poussière; il avait l'air du dieu Mars. L'on peut dire que, par sa fermeté, son coup d'œil juste et sa grande valeur, il fit changer la victoire, et qu'il conserva l'armée du Roi, et par conséquent l'Italie.» Suit le fameux clair-obscur du bivouac de Cassano. Ce n'est pas Davout en 1806, mais bien Vendôme et son frère en 1705, que dépeint M. de Quincy : «La nuit venue, je fus chez ce prince. Je le trouvai à table, mangeant avec le grand prieur, son frère. Ils n'avaient pour tout régal que du pain de munition avec un petit morceau de fromage; leur table était un billot, sur lequel était fichée une baïonnette, dans laquelle il y avait une chandelle qui leur servait de flambeau. » Tant il est vrai que les armées de Louis XIV ne sont pas uniformément commandées par des courtisans incapables.

De M. de Vendôme, Quincy dit encore : « Il faisait la guerre en héros, en grand homme, et en honnête homme », doté de la clairvoyance et de l'audace d'un Condé. « Il était bon citoyen, bon Français, et attaché véritablement à son prince, et si peu intéressé que ses affaires particulières en souffraient beaucoup. Adoré du soldat, il ne servait que pour sa gloire, celle du Roi et celle de sa nation [54]. » Il fallait à ce Mars baroque un noble tombeau (1712). Philippe V reconnaissant le fera reposer à l'Escurial.

Une croisière de cinq cent quarante et un jours

Le 10 juillet 1690, le chevalier de Tourville remporte sur la flotte anglo-hollandaise la victoire de Béveziers (*Beachy Head*). « Alors, nous dit Voltaire, ce que Louis XIV souhaitait depuis vingt années, et ce qui avait paru si peu vraisemblable, arriva : *il eut l'empire de la mer* [73]. » L'année suivante, de la fin juin à la mi-août, le même Tourville navigue cinquante jours de suite à travers la Manche, enlevant toute initiative à ses adversaires : c'est ce qu'on appelle « la campagne du large ».

Mais ces grandes batailles et ces évolutions majestueuses sont exceptionnelles. Pour observer la vie des marins français il vaut mieux embarquer sur une unité moyenne, y entreprendre un voyage *de* long cours. C'est ce que nous propose un Robert Challes. Cet écrivain principal (officier de plume inférieur au commissaire de marine), ami du ministre Seignelay, est aussi un écrivain de talent. Son *Journal d'un voyage aux Indes orientales* [15] est vivant, précis et coloré. Il y raconte la croisière d'une division navale prêtée par le Roi à la compagnie des Indes. Elle débute à Lorient le 24 février 1690, s'achève à Groix le 19 août 1691 ; elle est exactement contemporaine de l'apogée de notre marine.

La petite escadre, conduite par Abraham Duquesne-Guitton, neveu du vainqueur d'Agosta, comprend quatre vaisseaux moyens (*Le Gaillard, L'Oiseau, Le Florissant, L'Écueil*) et deux vaisseaux de vingt-quatre canons (*Le Dragon et Le Lion*). Elle a une mission quadruple : 1) rapatrier au Siam quelques mandarins et y débarquer plusieurs missionnaires français, 2) renforcer en matériel militaire nos comptoirs indiens, 3) gêner par tous les moyens le commerce des Anglais comme des Hollandais, et 4) aller renforcer la défense des Indes occidentales. Seuls les points 2 et 4 vont être réalisés. Duquesne coule le *Philip Herbert* (cinquante-quatre canons) et envoie sur Madras près de quatre mille coups de canon. Mais il ne compte comme prises que deux hollandais : une flûte de 600 tonneaux et un « engin » de 35 tonneaux. Cette demi-médiocrité montre que le voyage de Challes n'a rien d'une héroïque performance, mais représente un cas moyen.

Les conditions du voyage sont instructives, puisqu'il s'agit d'un armement mixte – comme celui qui conduira Duguay-Trouin à Rio de Janeiro en 1711 – mais antérieur à la déconvenue de La Hougue. Selon un procédé que généraliseront les Pontchartrain entre 1693 et 1712, le Roi prête ses vaisseaux, avec leurs officiers, leurs matelots et leurs canons, à des fins commerciales ou en grande partie commerciales : ici le bénéficiaire – on devrait dire le déficitaire – est la compagnie des Indes. Il ne s'agit pas d'une guerre de course au sens structurel du mot, mais d'un raid au long cours, officieux et non officiel, qui n'exclut pourtant ni la finalité de la course, ni sa tactique.

Les états-majors de la division sont plus homogènes que ceux des années 60. Quand Colbert passe en dix ans de dix à cent vaisseaux, il doit accepter pêle-mêle des colonels de l'armée de terre et des capitaines marchands, des loups de mer et des courtisans, des nobles et des rustauds. Une génération a passé : l'armée navale de Seignelay est plus marine, plus instruite, plus disciplinée. La plupart des officiers de M. Duquesne sont nobles, capitaines de frégates, lieutenants ou enseignes. *L'Ecueil*, sur lequel navigue Robert Challes, est d'abord commandé par un vieux Saintongeais, nommé Hurtain. C'est un protestant converti, gentiment alcoolique, aimé de l'équipage, et qui n'exige guère de discipline. Il meurt, et le vaisseau passe sous le commandement du chevalier de Porrières, de l'illustre maison de Glandevès, commandeur de Malte, plus autoritaire que Hurtain. Il remet dans l'obéissance et le bon chemin un second, nul et prétentieux, M. de Bouchetière. Ce dernier est un protégé de la marquise de Maintenon. Les marins surnomment ces chouchous terriens des « bâtards du cotillon ». La traversée des océans est si longue, la croisière si interminable que l'indiscipline gagne parfois les états-majors. Il est vrai que l'ordre d'un navire et celui d'une escadre dépendent d'abord de l'art de commander des chefs.

Bien entendu, à bord comme à terre, l'épée et la plume se disputent au moindre prétexte. Le commissaire, embarqué sur le navire amiral, et Challes sur son *Ecueil* ont souvent maille à partir avec des capitaines ou des lieutenants. En revanche les officiers mariniers semblent tout à fait rodés. Notre écrivain admire en particulier le savoir-faire du pilote : après soixante-dix jours d'Atlantique (une seule relâche aux îles du cap Vert), le pilote parvient avec précision au point qui permet de doubler aisément le cap de Bonne-Espérance ! Ces pilotes d'alors – souvent spécialisés, l'un pour l'océan Indien, l'autre pour les Antilles ou la Nouvelle France –, quoique empiriques, valent de bons officiers de navigation.

Les matelots, au moins ceux de *L'Ecueil*, sont bretons ou normands. On les fait crier *Vive le Roi* ! à chaque occasion intéressante, et ils semblent fort pieux, les Bretons surtout. Malheureusement il y a des vols à bord. Et Challes en conclut qu'il y a donc quelques pieux voleurs. Il y a aussi de mini-pacotilleurs qui parviennent à transporter des marchandises sans que les commissaires ou écrivains puissent les découvrir. Mais tout cela ne pèse guère au regard de la rudesse de leur existence. Qu'ils aient été engagés par la « presse » ou enrôlés selon le régime colbertien des « classes » – première forme de la moderne inscription maritime –, qu'ils soient anciens soldats ou anciens galériens, fort peu ont librement choisi les équipages du Roi. Leur existence est rude. « Ils travaillent et fatiguent beaucoup, nuit et jour au hasard de leur vie, ils sont mal nourris en comparaison de ce que les ouvriers mangent à terre, peu soignés et avec cela, quelquefois bien battus ! Sont-ils moins hommes que les autres [15] ? » Lorsqu'ils tombent de la mâture, il est rare qu'ils puissent être sauvés, même si le navire se déroute. Quand il y a six pieds d'eau dans la cale, il faut seize hommes à pomper douze heures sur vingt-quatre.

Chaque fois que la chose est possible, les vaisseaux embarquent des animaux, des vivres frais, du pain, mais quand le pain vient à mouiller dans la soute, il n'y a plus qu'à le jeter, ou bien, une fois séché sur le pont, à le manger « recuit avec la graisse du dîner, et assaisonné de vinaigre ». Le biscuit, qui se conserve mieux que les miches, est parfois miné par de gros vers blancs. Or tous les matelots n'ont pas la philosophie du Breton Le Gallic « qui mange les rats et dit qu'ils valent mieux que des lapins ; les vers qui sont dans le pain sont pour lui du beurre et des confitures, il les étend et croque tout ensemble » !

Dans ces voyages au long cours, les maladies déciment les équipages : « fièvres chaudes », « charbons de peste » (ici Challes se traite à l'ail pilé mélangé à son eau-de-vie : cela s'appelle « chasser le diable au nom de Belzébuth »), et surtout scorbut. Les soldats embarqués, oisifs, sont plus atteints que les matelots, actifs, mais finissent par être touchés. « Je crois, écrit Challes en fin de croisière, que toute la matelorie a le diable dans les dents. » Elle a de bien pauvres gencives ! Dans la division de M. Duquesne la maladie fait beaucoup plus de ravages que le canon ennemi ou la mousquetade.

Même les courtes escales fatiguent plus que la navigation : il faut faire passer des centaines de seaux d'eau à la chaîne pour refaire la provision du bord, bûcheronner des heures entières pour fournir les réserves du charpentier. En contrepartie les occasions de réjouissance paraissent dérisoires. Il y a le plaisir innocent des premiers vivres frais, après relâche ; celui de « border l'artimon », c'est-à-dire de profiter d'une distribution d'eau-de-vie après une rude manœuvre. Il y a la pêche au requin, la pêche à l'espadon, la collecte des poissons volants, grande ressource des encalminés. Il y a les parts de prise, souvent notables sur les vrais navires corsaires, presque inconnues sous Duquesne-Guitton…

Reste le fameux, bruyant, bouffon, traditionnel, carnavalesque et imprescriptible « baptême de la ligne ». Une fois la permission accordée par le commandant du bord, l'autorité passe au club des officiers mariniers (maître, contremaîtres, charpentiers, etc.). Noircis et barbouillés, affublés de fausses barbes, vêtus de façon grotesque, armés d'ustensiles de cuisine, ils baptisent le navire à grands seaux d'eau. Ils affectent ensuite d'entamer le beaupré si l'écrivain du Roi ne paie rançon : Challes leur concède, généreux, la moitié d'un cochon. Ensuite chaque passager est invité à s'asseoir sur une barre d'anspect tenue en équilibre au-dessus d'une grande baille pleine d'eau. On les asperge. S'ils sont généreux, ils évitent l'immersion totale. Sinon ils vont à la baille. Les rançons alimentent une précieuse cagnotte, *la gamelle*. « Après la cérémonie, si on ne veut pas être mouillé, il faut bien se cacher car pendant plus d'une heure on se bat à coups de seaux d'eau […] Tout le monde a été mouillé exprès, excepté les gens d'Église et le commandeur. » Dans l'allégresse finale, on tue le cochon, puis on applaudit le commandeur de Porrières en criant : « Vive le Roi et *notre capitaine*! »

Ces festivités d'équipage, tous grades confondus, sont la part de démocratie que tolère intelligemment la vieille marine royale.

« Dieu nous garde du chevalier de Forbin ! »

Le 16 juillet 1692, le Roi, malgré la déception de La Hougue, dit à Tourville : « Je suis très content de vous, et de toute la marine ; nous avons été battus, mais vous avez acquis de la gloire et pour vous et pour la nation ; il nous en coûte quelques vaisseaux, cela sera réparé l'année qui vient, et sûrement nous battrons les ennemis [18]. » La prophétie va se réaliser doublement. À court terme, puisque Tourville capture en juin 1693 une centaine de navires marchands. À long terme, puisque Ducasse, gagnant dans l' Atlantique l'aléatoire bataille des convois, assure le financement de la guerre de succession, et permet à Philippe V de rester roi d'Espagne.

Inexistante en 1660, notre armée navale a été la première du monde entre 1671 et 1695, égale à la *Navy* de 1696 à 1704, légèrement dépassée par cette dernière entre 1705 et 1715. Aucune politique n'a été plus intelligente et plus souple que celle de Louis XIV et des Pontchartrain père et fils. Prêtant des marins à l'Espagne, prêtant des vaisseaux du Roi à certains armateurs, variant à l'infini les tactiques, privilégiant la guerre économique (prise de navires marchands, pillage de Carthagène des Indes, raids meurtriers sur les Antilles britanniques), évitant les inutiles affrontements de navires de ligne ou, quand il le faut comme à Velez-Malaga (1704), supportant victorieusement le choc, le Roi et ses ministres ont fait des miracles, si l'on songe à la pauvreté des moyens financiers, au poids de la guerre terrestre et de l'invasion.

Ils sont aidés, il est vrai, par des chefs d'escadre étonnants : Jean Bart, Duguay-Trouin, le chevalier de Saint-Pol, Pointis. Ils bénéficient d'une mobilisation générale des bonnes volontés : les habitants des ports de la Manche défendent leur cité contre les Anglais, les colons des Antilles font de même. On utilise non seulement les corsaires privés, mais jusqu'aux boucaniers de Saint-Domingue, combattants inquiétants mais efficaces. Au moment où l'écart se creuse entre les marines française (deux cent neuf navires) et britannique (trois cent treize[153]) – ce sont les chiffres de 1709 – c'est alors que nos réussites semblent les plus frappantes : escorte des galions par Ducasse et raid de Duguay-Trouin sur Rio en 1711, succès extraordinaires de Cassard aux Antilles et en Guyane (1712 et 1713[174]). Jamais la France n'a eu des marins si audacieux, bons manœuvriers, risque-tout, efficaces. L'enjeu est important. On en est revenu aux conditions de 1661. Peu importe l'origine et la formation première des officiers : Jean Cassard, capitaine de vaisseau à trente-trois ans, est sorti du rang; Duguay-Trouin a commencé à se battre comme corsaire; Ducasse, à qui Philippe V donnera une toison d'or bien méritée, n'est pas gentilhomme.

Mais, en sens inverse, il y a des officiers nobles, de famille de cour, qui rivalisent d'audace avec les plus rudes corsaires. Le chevalier de Forbin-Gardanne en est la preuve. Sa vie est un vrai roman d'aventures. Rien n'y manque : duels, condamnation à mort, lettres de rémission, changement d'identité, accusation de rapt[25]. Il a été garde-marine, puis mousquetaire, puis enseigne de vaisseau. En 1685 il fait partie de notre ambassade en pays thaï. Il plaît à S. M. le roi de Siam, et voici Forbin, lieutenant de vaisseau de vingt-neuf ans, bombardé «grand amiral, général des armées du roi et gouverneur de Bangcok», avec maison de fonction, trente-six esclaves et deux éléphants. Il est nommé peu après *Opra fac di son Craam*; quelque chose comme maréchal par la grâce de la divinité de la guerre; et son intronisation évoque fort celle du Mamamouchi de Molière. Il doit, avec l'aide de quelques soldats portugais, former en une semaine deux mille recrues siamoises et fortifier la capitale locale. L'année 1689 le voit revenu à l'ouvrage sérieux. Jean Bart et lui se laissent prendre afin de sauver un convoi marchand, sont prisonniers à Plymouth, s'échappent, traversent la Manche en barque, sont nommés capitaines de vaisseau. Forbin se bat ensuite à Béveziers comme à Barfleur, étant passé incessamment d'ailleurs de la course au service du Roi et des vaisseaux à la course. Exercé à toutes les tactiques, il donne le meilleur de lui-même au début de la guerre de succession.

En 1701-1702 il terrorise toute l'Adriatique avec un vaisseau et deux frégates légères, au total soixante-seize canons! Les Vénitiens s'étant réfugiés dans une fausse neutralité favorable à l'Empire, le chevalier arraisonne leurs navires, en brûle quelques-uns, détruit dans le port de Malamoco un anglais de cinquante canons, puis bombarde Trieste. La neutralité vénitienne cesse alors de pencher vers Vienne. Forbin, devenu la terreur des navigateurs, est passé en proverbe. «Le souhait ordinaire que s'entre-faisaient les patrons allant en mer était de dire, après s'être recommandés à saint Marc : *Iddio ci guardi della bollina e del cavaliere di Forbino*» (Dieu nous garde de la tempête et du chevalier de Forbin [25]). Après quoi Forbin rançonne Fiume et gagne Brindisi. Ses matelots ont été parfaits, courageux et disciplinés, un peu pillards mais sans excès [25].

Cette grandeur et ces servitudes de la défense nationale marquent la sensibilité du royaume et celle du Roi. Lorsque, en 1675, le corps du maréchal de Turenne est ramené à petites étapes d'Alsace jusqu'à Saint-Denis, c'est au milieu des pleurs de tout un peuple. Quand en 1712 le vieux souverain confie à Villars, ce chef heureux, sa dernière grande armée, ce n'est plus le monarque qui parle, ni le chef d'état-major inter-armes, c'est le patriote, le premier serviteur et sujet du royaume : « En attendant que vous me disiez votre pensée, je vous apprendrai la mienne [...] je connais la Somme, elle est difficile à passer; il y a des places : je compterais me rendre à Péronne ou à Saint-Quentin, y ramasser tout ce que j'aurais de troupes, faire un dernier effort avec vous et périr ensemble ou sauver l'État, car je ne consentirais jamais à laisser l'ennemi approcher de ma capitale. » À quoi le maréchal répond : « Les partis les plus glorieux sont souvent les plus sages, je n'en vois pas de plus noble que celui auquel Votre Majesté est disposée, mais j'espère que Dieu nous fera la grâce de n'avoir pas à craindre de telles extrémités [185]. » Trois mois plus tard la victoire de Denain fait basculer le destin en faveur de la France.

À travers les provinces

Par toutes les provinces, le peuple parle un jargon différent de la langue des honnêtes gens.
Furetière

Je quitte ce lieu à regret, ma fille [...] Je ne sais ce que je vais faire à Paris.
Mme de Sévigné

Le 4 juillet 1700, dans les milieux généralement bien informés de Versailles, «on disait que le Roi avait résolu, en son Conseil, de faire travailler aux grands chemins, tant pour sa propre gloire que pour la commodité des voyageurs et le soulagement des pauvres [64]». Depuis déjà trente ans le gouvernement a fait un gros effort routier. Celui-ci a favorisé la région parisienne, assurant de bonnes liaisons entre Paris et Fontainebleau, Paris et Versailles, Versailles et Saint-Germain. Il ne s'agissait pas seulement des grands chemins des chasses, ou des routes destinées aux déplacements du Roi, mais, comme les appelle l'ordonnance de juin 1680, des « avenues de la ville de Paris [97] », tout ce qui convergeait vers la capitale depuis la Normandie, la Picardie, la Champagne et la Bourgogne, l'Orléanais et la Touraine. Les registres des ponts et chaussées montrent combien Paris est avantagé, mais ce type de liaison favorise aussi les provinces, comme le remarquera avec bon sens cet arrêt du Conseil de 1718 : « Toutes les généralités profitent également de la réparation des chemins de ladite généralité de Paris, qui est le centre de leur commerce [97]. »

En fait, il reste beaucoup à faire, et depuis la mort de Colbert (1683), les ponts et chaussées marquent plutôt un recul. « C'est pour nous un sujet d'étonnement que cette époque, qui conçut et exécuta de si grands ouvrages, ait pu, à tant de splendeurs, associer tant d'incommodités. » En 1698 Vauban critique la médiocrité des chemins de Champagne ; plus tard il juge l'ensemble des grands chemins français « extraordinairement négligés ». L'abbé de Saint-Pierre, allant en basse Normandie, l'an 1706, « voit sa chaise verser et ses chevaux s'embourber ». Et il rédige un *Mémoire pour perfectionner la police sur les chemins* (1715) [97].

Ceux qui ne se déplacent guère trouvent les routes rudimentaires de leur région bien suffisantes ; et ceux qui font de grands trajets se plaignent mais parviennent à lancer leurs chevaux, leurs carrosses, leurs chaises de poste, et même leurs escadrons sur les chemins dont Sa Majesté elle-même se contente.

En route

Si les routes laissent à désirer, le transport des voyageurs est mieux assuré. Depuis que M. de Louvois est à la tête de la « surintendance et contrôle des postes et relais de France » (1668), non seulement le courrier est acheminé dans les conditions les plus rapides et les plus sûres de l'Europe [104], mais les chaises de poste vont vite et, depuis 1670, les premières lignes de diligences assurent le transport des voyageurs.

Ce mouvement favorise l'hôtellerie. Les aubergistes de Paris en 1695 figurent en classes XVII et XVIII du tarif de la capitation, respectivement au niveau des avocats au Parlement ou des capitaines de cavalerie. Les aubergistes des villes closes, et « les cabaretiers donnant à manger à pot et assiette », sont en XIXe classe, peu après les capitaines d'infanterie [90]. Vers 1680 le mot hôtel – employé pour autre chose que la maison du Roi ou que les belles demeures de la noblesse – reste un néologisme. On n'en fait qu'un usage sélectif. On le dit seulement « de maisons garnies, et de célèbres hôtelleries ou auberges [26] ». Mais il n'est pas sûr que l'hôtellerie, européenne en général, française en particulier, favorise beaucoup ses clients. L'auberge espagnole est sans doute ce qu'il y a de pire. On répète que « les hôteliers de Hollande rançonnent, écorchent les passagers ». Cependant ceux de France ne sont pas des petits saints. En 1675 Mme de Sévigné écrit à sa fille : « Prenez garde, ma chère, à cette belle coutume d'envoyer payer, avec de bon argent comptant, pour le train de ceux qui vous viennent voir. L'hôtelier gagne avec vous ce qu'il a gagné sur l'étranger, car vous payez suivant qu'il a compté. C'est une pitié que cette sorte de méchant ménage, qui vous tire votre argent. Eh, bon Dieu ! nourrissez plutôt chien et chat dans votre château ! [62] »

Heureusement la France de Louis XIV, tout à la fois sociable et chrétienne, pratique les vertus de l'hospitalité. Les curés y sont particulièrement attentifs ; mais les laïcs de toute condition ouvrent encore leur porte. Le chevalier de Forbin, chevauchant en poste de Paris à Rochefort en 1683, a beaucoup de malchance du côté des postillons, bien de la chance pour son hébergement. « Je pris la poste, écrit-il par un froid extraordinaire. À dix lieues de Blois, je trouvai les chemins si gâtés par les glaces et les ornières, que mon cheval s'abattit à plusieurs reprises sans pourtant se faire aucun mal ; mais enfin, étant tombé une dernière fois et ayant donné du museau à terre, la têtière rompit : comme je ne voulais pas descendre, je dis au postillon de mettre pied à terre et de venir la racommoder. Ce brutal me répondit que je n'avais qu'à la raccommoder moi-même, puisque je tombais si souvent. » Alors Forbin de rosser l'insolent à coups de plat d'épée. Au relais de Poitiers, nouvel incident avec un autre grossier personnage. « Comme je sortais de l'écurie, le maître de la poste étant présent, je dis au postillon : – Courage, mon ami, pousse ! Sa réponse fut : – Pousse toi-même, si tu es si pressé ! – Écoute, maraud, répliquai-je, le regardant avec des yeux pleins de colère et d'indignation, je suis bien aise de te dire ici devant ton maître, qui vaut sans doute bien moins que toi, puisqu'il garde chez lui un insolent de ta force, que, si tu me dis la moindre sottise, je te casserai la tête d'un coup de pistolet. Cette menace le rendit souple et, pendant tout le chemin, il n'eut plus que des contes plaisants à me faire [25]. » En revanche, ce même voyage permet à M. de Forbin de mesurer l'amabilité des populations poitevines. Chacun s'empresse de lui faire accueil : un paysan pauvre, un gentilhomme huguenot, réveillés en pleine nuit. Ce dernier s'appelait M. de la Rivière. « Il fit d'abord allumer un grand feu, dont je profitai, car j'en avais grand besoin ; et quelque temps après m'ayant fait servir un gigot accompagné de deux bécassines [après onze heures du soir !], du vin petit, mais fort bon à boire, et du pain frais, je fis un repas d'autant plus délicieux, que je n'avais mangé de tout le jour. De là on me conduisit dans un bon lit, où je dormis fort à mon aise et où je me dédommageai amplement de ce que j'avais eu à souffrir pendant toute la journée [25]. »

L'année suivante, comme le même voyageur se rend de Rochefort à Lyon, ce sont des marchands qui le régalent et qui l'hébergent. Entre Limoges et Clermont, Forbin s'est arrêté en rase campagne dans un cabaret. « J'étais auprès du feu, nous dit-il, à causer avec l'hôtesse, lorsque je vis entrer six hommes qui ressemblaient bien mieux à des bandits qu'à toute autre chose. Je demandais quels hommes c'étaient. – Ce sont, me répondit la maîtresse du logis, des marchands de Saint-Étienne en Forez, qui reviennent de la foire de Bordeaux : nous les voyons repasser ici toutes les années. Ravi de cette nouvelle, je leur fis civilité : nous soupâmes ensemble et je m'associai avec eux pour tout le reste du voyage » ; tant il est vrai que les différences de condition s'estompent beaucoup sur la grand-route. Sur les chemins neigeux de la montagne, notre officier de marine est heureux d'avoir pour guide ces compagnons « qui les avaient si fort pratiqués ». Ils auraient dû se quitter à Thiers, Forbin gagnant Lyon, les marchands se dirigeant vers Saint-Étienne. Mais la sociabilité en décida autrement. « Ces messieurs m'invitèrent si honnêtement à passer chez eux et me firent si bien entendre que les chemins de Thiers à Lyon étaient impraticables à cause des neiges, surtout lorsqu'on n'avait pas un guide expérimenté, que je me rendis à leurs raisons et à leurs honnêtetés, qu'ils redoublèrent pendant cinq ou six jours que le mauvais temps m'obligea à passer chez eux [25]. »

Une province lointaine et proche

La province commence aux portes de Paris. Les vignerons d' Ivry sont déjà des provinciaux. La province fait la majorité et la solidité de la France, mais c'est le Parisien ou le courtisan qui font l'opinion générale. Et celle-ci doit immanquablement marquer la supériorité de la cour et la ville sur les provinces. C'est une idée reçue, c'est un stéréotype. D'abord la province est prise en bloc. À peine remarque-t-on que cinq cents lieues séparent Dunkerque de Marseille : « Les peuples du Midi sont plus abstinents que ceux du Septentrion [26]. » À peine voit-on que les conquêtes de Louis XIV, en réunissant au royaume des provinces nouvelles, lui ont apporté des mots nouveaux, comme *watregan*, qui se prononce *ouatregan* : « Il signifie un canal ou fossé plein d'eau, qui sert à séparer les héritages, à aller d'une ville à une autre », ou des mœurs inconnues : « On n'est point honteux en Flandres de *dégobiller* sous la table [26]. »

La grande différence entre Paris et le reste de la France est linguistique. « Par toutes les provinces le peuple parle un jargon différent de la langue des honnêtes gens. » C'est avec mépris que patois et dialectes sont ainsi regroupés. Même le provincial d'origine noble ou bourgeoise est longtemps reconnaissable à la cour ou à la ville, car « il est bien difficile de se défaire de l'accent gascon ou normand ». Les Parisiens se plaisent à souligner aussi le retard du vocabulaire provincial. « Dans les provinces éloignées de Paris on ne dit pas encore *étude*, mais *boutique* de notaire. » Si à Paris, *garce* ne s'applique maintenant qu'aux prostituées, il est des provinces où l'on emploie encore ce mot « pour signifier une petite fille, ou servante de chambre [26] ». La province est un pays lointain, demeuré un peu sauvage : « Les *grands jours* se tiennent de temps en temps pour réprimer et châtier les tyrannies, les exactions des nobles et des juges de province. » C'est un pays en somme peuplé de niais. Ils ne savent même pas tous ce qu'est l'ordre du Saint-Esprit, pourtant créé il y a cent ans (1578) : « Un sot de Chinon, narre Tallemant des Réaux, apporta beaucoup de ruban bleu de Paris, en disant que c'était la mode d'en porter en écharpe, et qu'il en avait vu au Roi lui-même [67]. »

En réalité, c'est le contraire qui frappe. Il y a, bien entendu, comme toujours, un décalage dans les mœurs, la langue, les manières des uns et des autres. Mais la province se déniaise si vite et si fort, qu'on imagine à peine que le phénomène ait échappé aux bons esprits du temps.

La France de Louis XIV est remarquablement solidaire. Les communications postales y aident. Mme de Grignan, qui habite la Provence, reçoit de sa mère les nouvelles de Paris ou de Saint-Germain : il ne faut que cinq jours à la poste aux lettres. Dans son exil bourguignon, Bussy-Rabutin connaît presque au jour le jour les nouvelles politiques et militaires de France et de l'étranger [62]. Or l'information tient en haleine, tandis qu'elle suscite une constante émulation. En province un magistrat de présidial n'a de cesse qu'il ne ressemble à son illustre confrère du parlement régional, tandis que ce dernier – appuyé sur ce que la poste lui apprend – imite les pensées, les lectures, les manières et le style des parlementaires de la capitale, y compris ce je ne sais quoi de raideur à la janséniste qui est alors le comble du chic. Dès lors, imaginons quel réseau de communication et d'innervation peut représenter la société des quarante-cinq mille robins du royaume ! Et puis, quelques évêques sont peut-être un peu trop parisiens, un peu trop versaillais. Mais quelle meilleure liaison pourrait-on imaginer, entre les idées et mœurs de Paris, et celles de cent villes d'évêchés, que ce va-et-vient épiscopal, porteur de nouvelles, vecteur d'idées, gage d'ouverture ?

Le langage va de la cour au plus modeste bourg à la vitesse de son évolution et des chevaux de poste. Les mots nouveaux (*savoir son monde, savoir vivre* sont des néologismes, véhicules de la civilisation des mœurs) arrivent sans retard jusqu'au fond du royaume, « par le commerce, nous dit le P. Bouhours, des honnêtes gens de province qui vont à Paris presque tous les ans et qui en rapportent toutes les nouveautés [12] ». Ne prétendons pas pour autant que seules la noblesse et la bourgeoisie subissent de telles influences. Les humbles sont touchés de cent manières. On ne dira jamais assez l'influence, par exemple, des petits ouvrages de dévotion. Ils ont façonné nos ancêtres, même les plus simples, « non seulement à la vie intérieure, mais encore aux manières et au langage de la société polie ». Lorsque M. Pellisson rédige ou révise des livres de prière, c'est un peu l'Académie tout entière qui exerce là « sa mission première », défendant et illustrant notre langue, « gardant le contact avec le peuple [94] ».

Vingt-cinq ans avant Jean-Baptiste de la Salle, une civilité honnête, et qui n'a rien de puéril, emprunte le canal d'un catholicisme populaire, ennobli par ces grands parrainages. D'ailleurs le petit peuple a une information journalière par le truchement du seigneur, des officiers seigneuriaux, des coqs de paroisse, des échevins, des gens de loi, des marchands, voire des colporteurs à hotte. Gens des bourgs et des campagnes connaissent les événements français et l'évolution de la guerre à travers les mandements épiscopaux que lit au prône M. le curé. Enfin le développement des écoles populaires et la diffusion des petits traités de civilité proposent à tous, bourgeois et manants, artisans et manœuvres, un code de bonnes manières qui simplifie à peine celui de la noblesse. Il suffit d'un bon dictionnaire pour civiliser les mœurs. On y apprend que « c'est une chose malhonnête de se moucher avec les doigts » ou encore « sur la manche » comme on faisait jadis. Il est interdit aux femmes de chevaucher autrement qu'à l'amazone. On s'entend dire ou répéter que le mot *applaudir* ne devrait être employé qu'au sens figuré : seuls les écoliers et le bas peuple ayant conservé le mauvais usage « du battement effectif des mains [26] ». Aux personnes que l'on respecte, on fait la révérence « par l'inclination du corps, en tirant le pied en arrière, en ôtant son chapeau ». À des égaux qui éternuent, « ou à des importuns qu'on éconduit », on dit :
– *Dieu vous soit en aide* [26] !

Car, de la cour de Versailles et des *ruelles* de la capitale, jusques au menu peuple, la noria de la civilité tourne sans cesse. D'ailleurs Paris envoie en province des militaires souvent fort distingués, des ingénieurs, des commis des fermes générales, toute sorte de « fonctionnaires » instruits et bien élevés, que dominent le gouverneur, militaire de haut grade et de haut rang, et l'intendant, ce que la robe produit alors de mieux.

Monsieur l'intendant

En 1715 la France est administrée par trente et un intendants de justice, police et finances. Il y a dix-huit intendances en pays d'élection, où la fiscalité a un caractère étatique : Paris, Amiens (Picardie et Artois), Soissons, Châlons (Champagne), Lyon, Montauban, Bordeaux (Guyenne), Limoges, Poitiers, La Rochelle, Orléans, Tours, Bourges, Moulins, Riom (Auvergne), Rouen, Alençon et Caen. Il y en a treize dans les pays d'états, où les impôts sont votés localement, ou dans les provinces nouvellement rattachées : Bretagne, Bourgogne, Dauphiné, Provence, Languedoc, Pau, Flandre maritime, Lille, Maubeuge (Hainaut), Metz, Franche-Comté, Alsace et Roussillon. De ces trente et un intendants (ou « commissaires départis »), trois sont conseillers d'État – dont le fameux M. de Lamoignon de Basville, proconsul à Montpellier –, vingt-sept sont maîtres des requêtes et font du zèle afin de monter en grade. Seul l'intendant de La Rochelle n'est pas maître des requêtes; tandis que celui de Roussillon cumule son emploi avec l'intendance de l'armée de Catalogne [1].

À cette date, à l'aube du XVIIIe siècle qui sera l'âge d'or de l'institution, l'intendant est l'homme fort de la province. Depuis 1661, tantôt se poussant lui-même, tantôt discrètement favorisé par le gouvernement, il est parvenu à dépasser en pouvoir réel, et parfois en crédit, son supérieur le gouverneur. L'évêque est alors le Roi présent en son diocèse; le gouverneur demeure le Roi présent en sa province; mais l'intendant est devenu le Roi présent en sa généralité. Par sa commission (il est révocable *ad nutum*), ses pouvoirs, son mandat, son action, cet administrateur privilégié est *l'homme du Roi*. Afin de le persuader de cette vérité et de cette priorité, Colbert a obtenu de son maître, durant vingt ans, de ne pas laisser trop longtemps à la même place ce fonctionnaire trop puissant. Mais on en vient ensuite à réduire les mouvements : Basville sera intendant de Languedoc pendant trente ans (1685-1715). Dès lors, comme plus tard au temps des Lumières, l'intendant ajoute à sa qualité d'agent centralisateur, celle d'*homme de sa province*, défenseur de fait des intérêts locaux. Aussi longtemps que ce second caractère ne l'emporte pas sur le premier, notre homme conserve une bonne marge de manœuvre, d'ailleurs proportionnelle à son éloignement de Versailles.

Dans le cas des provinces conquises – qui sont régions frontières quand ce n'est point aussi champs de bataille –, l'intendant dépend plus strictement qu'ailleurs du pouvoir central. La longue correspondance du marquis de Louvois avec Le Peletier de Souzy, intendant de Flandre wallonne (1668-1683) en témoigne [146]. La famille Le Peletier appartient à la clientèle de la maison Le Tellier de Louvois, et ce fait accentue le caractère personnel, presque familier, qui se glisse alors souvent dans les relations administratives. Ce ministre redouté, cet homme d'État plus puissant que bien des monarques, dit aisément à son subordonné : « Je suis tout à vous. » Il charge Souzy de lui faire envoyer des plants d'œillets, un taureau, des vaches, des dindons, des poulets, des œufs de faisan, quand ce n'est pas « trois *louchets* (hoyaux) à couper du gazon ». Il lui parle librement, abordant à l'occasion les sujets de la vie privée. Comme Le Peletier de Souzy se plaint de crises de goutte, Louvois répond : « Il y a un remède sûr pour en être délivré qui est d'être sage sur le chapitre des femmes. »

Dès que l'on passe aux choses de la politique, le ministre se fait autoritaire, presque cassant : « Vous devez vous mettre dans l'esprit que ce n'est pas vous qui gouvernez les affaires des contributions et que vous n'êtes commis que pour exécuter les ordres que Sa Majesté vous envoie» (1676). Après l'annexion, en 1668 et dans les années suivantes, l'intendant a, en effet, si bien veillé à conserver les privilèges locaux – garantis par les capitulations – qu'il est un peu trop devenu l'homme de la Flandre. Toute la correspondance du ministre est faite pour le ramener et le maintenir dans la qualité première et fondamentale d'homme du Roi. Intendant de police, Souzy doit être le protecteur des agents royaux, veiller à leur sécurité (ici Colbert relaie Louvois pour admonester), ne pas se fier excessivement à ses subdélégués. Intendant de justice, il se voit rappeler que ses jugements ne sont pas sans appel, qu'il n'a pas à présider le conseil souverain de Tournai, que les excès de la soldatesque du Roi ne sont point de sa compétence.

En échange de sa soumission, M. de Souzy a l'appui constant et total du ministère. Louvois refuse d'écouter les plaintes du magistrat lillois qui défend contre l'intendant ses prérogatives traditionnelles. Il réprimande sèchement M. de Montbron, gouverneur de Cambrai, qui s'est querellé en public avec Le Peletier de Souzy, et qui a manifesté ce jour-là une «affectation à chagriner un intendant pour lequel le service du Roi veut que l'on témoigne toujours beaucoup de considération [146]». Car l'institution des intendants, comme il est de mise sous l'ancien régime, est inséparable de son aspect social. Si le gouverneur, par son grade militaire et sa naissance, est presque toujours sans rival dans sa capitale provinciale, l'intendant apporte avec lui son prestige de magistrat, de membre du conseil du Roi, parfois de conseiller d'État. Lorsqu'il se nomme Lamoignon, d'Ormesson, d'Aguesseau ou Bignon, Feydeau de Brou, Maupeou, Turgot ou Harlay, lorsqu'il est allié aux grandes maisons de la cour et de la vieille noblesse, sa considération augmente. Appartenant à un milieu riche, il peut tenir rang plus brillamment que ses appointements n'y incitent. Encore ceux-ci ne sont-ils pas médiocres. L'intendant de Montauban perçoit 18 000 livres, celui d'Alsace 12 000 auxquelles s'ajoutent ses 4 000 francs de gages comme maître des requêtes [143]. Tout cela peut être complété par des gratifications du pouvoir, ou par la perception de redevances locales.

Le premier intendant de Rennes, M. de Pomereu, nommé en 1689, a été choisi pour ses qualités mondaines et sa souplesse presque diplomatique : il a pour mission de séduire une province ombrageuse [119]. Ses successeurs maintiennent la tradition. M. Ferrand, intendant de Bretagne de 1705 à 1715, a un train de maison égal à celui du commandant en chef, tient comme lui table ouverte. On lui connaît d'ailleurs un secrétaire et deux commis, un maître d'hôtel, sept laquais, un suisse, deux cochers et un piqueur (prononcer *piqueux*), un officier, une femme d'office, un chef cuisinier, deux servantes, deux aides de cuisine. Madame l'intendante a quatre femmes de chambre [119]. Un tel train correspond au rôle représentatif que comporte la fonction. L'intendant a, en général, plus de fortune et d'usage du monde, plus de culture, de goût et d'ouverture d'esprit que la plupart des nobles provinciaux. Il en joue. Il ne sépare point ses attributions officielles de son rôle d'amphitryon. Il peut, comme la chose s'impose en Bretagne, amadouer les états ou le parlement local, autant et davantage sur le plan mondain, que dans l'ordre strict des relations administratives.

Pour s'acquitter de ces dernières, le commissaire départi de Sa Majesté a besoin d'aide. Il a donc des bureaux, un personnel qu'il doit souvent rémunérer, au moins en partie, en prélevant sur son propre traitement. C'est le cas de Jacques de la Grange, lorsqu'il s'installe à Strasbourg en 1681 [143]. Ailleurs, ou le pouvoir ouvre des crédits, ou l'intendant affecte à l'entretien de ses auxiliaires telle recette locale. Il n'existe en tout cas nul cadre fixe des commis d'intendance. Tout reste souple et empirique, l'intendant embauche et renvoie à son gré. Cela ne joue d'ailleurs jamais sur de grands nombres. En 1710, à Strasbourg, la machine administrative (clercs aux écritures non compris) fonctionne avec cinq personnes : deux secrétaires et trois commis. En Bretagne l'intendance ne comprend qu'un « cadre supérieur », le premier secrétaire. M. de Pomereu (1689-1691) a commencé par écrire de sa main la plus grande partie de sa correspondance [119]. Lorsque le ressort de l'intendance est étendu, il faut songer à des représentants locaux de l'administration.

D'abord temporaires, parfois appelés «correspondants», ils deviennent peu à peu plus stables, sont nommés «commissaires subdélégués», puis par abréviation subdélégués tout court. Leur nombre est variable : au début du XVIIIe siècle, on en compte cinq pour l'Alsace mais pas moins de quatre-vingt-trois en Bretagne! À cette date la subdélégation, comme l'intendance qui lui a servi de matrice, est devenue une institution générale et permanente. Au lieu d'être commis occasionnel, le subdélégué (qui souvent cumule avec quelque office de judicature) est devenu le collaborateur territorial de l'intendant à compétence étendue; c'est ce qu'officialise l'édit d'avril 1704, précisé en 1707.

De 1679 à 1715 le grave souci des intendants – s'ajoutant aux questions militaires, aux affaires de la milice, aux problèmes parfois dramatiques des subsistances – est la question protestante. La manière dont les «prétendus réformés» sont traités dépend beaucoup de l'état d'esprit de l'intendant. Marillac, intendant de Poitiers, généralise sans scrupule les tristes *dragonnades*; Le Gendre, intendant de Montauban, multiplie, de 1700 à 1704, «les emprisonnements, les amendes et les fréquentes insultes et les continuelles menaces» contre les protestants [144]; Basville, à l'opposé d'une légende tenace, est constamment obligé de brider sa sensibilité. Sa correspondance montre et permet d'admirer la hauteur de vues et la noblesse d'un haut fonctionnaire du grand siècle [77].

Il n'a rien du tortionnaire, et même rien du zélateur. Il affirme à son frère : «Je n'ai jamais été d'avis de révoquer l'édit de Nantes et on ne m'a même pas consulté là-dessus.» En plein soulèvement camisard, il écrit à un confrère : «Je serai toujours d'avis de gagner les cœurs où la religion réside, et d'y employer les voies douces.» Il ne veut pas des terribles représailles préconisées par le maréchal de Montrevel, et c'est avec soulagement qu'il accueille Villars. Il pense que la Révocation fut une initiative malheureuse; il croit pourtant que, face à l'opinion de la France et du monde, le Roi ne peut ensuite faire machine arrière. Il ne reste dès lors qu'à appliquer la loi (l'édit de Fontainebleau et les mesures qui ont suivi) avec fermeté, intelligence, humanité. Son loyalisme, sa conscience professionnelle n'excluent pas quelques réflexions désabusées : « Je ferai de mon mieux pour m'acquitter de ce triste ministère », ou : « Voilà un assez vilain métier pour un vieux conseiller d'être un brûleur de maison. » À Fléchier, évêque de Nîmes, Mgr Nicolas de Lamoignon, seigneur de Basville, marquis de la Motte, comte de Launay-Courson, intendant de Languedoc et conseiller d'État, se confesse en ces termes :

« Le métier d'intendant est si terrible maintenant, monsieur, que, s'il fallait entrer dans la carrière, je l'éviterais de tout mon cœur : depuis vingt-trois ans que je remplis celle-ci, je n'y ai trouvé que véritables sujets d'inquiétudes, des difficultés à surmonter sans fin, aucun moment de repos et de tranquillité, et j'ai oublié entièrement la douceur qu'il y a de posséder son âme en paix, qui devrait être le seul bonheur de la vie [77]. » Ce vieil héros cornélien de l'administration royale possède la sensibilité même de Racine.

Conquête, patte de velours, assimilation

Pendant le règne de Louis XIV la France s'est agrandie provisoirement (le Tournaisis, la Lorraine, Philipsbourg et Brisach, Pignerol) ou définitivement (Artois, Roussillon, Alsace, Franche-Comté, Flandre, Hainaut). Villes et territoires nouveaux, généralement gérés par le ministre de la guerre, ont pesé davantage sur le destin français que bien des provinces de l'intérieur. Les problèmes économiques – régime douanier, subsistance des troupes – et militaires – construction de places fortes, garnisons –, la question religieuse, parfois comme en Alsace le particularisme linguistique, rendent difficiles les relations du Roi avec ses conquêtes. D'ailleurs nous en jugeons avec bien du recul ; nous savons que la Lorraine sera restituée à ses ducs, que Pignerol sera perdu. Mais, au moment des occupations, l'avenir est inconnu. La France va-t-elle vouloir et pouvoir conserver la Flandre (1667-1668) ? La Franche-Comté, conquise en 1668, et restituée, à nouveau conquise en 1674, sera-t-elle ou non annexée ? La réunion de Strasbourg en 1681 sera-t-elle ou non confirmée par les traités ? Car nul ne sait sur le moment, ni les occupants, ni les occupés, s'il va y avoir ou non annexion définitive.

Cette incertitude, la prudence indispensable en situation mouvante, la nécessité de ménager l'avenir en toute hypothèse engagent Louis XIV à d'abord chercher l'apaisement, et à d'abord séduire. Dole en 1668, Besançon le 15 mai 1674 bénéficient à tour de rôle de capitulations vraiment paternelles. À Besançon, la ville a résisté durant vingt-sept jours, la citadelle tient encore. Dans les sièges bien soutenus, il y a toujours deux actes. Mais ce n'est pas tous les jours qu'une ville est assiégée par un souverain, reçoit de celui-ci, en pleine guerre, l'assurance de la conservation de ses précieux privilèges. La capitulation aujourd'hui accordée ménage la ville et ses habitants. Les miliciens et volontaires seront provisoirement internés, mais ni inquiétés, ni faits prisonniers de guerre. Les Bisontins ne seront pas employés, directement ou indirectement, contre la citadelle. Leurs armes seront sous contrôle, mais non pas confisquées. Le sel ne changera pas de tarif. Tous les privilèges sont reconnus et confirmés : ceux de l'archevêque, de MM. les chanoines et du clergé, ceux du commandant d'armes et des gentilshommes présents, ceux du magistrat (la municipalité) et ceux du peuple. Mais le plus beau cadeau fait à cette ville d'obédience espagnole est énoncé dès l'article premier : « Que la foi et religion catholique y sera conservée en son entier, sans qu'il puisse y être introduit aucun exercice de religion que celui de la catholique romaine [63]. » Cela signifie dans la pratique que, même dans l'hypothèse de l'annexion, la Franche-Comté ne subira jamais le régime de tolérance civile de l'édit de Nantes. À la limite, les ministres de certains régiments étrangers de S. M. devraient s'abstenir de présider à Besançon le culte dominical.

Cette politique du respect des droits acquis va continuer le temps nécessaire à la conquête des cœurs, ou du moins aux progrès, prudents mais constants, de l'administration nouvelle. En 1668 le marquis de Louvois écrit à l'intendant de Lille (Flandre wallonne) : « Le Roi leur ayant confirmé leurs privilèges, il faut absolument leur tenir parole jusqu'à ce qu'ils nous aient donné lieu d'y manquer [146]. » Et c'est ainsi que la Flandre, le Hainaut, la Comté vont échapper jusqu'en 1693 à la vénalité des offices, ce vice français généralisé et presque obligatoire. Mais, après une dizaine d'années de ménagements importants ou relatifs, vient pour l'État le moment d'intégrer les nouveaux territoires. La France n'est pas comparable à l'Empire, cette mosaïque ; la France ne souhaite pas que la constitution varie selon les lieux, comme aux Provinces-Unies. Le royaume de Louis XIV tend vers l'unité, s'il ne prétend jamais à l'uniformité.

Dans la seconde étape du processus de francisation, les administrateurs du grand Roi cachent à peine leur jeu ; mais, s'ils se découvrent, c'est en partie parce que les nouveaux administrés sont amadoués ou en bonne voie de l'être. En 1682, Colbert écrit à ce même intendant de la Flandre française : « L'intention de Sa Majesté est de conformer tous les jours autant qu'il sera possible et insensiblement les usages de ce pays-là à ceux de son royaume [146]. »

Le prestige de la France est alors ressenti bien plus par les vrais régnicoles que par nos voisins immédiats. Pour un Comtois, pour un Hainuyer, pour un Roubaisien, le roi d'Espagne habite loin, son grand pouvoir est émoussé, presque aboli par la distance. Louis XIV est un voisin, un voisin remuant, tout occupé de guerres et de conquêtes. Il a une administration moderne, donc plus pesante, un fisc structuré et privilégié, donc efficace, une armée aux besoins immenses, donc susceptible de pratiquer chez vous l'enrôlement forcé ou les tirages au sort de milice. Cette France, qui déborde de vitalité, est en somme bien inquiétante. Y être rattaché est un privilège coûteux. Des années durant, les agents de l'Espagne vont trouver, de Dole à Tourcoing, des oreilles complaisantes, vont distiller des arguments antifrançais. Le plus grave est alors celui-ci : le roi catholique a toujours été fils soumis de l'Église ; il a toujours obéi aux lois de Jésus-Christ, et aux directives de son lieutenant, le pape. Le roi « très-chrétien » est un souverain à la religion incomplète et ambiguë : depuis 1598 il a laissé l'hérésie fleurir en son royaume. Lui obéir, lui prêter serment de fidélité, c'est être complice de l'hérésie.

Si Louis XIV est parvenu, finalement, à intégrer et assimiler les provinces périphériques, il le doit peut-être à l'habileté de sa politique, à la ferme souplesse de son administration. Il le doit surtout à son action antiprotestante. Si la révocation de l'édit de Nantes n'entraîne pas vraiment l'unité religieuse du total des provinces, elle réussit – presque du jour au lendemain – à achever de gagner le loyalisme (parfois le zèle) des provinces venues de la mouvance espagnole. La succession bourbonienne en Espagne, réunissant diplomatiquement les deux puissances, couronnera trente-cinq ans d'efforts.

Un Français malgré lui

La politique d'alors a trop tendance à imaginer que le ralliement ou le refus des notables – clercs, nobles, échevins, capacités – consacre ou affaiblit une annexion. Le peuple est rarement consulté. Le peuple est censé suivre. Le peuple témoigne difficilement sa volonté, en dehors de quelques émotions collectives. Mais il se trouve que, pour Lille, nous possédons un journal tenu avec soin, trente-six années de suite (de 1657 à 1693), par un de ces hommes francisés par la conquête et les traités; et cet humble chroniqueur est un simple ouvrier [145]. Né vers 1633, mort vers 1693, Pierre-Ignace Chavatte, qui habite rue Saint-Sauveur, est sayetteur. Il a peut-être titre de maître. Il n'a pu s'installer à son compte. Vivant de son travail journalier, il s'intitule naïvement « pauvre merchinaire bon marché ». La sayetterie, qui est un tissage de la laine peignée, produit des étoffes légères et peu coûteuses. À Lille on fait venir la laine d'Espagne, de Hollande ou d'Artois. On vend les produits manufacturés en France, en Italie, et surtout en Espagne à l'intention de l'Amérique latine. Les autres industries textiles de la région sont la filature, la teinture, l'apprêt, et surtout un tissage concurrent, la bourgeterie. Les sayetteurs, qui ont des métiers simples, tissent des ouvrages « de pure laine, sans mélange de fil de chanvre et de lin ». Les bourgeteurs produisent des étoffes mélangées. Les querelles du temps n'ont pas un champ vertical : si l'ouvrier critique le maître ou envie le marchand, cela ne va pas très loin. Elles sont horizontales : pour un bourgeteur, le sayetteur voilà l'ennemi ; pour un sayetteur l'adversaire horripilant est toujours le bourgeteur. Quand on habite, comme Chavatte, une ville où 55 pour 100 des habitants travaillent dans le tissage, une rue où 55 pour 100 des hommes sont dans la seule sayetterie, on a des raisons d'orienter son jugement quotidien en fonction du sort de son industrie. Or l'annexion par la France crée une barrière douanière entre Lille et les Pays-Bas espagnols, augmente le prix de la laine venue de Hollande, freine ou interdit l'exportation du drap lorsque Paris et Madrid se font la guerre, impose le contrôle colbertien de la fabrication. Témoin de ces difficultés qui s'accumulent, Chavatte ne se jette pas dans les bras de la France.

Lorsque commence la guerre de dévolution, Chavatte, qui a trente-quatre ans, se sent et se veut fidèle sujet de leurs majestés catholiques. Il participe à la défense de sa ville. D'ailleurs sa rue subit les tirs d'artillerie de M. de Turenne, et il doit comme ses voisins changer de quartier. Comme beaucoup de Lillois, il reproche au magistrat d'avoir trop vite abandonné la lutte : « On s'a rendu légèrement [...] et on disait que le pays était tout vendu [145]. » En dépit de la reddition de la ville, il espère demeurer espagnol. Le traité d'Aix-la-Chapelle le désole donc. « C'était une paix sans joie parce qu'on demeurait au roi de France. » Notre sayetteur fait le récit des nombreux incidents, dans la rue, dans les cabarets, qui opposent ses compatriotes à la soldatesque occupante (tel est le ton du récit). En 1674 ses commentaires ont la même acidité ; en 1692 également : il est vrai que, à ces deux dernières dates, la guerre a repris ; il est vrai que l'armée française affronte à nouveau l'espagnole. Chavatte déplore la sévérité de Louvois envers les déserteurs, ou envers les nombreux Lillois qui s'enrôlent dans les rangs de l'armée de Charles II. Il se réjouit de la circulation des feuilles clandestines, collectionne les «canards», en recopie des pages entières.

Qu'il s'agisse de la guerre de Hollande ou de la guerre suivante, Chavatte réserve ses louanges aux alliés. Ce bon catholique en oublie que Guillaume d'Orange est le pire adversaire de l'Église romaine. Pour lui Louis XIV est un prince sans foi ni loi : n'a-t-il pas installé à Tournai un prélat janséniste? Ne refuse-t-il pas de défendre l'Europe chrétienne contre l'invasion turque? Ne viole-t-il pas sans cesse les lois de la guerre? Enfin n'est-il pas responsable de la crise économique dont souffre la Flandre?

Jusqu'en 1685 au moins, Chavatte, épousant les griefs de la majorité des gens d'Église, puise dans son catholicisme fervent et combatif des éléments de méfiance ou de haine contre le roi de France. Gilbert de Choiseul-Praslin, nouvel évêque de Tournai, n'est pas seulement augustinien; il est gallican. En ceci il veut détourner ses ouailles de Rome et de l'Espagne, les orienter vers le style français du catholicisme. Comment un sayetteur pourrait-il comprendre que l'Église de France est alors la plus intelligente, la plus sainte, la plus savante, la plus active et la plus missionnaire du monde? Il répète sottement ce que disent à Lille les capucins ou les curés ruraux. Il note, mais sans en saisir la portée, l'effort de Louis XIV pour séduire, par l'action catholique, ces Flamands si catholiques. L'article 3 de la capitulation de Lille disait en effet : «La liberté de conscience ne sera permise en ladite ville, cité et faubourg d'icelle, ainsi [mais] la seule foi catholique, apostolique et romaine et le roi sera supplié de n'y établir aucun gouverneur, officier, ni soldat qui soit d'une autre religion.» Chavatte est cependant impressionné, en 1671, par la participation de Louis XIV à une procession du saint sacrement.

La révocation de l'édit de Nantes lui convient parfaitement. Mais il trouve l'édit de Fontainebleau tellement normal – et sans doute tellement tardif – qu'il en rapporte l'existence sans pousser de ces cris d'admiration qui sont de mise, dans la France de l'intérieur, auprès du même menu peuple. Cela donne : «Et alors le roi de France Louis 14 [*sic*] ne voulait plus avoir nul hérétiques sur son royaume et pays.» Ce qui est plus discret que le titre même du journal de notre ouvrier *(Chroniques générales des choses mémorables, copie du livre de Mahieu Manteau, augmenté de plusieurs choses de par moi Pierre Ignace Chavatte, fait en deux livres, et durera jusqu'à deux siècles, si Dieu me fait la grâce depuis l'an 1500).*

La mort ayant surpris Chavatte en 1693, son livre de raison manqua, de sept années son objectif. Grâce à M. Alain Lottin, il a des lecteurs après trois cents ans [145]. Entre autres leçons il nous révèle qu'il existe dans la France de Louis XIV une opinion publique; une opinion qui compte et que souvent ménage le pouvoir «absolu» ; une opinion qui n'est pas toujours celle de l'élite.

En ce qui regarde les provinces conquises, la France du grand Roi, en dépit des mesquines réticences à la Chavatte, a gagné sa gageure. Leurs habitants, malgré la guerre, les réquisitions, les rectifications de frontière, ont fini par accepter d'appartenir à la communauté française, de participer à ses tribulations comme à sa gloire. C'est un Flamand, conseiller au parlement de Douai, qui, en guidant l'armée de Villars, a permis la victoire de Denain en 1712.

L'équipement du Midi : la merveille de l'Europe

Si le Nord est peuplé, instruit et laborieux, l'État n'abandonne pas les provinces moins favorisées. L'œuvre étonnante du canal royal des deux mers («la merveille de l'Europe») en est la preuve. Ces œuvres de Titan – Suez et Panama le confirmeront – supposent la conjonction de l'initiative privée et d'une aide publique, requièrent un sérieux dossier technique mais aussi une base financière solide; et, brochant sur le tout, un constant empirisme servi par les circonstances.

Dans le cas présent, c'est à un Biterrois de génie, Pierre-Paul Riquet (1604-1680) que l'initiative revient. De modeste origine (son père est procureur, son grand-père n'est même pas bourgeois [86]), mais enrichi par sa charge de receveur des gabelles en Roussillon, il a l'imagination même des grands financiers. Il rêve d'assurer « la communication de la mer du Ponant avec celle du Levant [26] », de relier Toulouse à l'étang de Thau. Il suffit d'avoir quelques millions, de l'aide et du temps, de creuser près de soixante lieues, de construire des dizaines de ponts et des dizaines d'écluses, d'assurer le renouvellement de l'eau par des creusements latéraux, d'avoir à sa disposition quelque dix mille travailleurs. Tout cela est possible, l'avenir va le montrer. Mais il existe deux obstacles à surmonter. En premier lieu, l'obstacle naturel de la montagne Noire – le seuil de Naurouze est à 132 mètres au-dessus du niveau de la mer ! –, ensuite l'obstacle ministériel de M. Colbert. Quelle que soit la participation éventuelle de l'État, rien ne se peut entreprendre si le ministre n'est pas convaincu de l'opportunité de l'œuvre.

En 1662, Riquet domine son projet. L'archevêque de Toulouse, Mgr d'Anglure de Bourlemont, sent combien un tel canal favoriserait le Languedoc occidental, surtout le Toulousain. Il se fait l'avocat du financier auprès de Colbert ; et ce dernier reçoit Riquet. Le ministre n'est sans doute pas insensible aux motifs économiques qui poussent le promoteur ; mais, comme responsable des finances publiques, il y ajoute un schéma fiscal : des péages normalement perçus peuvent rembourser les frais de construction et représenter ensuite des rentrées bien utiles. Colbert, s'il n'a pas encore le département officiel de la marine, en exerce déjà les fonctions. Il voit aussitôt dans le projet sa valeur stratégique : les navires de guerre, allant de Toulon à Brest, n'auront peut-être plus à contourner l'Espagne hostile. Il pense aussi aux navires du commerce, à la liaison Bordeaux-Marseille. Les arguments du financier et ceux du ministre ne sont pas contradictoires ; ils sont complémentaires. Désormais Riquet a un protecteur au gouvernement ; un avocat zélé, l'archevêque de Toulouse, près les états de Languedoc. Au début de 1663 un arrêt du Conseil décide la nomination de commissaires royaux ; un an plus tard, les états de Languedoc s'engagent à titre provisoire ; le 19 janvier 1665 la commission donne un avis favorable ; en octobre 1666, un édit autorise la construction du canal, et des lettres patentes anoblissent Riquet; le 2 mars 1681, l'intendant d'Aguesseau inaugure cette œuvre immense [118].

L'aménagement de Sète a coûté un million; le canal environ quinze millions. Le tiers de la somme vient du trésor royal; les Languedociens ont apporté 8 400 000 livres. On a obligé Riquet de fournir presque deux millions; il y est parvenu à force de démarches, en inspirant confiance à de grands financiers ses collègues, en endettant sa famille pour cinquante ans.

Seignelay, qui succède à son père Colbert, ne croit plus beaucoup aux vertus stratégiques du canal de Languedoc. Il y voit, en revanche, un intérêt fiscal. En 1684, une pyramide de pierre est dressée à chaque lieue, tout au long du canal. Par lieue chaque marchandise est redevable à l'État :

Grains, légumes et farines :	6 deniers le quintal.
Vin en barriques :	3 sous les six quintaux.
Marbre :	8 deniers le pied cube.

À ce prix l'État s'enrichit, tandis que les marchands économisent 40 pour 100 sur leurs frais de transport. Le canal a détrôné les charrois. Mais les hommes empruntent aussi la voie fluviale. Ils doivent selon le tarif royal 30 sous par jour et par passager ou bien 3 sous par lieue : on peut ainsi reconstituer la vitesse moyenne des barques. Le Roi en sa bonté accorde mi-tarif aux domestiques, aux marins et aux soldats [118].

Le bas Languedoc, il est vrai, n'y a pas mis d'enthousiasme. Mais la région toulousaine, grenier à blé de la France méridionale, tire profit de la voie navigable. En 1688 le canal a déjà une flottille d'une centaine de barques. De 1681 à 1708 son trafic ne cesse d'augmenter; il plafonne alors, sans diminuer. On dirait aujourd'hui qu'il a « désenclavé » le haut Languedoc. Au total, chacun y trouve son compte : le Roi, les états de Languedoc, les diocèses et les villes qui jalonnent le trajet, l'usager moyen, le marchand, le marinier; surtout les producteurs céréaliers grands ou petits. Un acheminement assuré, peu onéreux, des grains produits localement, achève avec profit la révolution du maïs [118]. Les héritiers de Riquet y gagnent une immense fortune, une fausse généalogie, les honneurs de la cour [84]. Et nul alors ne voit malice à ce type d'enrichissement légitime.

Villes et institutions

Aujourd'hui nous classons les villes d'après leur population. À user d'un tel critère on trouverait, sous Louis XIV, la hiérarchie suivante : Paris (530 000 âmes), Lyon (97 000), Marseille (75 000), Rouen (60 000) et Lille (55 000), suivis par Bordeaux, Nantes, Orléans, Toulouse, Caen, Amiens, Angers, Dijon, Tours et Metz [114]. Dans l'ordre du commerce – comme on disait alors – le classement devrait être en partie modifié. Mais aucun de ces deux critères n'a, au XVIIe siècle, l'importance qui lui revient aujourd'hui. La population joue surtout dans le cas de Paris, cité tentaculaire, peut-être la première du monde, et dont les contemporains, admiratifs autant qu'inquiets, exagèrent l'importance : Germain Brice y voit 700 000 habitants.

Sous Louis XIV, c'est le nombre et c'est le prestige des institutions qui font les cités notables et déterminent leur classement. De cet axiome le tarif de capitation (1695) fait foi [90]. Il distingue Paris comme une sorte de cas unique, extérieur et supérieur à toute hiérarchie; puis trois catégories. Villes du premier ordre sont celles qui possèdent un parlement (Aix, Besançon, Bordeaux, Dijon, Lyon [Dombes], Tournai, Grenoble, Metz, Pau, Rennes, Rouen, Toulouse), une chambre des comptes (Blois, Dole, Montpellier, Nantes, Rouen), une cour des aides (Clermont, Bordeaux, Montauban) ou un conseil supérieur (Brisach, Pignerol, Perpignan). Aujourd'hui encore la noble et sévère façade des grands hôtels parlementaires, à Montpellier, Dijon, Aix ou Besançon fait comprendre à quel point la robe, cette classe ouverte à la sociabilité, au mécénat et à l'érudition, impose alors sa marque à la province française et au royaume tout entier.

D'ailleurs la présence d'une cour supérieure peuple la ville d'auxiliaires de la justice – huissiers, greffiers, avocats, procureurs, notaires, gens de basoche et praticiens –, de domestiques, de marchands, sans parler des résidents temporaires, plaideurs et leur famille, dont le séjour est une bénédiction pour les aubergistes ou les loueurs de maison garnie.

Les villes moyennes viennent ensuite, ou « villes du second ordre ». Malgré sa notable population, Marseille y figure, aux côtés d'Angers ou d'Angoulême, de Chartres ou de Châlons, de Provins ou de Riom. Elles contiennent pour le moins en leurs murs un bureau des finances ou un présidial. Le bureau des finances, dont les membres sont appelés trésoriers de France, est une institution déjà un peu désuète (elle a connu son apogée entre 1552 et 1652), qui a compétence en matière de taille, de Domaine et de voirie. Depuis 1661, Colbert ne cesse d'amputer ses attributions, et les intendants lui ont confisqué beaucoup de ses pouvoirs. Mais la charge de trésorier de France anoblit. Elle anoblit lentement – il y faut deux générations – mais dans la dignité : en effet elle ne présente pas, comme les offices de secrétaire du Roi, cet aspect de totale sinécure qui fait donner à tant de charges d'alors le sobriquet de « savonnettes à vilain ». Pour toutes ces raisons, les bureaux des finances conservent un rôle social.

Il en va de même des présidiaux. Eux aussi sont anachroniques. Créés en 1552 en vue de soulager le travail des parlements et d'épargner aux justiciables de trop longs déplacements, les présidiaux n'ont jamais pu vaincre l'hostilité des cours supérieures. Un présidial vers 1690 ou 1700 n'est jamais qu'un bailliage amélioré. Mais, à défaut d'un poids institutionnel décisif, il joue socialement au mini-parlement. Lui aussi multiplie (sans les justifier beaucoup) les places de greffiers, d'avocats ou de clercs ; lui aussi aide à peupler la cité, il étoffe le palais, attire des plaideurs, crée une embauche de serviteurs, encourage la marchandise et flatte l'hôtellerie. À force de harceler le Roi, le présidial a obtenu que son chef ait le titre envié de « président premier ». Tout cela suffit à gonfler une ville, à animer une vie de société.

Cette Angoulême, où Molière a plaisamment situé sa *Comtesse d'Escarbagnas*, est comme par hasard très fière de son siège présidial.

Lorsque les membres du bureau des finances et les magistrats du présidial local sont particulièrement désœuvrés, ils se disputent, surtout sur le cérémonial. Il faut alors que le conseil des parties – qui, lui, a pourtant des affaires plus urgentes à traiter ! – les mette provisoirement d'accord. L'arrêt du 16 avril 1680, par exemple, porte règlement de préséance entre ces deux corps à Amiens : « En toutes assemblées et cérémonies particulières, et de particulier à particulier, les présidents et lieutenant général du présidial d'Amiens précéderont les présidents et trésoriers de France de ladite ville; et lesdits présidents et officiers dudit bureau précéderont le lieutenant criminel et tous les autres officiers dudit présidial [90]. » Tant il est vrai que le gouvernement ne fait pas toujours de la noblesse un critère prioritaire.

La base de la pyramide urbaine est faite, au moins aux yeux du Roi, d'une troisième grande catégorie, celle des *petites villes* ou encore *villes du troisième ordre*. Elles aussi se groupent et se définissent autour d'un corps judiciaire, bailliage, élection, maîtrise des eaux et forêts, amirauté. L'administration elle-même ne sait pas très bien où passe ensuite la frontière entre ces petites cités et les *bourgs clos*, eux-mêmes distincts des *bourgs* et, bien sûr, des simples *villages*.

Au moment où la France connaît un réel développement de son économie, ce sont donc toujours les institutions qui déterminent l'importance des réseaux urbains. Au moment où la plume – administration de type moderne – tend à l'emporter sur la robe, ce sont pourtant les cours et tribunaux qui prédominent. Il est vrai que les institutions ont toujours fait, continuent de faire et ne cesseront de faire boule de neige. En Normandie, Rouen, seule ville du premier ordre, abrite trois cours (un parlement qui date du XVe siècle, une chambre des comptes, une cour des aides), un siège d'appel pour les amirautés, un autre pour les eaux et forêts (table de marbre). C'est aussi la résidence du gouverneur de la province et d'un de ses lieutenants généraux, celle de l'intendant de haute Normandie, celle d'un archevêque, celle d'un député au bureau du commerce. Et il ne faut pas oublier l'existence d'un bureau des finances, d'un présidial, d'un hôtel des monnaies, d'une élection, d'une maîtrise, d'une amirauté particulière [90]. Caen, ville du second ordre, ne se contente pas des éléments constitutifs de sa catégorie (présidial et bureau des finances). Elle a aussi un lieutenant général de la province, un intendant, un hôtel des monnaies, une élection, une amirauté, une maîtrise, sans compter une prestigieuse université. C'est pourquoi le parlement, le présidial, le bailliage sont à la fois des réalités et des symboles.

Si les institutions passent ici avant le commerce, comme, dans le tarif de capitation le contrôleur général a toujours – au risque d'y perdre – préféré le service du Roi au grand négoce ou à la grande industrie, ce n'est pas en raison d'une routine quelque peu passéiste. C'est un fait de sensibilité et c'est un fait d'actualité. Pour nos pères, à la fin du XVIIe siècle, ce n'est pas dans l'économie qu'apparaît une modernité digne d'admiration. Celle-ci est contenue dans les institutions, en cette administration pilote à laquelle le Roi et ses commis apportent depuis 1661 le plus grand soin, en cette administration modèle que les princes éclairés des Lumières vont tous adopter ou adapter [90].

Une ville calme : Rouen

Il est des ports qui s'enrichissent dans la course, la traite, le commerce des mers du Sud. Il est des villes au destin inquiet et passionné : Dunkerque, Saint-Malo, Nantes. Il est des ports qui, à l'âge même de la crise et en pleine guerre, connaissent une grande expansion. C'est le cas de Marseille, où les hommes d'affaires n'ont jamais si bien prospéré qu'entre 1700 et 1715, élargissant leur commerce, accumulant les profits, usant de toutes les facilités apportées par la guerre de succession : la course, le trafic avec l'Amérique espagnole, le transport du « fabuleux métal », les routes nouvelles de l'océan Indien. Mais ces villes sont tout de même des cas privilégiés. Peut-être est-il plus convenable de considérer la vie d'une cité moins favorisée. C'est le cas de Rouen, passée alors de 80 000 à 60 000 habitants, victime dans son trafic, son industrie et sa démographie, d'une conjoncture défavorable, amorcée dans les années 60 ; victime des crises de subsistances de 1693-1694 et de 1709-1710 ; responsable en grande partie de l'exil de ses protestants ; mais, en dépit de tout, ville importante, intéressante, indispensable à l'économie parisienne ; ville administrative, industrielle et marchande, grande capitale provinciale [79].

Rouen a un passé prestigieux, a été au moyen âge une des cinq ou six grandes villes de toute l'Europe. Les habitants en sont fiers ; les visiteurs l'apprennent. Chacun se trompe sur son importance actuelle. En 1700 Jean Oursel admire « une des plus belles villes du royaume » et n'a sans doute pas tort ; mais il rapporte avec exagération : « On dit qu'après Paris, Rouen est la ville la plus riche de son royaume [79]. » En 1668 tel lui prêtait 150 000 âmes, alors qu'elle n'en avait plus même 80 000.

Nous savons déjà quelle densité administrative fait l'importance de cette capitale de la Normandie. Dans l'ordre économique, Rouen domine toute sa région, une zone déjà très urbanisée au début du XVIIIe siècle. Les marchands rouennais occupent une foule de foyers ruraux, qui filent et tissent pour la grande-ville, surtout des draps grossiers, mais aussi des toiles de lin et de chanvre qu'on exporte vers les deux Amériques, vers l'Amérique française ou Nouvelle France, vers l'Espagne qui redistribue ensuite en Amérique latine. La rivière de Seine et deux routes relient d'ailleurs Rouen à Paris, réseau de grands chemins que Colbert ordonne en 1680 d'améliorer et compléter.

La ville elle-même est bien administrée par son échevinage à effectifs réduits (un maire et six échevins, un procureur, un greffier, un receveur, un maître des ouvrages). Certes, il n'y a encore en 1701 qu'une pompe à incendie, alors que la plupart des maisons sont de bois ; certes, l'éclairage municipal

– décidé en 1697 – a trente ans de retard sur celui de Paris. Mais, en 1700, Rouen est tout de même éclairé de huit cents lanternes publiques. Le corps de ville contrôle en juridiction le tribunal des manufactures « qui examine en première instance les conflits du travail et règle efficacement les difficultés entre maîtres et compagnons [79] ». Les juges qui dépendent de lui, et dont l'autorité s'étend aux faubourgs et à la banlieue aussi, rendent sentence immédiate, sont efficaces et obéis sans être jamais répressifs : ce sont là vertus rares !

Les établissements d'assistance dépendent aussi de la ville. L'hôpital général, réorganisé en 1681, ressemble un peu à tous les autres. On essaie de l'orienter vers l'utile. Alors les petits vieux sont requis pour balayer la cour de l'hôtel de ville, les quais de la Seine et le pont. L'hôtel-Dieu, qui reçoit surtout des malades pauvres et, en ce cas, donne des soins gratuits, accueille annuellement, à la fin du XVIIe siècle, environ deux mille six cents malades, que l'on couche à deux par lit, et dont il meurt moins de 16 pour 100. La maison sert également de clinique d'accouchement et voit à peu près deux cent cinquante naissances chaque année. Lors des graves crises, ces statistiques sont bouleversées. En 1693 et 1694, l'hôtel-Dieu a dû loger plus de quatorze mille malades, dont un quart y est mort. L'entassement est tel, que l'on met jusqu'à quatre patients dans la même couche, sans souci de freiner la contagion.

La ville est dominée par de grands notables, les uns de vieille noblesse, les autres de race parlementaire, d'autres enfin animant le négoce et la fabrique. En y ajoutant les marchands d'un certain rang, le patriciat rouennais au sens large représente à la fin du règne 21 pour 100 de la population. Les anciens nobles, comme les Canouville de Raffetot dont l'hôtel particulier est l'un des plus beaux, ressemblent à leurs confrères des autres capitales provinciales, désormais écartelés entre le premier rang chez eux et une place à Versailles. Les parlementaires, eux, ne sont pas fort différents de leurs confrères d'Aix, de Dijon ou de Bordeaux. Comme eux, ils élargissent alors et approfondissent leur situation sociale, ayant des raisons professionnelles d'éviter le départ pour la cour. Ici, pour achever de se poser, ils font du zèle antiprotestant, exécutant à la rigueur les actes royaux et les arrêts du Conseil.

Le roi du négoce est à cette époque Thomas Le Gendre († 1706). Il a des correspondants dans le monde entier, des cousins en diverses places de France, en Nouvelle France, aux Provinces-Unies, en Grande-Bretagne. « Il vend et achète de tout, de la laine d'Espagne, des draps normands, du savon, de l'alun, des céréales, des bibelots [79]. » Il a des parts sur les navires, mais assez de capitaux pour se constituer les fiefs et domaines qui achèvent de consacrer une brillante ascension. Converti au catholicisme, il reçoit en mars 1685 des lettres de noblesse, où on le dit « un de ceux du royaume faisant le plus grand commerce de mer [78] ». Un de ses fils deviendra général, un autre parlementaire. Malgré les conséquences de la guerre, Rouen demeure un *emporium*. En 1699 le port reçoit mille cent quarante-huit navires marchands, soit 60 000 tonneaux de jauge. Rouen exporte son drap, mais importe des pièces de coton. C'est ici qu'un fabricant ingénieux invente en 1694 la *siamoise*, tissu dont le fil est constitué de coton et de soie. « Elle va faire la fortune de la généralité. »

Une petite bourgeoisie, faite de boutiquiers et d'artisans, rassemble à Rouen quelque 26 pour 100 de la population. Le menu peuple fait le reste. Mais, en cette France du Nord, les différences sociales ne se traduisent point par des contrastes de culture. À la fin du XVIIe siècle, les actes de mariage sont paraphés par la totalité des notables, 85 pour 100 des boutiquiers, 75 pour 100 des artisans, 38 pour 100 des ouvriers. En outre, sur cent inventaires après décès, quarante au moins comptent des bibliothèques ! Rouen est bien la patrie de Corneille et de Fontenelle [79].

La vie des humbles

Comme la cherté du pain augmentait tous les jours, il y eut à Versailles une sédition contre les boulangers, et l'on eut bien de la peine à apaiser le peuple en faisant mettre en prison pour le contenir un de ces malheureux, dont la marchandise fut presque toute pillée.

Marquis de Sourches

Les jurandes ont été bien inventées et établies, et maintenant ce n'est qu'abus, monopole, et ivrognerie.

Furetière

On parle volontiers, sous Louis XIV, de petit peuple, menu peuple, sans préciser de qui il se compose. Pour éviter tout risque d'anachronisme, il est utile de lire encore le tarif de l'impôt de capitation, à ses échelons modestes. La XXIIe et dernière classe des contribuables français de 1695 comprend : les simples soldats et marins, « les simples manœuvres et journaliers », la majorité des domestiques (les plus huppés ayant été placés en classe XIX ou XX), « les apprentis des artisans » (les artisans ayant été cités dans les classes XVIII, XIX, XX et XXI), « les bergers, charretiers et autres valets des laboureurs, fermiers, et des habitants de la campagne », et, en ville les garçons des chirurgiens, apothicaires, barbiers, perruquiers et cabaretiers [90]. Les compagnons et ouvriers des villes ont été oubliés ; sans doute sont-ils rattachés aux artisans.

Les contribuables confinés au bas du tableau sont cependant tous des gens exerçant une profession, si modeste soit-elle. Ce fait les place bien au-dessus des asociaux, errants, vagabonds, mendiants, gens sans aveu exclus du peuple. Les domestiques les plus humbles, « postillons, palefreniers et laquais », « servantes des petites villes, bourgs et villages » sont en XXIIe classe. Mais les valets de chambre sont en XXe classe, « les demoiselles suivantes » et les cuisiniers en XIXe, les maîtres d'hôtel en XVIIIe... Beaucoup de serviteurs de maison sont de petits bourgeois. La position la moins stable et la plus mal rémunérée est celle des manouvriers, manœuvres et journaliers, tant à la ville qu'aux champs. Comparé à celui de ces petites gens, le sort des ouvriers de manufacture est parfaitement enviable.

Les travailleurs de Saint-Gobain

Une légende tenace dépeint les ouvriers, au temps des anciennes concentrations d'industrie, comme des esclaves encasernés. Mais nos ancêtres ne l'entendaient pas ainsi. Les prétendus esclaves de manufacture choisissaient souvent d'exercer de père en fils, faisaient engager sur place femme et enfants, constituaient à l'occasion de véritables dynasties. Comme dans les vieux régiments ou sur les vaisseaux du Roi, comme dans les compagnies de robins, il y a ici un esprit de corps. Cela est très visible à Saint-Gobain, l'usine picarde créée en 1692 sous le patronage de Louvois, réunie à la compagnie des glaces (Reuilly et Tourlaville) en 1695.

La manufacture de Saint-Gobain, édifiée dans la forêt du même nom, a un caractère « gigantesque à l'échelle de l'industrie d'ancien régime [164] » : en 1700 elle emploie huit cents personnes – contre quatre cents à Reuilly. Le personnel supérieur est logé, chauffé et soigné par les soins de la compagnie. Il comprend, de bas en haut de l'échelle des appointements : des suisses et des gardes-magasins qui gagnent jusqu'à 400 livres par an, des commis (800 livres), des officiers-directeurs, – aumôniers, médecins, architectes, chirurgiens, etc. – (1 200 livres), et un directeur général. Ce dernier touche 2 400 francs indépendamment d'une participation aux bénéfices. Une pension de retraite existe pour les officiers âgés. En échange, le personnel d'encadrement est astreint à résidence : une industrie qui travaille jour et nuit a besoin d'une surveillance constante.

Les ouvriers qualifiés – les «semainiers», payés tous les huit jours – gagnent à la même époque entre 310 et 620 livres par an. Cette disparité, allant du simple au double, ne dépend pas seulement de la spécialisation. Bien entendu, dans l' «équipage» d'un four de coulage, le maître tiseur est au-dessus du verseur de cuvettes, lequel domine le chauffeur, qui regarde de haut le débraiseur, et de très haut le «gamin». Mais le salaire, alors personnalisé, dépend aussi de l'ancienneté, de l'habileté, de la difficulté à recruter. Les ouvriers des halles fabriquent les glaces, assurant le fonctionnement du four de coulage et du four de soufflage. Les ouvriers «de la cour» entretiennent les fours et le matériel et font tourner les ateliers de réparation. Ce sont les ouvriers des halles, d'ailleurs les mieux rémunérés, qui ont le travail le plus délicat et le plus astreignant. Lorsqu'il s'agit de trejettage ou de coulage, ils sont tous requis; le reste du temps, ils se relaient, comme les matelots d'un navire. On ne dit pas une bordée, mais une *garde*, ou bien une *mue*. Chaque dimanche matin, à neuf heures, un «capitaine de garde» installe l'équipe de semaine; elle reste sur place, couchant la nuit dans la halle sur des paillasses, assurant le difficile et incessant ouvrage de la sécurité et de la prévention des accidents et incendies. La semaine suivante, l'autre mue prend la relève.

À côté de ces maîtres ouvriers, les travailleurs de la cour paraissent compagnons du tout-venant; les bûcherons et baudeliers, saisonniers et semainiers, représentent le menu peuple. En fait ces bûcherons ne sont pas trop malheureux : on les engage à l'année, et beaucoup sont en même temps cultivateurs. Ainsi, en cas de crise, ont-ils en main leur reconversion. Les travaux les plus modestes, les fonctions instables sont confiés à des manouvriers ou *journaliers*, payés à la journée comme leur titre l'indique. Ce sont des hommes, à l'atelier des terres; mais aussi des femmes, comme les magasinières; ou encore des enfants de six à douze ans. La compagnie embauche par priorité les épouses, veuves ou filles de ses ouvriers. Les enfants qu'elle emploie travaillent dans les halles sous la surveillance des ouvriers leurs pères. Les quelques sous par jour de leur rémunération s'ajoutent heureusement aux salaires des parents. Les directeurs ne songent nullement à exploiter ces garçons, mais à les initier à leur métier futur : ce sont des pré-apprentis. En 1700 les administrateurs de la compagnie comptent que la formation d'un ouvrier coûte à la firme environ 10 000 francs!

L'investissement est rentable, le bon ouvrier des halles de la manufacture demeurant facilement trente ans en poste. C'est le destin de ce personnage qu'il convient de scruter, pour en finir avec la légende de l'esclavage.

Comme toute légende, celle-ci a un point de départ repérable. L'ouvrier, engagé sous contrat, pour un ou deux ans, renouvelables, ne peut le rompre sans préavis, sinon il paie un dédit. Il ne doit pas se laisser débaucher par une société concurrente. La réglementation générale de l'époque réprime sévèrement le débauchage. L'arrêt du conseil du 18 mars 1713 condamne à des peines corporelles l'ouvrier en fuite non possesseur d'un congé. Quant au débaucheur, il est passible d'une amende de 3 000 francs. Ces règles sont appliquées avec un soin particulier dans la verrerie, car on n'y peut laisser à l'abandon des fours à feu continu. Il en résulte, à Saint-Gobain, l'interdiction pour les ouvriers de s'éloigner de plus d'une lieue. En 1693, trois tiseurs «font le mur» nuitamment, abandonnant leur four; ils sont aussitôt pris en charge par les dragons du bourg qui les rattrapent et les mènent à la prison. Tel est le passif; telles sont les servitudes du métier.

À l'actif, la sécurité de l'emploi. L'ouvrier devenu vieux ou semi-impotent reste employé en qualité de vétéran ou d'invalide. En fin de carrière, sa pension, au moins égale à la moitié des appointements, est quelquefois plus considérable. À l'actif encore, l'ambiance. Le chauffeur, ou le tiseur, ou le paraisonnier, est souvent né à côté de son futur atelier;

fils, parfois petit-fils d'un ouvrier de la compagnie. Il a été *gamin* près du four de coulage. Il a appris dès sept ans à la fois la discipline de l'atelier et son goût de la solidarité. Il est logé, soigné par le médecin ou le chirurgien de la société, en certains cas nourri. Il se marie presque à coup sûr avec la fille d'un vieux camarade. Sa mère, sa femme, ses enfants travaillent à ses côtés, complétant sa rémunération, mais aussi l'entourant d'un cercle de sociabilité qui l'attache à son labeur et à son habitation, mieux que ne le font contrat d'embauche ou crainte des dragons.

En outre, cet ouvrier est bien payé. Il touche de 16 à 34 sous par jour, et, privilège merveilleux, ce salaire n'est pas soumis à l'impôt de la taille! De plus, il reçoit des sabots, des mitaines de travail, de la toile pour ses vêtements de protection. Enfin, la compagnie ne lésine pas en matière de gratifications. Les bonnes années, leur total équivaut à un treizième mois de salaire. On gagne une gratification à placer une grue, à torcher le four, à balayer les poutres de la halle, ou en apprenant le soufflage aux nouveaux venus. Pour les glaces soufflées de grande dimension, il y a boni; et de même à l'occasion de « la fête des ouvriers ». En cas de disette, la compagnie distribue argent ou nourriture [164]. Telle est la condition ouvrière dans une industrie de pointe au temps du Roi-Soleil. Elle peut irriter ou effrayer quelque compagnon ami de la liberté :

Attaché! dit le loup : vous ne courez donc pas
Où vous voulez? – Pas toujours; mais qu'importe?
Il importe si bien que de tous vos repas
Je ne veux en aucune sorte [36].

Mais elle est sans prix, pendant les rudes hivers de 1693 et de 1694, pour un ouvrier dur à la tâche et chargé de famille. D'ailleurs, à pousser trop loin l'aide sociale, la compagnie des glaces éprouve périodiquement des difficultés financières.

Même le Roi ne va pas si loin. Dans ses arsenaux, il la garantit aux ouvriers qualifiés mais non pas aux manœuvres [150].

Sur les chantiers de ses bâtiments, il assure des secours occasionnels, en cas de blessure [31], mais ne peut les transformer en pensions (1664 : « 31 décembre : à divers ouvriers blessés pour le service du Roi dans les bâtiments, suivant l'ordonnance du 21 décembre 1664 : 260 lt. [...] À Desjardins, pour avoir eu la cuisse rompue en travaillant aux ateliers du Roi : 60 lt »).

Rythme et rémunération du travail

De nos jours on plaint l'ouvrier du XVIIe siècle, dont l'horaire quotidien apparent est, certes, épuisant. À l'époque, les contemporains jugeaient plutôt qu'on ne travaillait pas un assez grand nombre de jours dans l'année. De fait les deux questions sont complémentaires. Mais si variables sont les conditions du travail, de la manufacture jusqu'au tissage à domicile, selon l'époque, le lieu, la réglementation ou l'offre et la demande, qu'on doit se garder de généraliser. On doit aussi tenir compte de l'imperfection de certains témoignages. Vauban, si fréquemment cité, n'est pas un oracle infaillible.

Selon Vauban, la plupart des artisans des « bonnes villes » (Paris, Lyon, Rouen, etc.), « drapiers, tondeurs, tireurs de laine, garçons chapeliers, serruriers et semblables gens [71] », gagnent entre 15 et 30 sous par jour. Mais comme d'autres ouvriers en beaucoup de cités ont des salaires médiocres, le maréchal voit un cas moyen dans l'exemple du tisserand à 12 sols. C'est un homme qui gagne 12 sols dès qu'il a tissé six aunes de toile dans un jour ouvrable. Mais il y a cinquante-deux dimanches et environ trente-huit jours de fête. À quoi, pour faire bon poids et noircir le tableau, l'auteur de la *Dîme royale* (1707) ajoute cinquante jours de gelée, vingt jours de sorties obligatoires (foires, marchés, autres affaires), enfin vingt-cinq jours tant pour ourdir la toile que pour être malade. « Ainsi, nous dit le maréchal, toute son année se réduira à cent quatre-vingts jours de vrai travail », son salaire effectif étant de 108 livres par an, soit un peu moins de 6 sous par jour. C'est peu « pour un artisan qui n'a que ses bras, et qui est obligé de payer un louage de maison, de se vêtir, lui et sa famille, et de nourrir une femme et des enfants, lesquels souvent ne sont pas capables de gagner grand-chose [71] ». De fait, une apostille de Vauban incite à le croire, ce tisserand mal loti, qui avec ses 6 sols n'a point encore commencé d'acheter son sel et de payer ses impôts au Roi, est sans doute un tout petit laboureur du Morvan qui cumule son revenu d'artisan avec les produits de la terre. Mais alors éclatent les faiblesses du texte : pour qui connaît la paysannerie française, comment vingt-cinq arrêts de travail par an pour maladie pourraient-ils constituer une moyenne ? Quoi qu'il en soit, notre statisticien trouve l'année trop courte. Il pense que si l'État supprimait, « en faveur des artisans des villes et des paysans de la campagne », la moitié des fêtes chômées (et non payées), ces quinze ou dix-huit jours regagnés permettraient au petit peuple de payer aisément ses impôts.

En réalité, lorsque l'année compte deux cent cinquante jours de travail et non cent quatre-vingts, un ouvrier fait vivre sa famille, à salaire unique, dès qu'il touche ses 15 sous. En 1687 les compagnons maçons qui travaillent à l'église Notre-Dame d'Avesnières, au bas Maine, gagnent 16 sous par jour ouvré. S'ils ont par an deux cent cinquante journées ainsi rémunérées, ils nourrissent sans peine leur femme et deux enfants. Le pain est la base de leur alimentation, un pain complet, nourrissant, mais nullement leur seule nourriture. Avec 200 livres tournois l'an, un compagnon peut acheter soixante-trois boisseaux de seigle (pour cuire son pain), trois barriques de cidre, cent cinquante-six livres de viande, cinquante-deux livres de beurre, deux cents fagots de bois. Si son loyer monte à 25 livres, il lui reste 60 livres par an. Sa famille vit, et n'est pas sous-alimentée [155].

Tout ceci est vrai, lorsqu'il n'y a pas chômage, si les denrées n'enchérissent pas brutalement, et tant que la famille ne s'accroît pas outre mesure. Quand une de ces conditions vient à manquer, la machine se dérègle, sauf à mettre au travail – si la chose est possible – une partie de la petite famille.

Mais ce qui effraie aujourd'hui le plus, ce sont les horaires journaliers. À Saint-Gobain les manœuvres (hommes, femmes ou enfants) doivent quatorze heures par jour. Même en soustrayant les deux heures et demie réservées à leurs trois repas, ces gens travaillent neuf heures et demie [164]. Dans les arsenaux de marine, les ouvriers charpentiers commencent en hiver à sept heures et s'en vont à six heures du soir ; en été à cinq heures du matin pour ne terminer qu'à huit heures du soir. L'ordonnance de 1689 leur accorde une demi-heure le matin pour déjeuner « dans le parc », une heure de onze à midi pour dîner – soit sur place, soit à l'auberge, soit chez eux, ce qui laisse supposer que l'heure en question est plutôt élastique –, enfin une nouvelle demi-heure, l'après-midi, pour « la collation [150] ». Ce sont tout de même des journées de neuf heures et de treize heures, dans des années de deux cent soixante-cinq à deux cent soixante-dix jours ouvrables. En contrepartie de leur rude travail (et de l'interdiction de tout cabaret dans l'arsenal), il est vrai qu'ils sont « nourris, pansés et médicamentés aux dépens de Sa Majesté [150]. »

Dans la majorité des ateliers – puisque ceux du Roi et ceux des grandes manufactures sont cas extrêmes –, les horaires journaliers théoriques sont à peu près les mêmes, les arrêts et les pauses, impossibles à calculer. Les archives des tribunaux laissent perplexes. Dans de nombreux cas la querelle dont résulte un meurtre non prémédité, naît dans un cabaret. Fort souvent les antagonistes sont maîtres ou compagnons. Souvent aussi la rasade primitive ou les santés portées s'inscrivent un jour ouvrable, à une heure ouvrable, impossible à confondre avec celles du déjeuner, du dîner ou de la collation…

Les neuf heures, les onze heures ou les douze heures de travail doivent donc être réduites de près de deux heures de pauses diverses, dont l'estaminet est un des constants prétextes. On ne fait pas, d'ailleurs, que s'y enivrer, on s'y détend. On y fuit quelque temps la cadence du métier. Toute occasion est bonne de faire la pause, boire et chanter. Un nouveau compagnon arrive à l'atelier, il est vite entouré d'ouvriers qui entonnent à son intention :

Sitôt qu'un camarade
Vient travailler ici,
Il doit payer rasade
À ses nouveaux amis.
À cet antique usage
Nous nous conformons tous,
Espérons qu'il s'ra sage
Et fera comme nous...

Les ouvriers vont ensuite processionnellement chez le marchand de vin. Leur couplet n'a plus de rime, mais les soiffards en savent la raison :

Emmenons la victime au comptoir,
Emmenons la victime!
Arrosons-nous la noque, la noque,
Arrosons-nous la noque du cou!
Encore un p'tit goupillon pour nous r'mettre,
Pour nous r'mettre à la raison.

Au nouveau venu d'entendre. S'il ne régale que chichement, il se retrouve bientôt au centre d'une ronde bruyante. On lui crie aux oreilles :

O rat! ô rat! ô rapiapia!
O rat! ô rat! ô rat... pro nobis [179]!

Ce sont moins les heures de travail qui nous séparent du temps de Louis XIV que la valeur des rémunérations et l'inégalité extrême de l'aide sociale. Car en somme un ouvrier français en 1984 travaille 39 heures par semaine et 47 semaines par an (= 1 833 heures) ; le tisserand morvandiau de la *Dîme royale* travaille dix heures effectives, 185 jours par an (= 1 850 heures). La différence – elle est de taille – tient à l'absence de tout congé payé. Qui œuvre alors 185 jours n'a que le salaire de ces 185 jours, et non celui des 365.

Dévoirants et gavots

Le 14 mars 1655, « la sacratissime faculté de théologie de Paris condamne les pratiques impies, sacrilèges et superstitieuses qui se font dans les métiers de cordonniers, tailleurs d'habits, chapeliers et selliers, pour passer compagnons, et qu'ils appellent du *devoir*, depuis peu reconnues et avouées par plusieurs desdits métiers [101]. » En 1661 les confrères de la compagnie du Saint-Sacrement surveillent les ouvriers cordonniers, suspects de reconstitution de compagnonnages interdits. Douze ans plus tard, Nicolas Colbert, évêque d'Auxerre, menace d'excommunication les « bons cousins », confrérie groupant les compagnons forgerons de son diocèse. En 1683, les tondeurs de drap sont accusés d'« une infinité d'indécences, blasphèmes contre le saint nom de Dieu et profanation d'un sacrement en faisant le baptême ». De 1667 à 1704, les *devoirs* suscitent douze fois l'intervention du corps de ville. Mais les unions de compagnons ne semblent guère impressionnées par les foudres de l'Église ou celles du pouvoir civil.

Elles formaient, à vrai dire, « des communautés singulières, enveloppées, pétries de mystères. Elles se situaient de part et d'autre du décor qui encadre pour tous la vie du grand jour, cherchaient et trouvaient leurs forces dans un *là-bas* peuplé de mythes [101]. » Les unes se transmettent par initiation la légende de Salomon (Hiram, maître d'œuvre du temple de Salomon, aurait initié à des mots de passe de plus en plus rares et recherchés les meilleurs maçons du fameux chantier), la légende de Maître Jacques (collègue d'Hiram, Maître Jacques aurait, le Temple achevé, débarqué à Marseille avec treize compagnons et quarante disciples. Avant de mourir en odeur de sainteté, ce « maître des tailleurs de pierre, des maçons et des menuisiers » aurait mis en place le réseau de ses successeurs et les règles de leur initiation professionnelle et ésotérique), la légende de Soubise (ce personnage aurait été, lui aussi, l'un des bâtisseurs du temple de Jérusalem ; mais, au lieu de se rendre en Provence, il aurait accosté à Bordeaux avec son groupe de compagnons fidèles). Trois variantes de ces histoires extraordinaires les relient à Jacques de Molay, à son supplice, aux secrets présumés des templiers.

Ainsi rattachés à l'Ancien Testament par leur obsession du Temple, les compagnons sont attirés par l'aspect initiatique des différents «devoirs», mystérieux et élitistes, prenants et contraignants. Cette sorte de dogme poétique, gnostique, naïf et colorié de couleurs vives, est associé au souci de perfection professionnelle. Bientôt s'est greffée là-dessus une solidarité prodigieuse cimentée par la clandestinité, entretenue par la défense des intérêts des ouvriers face aux prétentions patronales, avivée enfin par la concurrence. Les sociétés de *dévoirants* haïssent les associations de *gavots*, suspectes à l'origine de s'être ouvertes aux protestants.

Il faut bien dire que les formules reçues par les mystérieux *devoirs* ne sont ni catholiques, ni protestantes. Elles sont au christianisme des temps modernes ce que les textes apocryphes avaient été aux évangiles canoniques. Les compagnons du *devoir*, en 1655, ont par exemple une triple devise : *Honneur à Dieu, Conserver le bien du maître. Maintenir les compagnons.* Mais les docteurs de Sorbonne affirment que, « tout au contraire, ces compagnons déshonorent grandement Dieu, profanant tous les mystères de notre religion, ruinent les maîtres [...], élisent des officiers, un prévôt, un lieutenant, un greffier et un sergent; ont des correspondances par les villes, et un mot du guet par lequel ils se reconnaissent et qu'ils tiennent secret, et font partant une ligue offensive contre les apprentis de leur métier qui ne sont pas de leur cabale, les battent et maltraitent». La faculté considère comme impie et sacrilège, le fait d'utiliser l'Évangile pour le serment de secret du nouvel initié, d'interdire la communication des secrets même aux confesseurs, d'imiter le baptême en usant d'un parrain et d'une marraine.

La réception des compagnons cordonniers se pratique ainsi : ils «prennent du pain, du vin, du sel et de l'eau, qu'ils appellent les quatre aliments, les mettent sur une table et, ayant mis devant celui qu'ils veulent recevoir compagnon, le font jurer sur ces quatre choses par sa foi, sa part de paradis, son Dieu, son chrême et son baptême; ensuite lui disent qu'il faut qu'il prenne un nouveau nom et qu'il soit baptisé; et lui ayant fait déclarer quel nom il veut prendre, un des compagnons qui se tient derrière lui verse sur la tête un verre d'eau en lui disant : – Je te baptise au nom du Père et du Fils et du Saint-Esprit. Le parrain et sous-parrain s'obligent aussitôt à lui enseigner les choses appartenantes audit devoir [101] ». Ici la parodie frise le sacrilège.

Si important est le tour de France qu'il a peut-être été à l'origine des compagnonnages. Au XVIIe siècle il est pratiqué couramment, indispensable à qui recherche une qualification hors pair. Chaque province, quelquefois chaque ville, ont en effet « des tours de main particuliers », usent de « procédés peu connus ou ignorés à quelque distance ». Aussi, trois mois ne se passent pas, après la réception du compagnon, que celui-ci ne prenne la route. On le voit de loin, sa grande canne à la main, sac au dos, gourde en bandoulière, marchant de son pas allongé, régulier et tranquille. Nul brigand ne l'attaque. Il est pauvre, robuste, et sa canne vaut les meilleurs gourdins. Son bagage n'est jamais lourd, mais comporte les outils de la profession. Au long du chemin, il chante des chansons de marche qui soutiennent son moral : il a tant de lieues à parcourir! Les plus courantes semblent aussi longues que la route. Elles ont des dizaines de couplets, énumèrent les étapes conseillées, sont comme « une » guide des chemins :

Commençant mon voyage
Par Étampes je passe,
Le chemin d'Orléans,
Blois et Tours en Touraine,
Saumur, Angers de même
Et La Rochelle aussi.

Souvent un jugement de valeur s'introduit, pour comparer la qualité des lieux de séjour :

Carcassonne et Narbonne,
Ce sont des villes bonnes
Pour aller à Béziers.
Pézenas, la jolie,
N'a pas de jolies filles
Comme en a Montpellier[179].

Dans la ville d'étape l'ouvrier itinérant gagne la *cayenne*, la maison des compagnons. Extérieurement elle ne diffère pas d'un cabaret. En fait c'est un foyer chaud et fraternel, tenu par la *mère* (ou mère commune, ou mère des compagnons). On y trouve au début un ou deux repas distribués gratis, une ou deux nuits de même. Pour qui poursuit sa route, ces deux jours de détente sont les bienvenus; à qui cherche un emploi, ils suffisent aussi.

En effet, ces compagnons se sont rendus, dans la France entière et dans les corporations où ils dominent, maîtres de l'embauche. Malheur à ceux qui choisissent des ouvriers hors du compagnonnage dès qu'il y a sur place des compagnons disponibles. Les conflits les plus graves sont nés de questions d'embauchage; ils sont tous, à l'origine, engagés par les *devoirs*. En 1660 ce sont les maçons qui remuent, en 1667 encore les maçons qui entraînent d'autres métiers, en 1680 les menuisiers, en 1681 des couvreurs, en 1683 des chapeliers, en 1684 encore nos couvreurs, en 1691 de nouveau des menuisiers, en 1692 encore les couvreurs, en 1695 et 1696 les menuisiers décidément bien remuants, en 1697 des charpentiers et des maréchaux, en 1699 les chapeliers entraînant d'autres métiers dans leur sillage, en 1700 à nouveau les compagnons charpentiers, en 1702 des serruriers et plusieurs métiers, en 1704 les boulangers mais aussi des menuisiers, en 1708 les bonnetiers, en 1710 un certain nombre de corps [101].

Ces conflits, avec les maîtres de corporation ou les marchands, prennent à l'occasion la forme de grèves, mais, pour ne pas déclencher la répression, les compagnons préfèrent une tactique plus discrète et plus efficace. Ils interdisent un atelier, le *damnent*, pour quelques jours ou quelques semaines, en certains cas plusieurs mois, à la limite plusieurs années. En 1677, à Dijon, les initiés damnent les trois quarts de la menuiserie; à Toulouse en 1682 ils interdisent la ville tout entière. En pareil cas, les maîtres sont terrorisés. Certains ont la velléité de constituer une sorte de contre-compagnonnage, d'entente interurbaine. D'autres réclament l'interdiction totale par les autorités, de telles sociétés secrètes. Mais ils ne sont jamais unanimes. À Dijon – décidément ville souvent troublée – en 1698, cinquante-quatre maîtres menuisiers s'assemblent en vue de prendre des mesures de riposte contre les excès de leurs compagnons. Là-dessus, quarante-quatre seulement votent pour l'abolition des ligues ouvrières; mais dix pensent que le *devoir* doit subsister, « d'autant plus que ledit *devoir* avait été consenti auxdits compagnons par une grande partie desdits maîtres, suivant une délibération qui est entre les mains du plus ancien desdits compagnons [101] ». Derrière le propos libéral se devine aisément la peur des représailles.

Maîtres et ouvriers

Les relations entre maîtres et compagnons sont loin de toujours connaître de tels affrontements. Tous les *garçons* des artisans n'adhèrent pas à un *devoir*; tous les devoirs ne sont pas également ombrageux. L'organisation corporative, qui alors connaît son apogée, n'est point parfaite; il lui arrive d'être bon enfant. Les compagnons sont en général nourris et couchés sur place. Leur chambre commune est une dépendance du logement du maître, tandis que ce dernier, en bien des cas, n'est pas plus au large que ses garçons : bien souvent il partage avec sa famille une pièce unique, à la fois cuisine, salle et chambre. À s'entasser ainsi on multiplie quelquefois les motifs de dispute; mais, réciproquement, une telle communauté de vie rapproche chaque jour, à chaque heure, l'employeur et l'employé. D'ailleurs le maître travaille. S'il est habile, son prestige est grand. Ensuite, le maître est souvent lui-même, sinon l' « employé », au moins dans la dépendance du marchand, qui peut avoir le monopole des commandes. Tout se passe comme s'il n'exerçait qu'une autorité déléguée.

Dans le monde étonnamment particulariste, et en même temps étrangement ritualiste, des communautés de métiers, il y a plus de séparation d'un métier à l'autre, que du maître à son compagnon. À Paris les Six-Corps méprisent globalement ce qui n'entre pas dans leur cercle privilégié. En province les corporations riches regardent de très haut les moins huppées. Il n'est pas jusqu'aux fripiers qui perdent leur temps à dédaigner les tailleurs :

Donc, ô tailleurs d'habits, vous n'êtes qu'artisans
Et nous qui les vendons, nous sommes les marchands [102].

Ici les solidarités sont verticales, les heurts horizontaux. L'esprit corporatif l'emporte sur une quelconque tentation de conflits entre «classes».

Si nous considérons que, dans certains métiers, le nombre des compagnons dépasse à peine celui des maîtres; que la très grande majorité de ces derniers est composée elle-même de gens modestes, il n'est pas difficile de comprendre que les uns et les autres avaient assez de raisons de vivre en paix.

Quant aux apprentis, qu'ils soient pris gratis ou qu'ils payent pour apprendre le métier, ils font partie du logis, étant engagés à «pain, pot, lit et maison [102]». Marchands ou maîtres ont à gouverner ces jeunes gens «comme il appartient, en bons pères de famille». Cela ne signifie point qu'ils sont *amignotés* ou *mignardés* [26] : le bon père de famille songe d'abord à bien former la jeunesse. «En termes généraux, tous les apprentis doivent, lorsqu'ils sont engagés, bien nettoyer et balayer la boutique et le devant de la porte; bien ramasser tous les outils des compagnons et tout ce qui se trouve traîner d'un côté ou d'un autre, tant au maître qu'aux compagnons; bien servir les compagnons et leur donner tout ce qu'il faut pour leur ouvrage, leur aller quérir à manger et à boire [102]» ... On connaît la complainte de l'apprenti que les caprices des ouvriers font tourner en bourrique :

Celui-ci veut du blanc, celui-là du bourgogne.
Si je tarde un peu trop, ils me cherchent la rogne
Sans songer que souvent, pour leurs demi-septiers,
Il faut aller quêter chez dix cabaretiers.

À ces tyranneaux les apprentis sont censés obéir promptement, «et se faire aimer d'eux, car souvent c'est d'eux plus que du maître qu'ils apprennent leur métier [102]».

En attendant de le bien connaître, l'apprenti fait un peu de tout : il apprête les lits des compagnons, fait les courses du maître. S'il est instruit gratuitement, on l'emploie à laver la vaisselle, à promener les enfants, à nettoyer les chaussures, « et autres vilenies» que refusent ceux qui payent leur apprentissage. Cette rude initiation est supportée, semble-t-il, sans trop de plainte. L'apprenti sait, qu'au bout de son temps, il aura gagné une qualification professionnelle. Souvent il devient directement patron; et c'est une raison de plus pour que le maître se comporte avec lui en bon père de famille.

Le métier n'est d'ailleurs pas confiné dans l'atelier, la boutique, ou l'appartement de l'artisan. Il se manifeste alentour. Il se relie à la vie sociale. Les confréries professionnelles en sont le meilleur exemple. Ces associations à prétexte de piété, mais où la sociabilité a bientôt concurrencé la région, ont parfois précédé les corporations. C'est le cas pour les cordonniers (le cordonnier fabrique les chaussures; le savetier les répare) de la ville de Castres. Leur confrérie, aux statuts approuvés par l'évêque en 1673, se transforme en jurande en 1707. Elle n'en garde pas moins son caractère associé de confrérie, dispose d'une chapelle particulière dans une des églises de la ville. «On aurait sans doute surpris beaucoup de confrères de ces métiers en essayant de discerner chez eux la frontière du spirituel et du temporel [102].»

Il y a des confréries communes à deux ou trois métiers; il est au contraire des métiers partagés entre plusieurs confréries. Mais les patrons intercesseurs de chaque spécialité ne changent pas. Crépin est le patron des cordonniers, Eloi des orfèvres et des maréchaux, Michel des pâtissiers et des

« maîtres en fait d'armes», saint Nicolas des gens de mer [26]. Leur image ne demeure pas confinée dans le silence des chapelles ; elle flotte «sur des bannières qui sont les étendards des communautés entières [102]». La corporation a, pour chefs, des jurés ou syndics ; la confrérie, des bâtonniers. On choisit souvent les jurés de la profession parmi les anciens bâtonniers. Il est vrai que la confrérie n'est plus, en de nombreux cas, qu'une association de maîtres artisans. Depuis 1660 l'État reconnaît et contrôle les confréries, aussi bien qu'il surveille les corps et communautés de métiers. La confrérie se trouvant protégée par l'Église et par l'administration, le compagnonnage en paraît plus subversif, en devient plus clandestin. Le malentendu professionnel, toujours possible, est favorisé par cette opposition de la bannière du maître et de la canne ornée du compagnon.

Remues d'hommes

En 1693, en 1694, en 1709, quand la rigueur du climat détruit les récoltes, quand la cherté du pain entraîne la sous-alimentation et lorsque les carences donnent aux épidémies une force de destruction foudroyante, l'administration charitable ne sait plus où donner de la tête. Les hôpitaux voient tripler ou quadrupler le nombre des errants qu'il faut accueillir. Les autorités distribuent des secours, s'efforcent d'occuper les pauvres hères venus de la campagne chercher ouvrage et pitance à la ville. Par exemple, le 6 août 1709, le Roi, pour fixer les mendiants et les mettre au travail, crée à Paris des «ateliers publics». Ces ancêtres des fameux ateliers nationaux de 1848 ne connaissent pas un meilleur destin. Un témoin note en marge de l'acte royal : «Cette ouverture a fait une sédition à Paris entre tous les gueux, et il a fallu cesser les ouvrages. On avait mal à propos rassemblé tous ces gens qui mouraient de faim. On ferma les boutiques dans plusieurs rues et cela dura jusqu'au soir [138].»

Mais ces tristes «remues» d'hommes restent occasionnelles. Il en est d'autres que l'on observe depuis le moyen âge, qui concernent, non de pauvres gueux mais de rudes travailleurs, appartiennent au paysage social des montagnes françaises et de leurs glacis. « Le déversement saisonnier des montagnards » vers les plaines voisines et les villes « pour y chercher des compléments de ressources en échange de prestations en travail [163] » tend à son apogée. Le phénomène ressemble un peu à celui de notre immigration. Au prix d'un rude déplacement, des travailleurs vivant pauvrement parviennent à économiser de fortes sommes. Le fait attire l'attention de l'administration et intéresse bientôt les agents du fisc. « Dans son mémoire de 1698, l'intendant de Lyon, d'Herbigny, chiffre à 20 000 ou 25 000 livres la rentrée en numéraire émanant des quelque six cents à huit cents pionniers ou scieurs de long foréziens [163]. »

Ces pionniers (terrassiers) ou ces scieurs n'ont pas été poussés par la famine. La montagne, à la polyculture bien établie, a moins souffert que la plaine, des crises de subsistances. Les intendants de la fin du XVIIe siècle se plaisent à opposer la haute taille et la vigueur du montagnard, à l'aspect souffreteux et malingre de l'homme de la plaine – Limagne ou bassin de Roanne – apparemment mal nourri et rongé de paludisme. Mais la montagne a trop d'habitants pour l'importance de ses terres labourables. D'ailleurs les *feux* y sont plus denses qu'en plaine (sept personnes à la maison contre quatre ou cinq), pour des *héritages* médiocres. Alors les jeunes gens solides et courageux, ceux qui souhaitent réunir pécule pour se mettre en ménage sans trop de retard, se préparent périodiquement à chercher fortune en plaine. Ils signent une procuration pour assurer la gestion de leurs quelques biens, puis prennent la route.

S'ils sont mariés, s'ils partent pour de longs déplacements – par exemple en Espagne et jusqu'en Andalousie pour faire bon poids –, ils courent bien des risques. Hugues Benech, de Thiézac en haute Auvergne, s'apprête en 1666 à entreprendre un second voyage en Espagne. Mais sa femme, Jeanne Bompar, a profité de la première absence pour le tromper et mener « mauvaise vie. » Alors Benech confie à son frère prêtre la « direction et administration » de ses affaires « et lui donne plein pouvoir et puissance de continuer les poursuites pour obtenir la réparation dudit crime d'adultère [...] jusques à sentence et arrêt définitif [163] ».

Mais il est aussi des migrations purement saisonnières, au moins à l'origine. L'été, ce sont gens du Quercy ou du Rouergue qui se battent, au sens littéral du mot, pour faire en Aquitaine la saison des moissons; ou faucheurs du pays de Comminges qui « font » les foins dans le Toulousain. Les maçons, qui partent d'Auvergne, du Limousin, de la Marche, s'absentent neuf mois. Ils quittent le village en mars, n'y reviennent qu'en novembre. En 1693, en 1709, le gel et la pénurie les ramènent aux champs, et cette campagne, qu'ils ne connaissent plus guère, les sauve de la faim.

Comme beaucoup de ces migrateurs, les maçons se forment volontiers en société à cinq ou six, souvent de même famille ou du même lieu. Ils entreprennent le long voyage sous la direction d'un « maître », à la fois chef de caravane et guide. Les maçons de la Marche, du Limousin ou de la Combrailles gagnent Lyon « par Bourganeuf, Pontarion, Aubusson et puis, en Auvergne, par Saint-Avit, Pontaumur, Pontgibaud, Clermont, Pont-du-Château, Thiers, Noirétable, et au-delà, en Forez, par Feurs [163] ». Les bandes ont toujours les mêmes étapes, s'arrêtent aux mêmes cabarets, mais le détail des itinéraires varie. Les habitants les connaissent à la régularité de leur passage et à la spécificité de leur parler, de leur habillement, de leurs outils. À Verdilly-en-Champagne le curé enterre, le 8 janvier 1694, un « étranger » ramassé mort « qu'on a reconnu pour un chaudronnier auvergnat par les outils qu'il portait ». Ce malheureux compagnon, victime du froid et peut-être de la faim, l'a été aussi de la solitude. Il vaut mieux voyager en bande ou en compagnie. En 1707 des scieurs de long d'Allanche, en route pour le Languedoc, manquent à deux reprises d'être arrêtés et emprisonnés. La première fois, on les prend pour des déserteurs; la seconde, pour des faux-sauniers [163] !

Le compagnon migrateur non qualifié ne revient pas toujours. Au début du XVIIIe siècle un jeune homme de Saint-Christophe, en haute Auvergne, désigné sous le sobriquet sommaire de Lauvergnat, arrive à Lyon. La première année il subsiste en qualité de gagne-petit, c'est-à-dire de rémouleur ambulant, va « de maison en maison ». Puis il tombe amoureux d'une ouvrière, tireuse de fils d'or. Ses projets matrimoniaux le conduisent à se fixer. Il s'installe donc près de la boucherie de l'hôtel-Dieu qui lui procure de l'ouvrage. Artisan sédentaire, en passe de s'établir, il a renoncé à retourner en ses montagnes.

Les scieurs de long du Livradois, eux, reviennent chaque année au village, mais les maçons restent éloignés parfois plusieurs années. Le type social du père Barberin n'a pas été inventé par Hector Malot. Deux siècles avant *Sans famille* (1878), il est des maçons du plateau central qui s'attardent à la ville. Un cas extrême est celui de Jean Deneufville, auvergnat de Bertignat. Il est absent depuis 1680. Il revient près de son épouse après seize années, disant qu'il veut « faire dissoudre et interrompre son mariage ». Après réflexion il adopte une solution plus radicale et égorge la pauvre femme [163].

Il est un point commun entre les maçons et les faucheurs, les chaudronniers et les scieurs, les saisonniers et les migrateurs au long cours. Chacun a deux métiers. Ces hommes sont à l'origine, et parallèlement, journaliers ou petits laboureurs. Ils participent de cette dualité des fonctions qui caractérise l'ancien régime. Tous travaillent, du moins lors des premiers voyages, pour acheter ou agrandir un lopin. Ces itinérants, qui affectent d'adopter les défauts de la ville, moquant à l'occasion les cultivateurs sédentaires, ne rêvent, au fond, que s'établir manants.

Le monde des manants

On appelle proprement manants ceux qui sont originaires du lieu; et habitants ceux qui y sont venus demeurer.

Furetière

Chaque profession contribue, en sa manière, au soutien de la monarchie. Le laboureur fournit par son travail la nourriture à tout ce grand corps.

Louis XIV

Faut-il parler alors du «pauvre laboureur» ou du gai laboureur? Il est difficile de trancher. Déjà nous avons du mal à imaginer combien le simple mot de *laboureur* recouvre de conditions différentes [126]. Dans le bassin parisien, la Bourgogne, l'est et le nord du pays, «il désigne habituellement le personnage qui possède cet instrument de culture qu'est la grande charrue du nord», ainsi que les attelages convenables, – plusieurs chevaux ou plusieurs paires de bœufs. Un tel laboureur est propriétaire, notable de village. En Bretagne, les actes de catholicité parlent de métayers, de domaniers. Le mot de laboureur n'apparaît pas. Le paysan à l'aise indique son prénom et son nom, n'ajoute pas de qualification. En Anjou, où la plupart des villageois sont fermiers, ils se déclarent métayers s'ils ont une quarantaine d'arpents, closiers s'ils n'en possèdent qu'une douzaine [126]. Tout est diversité dans les appellations, comme tout est diversité dans la condition du manant. Le *manant*, d'ailleurs, doit être défini : il s'oppose à l'*habitant*. Le manant est à la campagne ce que le bourgeois est à la ville, un homme enraciné ; l'habitant est le nouveau venu.

Au reste, peut-on traiter en bloc les coqs de village – qu'ils soient aubergistes, maréchaux ou laboureurs – et les manouvriers, même s'ils sont propriétaires parcellaires ? Il n'est pas deux provinces semblables en cette France rurale ; il n'est pas deux bourgs tout à fait similaires, et, dans un même village, les dégradés de respectabilité, d'instruction et de fortune évoquent un microcosme tout en nuances, image réduite de la société du royaume. Et cependant, comme il est commode de tenter des jugements globaux, nous avons tendance à négliger les différences, à écraser les hiérarchies, à regrouper en bloc ces gens de la campagne.

Cette mauvaise habitude remonte loin dans le temps. Il était une fois – et ce n'est pas un conte – un bourgeois gentilhomme, Jean de la Bruyère, écuyer, trésorier de France au bureau des finances de Caen (où il ne mit pas les pieds), officier chez le prince de Condé (dont il ne quittait le château que pour vivre à Paris). Ce La Bruyère, citadin jusqu'au bout des ongles, a laissé des gens de la campagne une courte pochade, hâtive et baroque, dont il n'imaginait pas la fortune posthume. Or elle est aussi caricaturale que, deux siècles plus tard, *La Terre* d'Émile Zola. Ceci prouve que les gens de lettres changent peu, et confirme une vérité : même s'ils affectent de vanter « la nature », les habitants de la ville ignorent « la campagne ».

Jean de la Bruyère a découvert, dans les années 80 de son siècle et 40 de son âge, des « *animaux farouches* » (j'y vois plus de mépris que de pitié), « *noirs, livides et tout brûlés de soleil* ». Ces clichés aux couleurs brutalement contrastées auraient dû paraître suspects ; car, comment tant de crasse et tant de hâle – superposés ou non – laissent-ils filtrer la lividité de teint prêtée à ces pauvres gens ? Mais la description se poursuit. Nos animaux farouches fouillent et remuent la terre (c'est en somme leur métier) avec opiniâtreté (on est ici moins badaud ou fainéant qu'en ville). Ils vivent *dans des tanières* (tel est le nom donné aux chaumières par un bourgeois dédaigneux), « *de pain noir, d'eau et de racine* » (souvenez-vous du traité de gastronomie de Massialot [195], même le duc d'Orléans fait des repas de « racines », du moins aux jours maigres).

Maintenant nous pouvons faire la synthèse, après l'exégèse. Le texte des *Caractères* renseigne davantage sur les Parisiens et leur mentalité vaniteuse, que sur les Français des campagnes. Mais, à y bien regarder, que nous dit-il de ces derniers ? Ils sont rudes, travailleurs, acharnés, sobres, et, faute de beaucoup de viande (ne comptons pas les poulets, la cochonnaille, ni le casuel du braconnage), sont mangeurs de légumes. Tous ces traits sont exacts, à l'honneur des manants.

Meilleur connaisseur que La Bruyère, l'anonyme auteur du *Pauvre Laboureur*, s'il chante et fait chanter la rudesse des tâches paysannes, ne réduit pas au noir tout le travail des champs : *Le pauvre laboureur, / Il a bien du malheur. / Du jour de sa naissance / L'est déjà malheureux. / Qu'il pleuv', qu'il tonn', qu'il vente, / Qu'il fasse mauvais temps, / L'on voit toujours, sans cesse, / Le laboureur aux champs ! ... / Le pauvre laboureur / Il est toujours content. / Quand l'est à la charrue, / Il est toujours chantant. / Il n'est ni roi, ni prince, / Ni duque, ni seigneur, / Qui n'vive de la peine/Du pauvre laboureur* [179].

Ces « animaux farouches » ont une âme, et l'Église, qui s'en préoccupe, adapte sa pastorale à leurs besoins.

Le village des saints

L'abbé Bremond a déniché un merveilleux petit livre de piété populaire, édité en 1668 : *Nouveau recueil de vies des saints propres pour servir d'exemple à toutes sortes de personnes de quelque vacation qu'elles soient dans la campagne, où l'on ne fait point mention de leurs miracles, mais seulement des actions qu'un chacun peut imiter et de celles qu'il doit éviter en sa vacation.*

On y voit vivre un village français du XVIIe siècle. Chaque métier est exercé par un saint : Côme et Damien sont médecins, chirurgiens et apothicaires, saint Marcien est notaire, saint Baldomer maréchal et serrurier, Gentien aubergiste, Homebon marchand, saint Apronien sergent, Onuphre tisserand, saint Armogaste porcher, le reste à l'avenant. Ces hommes de Dieu prêchent en langage simple la dévotion et la morale. Chacun s'adresse aux membres de sa profession, nous révélant chemin faisant les tentations de chaque état, les mauvaises habitudes de chaque métier. Côme et Damien supplient leurs confrères d'être « extrêmement chastes, ce qui n'arrive pas toujours aux personnes de leur vacation ». Le notaire modèle enseigne à toujours commencer un acte par une pieuse croix, et aussi de faire « donner le denier à Dieu au profit des pauvres de la paroisse ». Il revient au bon hôtelier – saint Gentien en témoigne – d'ignorer les représentations licencieuses et de garnir ses chambres d'images de dévotion. Le sergent idéal s'engage d'abord à ne jamais composer avec la partie adverse ; ensuite il poussera l'esprit chrétien jusqu'à « ne jamais saisir chevaux ou ce qui servira au gain de la vie des débiteurs ». La tentation du serrurier est, bien sûr, de « faire des fausses clefs », ou de profiter de son art pour ouvrir indûment la maison d'autrui. Chapitré par saint Baldomer, il abandonnera ces désirs ou ces mauvaises habitudes. Que l'humble tisserand de village se réjouisse d'être spécialisé dans les grosses toiles, plutôt que tisser de ces voiles de gaze qui incitent au péché des sens ! Onuphre veille sur lui...

En général, à la tentation d'un profit égoïste, il convient que chacun substitue le thème de Dieu premier servi. Ainsi le marchand chrétien commencera « toujours son trafic par le denier à Dieu », et le vigneron sera toujours le premier de sa paroisse « à offrir à Dieu du vin pour la messe ». « Sous le patronage de ces bons saints, conclut M. Bremond, de telles leçons de morale appliquée et d'élévations symboliques remuaient doucement une foule de consciences [94]. » L'élitisme de la contre-Réforme ne connaît pas de frontières sociales. Pour l'honneur de Dieu, chacun est invité à la perfection.

La France profonde

Lorsque les archives d'Église sont bien tenues et conservées, elles permettent de tâter le pouls de la France profonde. Celles du diocèse de Sées apparaissent fort parlantes. Ses quatre cent quatre-vingt-dix-huit paroisses – ce n'est pas un évêché miniature – sont réparties entre basse Normandie et Perche. Le diocèse est rural dans une France rurale. Sa ville principale, Alençon, n'est pas tentaculaire. Les querelles entre jésuites et jansénistes sont ici presque inconnues. En revanche il est difficile d'ignorer l'honneur et la gloire régionales de l'Église : l'abbaye cistercienne de la Trappe, et son fameux abbé M. de Rancé.

Le 4 juin 1699 arrive à Sées Mgr d'Aquin, jeune prélat prenant sa tâche au sérieux. Fidèle aux prescriptions du concile de Trente, il va faire consciencieusement ses visites pastorales, la première en 1701-1703, la deuxième de 1704 à 1709. Avant ces tournées il adresse à chaque curé un mandement, une instruction, une lettre particulière et enfin un mémoire, bordereau très détaillé où le titulaire de paroisse doit énumérer les désordres locaux (jurons, blasphèmes, adultères, usure, etc.), et préciser la qualité de pratique religieuse dans son territoire, en particulier le respect du dimanche et la communion pascale. Les réponses à ces mémoires et les procès-verbaux de visite touchent 419 paroisses sur 498, apportent des éléments précis sur 294 d'entre elles, réparties entre cinq archidiaconés [117]. Sous le pieux prétexte de mesurer la foi par la pratique, ces textes accompagnés de chiffres reconstituent la vie d'une province à l'aube du XVIIIe siècle.

Le clergé n'est pas à l'abri de toute critique. Il pourrait être plus instruit. On voit des cas de non-résidence. Quelques curés égarent le mémoire de l'évêque et dans un second temps les procès-verbaux de visite. Ceux qui oublient de répondre au sujet du catéchisme ou avouent que les enfants de leur paroisse n'y viennent point, sont pour le moins dépourvus de zèle. Il y a eu des « faiblesses caractérisées » dans une paroisse sur dix : un abus irrite M. de Sées en 1709, celui des aumônes destinées aux pauvres et détournées ! Mais, à côté, que de bonne volonté et souvent que de zèle ! Les étonnantes proportions de pratique que nous rencontrons doivent un peu aux fidèles mais beaucoup aux curés. Certains pasteurs ont assez d'autorité sur leurs ouailles pour faire accepter un ordre moral contraignant : refus de l'adultère, diminution des procès, usage tempéré du cabaret, rationnement ou suppression des bals. Ceux-là sont plus proches de Vincent de Paul, leur devancier, que du curé Meslier, leur inquiétant contemporain.

La noblesse est nombreuse : l'on trouve au moins un seigneur par paroisse. Elle réside (en effet, ce ne sont pas les hobereaux qui peuplent le château de Versailles). Elle a les qualités et les défauts de sa classe. Elle prétend faire la loi, ne se laisse intimider ni par les curés, ni par l'évêque. Si elle entretient un contentieux avec les manants, c'est pour défendre ses droits seigneuriaux; tant il est vrai que la « réaction nobiliaire », loin d'être un phénomène des années 1770 et 1780, est un fait chronique, plus légaliste que violent, et qui ne se termine pas toujours à l'avantage du plus fort. Au reste, que M. d'Ouilly, seigneur du Destroit, soit demeuré quatorze années sans faire ses pâques, ou que M. du Pont de Baise ait des bâtards de sa servante, voilà des exemples fâcheux pour le peuple, mais des manquements fort humains. Les querelles entre hobereaux et clergé sont des affaires de droits honorifiques. Ceux qui ont droit de présentation aux bénéfices, ceux qui nomment aux cures, n'ont aucune envie de céder leur prérogative à M. d'Aquin. Mais cet évêque prétend se substituer aux pécheurs publics et aux seigneurs qui ne communient pas au temps pascal.

Le hobereau désire être le premier à l'église, comme il est le premier dans sa seigneurie. Alors, il aime avoir un desservant à la chapelle du château, même lorsque ce lieu est interdit de culte, et se fait un plaisir – en cas de conflit avec le curé – d'inviter de nombreux manants à sa messe seigneuriale; et, d'autre part, il n'y en a souvent que pour lui à l'église paroissiale. L'un exige le percement d'une porte afin d'aller plus aisément de son manoir à son banc réservé; l'autre veut être enterré dans le chœur, non dans la nef; un troisième exige que son cœur soit enseveli sous l'autel; un quatrième entame un pugilat en pleine église contre un concurrent jaloux de ses droits; un cinquième fait peindre ses «armes à la place des douze croix de consécration» ; un sixième refuse que le curé dise sa messe dans un bâtiment neuf où ses droits honorifiques risquent d'être diminués; un septième vient au culte mais reste cinq ans sans communier, pour irriter son curé; un huitième refuse de payer son banc; un neuvième exige les clefs de l'église; un dixième impose le déplacement immédiat du confessionnal; un onzième, «Eustache-Laurent Heudine, écuyer, sieur de Brécour, seigneur de la paroisse du Breuil, adresse à l'archidiacre d'Exmois, M. de Farcy, une réclamation relative à ses droits honorifiques : il fait sommation au curé de le recommander, lui et son épouse, aux prières des paroissiens tous les dimanches, au prône, et de lui présenter le goupillon pour prendre de l'eau bénite». L'affaire va jusqu'au parlement qui donne un arrêt favorable à ces prétentions [117]. Enfin, le vendredi saint de l'année 1703, ce même M. d'Ouilly que nous avons vu rebelle au devoir pascal, exige, malgré sa mauvaise conduite, d'adorer la croix le premier, devant une dame de son choix!

Mais il y a aussi des nobles qui achètent des vases pour le culte, donnent des fortes sommes pour réparer l'église paroissiale, d'autres qui endossent la corvée peu enviable d'être trésorier de la fabrique. Et, lorsque l'hiver de 1709 multiplie les cas de misère, ce n'est pas en vain que Mgr d'Aquin réclame une participation financière à l'aumône générale, aux «seigneurs et dames des lieux».

Ce que les curés du diocèse reprochent au peuple (moyenne et petite bourgeoisies comprises), en dépit du ton indigné parfois employé, nc semble pas bien grave. On use des mots corruption ou débauche pour désigner de petits désordres chroniques, qui sont *batteries* ou rixes débutées au cabaret ou en marge d'un bal. À Alençon, le carnaval s'étend parfois sur le temps de la septuagésime, avec son cortège de mascarades, de désordres et de débauches, presque sous le nez de l'évêque : c'est une fâcheuse préparation au recueillement du carême. Le cabaret, voilà l'ennemi, d'où presque tous les maux proviennent : or la paroisse Notre-Dame de Mortagne en compte jusqu'à huit! Ces tavernes regorgent de monde le dimanche, sont quelquefois ouvertes à l'heure de la grand-messe, nonobstant les exigences de la loi. Le jour de la fête patronale, elles sont l'âme des désordres qui déshonorent parfois cette journée. En tout temps elles encouragent l'ivrognerie, qui à son tour provoque les rixes, quand ce n'est le meurtre. La danse est également déplorée, prétexte aux désordres sexuels et aux disputes. Il y a des curés qui luttent avec zèle contre ces deux sources de mal. Trois d'entre eux démolissent même ou font définitivement fermer l'estaminet local! Mais il y a aussi des paroissiens indépendants qui s'organisent : franchissant la rivière d'Huisne, ils vont danser dans le diocèse de Chartres [117]. Rien de tout cela ne prend des proportions graves. Sur cinq cents paroisses on ne cite qu'un régent libertin, quelques grossesses heureusement régularisées. On peut regretter qu'un trésorier sur trois ne fasse pas son travail : certaines paroisses ont une comptabilité en retard de vingt ans. Il faut déplorer que ces négligences aient interdit ou retardé la réfection d'églises un peu branlantes. Mais aucun de ces faits n'est monstrueux, même pas le spectacle douze fois répété de confrères charitables s'attardant à boire en corps, « revêtus de leurs robes et de leurs bonnets, et le clerc de son surplis », comme font les joyeux confrères de Saint-Mard-de-Réno, dont l'évêque va interdire les beuveries.

Des pratiquants modèles.

Ces Normands et ces Percherons ont la même religion que leurs contemporains des diocèses de Rouen et de Nantes, que ceux de Bourgogne et de Franche-Comté [117] : leur cas n'a rien d'exceptionnel, s'il étonne un catholique du XXe siècle.

Leur foi n'est pas toujours éclairée, mais elle est vive et profonde. On trouve quelques cas de sortilèges, quelques mentions de maléfices, en particulier à Saint-Denis-sur-Sarthon. Il existe bien à Bellavilliers un guérisseur, qui assure

« relever l'estomac aux absents par le moyen de certaine oraison » ; mais cette prière guérisseuse n'est peut-être pas sacrilège. Onze textes dénoncent des dévotions abusives et superstitieuses. Elles irritent Mgr d'Aquin, mais qui saura la frontière exacte entre piété gestuelle et superstition ?

L'immense foule qui participe à Sées au jubilé de 1702 est édifiante. Les vingt-deux paroisses qui réparent leur église comptent souvent parmi les plus pauvres : c'est le cas de Pomainville où chacun a cotisé pour faire construire un autel tout neuf. Ailleurs les gens se mobilisent pour l'entretien d'un vicaire, dont on demande l'octroi à monseigneur. Tous savent combien l'Église romaine est attachée au baptême des tout nouveau-nés ; et plus des trois quarts des parents obéissent ici au concile de Trente (sur 294 paroisses, 228 pratiquent le baptême immédiat, 37 le baptême différé, 29 curés ne répondent pas). Tous savent l'importance du respect du dimanche. Il n'y a travail dominical qu'en août pour sauver les récoltes, ce que le clergé admet ; sauf à décompter quelques marchands de la ville, les aubergistes des villes, bourgs et villages, les cabaretiers, les forains. L'assistance à la messe dominicale est remarquable (sur les mêmes paroisses, 22 curés ne répondent pas, 191 c'est-à-dire 65 pour 100 déclarent l'assistance unanime, 49 une assistance quasi générale, dans 8 cas la messe basse contraire la grand-messe, dans 24 paroisses beaucoup de fidèles ont pris l'habitude d'entendre la messe hors de leur église) [117].

Rien alors ne remplace la messe. Elle est, selon le mot de François de Sales, « le cœur de la dévotion [136] ». Le catéchisme en explique aux enfants le sens profond, les composantes et les symboles. Si le Roi entend la messe chaque jour [16], c'est pour engager ses sujets à y assister tous les dimanches. Des fidèles, Louis XIV en tête, disent leur chapelet durant l'office. Les plus instruits lisent des « exercices pour la sainte messe ». Après 1685, pour édifier les nouveaux convertis, se répandent des traductions françaises de l'ordinaire de la messe (M. de Harlay à Paris en a fait à lui seul imprimer cent mille) [136]. Mais il y en a qui viennent à la grand-messe sans zèle excessif, refusent de s'agenouiller, parlent récolte avec leur voisin, bavardent quand circule le pain bénit. Les femmes ne sont pas toujours plus sages que leurs hommes; enfin on n'arrêterait pas de surveiller la tenue des enfants de chœur [117]. C'est que l'office de paroisse est interminable, surtout si le curé prolonge son prône. À défaut d'une homélie évangélique, et bien sûr d'une prédication à la Bossuet, le curé de bourg et de village se complaît à ce mélange naïf d'annonces, de réprimandes et de sermon, qu'on désigne sous le nom de prône : « Espèce de sermon [...] qu'on fait tous les dimanches dans les églises paroissiales, pour avertir les paroissiens des fêtes et des jeûnes de la semaine, et faire les publications de ce qu'il est nécessaire de faire savoir aux habitants, et aussi pour les instruire de leur religion et de leur devoir [26]. » Sur 253 réponses au questionnaire de l'évêque de Sées, 214 curés se réjouissent de la tenue de leurs ouailles à la grand-messe, 28 la jugent plus ou moins convenable. Ils se plaignent de l'immodestie ambiante [117].

Mais la piété et la persévérance se mesurent aussi à l'importance accordée à l'initiation religieuse. Dans quelques rares endroits – autour de Saint-Pierre-sur-Dives –, les curés et les parents semblent fraterniser dans la négligence. La garde du bétail est une excuse bien connue, du curé comme du maître d'école! Et pourtant 62 paroisses sur 100 voient une assiduité au catéchisme au moins passable (passable : 59, quasi générale : 10, unanimité : 114) [117]. Il serait passionnant qu'un diable boiteux ou quelque magicien puisse nous transmettre les demandes et réponses de ces paroisses (ici 36 sur 294) où l'assiduité au catéchisme est reconnue « faible ». Car il n'est jamais facile de catéchiser en milieu rural. Mlle d'Aumale, la jeune protégée de la marquise de Maintenon, en fait l'expérience. En 1708 elle initie à la religion les petites filles d'Avon, près Fontainebleau. Mais tantôt ses écolières « aiment mieux une belle robe que la grâce de Dieu » ; tantôt, après une heure de définition, si on leur demande : Qu'est-ce que Dieu? elles répondent : « Oui [43] » ! Tallemant des Réaux n'a jamais été aussi vrai (du moins aussi vraisemblable), que dans cette évocation d'une foi populaire bien naïve : « Un batelier à qui on demanda si Jésus-Christ était Dieu : – Il le sera, quand le bonhomme sera mort [67] ! »

Les ouailles de Mgr d'Aquin se rachètent, si l'on ose dire, en obéissant strictement à l'obligation catholique de la communion pascale. Sur 134 paroisses fournissant à l'évêque de Sées des réponses précises, on compte 26 165 fidèles en règle, contre 103 (soit 0, 39 pour 100 !). Les réfractaires sont des « ambulants », des « divaguants », parfois des pécheurs publics qui s'écartent d'eux-mêmes ou que leur curé écarte. Ce sont aussi des *nouveaux convertis* demeurés protestants : il y en a 474 dans la ville d'Alençon en 1699 [117].

De riches laboureurs bourguignons

Protestants convertis, tels sont aussi, à Nitry, près de Tonnerre, ces Rétif que Nicolas de la Bretonne, leur descendant, décrit dans *La Vie de mon père* [57] : « Un ouvrage céleste par sa naïveté touchante et par sa vérité historique. » Le père du héros, Pierre Rétif, lui-même fils de tonnelier, est mieux qu'un coq de paroisse, c'est un riche laboureur, plus instruit et sociable que bien des bourgeois. Il a épousé Anne Simon, « d'une famille supérieure » à la sienne, alliée à certains parlementaires dijonnais. Il est plein d'esprit, gai convive, amusant. À force de vouloir plaire il a pris « le goût d'une vie dissipée. Ses affaires en souffrirent ». Ainsi, durant le grand hiver de 1709, « comme cet homme de plaisir était toujours à court, il avait vendu de bonne heure ses blés, et conséquemment il ne profita pas du prix exorbitant auquel ils furent portés six mois après ; au contraire, il fut obligé d'en racheter pour sa subsistance pendant deux mois, n'ayant gardé que ce qu'il lui fallait bien juste pour attendre les blés précoces ». Mais ce laboureur peu attentif aux détails de l'économie rustique est un *paterfamilias* redouté, patriarche « terrible dans sa famille », rude à son fils, à peine indulgent pour ses trois filles, respectueusement adoré et obéi de son épouse. « Elle se précipitait au-devant de ses moindres volontés ; et lorsqu'elle avait tout fait, un mot de son impétueux mari la comblait : – Ma femme, reposez-vous. L'accolade d'un souverain n'aurait pas flatté davantage un courtisan [57].

Edmond Rétif leur est né en 1692, garçon intelligent, travailleur et sensible. Il respecte son père tout en le jugeant discrètement, adore sa mère et ne lui cache pas sa vénération. D'ailleurs il a très tôt la chance d'être éduqué « par deux personnes également respectables, et telles que c'est le plus grand bonheur pour des paroisses quand il s'en trouve de pareilles », le curé de Nitry et surtout le magister. Ce vénérable instituteur, père de nombreux enfants, vit avec les 3 sous (ou les 5 sous « pour les écrivains ») par mois que sont censés lui donner tous les parents d'écolier. « La communauté y ajoutait quinze bichets de froment et quinze d'orge par année ; ce qui pouvait alors valoir une somme de 70 à 72 livres. » Pour cette rémunération dérisoire, le vertueux maître d'école « commençait à donner les premiers éléments aux enfants et faisait aux grands garçons et aux grandes filles des leçons familières sur la conduite ordinaire de la vie », complétant, de concert avec le curé, les enseignements du catéchisme. L'école se termine le 30 juin et reprend le 20 octobre, la vendange achevée. Chacun de ces deux jours le régent harangue sa classe. En juin, avant les récoltes, il dit aux jeunes ruraux qu'ils ont beaucoup de chance : même en aidant leurs parents, ils ont en perspective « des journées entières dans les bois et dans les champs », quand à la ville les apprentis de leur âge peinent dans un air confiné. « Le discours de la rentrée avait deux parties : dans la première, le bon maître rappelait toutes les fautes que ses écoliers avaient commises durant l'été. » Dans la seconde il exhortait au meilleur emploi du temps à l'école et distribuait avec soin les places, « mettant au banc le plus proche de lui les plus ignorants, et les plus savants au plus éloigné ». Ses mercuriales précises, fermes et douces, sont pour les élèves leçon de morale et leçon de choses.

Pendant plus de cinquante ans le maître Berthier pétrit ainsi la jeune pâte du village, il forme trois générations d'honnêtes cultivateurs. Son influence se voit encore au début du règne de Louis XVI, « à la pureté même du langage qui distingue ce bourg de tous les environs [...] Cette pureté était l'image de celle des mœurs». La vie exemplaire d'Edmond Rétif est à bien des égards son œuvre. Le maître lui a dit d'aider ses parents? Il invente à seize ans et demi un procédé agricole qui sauve sa maison de la ruine et transforme la ferme de son père en exploitation pilote. En considérant les dégâts du grand hiver de 1709, Edmond vit que «la terre était si ameublie par la gelée qu'elle paraissait n'attendre qu'une nouvelle semence». De son chef il conduit alors les charrues aux champs; «il y fit passer légèrement le soc, et y sema de l'orge mélangé d'avoine, le plus clair possible». Le père gronde, mais les amis d'Edmond l'imitent. Les grains clairsemés font des touffes énormes. L'orge ainsi obtenue est géante. Le village est sauvé de la ruine.

L'expérience n'est pas perdue pour Pierre Rétif. Sentant la capacité de son fils, il songe à lui donner un supplément d'éducation. Dès l'automne 1709, Edmond est confié à un oncle, avocat à Noyers. Il doit passer à la ville les six mois d'hiver, mais revenir ensuite conduire les travaux des champs. Cet heureux programme, exactement approprié à un fils de riche laboureur, permit au jeune homme «la conservation de ses mœurs. Il recouvrait dans le sein maternel tout ce qu'il pouvait avoir perdu de sa candeur pendant les six mois de séjour à la ville». En avril 1710, Edmond revoit pourtant un domaine en piteux état : «Tout était dépéri, pendant les six mois d'absence; les bêtes de labour étaient en mauvais état; les granges, les écuries en désordre.» Sortant d'une maison riche de la ville, il retrouve un rude travail. Et cependant, en huit jours il répare les bâtiments, en deux semaines remet d'aplomb le bétail. En récompense de son labeur, il imagine pouvoir cultiver librement «un doux sentiment que les travaux les plus rudes ne peuvent écarter : l'amour». Et de faire la cour à une bonne et laborieuse jeune fille, Catherine Gautherin. Mais, en ce temps, chez un laboureur notable, de surcroît prévôt et juge local, il n'est point d'usage de faire la cour à une fille sans la préalable autorisation paternelle. Pierre Rétif apprend que son fils commence à fréquenter Catherine. Il ne dit rien le premier soir. Mais, le lendemain, comme Edmond, à cheval, part labourer, le patriarche s'approche de lui :

– Donnez-moi votre fouet.

– Le voilà, mon père.

Le vieux cingle trois fois l'amoureux imprudent. La chemise, en lambeaux, se teinte de sang. La victime est trop respectueuse de l'autorité pour protester, même pour essayer de plaider sa cause. « Edmond, nous dit-on, ne poussa qu'un soupir. Pierre lui rendit flegmatiquement son fouet, en disant : – Souvenez-vous-en [57]. »

Le jeune laboureur travaille tout le jour avec ses plaies, auxquelles colle le linge. À son retour, Mme Rétif pousse un cri.

– Ce n'est rien, ma mère.

Elle veut savoir ce qui s'est passé. Son fils lui apprend « le fait, mais non la cause ». Le *paterfamilias* revient sur ces entrefaites. Pour une fois, la timide épouse se permet un jugement :

– Comme vous l'avez arrangé !

Et cet échange si court de phrases laconiques s'achève avec la réponse spartiate du père :

– Voilà comme je traite les amoureux.

Heureusement, quelques minutes plus tard, Edmond Rétif surprend son père pleurant dans le jardin. Il comprend que sa rigueur n'exclut pas l'amour. Pour la première fois de sa vie (Edmond a dix-huit ans), le jeune laboureur s'entend appeler *Mon fils...*

Ces mœurs patriarcales nous surprennent. Elles sont rudes mais ne manquent pas de noblesse. L'honneur, bien ou mal compris, n'est jamais le monopole absolu des grands. Dans un monde où les jeunes gens bien éduqués ne peuvent même pas choisir leur amoureuse, on comprend par exemple quelle réprobation suscitent les grossesses hors mariage. « Une fille qui s'est laissé engrossir est déshonorée pour toute sa vie » : elle « a forfait à son honneur », elle « a fait faux bond à son honneur [26] ». Dans les familles de tradition, le séducteur y perd aussi de son honneur.

Nous ne pouvons suivre plus longtemps l'existence d'Edmond Rétif. Elle s'épanouit sous le règne de Louis XV, et Nicolas de la Bretonne est alors tenté de l'idéaliser, comme si la vie de son père ne se passait plus entre Auxerre et Tonnerre, mais dans l'île d'Utopie. Mais, avant d'abandonner son récit, il faut retenir que le vieux Rétif, en 1712, envoie Edmond, non plus à Noyers, mais à Paris : il entre « clerc chez un procureur au Parlement, nommé maître Molé [57] ». Un tel détail suffirait à garantir l'authenticité de témoignage de *La Vie de mon père*. Le riche villageois peut avoir plusieurs ambitions : abandonner le droguet pour la serge, la jaquette pour le justaucorps, le pain bis pour le pain blanc des villes, la fricassée pour les ragoûts, la fougasse pour les entremets. Il peut, comme Pierre Rétif, être officier seigneurial par cumul; il peut, comme beaucoup d'autres, se faire parallèlement *fesse-mathieu* (usurier). Mais, surtout, il rêve d'avancer son aîné, d'en faire à la ville un monsieur, un homme d'écritures. Le plus sûr moyen est de le faire entrer dans la basoche.

Un paysan breton « croit que la fortune de sa famille est solidement établie quand son fils aîné est procureur et le second prêtre ». On dit en ce cas qu'il donne « le cadet à Dieu et l'autre au diable ». Les mauvaises langues, les libertins disent alors « que Belzébuth fait si bien son compte que tous deux sont pour lui ». Les bons croyants répondent que tous les hommes de loi ne sont pas des voleurs. « Dans le bréviaire de Rennes et celui de Vannes, dans l'hymne de saint Yves, il y a cette strophe-ci :

> *Sanctus Ivo erat Brito* (Saint Yves était Breton)
> *Advocatus et non latro* (Avocat mais non pas voleur)
> *Res miranda populo* (À l'étonnement de tout
> le peuple) [15]. »

À la recherche du gentilhomme campagnard

Le noble des campagnes n'a pas d'ambitions beaucoup plus hautes que le laboureur. S'il doit orienter ses fils, et s'il le peut, il sera satisfait d'en compter un en qualité de capitaine d'infanterie (dans la cavalerie, l'équipement coûte trop cher), l'autre d'Église.

Ce personnage, que nous croyons volontiers haut en couleur, mais qui paraît se cacher tant il emprunte de conditions diverses et de visages, a déjà fait en ce livre quelques apparitions furtives. Dans le diocèse d'Alet [196], il mène contre l'évêque réformateur une sorte de guérilla féodale perdue; dans celui de Sées [197], il se bat pour ses droits, surtout honorifiques. Et puis, si au XVIe siècle, héros de *Maison rustique*, il est embelli par l'opinion des villes; si, au XVIIIe, il est l'objet d'un mépris affectueux et attendri, aujourd'hui, au cœur de ce rude XVIIe siècle, il paraît incarner la rudesse. Il est dit volontiers *gentillâtre* (« petit gentilhomme [...] qui n'a ni bien ni mérite [26] »). On le nomme *hobereau* « figurément et ironiquement », du nom d'un petit rapace. Il est dépeint comme ignorant du monde. « On reconnaît bientôt à Paris les gentilshommes *campagnards*. On y raille fort les dames *campagnardes*. » D'ailleurs, rare est le nobliau qui vient à la capitale. Il semble surtout casanier, au point d'avoir abandonné, en certains cas, ce métier des armes qui devrait être sa préoccupation et sa vocation. Il cherche souvent à redorer un blason fort terni. C'est pourquoi il est si pointilleux sur les droits honorifiques, si jaloux de ses droits utiles : « La plupart des seigneurs s'attribuent des droits de péage sur leurs terres, sous prétexte d'entretenir les chemins, les ponts et chaussées. » Pour vivre il lui faut cultiver son bien. Les plus pauvres le font en partie eux-mêmes, s'appliquant à ne pas déroger, car « un gentilhomme ne peut exploiter par ses mains qu'une terre à deux charrues, il doit donner les autres à ferme ». Quand il n'a ni ce courage, ni cette initiative, il se laisse aller, ignare et indolent. « Il y a bien des nobles qui font vanité de leur ignorance », et ce ne sont point ceux de la ville! Il lui arrive de vivre « trente ans enfermé dans son château dans une honteuse *faitardise* ». Les plus instruits des campagnards pauvres « sont d'ordinaire *nouvellistes* (curieux des nouvelles), ou généalogistes ». À l'aube du XVIIIe siècle ils représentent le milieu idéal pour l'expansion et la rumination des thèses de M. de Boulainvilliers sur le sang bleu. Un degré au-dessous, certains « hobereaux de campagne sont de grands parasites ou écornifleurs [26] ».

Ainsi jugés par les bourgeois de la ville – plus rudement, plus méchamment que les traitants ou autres financiers ; car la naissance fait plus d'envieux que la richesse –, les campagnards sont portés à accuser encore les défauts qu'à juste titre on leur prête. Être à demeure en son manoir, c'est « planter des choux » ou bien « garder les poulets d'Inde », au mieux « aller cousiner deçà et delà » (« Tous gentilhommes sont cousins et tous vilains compères ») ; ou mesurer sa dignité – tant bien que mal recouvrée – en aiguillonnant ses vassaux. C'est alors une idée généralement reçue, et que l'on répète encore vingt ans après ce coup d'arrêt aux excès seigneuriaux que représentent les grands jours d'Auvergne (1665). « Ce seigneur opprime ses sujets par des exactions de droits qui ne sont point dus » ; « Les nobles de province sont de petits tyrans » ; « Les paysans souffrent l'oppression des petits tyranneaux de province ». Ces sortes de proverbes paraissent abonder : « Les paysans sont toujours ennemis des nobles, et surtout des nobles de campagne » ; « Le vilain hait naturellement le noble [26] ». On ne les imprime pourtant pas en 1788, mais en 1688.

À méditer les expressions variées d'une opinion apparemment unique, on comprend mieux la politique de Louis XIV et de Colbert. La grande recherche de noblesse fut, à deux reprises, comme un coup de fouet, utile à réveiller une classe endormie : une surséance (moratoire) est appliquée aux gentilshommes vrais ou faux actuellement aux armées. Le Roi veut faire comprendre à la petite noblesse 1) que vivre noblement n'est pas fainéanter, 2) que ses privilèges ne sont justifiés que si elle sert l'État, 3) qu'elle n'a aucun intérêt à « cousiner », compagnonner et tisser des réseaux de complicité avec la fausse noblesse. Le calcul des réseaux de complicité avec la fausse noblesse. Le calcul de Louis XIV n'est pas trop démenti par les faits. L'armée va trouver, dans une gentilhommerie moins fainéante et plus instruite, moins provinciale et plus soucieuse de s'illustrer, les « officiers particuliers » – et même quelquefois supérieurs – dont elle a de plus en plus besoin. Les témoignages sur la noblesse campagnarde, vers 1680, n'ont pas tous cette teinte noiraude que nous leur trouvions tout à l'heure. Il serait d'ailleurs étonnant que la gentilhommerie rurale ait été en ce temps la seule classe à ne pas bénéficier de la générale civilisation des mœurs.

Mme de Sévigné, ironique mais sympathique – elle annonce donc le sentiment du XVIIIe siècle –, est dépannée par un hobereau de la généralité d'Orléans. Il lui paraît directement issu de la comédie de *George Dandin*, avec en renfort quelque chose venue des bergeries de Racan : « Notre essieu rompit hier, écrit-elle à Mme de Grignan, dans un lieu merveilleux. Nous fûmes secourus par le véritable portrait de M. de Sotenville ; c'est un homme qui ferait les *Géorgiques* de Virgile si elles n'étaient déjà faites, tant il sait profondément le ménage de la campagne. Il nous fit venir madame sa femme, qui est assurément *de la maison de la Prudoterie, où le ventre anoblit.* Nous fûmes deux heures en cette compagnie sans nous ennuyer, par la nouveauté d'une conversation et d'une langue nouvelle pour nous. Nous fîmes bien des réflexions sur le parfait contentement de ce gentilhomme de qui l'on peut dire :

Heureux qui se nourrit du lait de ses brebis
Et qui de leur toison voit filer ses habits [62]. »

Décrivant en ses mémoires les nobles du Languedoc, qui seraient au nombre de 4 485, l'intendant Basville leur attribue peu de rentes : « Il y en a quinze, écrit-il, qui ont entre 5 000 et 12 000 livres. La plus grande partie n'en a pas 3 000 [95]. » Cette médiocrité de ressources explique que, parfois, l'on donne en mariage une Angélique de Sotenville, dont la mère est née La Prudoterie, à un quelconque George Dandin, paysan enrichi, trop impatient au gré de sa tranquillité future de sceller par alliance son ascension sociale.

Le dérapage et la fin des révoltes

Dandin est une exception ; Dandin brûle même les étapes bourgeoises. C'est au-dessous qu'il faut enquêter, pour saisir l'attitude des gens de la campagne envers la seigneurie et le seigneur. Les Parisiens de 1680 sont ici de mauvais guides. Louis XIV ayant réprimé assez vite, et vigoureusement, quatre révoltes en quinze ans [198], ils décident que « les émotions populaires sont des orages qui se calment aisément [26] » ; force étant restée à la loi, il convient aussi ne pas ennoblir ces mouvements, leur créer une légende. D'où le mépris contenu dans certains jugements : « Les paysans qui se révoltent ne sont que des pauvres *croquants* [26]. » (Le manant est parfois un riche laboureur ; le croquant est un gueux de la campagne.)

Tout autre est la réalité. La plupart des soulèvements populaires qui ont troublé le royaume, surtout le Sud-Ouest, de 1624 à 1670, ont été provoqués par la pression fiscale de l'État. Or « les paysans qui supportent la presque totalité de la charge fiscale, et en particulier de la taille, ne sont pas les manouvriers qui ne possèdent rien ou presque rien, donc qui ne peuvent pas payer, mais ceux qui vivent tant bien que mal des terres qu'ils exploitent, bien quand la récolte est bonne, mal quand elle s'effondre [157] ». Ce sont les laboureurs, les fermiers, les gros métayers qui se lèvent le plus volontiers. La jacquerie française du XVIIe siècle est une action désespérée, à l'occasion d'un événement extérieur « provoquant une déchéance sociale ou menaçant de la provoquer [157]. Elle peut même, contre l'État jugé tyrannique et injuste, être encadrée ou encouragée par de petits nobles, un Audijos dans les Landes, un baron du Roure dans le Vivarais.

Mais le poids croissant de l'administration entraîne un double mouvement. L'intendant se faisant mieux obéir, l'ordre ayant été promptement rétabli, la perception de la taille devenant routinière, l'État cesse d'être accusé. L'administration n'apparaît plus comme l'ennemie. En certains cas, elle protège. Souvent elle garantit cette justice que l'on attend du Roi et dont on ne désespère jamais de voir le règne. En revanche, l'ordre colbertien a pour conséquence de protéger l'exercice et la perception des droits seigneuriaux. Le droit de colombier « est un des privilèges les plus mal supportés [6] » : les pigeons moissonnent avant les chrétiens. Les droits de chasse, exercés sous Louis XIII à la bonne franquette, deviennent beaucoup plus stricts. Et puis « on conteste aussi l'influence, légitime ou abusive, que le seigneur peut avoir dans les élections d'échevins, consuls ou syndics [6] » ; dans le Midi, cela donne matière à d'interminables procès.

D'ailleurs si l'État, désormais présent et même paternel, n'est plus, pour l'imagination populaire, le condensé de l'oppression, de la tyrannie et de l'injustice, les paysans que touche la crise ou que menace la déchéance, doivent trouver un nouvel épouvantail. Ce dernier va parfois redevenir, comme au XVIe siècle, le seigneur. Car enfin les droits seigneuriaux – sauf ceux qui lèsent les récoltes : colombiers et chasse [à courre] – ne sont pas intrinsèquement monstrueux. Balzac les comparera aux droits d'enregistrement du fisc moderne. Ils n'en sont pas moins irritants, parce qu'ils s'ajoutent au prélèvement exigé par l'État. Quand la taille était mal perçue, le seigneur semblait trop rapace; maintenant qu'elle tourne à la routine, les centimes additionnels dus à la seigneurie paraissent odieux. Il est vrai qu'ils sont très inégalement répartis, lourds en Bourgogne, lourds en Bretagne, légers en bas Languedoc, supportables en d'autres provinces.

La dernière grande révolte paysanne, celle de Bretagne en 1675, inaugurée comme les précédentes avec des protestations antifiscales – d'où son nom de *révolte du papier timbré* – est aussi antiseigneuriale. Par exemple, le 11 juillet, au château de Kergoat, en Saint-Hernin près Carhaix, plusieurs milliers de paysans sont venus présenter leurs revendications à la marquise de Trévigny. Ils sont encadrés par des notables de villages et par leurs recteurs : en Bretagne, les droits seigneuriaux sont lourds, la dîme ecclésiastique est modérée, manants et recteurs fraternisent volontiers. Malgré la présence de ces curés, les ruraux n'y sont pas allés de main morte. Le 12, le notaire de Carhaix trouve au château le cadavre du sieur de Kervilly, agent de la marquise; un peu plus loin c'est le corps du cocher. « Et entré qu'il fut dans la cour principale dudit château, vit plusieurs personnes inconnues, qui transportaient toute sorte de hardes et meubles dudit château. Et ayant dit à ces deux paysans qui le conduisaient qu'ils ne devaient pas laisser ainsi transporter lesdits meubles, puisque ladite dame leur accordait toutes demandes, les deux paysans se mirent lors en devoir d'arrêter tous ceux qu'ils voyaient transporter des meubles et hardes. » En fait ce n'était pas deux morts que l'émeute avait faits, mais quatre. Quant à la renonciation signée par la marquise, elle comportait « l'abandon des corvées, la réduction de redevances, c'est-à-dire l'aménagement des devoirs et non leur abolition ». Ce n'est pas la suppression du régime seigneurial que réclament ces violents, mais la « stabilisation d'un système foncier trop précaire ». Ils veulent surtout « que leurs tenures ne puissent pas être divisées lors d'un renouvellement de bail [6] ».

Ces Bretons soulevés – qu'on nomme *les bonnets rouges* – en appellent au Roi, au nom de la justice qui leur semble violée et dont ils requièrent humblement le rétablissement. Une *Requête de la populace de cette révolte* (sic) s'exprime en ces termes : « Nous sommes accablés de tous côtés, en toute sorte d'occasions et nous ne pouvons avoir justice. C'est pourquoi nous sommes obligés de nous mettre en défense contre la justice [l'administration] et contre la noblesse [...] Notre bon Roi nous a traduit beaucoup de bonnes ordonnances et fait éclater sa justice en toutes les parties du monde, quoiqu'en ce pays elle ne s'observe nullement [157]. » La Bretagne, il est vrai, n'a pas encore d'intendant : cette lacune ne sera comblée qu'en 1689. Dès lors les agents de l'État – le gouverneur, le Parlement – et ceux de la noblesse – à travers les états de Bretagne – ont peut-être trop d'intérêts en commun.

Cependant la répression est énergique. Mme de Sévigné écrit le 16 août : « On dit que nos mutins demandent pardon ; je crois qu'on leur pardonnera moyennant quelques pendus. » Le 24 septembre : « Nos pauvres bas Bretons, à ce que je viens d'apprendre, s'attroupent quarante, cinquante par les champs, et dès qu'ils voient les soldats, ils se jettent à genoux et disent *mea culpa* : c'est le seul mot de français qu'ils sachent... On ne laisse pas de pendre ces pauvres bas Bretons. Ils demandent à boire et du tabac, et qu'on les dépêche [62]. »

À l'échelle d'un long règne et d'un si grand royaume, ces émotions et ces reprises en main ne pèsent guère. Même en Bretagne, pour en finir avec *les bonnets rouges*, elles s'oublieront assez vite. S'il n'en avait pas été ainsi, nul ne pourrait comprendre, à cent dix-huit ans d'intervalle il est vrai, les profondes solidarités de la chouannerie.

La communauté villageoise

L'ancêtre de notre commune, le garant de cette « solidité » qui marque tous les villages français [130], est la communauté d'habitants, expression d'une sociabilité, autorité morale, distincte de la paroisse, qui encadre et protège ses ressortissants contre les excès possibles de la seigneurie, et qui atténue, fût-ce partiellement ou inconsciemment, les conséquences du progressif empiètement de l'État. Lorsque les limites de la communauté ne sont pas celles de la paroisse, il y a deux assemblées concurrentes : celle de la paroisse en gère le temporel, celle de la communauté s'occupe des communaux et de la collecte de l'impôt. Lorsque paroisse et communauté coïncident, les pouvoirs de l'assemblée unique sont considérables. Mais elle ne se réunit pas de plein droit. Ici elle est convoquée par le seigneur haut justicier ; là elle demande permission à l'intendant de la généralité. Elle symbolise une manière de démocratie villageoise, mais, depuis 1659, la communauté a été déclarée *mineure* par l'État qui, de plus en plus, impose sa surveillance. Les manants s'efforcent de rester libres en flattant l'administration. Dans certains procès-verbaux d'assemblée, ils tiennent à spécifier qu'ils sont « congrégés et assemblés non par manière de monopole mais pour traiter des affaires de leur communauté [130] ».

L'assemblée se réunit sans délai en cas de catastrophe – orage ou grêle, incendie –, mais, en temps normal, le dimanche après l'office (messe ou vêpres). Elle siège en général «sous l'orme», sur la place du village, ou sous les halles quand il s'en trouve. La place est d'ailleurs le carrefour de la sociabilité. Elle réunit l' «espace masculin» (orme et cabaret) et l' «espace féminin» (lavoir et four banal). La place est en outre celle de l'église. Ce fait confère du prestige à l'assemblée, fournit des commodités aux manants. Nombre d'églises ont un porche garni de bancs, appelés en certains endroits *galinières* ou *caquetoirs*. L'assemblée est ouverte aux chefs de famille, hommes ou veuves. Il lui faut au moins dix membres pour délibérer, selon l'axiome «dix habitants font un peuple». Mais, pour contracter un emprunt, on a besoin des deux tiers des chefs de feux; pour disposer des communaux, on requiert le plénum des membres.

Dans beaucoup de campagnes, par exemple en Beaujolais, l'assemblée n'est ouverte qu'aux propriétaires; ailleurs elle ne comprend que les manants, paysans implantés, et non les habitants, derniers venus non fixés. Partout on observe beaucoup d'absentéisme, soit que viennent siéger surtout les notables, soit que le tout-venant craigne de se compromettre. Quand il s'agit de désigner des soldats pour la milice, la plupart disparaissent comme une volée de moineaux.

La communauté, représentée par son assemblée délibérante ou par son syndic délégué, n'a pas même présence et même force partout. Dans certaines vallées des Pyrénées, où les biens communaux constituent jusqu'à 80 pour 100 du sol, elle est une cellule démocratique, elle-même intégrée à une communauté de vallée. Dans les provinces du Nord, conquises sur l'Espagne, la seigneurie impose sa loi; la communauté est presque réduite à de la figuration. Dans le Bassin parisien, l'assemblée nomme son syndic, mais aussi le *messier* (garde champêtre), «le garde des vaches, parfois le garde des bois et, bien sûr, les *asséeurs* collecteurs qui assurent l'assiette et la collecte de l'impôt. Mais tous ces représentants, syndic compris, ne reçoivent pas une véritable délégation de pouvoir. Ils ne sont que mandataires et doivent consulter leurs commettants pour tout problème important [130]». Cependant c'est le Midi qui possède les communautés rurales les mieux assises. En Provence, le parlement d'Aix approuve leurs statuts, protège leur fonctionnement. Les consuls sont élus par le conseil général de la communauté, et non par la seigneurie. « Il y a souvent trois consuls : le premier choisi parmi les bourgeois, le second parmi les marchands et le troisième parmi les artisans et les ménagers [130]. »

Car la France rurale n'est pas uniformément rustique. En Provence, notamment, on trouve au village, non seulement un notaire, un procureur, des marchands, mais des bourgeois, rentiers souvent pauvres, fiers de leur instruction, et intermédiaires naturels entre la campagne et la ville. Dans le Nord, le principal notable est aussi le notaire; mais ce peut être également le procureur fiscal, juge seigneurial. Vient ensuite le chirurgien s'il en est un, que suivent l'aubergiste et le maréchal. À côté des laboureurs aisés, fermiers ou métayers, il faut encore compter le charron, le maçon, le charpentier, le menuisier, le boucher et le tailleur d'habits, et ne pas oublier le magister et le sacristain. Tout ce petit monde, si important – il constitue la France profonde –, s'articule et se hiérarchise de façon variable, selon les pays, selon le poids local relatif des métiers, selon les personnalités. L'argent n'y est, pas plus qu'à Paris ou à la ville, le critère unique. La considération prime tout. C'est pourquoi le curé domine le bourg ou le village; c'est aussi pourquoi le sacristain est quelquefois plus envié qu'un charron fortuné.

Les travaux et les jours

« Savez-vous ce que c'est que faner? » Les manants le savent. La marquise de Sévigné le sait aussi. Elle chasse un domestique qui joue les fiers et, par mépris de la campagne, refuse de faire les foins [62]. Faner, cueillir, moissonner, vendanger sont les quatre récompenses du cultivateur. C'est là que se joue parfois l'avenir de l'héritage. En pareil cas, on travaille le dimanche. Le curé ferme les yeux. D'ailleurs les manants mettent le ciel de leur côté. Avant l'Ascension sont en effet célébrées les *rogations*, « auquel temps on fait des prières et des processions pour les biens de la terre [26] ». Pour les vignerons, ces invocations viennent parfois trop tard, en raison des possibles ravages attribués aux *saints vendangeurs*. « Les saints vendangeurs sont ceux dont les fêtent échéent à la fin du mois d'avril, ou au commencement de mai. C'est le temps où les vignes sont en danger de geler. Ils sont douze en nombre, comme saint George, saint Marc, etc. Il y a eu des paysans qui ont sollicité pour les faire transférer après vendanges [26] ! » Nul n'ignore que l'autorité n'a rien fait en ce sens. Les cultivateurs du XXe siècle les subissent encore. Le Midi les appelle cavaliers ; le Nord, saints de glace.

Mais le travail des champs, à peu près immuable, suit un calendrier non moins fixe. Voici celui du Toulousain. En janvier, on laboure les terres à céréales. En février, débutent les semailles, au moins pour l'avoine et l'orge. C'est encore le moment des ébranchages et du nettoyage des vignes. En mars, l'ensemencement continue, mais aussi il faut labourer là où la semaison ne viendra qu'à l'automne. Avril est décisif. C'est le mois de labour pour vignes et champs à blé. C'est encore le moment où l'on sème le maïs. Cette céréale, « le plus beau présent que le nouveau monde ait fait à l'ancien » (Villèle), accumule toutes les vertus ; c'est une « plante nettoyante » qui approprie la terre et l'ameublit. Elle n'occupe la sole que six mois. Le maïs est déjà cultivé à Bayonne au XVIe siècle ; il est coté au marché d'Angoulême en 1667 ; depuis 1652 il atténue à Toulouse les crises de subsistances ; il se répand en bas Quercy à la fin du XVIIe siècle. Près de Toulouse ou de Castelnaudary le maïs – parfois appelé « gros millet » ou « millet d'Espagne » – est la base de la nourriture, moyennant quoi les paysans vendent avantageusement leurs autres céréales [118].

Aux mois de mai et de juin, les terres à blé sont à nouveau labourées ; le maïs est l'objet d'un sarclage méticuleux. Juillet voit à la fois la fenaison et la moisson. Vient août. Il faut dépiquer sur l'aire, procéder à un quatrième labour, récolter le chanvre, épandre le fumier, couper les « panicules » du précieux maïs. Septembre est un moment de grande activité.

Les champs de blé y sont labourés pour la cinquième fois. Mais c'est surtout le temps, doublement attendu, de la vendange et de la récolte du maïs. En octobre, ce même maïs est engrangé; on sème le blé, le seigle et l'avoine, dans ces terres si bien préparées, mais aussi les fèves et le lin. Le moment est d'ailleurs venu d'acheter pour les engraisser cochons de lait et oies tendrettes. Décembre verra des plantations d'arbres et le labourage des champs à maïs. Seul novembre est un mois de repos, pour la terre comme pour les hommes [118].

De la maison au cabaret

Le repos du cultivateur a deux cadres, la maison ou le débit de boisson. La maison n'a pas le relatif confort qu'apportera le siècle de Louis XV. Les vitres sont inconnues du pauvre. Les murs n'ont pas toujours la solidité convenable; ils sont souvent l'œuvre du *bousilleur* («maçon de campagne, qui bâtit de terre et de boue [26]»). Les vignerons de Montlhéry « ont une petite chaumière, contenant un espace et demi ou deux, où ils couchent et resserrent leurs blés et grains; ils font dans le coin de leur cour un petit appentis aussi couvert de chaume, pour mettre une vache, quand ils ont le moyen d'en acheter [110]».

Les meubles sont rares et simples. Il y a plus de coffres que d'armoires; c'est au point que l'armoire est indice de montée sociale. Les lits sont collectifs. Ce paysan de Saintonge, à qui Forbin en 1683 demande une hospitalité nocturne, déclare : «Hélas! monsieur, vous le voyez vous-même, je n'ai en tout que ce méchant lit qui sert pour moi, ma femme et mes enfants [25].» Il est vrai que cette promiscuité chaleureuse a ses avantages en hiver, quand l'âtre perd de son rayonnement.

C'est sous sa hotte, souvent sur les bancs de pierre scellés au mur, que l'on veille. La taque ou *contre-cœur* répercute la chaleur du foyer. En certaines régions elle réchauffe aussi la pièce voisine, qu'on nomme «poêle» même lorsqu'il ne s'y trouve pas de fourneau. « Les pauvres gens ne brûlent que des tourbes » ou encore des « bûchettes ». Ce mot désigne le « menu bois » qu'on va « ramasser dans les forêts, et qui reste après qu'on a mis le bois en ouvrages, ou en fagots [26] ». La veillée est une institution ancestrale, surtout hivernale, qui favorise la sociabilité villageoise. On s'invite à tour de rôle. Les meilleurs conteurs sont réclamés en plusieurs demeures à la fois. Certains sont nourris d'almanachs et paraphrasent de petits récits de la « bibliothèque bleue », venus par le canal du colporteur [10]. Ils savent les contes de Peau d'âne, les facéties des « esprits *follets* qui pansent les chevaux, qui font du bruit la nuit, qui tirent les rideaux et la couverture ». Ils connaissent parfaitement le *moine bourru*, ce « lutin qui, dans la croyance du peuple, court les rues aux avents de Noël, et qui fait des cris effroyables [26] ».

Les repas rustiques sont moins frugaux qu'on ne l'imagine souvent. Le pain, certes, y tient une grande place, que l'on cuit pour une semaine ou davantage. Mais on ne mange pas le pain sec, sauf chez « les pauvres et ceux qui vivent dans l'austérité ». Le pain complète les légumes de la soupe. Celle-ci n'est d'ailleurs pas toujours végétarienne. « Pour faire une bonne soupe, le secret est de faire bien mitonner le pain dans du jus de viande. » Le pain le plus rassis regagne un vrai charme sous forme de *miaulée*. Qu'est-ce donc que cette miaulée? « C'est du pain trempé ou esmié dans du vin doux, du cidre, ou autre liqueur agréable. Les enfants de paysans trouvent un grand ragoût à faire des miaulées. » Les jours de fête, la fouasse ou *fouace* ou fougasse, galette cuite sous la cendre, se substitue au pain ; le *brouet* peut remplacer la soupe paysanne. Ce brouet français ne ressemble pas du tout à celui de Sparte. Il est « fait d'œufs, de lait et de sucre », mi-bouillon, mi-entremets. On le porte « aux nouvelles mariées le lendemain de leurs noces avec solennité et réjouissance ». Si les œufs, vendus volontiers au marché, ne sont pas d'un usage quotidien, non plus que le beurre, le fromage s'emploie beaucoup, comme le rappelle le proverbe connu :

Fromage, poire et pain,
Repas de vilain.

Et, même en réservant les *crevailles* aux jours de fêtes carillonnées, il faut penser que l'on *fricasse* volontiers le dimanche. « On fricasse des poulets, des œufs, des pois, des légumes », dans une poêle ou dans un chaudron.

Le point faible de l'alimentation domestique est la boisson. Pourtant les vignerons font leur piquette, les paysans de Normandie, du Perche ou de Bretagne fabriquent du cidre, ceux qui ont des cerisiers sont tentés de boire la *clairette*. On appelle ainsi « une eau-de-vie où on a fait confire des cerises avec du sucre, et autres ingrédients cuits au soleil [26] ». D'ailleurs la mère de famille dispute l'ivrogne et le contraint en somme d'aller à l'estaminet, sauf lorsqu'elle est complice de sa mauvaise habitude, comme cette chanson bachique de 1665, « sur un air nouveau », le suggère :

Ma femme boit comme une éponge
Et moi, comme un trou d'été,
Qui fait que jamais elle ne songe
À notre nécessité [74].

Pour *chopiner* (terme « bas », réalité quotidienne) tranquille, rien ne vaut le débit de vin. On y peut *mouiller* (boire) sans autre limitation que ses deniers comptants. Car le cabaretier hésite à faire confiance à la clientèle. L'écriteau traditionnel CRÉDIT EST MORT, avec illustration graphique, se rencontre couramment chez le petit marchand et le débitant.

Au cabaret on retrouve la partie masculine adulte du village – c'est la réplique du lavoir. Les richards paient des tournées. Les soiffards sont heureux. Les « nouvellistes » non moins, qui recueillent et répandent les avis, informations, ragots et « canards » divers, venus de la ville ou du bourg. Les colporteurs, que l'on nomme au XVIIe siècle « merciers de campagne », ne sont pas les derniers à informer le manant. Ils vendent « des images, des étuis, des ciseaux, des lacets et autres menues marchandises» contenues dans leur *malle*, dite aussi *layette* ou *boutique*. Le ramoneur savoyard tient également toute sorte d'articles et il a «la patience de remuer toute sa malle pour vendre une paire de ciseaux [26]».

La fête au village

Quand nous plantons le mai,
Dans notre village,
Rien n'est si plaisant, rien n'est si gai
Que notre badinage.

La chanson continue, évoquant la danse en cadence, les battements de mains...

Et sur la mousse,
L'on se trémousse,
L'on s'entrepousse
Comme des fous [74].

Cette plantation du mai, que les clercs de la Basoche font encore solennellement à Paris au Palais, est devenue presque un monopole de la campagne. Le 1er mai, «par honneur, on plante devant la porte d'une personne qu'on veut honorer» – et qui, par voie de réciprocité, vous abreuve, vous régale et vous fait danser – «un arbre ou gros rameau de verdure [26]».

Il est des fêtes moins innocentes, tournant aisément à la rixe, quand ce n'est à la bataille rangée. Durant le carnaval de 1671 les gens de Saint-Jean-de-Luz, qui se réjouissent chez eux, entament une bataille contre ceux de Ciboure «pour une question de clochettes [80]». Les jeunes, organisés en groupes (les «bacheliers», les «bouviers», «la jeunesse») qu'animent des «rois» ou des «princes» de leur choix, imposent leurs prétentions joyeuses. Ils bloquent la route de l'église, rançonnent les futurs mariés. C'est le droit de pelote ou de *cherevesse*, de charivari ou de barrière, de garçonnade ou d'honnêteté. Ces jeunes aiment le tapage, *font carillon*, mais ne dépassent pas certaines limites. Les autorités les tolèrent gentiment, sauf à condamner l'abus des quêtes rituelles. Sous prétexte du carnaval, de Pâques ou du 1er mai, des groupes de jeunes vont, de maison en maison, extorquer des sous ou des provisions.

Les fêtes d'hiver sont fort prisées : Noël, resté chrétien en dépit des excès possibles du réveillon, les Rois (« c'est une belle fête », assure Mme de Sévigné), la Chandeleur, ce 2 février marial « où on fait des processions avec des chandelles allumées [26] », le carnaval. Le carnaval, « rite d'inversion », est le contraire du carême dont il constitue l'antichambre ; donc les fêtards du carnaval se piquent de mettre le monde à l'envers. Les hommes s'habillent en femmes (le contraire choquerait trop). Parfois un « prince de *haute folie* » se substitue tout un jour à la justice officielle. La jeunesse aussi se constitue en « joyeux tribunal ». Le charivari atteint sa meilleure densité.

L'Église intervient lorsque les bornes de la décence sont trop dépassées. Elle tente surtout de préserver la fête patronale de paroisse des excès de goinfrerie, d'ivrognerie, ou même de luxure qui souvent l'accompagnent. Même la fête-Dieu risque alors de tourner à la mascarade! Le 21 juin 1671, Mme de Sévigné écrit à sa fille : « Vous me mandez des choses admirables de vos cérémonies de la fête-Dieu. Elles sont tellement profanes que je ne comprends pas comme votre saint archevêque les veut souffrir ; il est vrai qu'il est italien, et cette mode vient de son pays [62]. » Il faut au moins que les cabarets restent fermés pendant la messe, les vêpres et la procession. Il ne convient pas qu'il y ait bal ce jour-là. Les évêques austères, les curés jansénisants essaient, nous l'avons vu, de discipliner leurs fidèles. Ils y ont du mal.

Si la France avait été très pauvre, même en son *plat pays* (la campagne), les manants vraiment malheureux, cette chronique tentation de la fête n'aurait pas fait l'objet de tant de mandements à l'efficacité douteuse. Le retour des fêtes et leur éclat sont « les preuves de la prospérité du lieu et du bonheur de ses habitants [80] ».

Dissidents et marginaux

– C'est la communauté des croyances qui fait les peuples forts.
– Ce qui est vrai, répliqua M. Bergeret, c'est que les hommes animés d'une foi commune n'ont rien fait de plus pressé que d'exterminer ceux qui pensent différemment, surtout quand la différence est très petite.

Anatole France

En une république bien policée on doit punir les fainéants.

Furetière

L'unité du royaume, rêve du gouvernement d'alors, s'inscrit dans un ordre moral. Or il n'est point d'ordre moral qui ne soit à l'origine religieux. En 1701 vagabonder est un délit. Le « pauvre mendiant », domicilié, reconnu indigent par l'administration, est protégé ; tandis que sont poursuivis, par ordre de Sa Majesté, les vagabonds, c'est-à-dire « ceux qui n'ont ni profession, ni métier, ni domicile certain, ni bien pour subsister, et qui ne sont avoués et ne peuvent faire certifier de leurs bonnes vie et mœurs par personnes dignes de foi [130] ». Mais, à la même date, professer la R. P. R., la « religion prétendue réformée », interdite depuis l'édit de Fontainebleau (octobre 1685), est un crime, passible des galères à perpétuité.

Dans l'un comme dans l'autre cas, le contrevenant doit être arrêté par la maréchaussée et condamné prévôtalement sans attendre. Dans les deux cas, le contrevenant a toutes chances, si l'on peut dire, d'être expédié vers Marseille, avec ce triste convoi qu'on nomme « la chaîne » – parfois plus meurtrier que la peine future –, et de ramer sur les galères royales en attendant une libération problématique.

Éclat et noirceur des galères

Le monde des galères, brillant et redouté, est une étrange cité, toute de contrastes et de paradoxes. Le Roi s'en préoccupe; les ministres plus encore; une partie de la marine de l'État – cette administration pilote – est mobilisée pour lui. En 1679 l'intendant Brodart, pour honorer le marquis de Seignelay en visite à l'arsenal de Marseille, fait assembler en sa présence une galère en vingt-quatre heures[188]. Beaucoup de jeunes gentilshommes ont fait à Malte leurs « caravanes ». Ils sont ensuite tentés, surtout ceux de Provence, de servir dans le corps des galères. C'est le comble du chic. Sur les vaisseaux on trouve des officiers de tout rang social et presque de toute origine; sur la poupe des galères, seulement la bonne noblesse. Il est rare que l'on passe des galères aux vaisseaux. S'il est alors un esprit de corps, et la notion d'un « grand corps », c'est dans les états-majors des galères qu'il le faut chercher.

Certes les vrais combattants y rongent leur frein : cette flotte de galères du roi de France – qui enfin en 1690, avec quarante unités, achève d'éclipser sa rivale espagnole – est rarement engagée dans la bataille. Mais elle soulage la marine des vaisseaux (écartelée entre Toulon et Brest), impressionne les barbaresques, et fait de la Méditerranée occidentale un lac français. Dès 1669 l'intendant des galères écrit : « Je ne crois pas qu'il y ait plus belle escadre à la mer. » En 1675, son fils et successeur a pour préoccupation d'armer, sculpter, gréer et décorer une *réale* française aussi magnifique que sa concurrente, celle du roi Catholique. Lorsque, le beau temps revenu, en mars ou avril, la flotte des galères de S. M. appareille, avec « ses flames, pavezades, portières et parasols de damas, ses banderoles ou enseignes des bancs de damas, le tout avec fleur de lys d'or [188]», chiourme et soldats en casaques et justaucorps neufs, c'est un spectacle magnifique. Et la croisière n'est pas sans avantage pour le royaume : cette théorie de fins navires, bons voiliers dotés du moteur auxiliaire de la *vogue*, promène sur les flots « une image du pouvoir royal [188]», que nos intendants de galères, administrateurs cultivés, ne craignent pas de comparer aux chars des triomphes romains.

Plus le Roi augmente sa flotte à rames, moins les *Turcs* et les rameurs volontaires sont aisés à trouver. Il faut donc augmenter la *chiourme* des forçats. De 1680 à la fin du règne, trente-six mille sont ainsi envoyés aux galères, soit plus de mille par an. Près de la moitié de ces hommes sont des déserteurs des armées de S. M. Les galères sont donc avant tout une sorte de bagne militaire. Un quart est composé de contrebandiers et de faux-sauniers (parmi lesquels se rencontrent, sans que le tribunal l'ait su, d'autres déserteurs). Le reste est fait de meurtriers, de voleurs, de vagabonds, de délinquants divers.

Les galères voient mourir plus de la moitié de leurs condamnés, moins de la rudesse de la *vogue*, que de celle de la *chaîne*, de l'entassement des forçats, de la facilité de propagation des épidémies. Et, comme les condamnés meurent le plus souvent dans les trois premières années, ce sont paradoxalement les petits délinquants qui sont le plus frappé. Contrairement à une légende, ce n'est pas le rude labeur de la rame qui fait le pire de la condition du galérien. D'ailleurs la galère est un navire à voiles. Les rameurs sont surtout requis pour entrer et sortir de la rade, « nager » quand l'escadre est encalminée, enfin au combat pour appuyer l'action du vent. D'ailleurs seuls les condamnés jeunes et vigoureux sont destinés aux bancs de nage. Lorsqu'il y a à Marseille quelque onze mille condamnés, un sur dix au moins ne navigue pas. Les vieux, les moins forts de la chaîne ont été affectés au bagne de l'arsenal. Quelques-uns œuvrent à la voilerie, d'autres à la corderie, la plupart à la fabrique d'étoffes : il faut filer et tisser les étoffes utiles aux galères, confectionner les casaques des galériens [188]. Le va-et-vient des ouvriers de l'arsenal et surtout des manœuvres entraîne de menus trafics, avantageux aux pauvres forçats.

Et puis plusieurs centaines de condamnés sont prêtés par l'administration à des employeurs de la ville, manufacturiers ou artisans notamment. Ils se font de l'argent, rencontrent des complicités, parfois beaucoup de chaleur humaine. Les bourgeois de Marseille se montrent à l'occasion plus fraternels envers ces réprouvés, que certains maîtres ouvriers de l'arsenal ou que certains compagnons de chaîne. Car les deux caractéristiques de cette société étrange sont les suivantes : 1) on les tient pour marginaux, mais ils ne sont pas coupés de la cité; 2) on les croit solidaires, mais il y a entre eux des intérêts divergents, des conflits et des haines.

Parfois l'administration y trouve son compte, et peut-être encourage-t-elle certaines de leurs rivalités. Elle-même tient avec soin le fichier de trois catégories particulières, présumées dangereuses ou du moins inquiétantes. Il existe le groupe des «forçats recommandés», dont le ministère a donné les noms à l'intendant. Une seconde liste réunit les récidivistes ou *chevaux de retour*. Enfin un troisième registre est là, pour les «forçats de la Religion». En 1704, les commis de M. l'intendant doivent y inscrire, «année par année, ceux qui font leur devoir [religieux], les opiniâtres, les dangereux, et toutes les aventures qui leur surviennent [188]».

Ces «galériens pour la foi», comme ils s'intituleront, contraints de côtoyer – évangéliquement, il est vrai – plus de mauvais que de bons larrons, ont, à juste titre, marqué la sensibilité réformée française. On les a si bien plaints, que l'imagination populaire a tendance à les faire dix fois, voire cent fois plus nombreux qu'ils ne furent. Ils ont été mille quatre cent cinquante. C'est mille quatre cent cinquante de trop; c'est aussi moins de cinquante par an [44]. En mer il n'est pas rare que ces galériens de la Religion bénéficient d'une certaine bienveillance des officiers et même des comites. Au port, les règlements qui les concernent sont strictement appliqués. Il leur est plus difficile qu'à d'autres de travailler en ville ou d'être provisoirement déferrés. En

1699 et 1700, les officiers et aumôniers de *La Superbe, La Favorite* et *La Magnanime* imaginent de contraindre les protestants à s'agenouiller durant la messe et à ôter leur bonnet (au lieu de s'acagnarder sur leur banc). C'est *l'affaire* (marseillaise) *du bonnet*, qui provoque de méchantes et rudes bastonnades.

Malgré ces persécutions, les galériens réformés tiennent bon. Un de leurs chefs, David Serres, écrit en Hollande à la veille du nouvel an 1710 : « Je vous souhaite de bon cœur et à toute votre famille une bonne et heureuse année. Voici la vingt-cinquième année de notre captivité, car nous avons été arrêtés en 1685, au mois d'octobre ou de novembre. Nous espérions en voir la fin de celle-ci, mais il semble que Dieu a différé cet heureux jour à un autre temps. Son Saint Nom soit béni [44] ! » Serres et ses amis ont mis au point une organisation clandestine des galériens pour la foi. Cette société secrète, structurée en 1699, a, dans la ville de Marseille, ses correspondants ; souvent intermédiaires de lettres, de Bibles, de libelles protestants en provenance de Hollande : les feuilles brûlantes de Jurieu sont très attendues à l'arsenal. Les zélateurs de « cette contre-société des galères » organisent la formation religieuse continue des moins assurés, et même l'instruction générale des « frères ignorants ». Ils distribuent des secours, expédient vers les Provinces-Unies des textes et témoignages sur les galères, « l'Église des confesseurs ». Comme les bureaux de l'intendance, ils tiennent un fichier, mais l'échelle des valeurs y est inversée. Et tous obéissent à un directoire de sept membres, à l'immense pouvoir. Le roi de France, qui n'a jamais pardonné aux paroisses protestantes de former autant de mini-républiques, n'a pas pensé, en 1685, que sa politique de contrainte aurait pour premier résultat d'établir, à Marseille et sur ses prestigieuses galères, la plus musclée, la plus structurée des républiques, l'Église des « confesseurs qui souffrent pour la vérité de l'Évangile [44] ».

La haine du protestantisme

Vers 1670 – nous ne possédons pas encore Strasbourg – la France compte quelque neuf cent mille « prétendus réformés ». Car on ne dit à peu près jamais dans le royaume les « protestants » pour désigner les calvinistes, mais : ceux de la R. P. R., ou : ceux de la Religion, ou : les religionnaires – curieux éloges inconscients accordés à des adversaires ! *Protestant* s'applique alors, soit « aux hérétiques d'Allemagne qui suivent la doctrine de Luther », soit à l' « amant qui fait à une dame des offres de service et d'amour, et qui lui promet fidélité [26] » : les prétendants de Pénélope sont en quelque manière protestants.

Les réformés français ont quelque implantation au Nord. Il y en a à Sedan ; on en compte près de soixante mille en Normandie. Ceux de la région parisienne vont au culte à Charenton, seul temple autorisé localement. Mais leurs grandes concentrations se trouvent au sud de la Loire. Ils sont cent mille en Saintonge, quatre-vingt-dix mille en Poitou, cent mille en basse Guyenne, quatre-vingt-huit mille en bas Languedoc, quarante-huit mille en Vivarais, quatre-vingt-trois mille en Dauphiné [114]. Depuis l'édit de Nantes de 1598, ils ont liberté de conscience et de culte ; tandis que la révolte du Midi leur a fait perdre en 1629 les garanties politiques et militaires contenues aussi dans l'édit. Les rois Bourbons, en dépit du serment du sacre – qui promet solennellement l'extirpation des hérésies –, continuent donc de violer l'axiome accepté dans le monde entier : *Cujus regio, ejus religio* (à chaque pays sa religion). Mais, depuis 1621, date à laquelle les réformés commencent à émigrer, les relations entre catholiques et protestants français sont ambiguës.

Une partie de l'élite comprend ou devine que les deux confessions ont le même credo, que le concile de Trente a rendu caduques plusieurs des critiques portées contre Rome par les réformateurs. Certains savent ou soupçonnent que le catholicisme a retrouvé le sens de la toute-puissance divine (la devise de Loyola *Ad majorem Dei gloriam* ressemble comme une sœur à celle de Calvin *Soli Deo gloria*), le goût de la théologie positive, l'importance de la rédemption christique. Pendant ce temps, les protestants s'aperçoivent que les enterrements sont compatibles avec une certaine liturgie, et que les jeûnes ne sont pas des exercices condamnables. Mais l'erreur du Roi est de croire qu'un tonnelier de Guyenne, un marinier de la Durance ou un forgeron de la Cévenne raisonnent comme M. le maréchal de Turenne, converti en 1668.

L'incompatibilité entre la confession dominante et les petites Églises réformées, qui paraissent la narguer, est entretenue par le peuple. Aucun ministre protestant n'enlèvera de l'idée de ses ouailles que Rome est la nouvelle Ninive, la nouvelle Babylone, que le pape se prend pour une manière de Dieu vivant, que la «messe papale» est un blasphème, l'eucharistie catholique un sacrilège, le culte des saints une superstition attentatoire à l'honneur de Dieu. À la limite, le papiste est un païen, qui adore les images, divinise la vierge Marie, s'agenouille devant des morceaux de pain, ignore tout de la sainte Écriture. Les camisards qui, en 1702, casseront des crucifix, piétineront des hosties, brûleront des églises, seront persuadés d'exécuter la volonté du Dieu jaloux.

Pour le catholique simple, laïque ou ecclésiastique, le réformé est hérétique, blasphémateur et opiniâtre. Il abuse de l'Écriture sainte, la torture à son gré. Il contrarie la gloire de Dieu en récusant la cour céleste, en rabaissant Marie, en refusant les saints, leurs images et leurs reliques. Il nie la présence réelle du Christ dans le pain, en la disant seulement « spirituelle». Il refuse les ordres du même Christ en niant que le successeur de Pierre soit son lieutenant. Il a remplacé la sainte messe latine par un prétendu culte en langue vulgaire. Il irrite quotidiennement les vrais fidèles en refusant de saluer le saint sacrement porté en procession. Il prend cependant un air supérieur et abuse du *patois de Canaan* : son discours est toujours émaillé de citations bibliques que l'on ne connaît ni d'Eve, ni d'Adam.

Dans le Midi, où les protestants sont nombreux, souvent le réformé est le riche, seigneur du village ou patron de l'entreprise; le catholique est le pauvre. Il n'est pas difficile à son curé ou à un moine du voisinage, de lui insuffler la haine de l' « hérétique ». D'une manière générale, les réformés, stimulés par l'Ancien Testament, par certains passages de saint Paul, par l'idée judéo-chrétienne que le travail est un devoir sacré et la richesse une récompense du ciel, sont plus fortunés que les catholiques, parce que plus actifs, solidaires les uns des autres, stimulés par leur situation minoritaire sur le plan national. Alors ils ont tendance à regarder de haut le papiste, cet « hérétique » peu instruit, ignorant de la Bible, et parfois, sous le nom de pauvreté, sanctifiant sa paresse.

Telles sont les causes des mesures antiprotestantes. Ces préjugés sont soufflés aux enfants par les parents, attisés au catéchisme par le curé, à l'école biblique par le pasteur, aiguisés au moindre frottement des relations professionnelles ou sociales, exacerbés quand passe dans la rue une procession, exaspérés quand les missionnaires catholiques mettent la main sur la ville et usent de violence verbale. Que les deux confessions soient finalement très proches, n'est pas fait pour dissiper les malentendus, mais au contraire pour les exciter. On se dispute plus volontiers sur les points secondaires – le mariage des pasteurs, la communion sous les deux espèces, la prière pour les morts, le purgatoire – que sur l'essentiel. Et les rancunes accumulées, les griefs mémorisés s'échappent, comme un torrent de montagne, lorsqu'un Roméo réformé prétend épouser une Juliette de religion romaine. Le Roi ne fait que suivre son peuple.

La persécution du protestant

Depuis 1660, en effet, le protestant est persécuté. Cette année-là, le Roi a reçu avec une froideur glaciale le délégué du synode national des Églises réformées. Les bons observateurs savent qu'il n'a pas en vain juré, au cours de la cérémonie du sacre, d' « extirper l'hérésie ». Tout l'y pousse et tout le monde : ses convictions, son confesseur jésuite, le clergé de France et le peuple. Ajoutez le souci (ou le rêve) de l'unité française, la crainte d'avoir chez soi un parti de l'étranger ; enfin la méfiance d'un monarque absolu pour ces paroisses réformées, qui forment comme autant de petites républiques calvinistes.

Le siècle admire saint Augustin, protestants comme catholiques. C'est dire que chacun accepte l'usage de la contrainte, si la finalité est pieuse et légitime. Comme Augustin appliquant à la croisade contre les donatistes le fameux *Compelle intrare* (Contrains-les d'entrer) de la parabole des conviés au banquet, ainsi les réformés du Refuge voudraient-ils convertir de force les unitaires ou antitrinitaires. Louis XIV, son gouvernement et l'Église de France veulent, eux, amener par tous les moyens les « prétendus réformés » à ce qu'ils tiennent pour la véritable Église. Qu'est-ce qu'un peu de brusquerie, au regard d'une éternité de joie plutôt que de souffrances ?

Trois modes successifs de pression sont donc utilisés. Les années 60 et 70 sont l'âge de la conversion. Si vous êtes protestant, minoritaire dans le bourg ou la petite ville, méfiez-vous du curé convertisseur. Il croit bien faire. Il sert Dieu. Il y met tout son cœur. Il en fait une question d'amour-propre. Méfiez-vous aussi de ces petits bourgeois qui font, de la controverse aimable et de la pression psychologique, une seconde profession. À Saint-Maixent fleurit ainsi un fameux « convertisseur » du nom de Jean Drouhet (1617-1681), apothicaire de son état. Dans les registres paroissiaux on ne voit que son nom : ici il est témoin d'une abjuration, là parrain des enfants de « nouveaux convertis ». Son zèle fait de lui un poète local, écrivant en patois poitevin. Il débute dans cette littérature en chantant la conversion du ministre réformé Cottiby, le défendant contre la médisance. Ce Samuel Cottiby, pasteur et fils de pasteur, a assisté à Loudun, en 1659, aux conférences du P. Adam, un jésuite missionnaire. Le 25 mars 1660, il s'est fait catholique, au scandale du synode. Les réformés maintenant le haïssent. Pour lui éviter la misère, le pouvoir l'a nommé avocat du Roi au présidial de La Rochelle, aux gages de 800 livres [21]. En effet, quitter la communauté réformée, c'est souvent perdre son état, sa part d'héritage, ou toute possibilité d'embauche. Ainsi va être créée, en 1676, la *caisse des conversions*, aidée par le Roi et l'Église, gérée par l'académicien Pellisson, protestant converti, financée par des biens ecclésiastiques tombés en « régale », c'est-à-dire dans le trésor public.

Bientôt une seconde vague d'assaut grandit, argumentaire et envahissante. Pendant un quart de siècle elle emprunte, par oral les raisons théologiques et les effets de manche des missionnaires (l'abbé de Fénelon fait un bon missionnaire en Saintonge), par écrit une masse d'imprimés destinés à compléter l'œuvre de controverse ou de persuasion de ces prédicateurs de tout ordre et de toute congrégation. Missions et distribution d'imprimés ne s'arrêtent pas, bien au contraire, avec l'édit de Fontainebleau. D'octobre 1685 à janvier 1687, dix-sept libraires parisiens fournissent aux agents du Roi et aux missionnaires plus d'un million de volumes : cent soixante mille catéchismes catholiques, cent vingt-huit mille exemplaires de L'*Imitation de Jésus-Christ,* cent quarante-huit mille traductions « catholiques » du Nouveau Testament et cent vingt-six mille psautiers (afin de remplacer la Bible protestante, qui ne censurait pas ainsi 95 pour 100 de l'Ancien Testament [149]). C'est une affaire d'or pour les imprimeurs. Mais on peut mesurer à ces chiffres la densité accablante d'une telle propagande. Alors, si vous habitez Vauvert, près d'Aigues-Mortes, si vous êtes protégé par un seigneur haut justicier comme vous « prétendu réformé », vous pouvez vous rire de ce déploiement inouï d'encre et de papier; mais si vous habitez un bourg catholique, ou une ville à population mixte, peut-être succomberez-vous à cette seconde offensive. Dans le cas contraire, il vous faudra bien de la patience pour résister à la troisième.

La troisième politique, inaugurée au Poitou par l'intendant Marillac en 1681, est l'abus du logement des gens de guerre. Il n'existe alors presque pas de casernes. Le logement des soldats incombe aux civils. L'usage courant est de le pratiquer sur le dos des mauvais contribuables; désormais on va leur préférer les réformés peu portés à changer de confession. Presque aussitôt, cet aimable procédé prend le nom de *dragonnade.* Le dragon n'est pas un cavalier. C'est un fantassin porté, d'ailleurs redoutable combattant. Dragon est le mot dont use Mme de Sévigné pour désigner un gros souci. Et le dragon est un garnisaire particulièrement redouté : outre sa rudesse de soudard, il traîne avec lui son cheval. Les évêques ne semblent pas choqués par cette politique. Mme de Sévigné la trouve efficace. Quant au marquis de Sourches, jugeant les dragonnades avant la Révocation, il paraît avoir deviné que cette contrainte vise moins le présent du monde de la R. P. R., que son avenir : « Les dragons faisaient alors [juillet 1685] plus de conversions en huit jours que les missionnaires n'en faisaient en un an [...] Cette manière de convertir était un peu nouvelle, mais elle ne laissait pas de faire de bons effets : et, si les conversions n'étaient pas tout à fait sincères de la part des pères, on était sûr au moins de gagner leurs enfants. »

De 1660 à 1685, à ces moyens de « persuasion » ou d'intimidation, se superpose une législation contraignante. Elle vise le culte réformé et ses ministres, puis les fidèles en tant que tels, enfin les diverses professions exercées par les protestants du royaume.

Le culte « prétendu réformé » n'est pas libre; il dépend des clauses de l'édit de Nantes et de la paix d'Alès. Les lieux de culte sont liés au nombre des protestants locaux. L'édit peut être appliqué avec souplesse ou à la rigueur. L'État use des deux possibilités, préférant généralement la seconde. En Poitou, on ne cesse de voir démolir des temples : celui de Champdeniers le 13 septembre 1663, celui de La Mothe-Saint-Hérave le 5 mai 1682. En juillet 1682 c'est deux à trois temples par semaine qui sont détruits en France, sous prétexte qu'ils n'ont pas été bâtis ou conservés en vertu de l'édit de Nantes! En septembre suivant, l'intendant de Paris reproche aux huguenots de l'unique temple de Charenton d'accueillir des luthériens, des anglicans ou des zwingliens, sous prétexte que la confession de foi calvinienne est seule tolérée dans la France de l'intérieur [64]!

Les ministres ne sont guère épargnés. Un édit de mars 1683 les punit de l'amende honorable et du bannissement, s'ils acceptent la conversion de catholiques à la R. P. R. Une déclaration du 22 mai 1683 réserve dans les temples un lieu marqué pour les catholiques (il ne manque que le mot d'espions).

L'édit d'août 1684 décide que les ministres réformés ne peuvent exercer au même lieu plus de trois ans. Celui du 21 août précise que nul consistoire de la R. P. R. ne peut être tenu hors de la présence d'un juge royal nommé par le Roi. La déclaration du 26 décembre 1684 – aimable vœu de Noël – interdit tout culte réformé public (le culte privé est plus condamné encore), là où la communauté locale ne compte pas dix familles. Une déclaration de février 1685 punit les pasteurs qui acceptent en leurs temples des personnes que le Roi défend d'y admettre, et interdit de tels lieux de culte. Une autre, datée du 18 juin, ordonne la démolition des temples où les ministres auront béni des mariages mixtes... ou tenu des propos «séditieux». L'édit d'août 1685 interdit à tout «prétendu réformé» de prêcher, d'écrire des livres de théologie ou des œuvres de polémique. Le 6 août, le Roi décide que pasteurs ou proposants ne pourront demeurer à moins de six lieues des endroits où le culte R. P. R. est interdit. Le 17 octobre est publié l'édit de Fontainebleau, qui abolit l'édit de Nantes et condamne les ministres à la conversion immédiate ou à l'exil [138].

Un réformé égoïste, ou quelque peu indifférent, peut avoir laissé échapper plusieurs des mesures frappant ainsi son pasteur. Il va bientôt s'apercevoir que l'encerclement législatif le vise aussi cruellement. L'édit d'avril 1663 interdit aux nouveaux convertis de retourner au protestantisme. Celui d'août 1669 (premier d'une longue série) fait défense aux protestants français d'émigrer. Plusieurs mesures de 1679 prévoient des peines sévères contre les relaps et apostats; elles réglementent de la façon la plus stricte les abjurations. L'édit de juin 1680 interdit aux catholiques de passer à la R. P. R. Celui de novembre de la même année invite les juges à visiter les réformés malades pour tenter de les convertir (il sera précisé en 1681 que, à défaut du juge, le syndic de la communauté ou le maire fera cette visite). En avril 1681 on apprend que les nouveaux convertis sont exemptés pour deux ans du logement des gens de guerre! Le 17 juin le Roi décide que les enfants des «prétendus réformés» pourront choisir le catholicisme dès l'âge de raison (sept ans), et que les parents n'ont pas le droit de les faire élever dans le protestantisme à l'étranger. L'acte royal du 31 janvier 1681 décrète que les bâtards de la R. P. R. seront élevés d'autorité dans le catholicisme. Le 14 juillet 1682 l'interdiction faite aux protestants d'émigrer est renforcée : les biens des contrevenants seront confisqués. La déclaration du 30 août 1682 interdit aux protestants de s'assembler hors des temples et sans la présence de ministres : le catholicisme officiel, tant royal qu'ecclésiastique, considère en effet le culte privé comme plus dangereux – dans l'ordre de la foi et sur le plan politique – que le culte public. Le 16 juin 1685, interdiction est faite à tous sujets français de se marier à l'étranger. Le 9 juillet, il est décidé que les R. P. R. ne devront plus engager chez eux de domestiques catholiques. Le 25, les protestants apprennent qu'ils n'ont pas le droit d'assister au culte hors du bailliage de leur résidence. Le 14 août, il est décidé que les enfants de parents R. P. R. ne pourront plus avoir de tuteurs de leur confession. Le 20, on apprend que la moitié des biens des R. P. R. émigrés va être dévolue aux dénonciateurs[138]. L'étau est si bien resserré que la Révocation, deux mois plus tard, ne peut surprendre que les distraits.

Dans le monde réformé, la distraction n'est plus possible. Peu à peu, les professions vont être réservées aux papistes, refusées aux R. P. R. Les protestants et protestantes de France se voient interdire tour à tour les activités... de sage-femme (20 février 1680), de notaire ou de procureur, d'huissier ou de sergent (15 juin 1682), d'assesseur ou d'auxiliaire de justice (16 juin 1682), d'expert (21 août 1684), de clerc de juge ou d'avocat ou de procureur (10 juillet 1685), d'avocat (11 juillet 1685), de médecin (6 août 1685).

Alors le réformé moyen devient un « nouveau converti », quitte à garder ses convictions évangéliques et à pratiquer parallèlement un culte domestique; cent soixante-treize mille fugitifs gagnent le Refuge (Hollande, Grande-Bretagne, Brandebourg, etc. [14]) ; mille quatre cent cinquante vont aux galères. Les autres inaugurent pour cent deux ans les églises du Désert.

Crimes et châtiments

Ce n'est pas en envoyant à Marseille quarante-deux galériens protestants par an que le Roi renforce beaucoup sa flotte du Levant. Mais il y voit un symbole, celui de son autorité, celui de l'union du trône et de l'autel. C'est pourquoi il n'est jamais question de faire de ces R. P. R. récalcitrants des prisonniers politiques. Ils ressortissent au droit commun.

En France comme en Angleterre, le XVIIe siècle est fort contrasté sur le plan judiciaire. En théorie tout est rude, le code pénal comme la procédure criminelle. Dans la pratique, nombre de criminels et de délinquants (les protestants surtout) échappent à la répression. De l'impunité au gibet, il n'y a qu'un pas; mais il n'est pas vite franchi. Parfois il ne l'est jamais. À la limite, le Roi ne l'ignore pas, ni les ministres, ni les intendants. Mais ces gens savent que l'homme est pécheur, que la loi a ses limites, que la maréchaussée avec quatre mille «archers» ne peut ni tout prévenir ni tout punir. Ceux qui tombent dans le filet payent pour tous. La solennité, bien admise, de l'appareil de justice, la publicité et la popularité de l'application des peines : gibet, billot, roue, tourniquet, amende honorable, font comme une liturgie à la double fonction. Il faut montrer au peuple, qui, avide de supplices, se presse aux exécutions, que le crime ne paie pas, et que la justice du Roi a toujours le dernier mot.

L'amende honorable est ce qui frappe le mieux l'imagination du spectateur. Sur arrêt du parlement de Flandres, rendu le 13 septembre 1679, Madeleine Allard, «pauvre mendiante demeurant à Fourmies», va être exécutée pour sorcellerie, devant l'église de la Maladrerie selon les termes de la sentence rendue contre elle par le grand bailli d'Avesnes. Elle doit d'abord subir une cérémonie expiatoire, «et là, à genoux, pieds et bras nus, en chemise, la corde au col, tenant une torche ardente du poids de deux livres, dire et déclarer que témérairement et méchamment elle a renoncé à son baptême, qu'elle est allée plusieurs fois de nuit aux assemblées des sorciers, qu'elle a habité charnellement avec le diable et accepté de la graisse et maléficié lesdites Marie Boulenger et Marie Rousseau, qu'elle se repentait et demandait pardon à Dieu, au Roi et à la justice, et ce fait d'être étranglée à un poteau qui serait à cet effet dressé au lieu désigné par ledit juge, et à même temps son corps brûlé et ses cendres jetées au vent [50] ». Or, depuis 1670, Colbert pèse de toute son autorité pour diminuer le nombre des procès de sorcellerie et la cruauté des peines !

L'ordonnance de Louis XIV, roy de France et de Navarre pour les matières criminelles, donnée à Saint-Germain-en-Laye au mois d'août 1670 [51], nous semble pourtant terriblement répressive. Elle entérine l'usage ancien de la torture légale, en dépit des efforts du premier président Lamoignon pour la faire abolir. Jusqu'à la veille de la Révolution, on soumet l'accusé à une *question préparatoire*, destinée à recueillir ses aveux, puis, à la veille de l'exécution, à la *question préalable*, en principe faite pour connaître les complices du condamné. Le code criminel de 1670 apporte seulement quelques restrictions : si la preuve du crime est suffisante, l'accusé échappe désormais à la question préparatoire. Mais il maintient la question préalable. C'est l'article III du titre XIX du code : « Par le jugement de mort il pourra être ordonné que le condamné sera préalablement appliqué à la question, pour avoir révélation des complices [51]. »

Chaque parlement a sa façon de questionner : à Rennes on approche les pieds du patient d'un brasier, à Rouen on pratique le supplice de l'eau, à Besançon on use de l'estrapade, à Paris on reste fidèle à l'affreux supplice des brodequins. Il consiste « à enfermer et à comprimer les jambes entre de fortes planches de chêne et à enfoncer entre elles, à coups de maillet, un certain nombre de coins, quatre pour la question ordinaire, huit pour la question extraordinaire [148] ».

Nous sommes entre 1660 et 1715, Beccaria ne naîtra qu'en 1738 ; mais Voltaire, futur défenseur de Calas, grandit déjà dans le royaume.

Les premiers négriers

En principe le royaume est un pays de liberté. « Dès qu'un esclave peut aborder en France, il est libre [26]. » Mais les besoins en main-d'œuvre des Antilles ont amené la royauté, sous Louis XIII à autoriser, sous Louis XIV à organiser la traite, en attendant que notre compagnie de Guinée reçoive de Philippe V le privilège d'*asiento* (fournir en dix ans aux colonies espagnoles d'Amérique près de cinquante mille esclaves). En 1670, la compagnie des Indes occidentales possède un certain nombre de navires négriers destinés à l'alimentation des Antilles en main-d'œuvre. Mais Colbert lui ôte le monopole du trafic. Le récit qui va suivre montre que le ministre n'avait sans doute pas tort de juger inefficaces les entreprises de la C. I. O.

Au printemps de 1671, le *Saint-François* (curieux nom pour un négrier !), navire de 150 à 200 tonneaux, quitte le port de Dieppe. Il est spécialisé dans la traite des noirs, appartient à la compagnie des Indes occidentales. Son capitaine, nommé Mallet, n'est pas un enfant de chœur, mais un rude loup de mer, homme brutal et cupide. Son écrivain ou subrécargue, commis de la compagnie, s'appelle Antoine Six. Selon l'usage, ils ont l'un et l'autre un *port-permis*, le droit de commercer pour leur compte dans certaines limites de tonnage. Ils vont bientôt s'accuser réciproquement de *pacotiller* (trafiquer au-delà des clauses du port-permis). C'est à ce contentieux que nous devons le récit par Six, de leur campagne de Dieppe aux Antilles, via le Bénin et Cayenne. Il doit être contrôlé, critiqué, nuancé. On ne peut le citer qu'en orthographe moderne, tant il est gauche. Mais il représente, selon Gabriel Debien, « le plus ancien récit de traite que nous paraissions conserver en France [19] ».

La dispute du capitaine et du subrécargue, fort courante, ressemble comme une sœur à la lutte des officiers d'épée et des officiers de plume dans la marine royale. Mais, dans le second cas, Colbert a fait donner à la plume le dernier mot ; dans le premier cas, la compagnie des Indes a oublié de régler les relations entre l'état-major navigant et les commis. Sur le *Saint-François*, Six reproche au capitaine d'avoir engagé pour second chirurgien (car on prend soin de la précieuse cargaison humaine) « un paysan qui n'entendait aucune chose à la chirurgie » ; et Mallet se venge en donnant au premier chirurgien – apparemment plus instruit – la tenue des livres, au détriment de l'écrivain de la compagnie. On ne nous parle ni du second officier, ni du maître d'équipage. Quant aux matelots, ce ne sont sans doute pas non plus des enfants de chœur. Non contents de se transformer en gardes-chiourme, ils se feront, sous les ordres de Mallet, soldats et brûleurs de village. Sans doute se dédommageront-ils, eux aussi, en faisant du commerce interdit.

Les marchandises de traite sont essentiellement les manilles (anneaux à clavette) : ces pièces de cuivre, qui servent sur les navires à mailler une chaîne ou un câble, deviennent en Afrique des bracelets recherchés, remplacent la monnaie sur les côtes du Bénin. Mais les navires qui font la traite embarquent aussi beaucoup de barres de fer, quelques barres de cuivre, et des perles qu'on nomme ici *rassades*. Pour son compte, Antoine Six, qui a l'intention de rapporter de l'ivoire et de la poudre d'or, a réuni divers éléments de troc, dont une trompette et un mousquet.

Le *Saint-François* relâche d'abord au cap Blanc, puis mouille vers la fin juin dans la rivière Sainte-Anne (Sierra-Leone), pour faire provision d'eau et attendre la fin de la mauvaise saison. Là le capitaine montre sa brutalité : il remonte en canot jusqu'au village de Sherbro, l'incendie, et s'empare de « quatre nègres, tous contraires à mon avis ». Sans doute cette action dissimule-t-elle un trafic clandestin. Le commis Six pense aussi que de tels procédés déconsidèrent la compagnie et nuiront aux autres navires français. D'ailleurs, la « cueillette » des noirs n'est pas rentable. Rien ne vaut un accord avec les chefs locaux, une transaction globale.

Celle-ci va se faire à Calbary, au Bénin, où sans doute la venue des traitants a été annoncée, et où le potentat a réuni son « bois d'ébène ». Le commis de la compagnie entame le marchandage, « fort bien reçu du roi et de ses principaux » (*sic*). Le roi propose quatre cents esclaves, livrables dans les six semaines, au tarif de 244 manilles par homme, 224 par femme. Là-dessus intervient Mallet le coléreux. Est-il jaloux de son écrivain, agacé de la longueur du délai prévu ; trouve-t-il le prix exagéré ? Il rompt provisoirement le marché, injurie les vendeurs, incendie un village, menace de déclencher une vraie guerre. Cette brutalité réussit, du moins à court terme. Après seulement quelques jours – quarante-huit heures dit même Antoine Six –, le 7 octobre, le *Saint-François* lève l'ancre, ayant chargé trois cent cinquante-six nègres, chiffre excessif si l'on songe aux dimensions du négrier.

L'escale suivante est l'île du Prince. C'est une base de ravitaillement avant la traversée de l'océan. Il est d'usage d'y débarquer plusieurs fois les esclaves, trop confinés dans l'entrepont ou la cale. Mais cette fois le capitaine s'attarde, car la dysenterie tue « une quantité de nègres ». Les chirurgiens montrent leur incompétence, et le coffre aux médicaments est déjà fort entamé. On sent là que les griefs d'Antoine Six sont fondés. Un capitaine responsable de la traite ne doit pas jouer les tyrans capricieux ; il faut qu'il transporte et livre une caravane en bon état ; qu'il nourrisse ses noirs, les aère, les conserve en bonne santé. Sur le *Saint-François* les choses ne se passent pas bien. Le 22 janvier 1672, Mallet appareille sans explications. Après trois semaines de route par mauvais temps il arrive au Gabon, mouille au cap Lopez. Sans doute veut-il pacotiller ; mais il se dispute avec « le capitaine noir » du Cap, avec deux concurrents hollandais, et lève l'ancre le 19 février sans avoir traité. Le 5 avril le négrier parvient à Cayenne. Les pertes en hommes sont considérables, très supérieures à ce qu'en attend, en général, la compagnie. Mallet a chargé trois cent cinquante-six esclaves ; il n'en débarque que cent soixante-sept. Les colons paient en nature, en général 4 000 livres de sucre brut par tête. Cela s'entend de l'esclave jeune, en bonne santé, sans cicatrices, doté de toute sa dentition, « les autres à proportion ». Mais le gouverneur de Cayenne est lui-même planteur. Il obtient, sans doute contre grosse ristourne, le prix de 3 000 livres au lieu de 4 000. Comme Antoine Six le critique, le capitaine Mallet se déchaîne, le « traite plus pire qu'un esclave », lui jette un plat à la figure, le chasse de sa table, le met en quarantaine à bord. Naturellement ils se soupçonnent et s'accusent l'un l'autre de pacotiller au détriment des MM. de la compagnie. En mai, le *Saint-François* mouille à Saint-Pierre de la Martinique. Il y a quatorze mois que le navire a quitté Dieppe.

À peine débarqué, le capitaine Mallet se plaint à l'intendant des îles du Vent, M. Pallu du Ruau ; il accuse son subrécargue de trafic illicite. Alors l'écrivain prend la plume et, le 29 août, adresse aux administrateurs le texte de sa justification. À ces messieurs de deviner la quantité d'ivoire (*dents d'olifant*, écrit Six) escamotée par le capitaine ou le commis. Mais la compagnie des Indes occidentales connaît de graves difficultés financières. Plusieurs campagnes négrières aussi longues et mal conduites que celle de Mallet, et elle va disparaître. Tant il est vrai qu'il est difficile d'exiger une morale stricte, d'hommes conduits à participer à une œuvre mercantile immorale [19].

Le temps de l'hôpital général

Depuis 1666 l'hôpital général est un fourre-tout commode où les archers conduisent errants et gens sans aveu, où les intendants font entrer, sur lettres de cachet, personnes de mauvaise vie et fauteurs de scandales. L'institution est pourtant récente.

Durant la Fronde, beaucoup de gens avaient réclamé sa création. À Nantes, en 1650, un texte anonyme attirait l'attention des pouvoirs publics sur la malice des mendiants, vrais ou faux. Les enfermer dans un établissement créé à cette fin serait une « sainte entreprise pour la gloire de Dieu et le bien du prochain ». On n'a jamais vu communier les mendiants. À la messe ils ne s'agenouillent pas. Ils ne viennent à l'église « que pour troubler le divin service et la dévotion du peuple ». Les garçons, fort jeunes, deviennent des coupe-bourses, les filles se prostituent ; tous s'enivrent. Ces marginaux sont parfois nus ou couverts de haillons, mangés de vermine, atteints de maladies vénériennes. Ils couchent « dans les halles, sous des boutiques, sur des fumiers ou dans des fanneries et écuries». Serait-ce pas œuvre pie que les accueillir, les nettoyer, les épouiller, leur fournir linge et hardes, les coucher «en des lits sur des paillasses ou loudiers où ils ont des linceuls [draps] et couvertures [107] » ?

Mais c'est à Paris que va être créé l'établissement pilote de l'accueil. En avril 1656 un édit royal portait «établissement de l'hôpital général pour le renfermement des pauvres mendiants de la ville [138] ». Aussitôt Le Vau, bientôt assisté par Le Muet, commençait la construction du bâtiment de la Salpêtrière, dont Libéral Bruant devient le maître d'œuvre en 1670. Cette vaste maison, que les contemporains comparent à une ville, accueillera les mendiants professionnels (qui pullulent en France et en Europe), les pauvres au chômage, les errants, les prostituées, les enfants abandonnés, quelquefois les fous. À cette foule bigarrée, le pouvoir royal a consacré un bâtiment de prestige. La Salpêtrière doit, en effet, servir de modèle à cette grande administration de charité qu'on nomme hôpital général, ancêtre de notre assistance publique. Avant que l'État s'en mêle, l'initiative privée a joué un grand rôle. Le président Pomponne de Bellièvre, la duchesse d'Aiguillon, Vincent de Paul, la compagnie du Saint-Sacrement ont fourni à Mazarin des idées, des capitaux, une aide bénévole.

C'est dire que chacun, au temps de Louis XIV, admire l'hôpital de Paris. Le Roi l'a voulu grand et beau : la chapelle octogonale est un chef-d'œuvre d'architecture. La Salpêtrière et les Invalides, inspirés de l'Escurial, comptent parmi les merveilles de la capitale. Il a semblé opportun au souverain d'associer le prestige royal aux œuvres de miséricorde, glorifiant à la fois l'Évangile et la monarchie. Dans l'oraison funèbre de la duchesse d'Aiguillon, Fléchier résume le sentiment public : «Qui ne sait, messieurs, que l'établissement d'un grand hôpital dans cette capitale du royaume, qui renferme tant de grandeurs et tant de misères tout ensemble, a été *un des plus grands ouvrages de ce siècle* [24] ?»

Partout en Europe des «enfermeries», grandes ou petites, sont aménagées au XVIIe siècle. L'Espagne, royaume de la faim et presque seul pays à laisser circuler ses mendiants, étonne et scandalise [72]. Ailleurs l'enfermement ne semble nullement péjoratif. On dit aujourd'hui que l'hôpital général a coupé du monde les pauvres. C'est oublier que cette institution, accueillant (de gré ou entre deux archers) toute sorte de marginaux, a pour tâche de les transformer, de leur redonner dignité d'homme. Il est intéressant, pas seulement pour la paix des rues, de regrouper les asociaux; de créer, avec eux et pour eux, une communauté plus saine et plus noble que celle de la truanderie ou des cours de miracles.

Le succès de l'expérience décide le pouvoir à la généraliser. Une déclaration de juin 1662 préconise la création, en chaque «ville et gros bourg» du royaume, d'un hôpital général fait à l'instar de celui de la capitale [138]. Avec plus ou moins de zèle, les communautés urbaines répondent au vœu du Roi. Avec plus ou moins de bonheur, les établissements de province imitent leur modèle parisien. Certes, à lire les vieux règlements de pareils hospices, on croit d'abord qu'ils évoquent la prison et le couvent. Mais ils tiennent aussi du collège ou des petites écoles. Le parfait hôpital pratique en effet la pédagogie des vertus. On y prône l'ordre, l'exactitude, l'obéissance, la piété, l'instruction, l'apprentissage permanent, une activité utile et incessante.

La vie à l'hôpital de Mantes

L'hôpital général de Mantes, créé en 1668, confirmé par lettres patentes en septembre 1688, est un grand bâtiment à deux étages, précédé d'une belle allée d'ormes, doté d'un jardin de quatre-vingts perches, enrichi de deux pièces de vigne. Il a pour tâche de «nourrir et entretenir les pauvres de la ville et les élever dans la vérité chrétienne». Il est régi par un bureau composé de quatre directeurs (M. de Chartres, chef du diocèse, le lieutenant général du bailliage, le procureur du Roi, le maire) et cinq administrateurs cooptés par les directeurs. Le total des pauvres de l'établissement (jeunes et vieux des deux sexes) ne dépasse pas quarante. Le recteur et «deux filles de piété», qui ont titre de gouvernante encadrent les assistés [139].

Le règlement de cet hôpital Saint-Lazare permet de reconstituer la vie journalière des pauvres enfermés, à la fin du règne de Louis XIV. La cloche ponctue les heures, appelle au travail, à la prière, plus rarement au repos. Vieillards et enfants, hommes et femmes, garçons et filles se lèvent à six heures en hiver, à cinq heures en été. Pour s'habiller (nul ne parle de toilette) et faire les lits – les grands épaulent ici les plus jeunes –, on accorde une demi-heure. Tous assistent ensuite, dans la salle de travail, à la prière, «faite tout haut distinctement, modestement [...] par les garçons ou filles qui savent lire». Les jeunes de service vont maintenant balayer et ranger les dortoirs. Les adultes vont à leur travail, qui est ici de filature. Les autres demeurent sur place «pour y apprendre à lire et à écrire jusqu'à la messe». Huit heures et demie, la cloche sonne : il convient de se rendre, en bon ordre, à l'église. La messe achevée, le *De profundis* récité, les vieux retournent à leur ouvrage, les moutards à leur abécédaire, chacun lesté d' «une portion de pain convenable pour leur déjeuner».

Dans la salle de travail, l'atmosphère est studieuse. Les fantaisies ne sont pas de mise. Nul ne peut sortir «sans la permission du maître, de la gouvernante, ou de la personne qui les remplacera». Nos pauvres œuvrent en silence, sauf à se communiquer à voix basse «des choses bonnes et édifiantes, ou chanter à voix médiocre des chansons spirituelles et dévotes». Tous se retrouvent à onze heures et demie au réfectoire pour dîner. Pendant le repas, l'un des jeunes pensionnaires dit à haute voix le bénédicité. Chacun sert à table par roulement. Tant au dîner qu'au souper, un garçon ou une fille fait, «selon l'ordre de la gouvernante, une lecture d'un livre de piété à laquelle tous se rendront attentifs». Le repas achevé, on doit se lever et, tourné vers le crucifix, dire les «grâces», que suit un *De profundis* (le second de la journée) à l'intention des bienfaiteurs de l'hospice. Ensuite chacun retourne à son «travail ordinaire».

À deux heures, sans quitter leur ouvrage, garçons et filles chantent les vêpres et complies de la Vierge Marie «en deux chœurs, modestement». Ils ont ensuite droit à une distribution de pain pour leur goûter et à une demi-heure de récréation. À quatre heures et demie, nouvel exercice de piété : les enfants récitent «en deux chœurs le chapelet, alternativement et dévotement». C'est à peine s'il est possible de faire dès lors un travail suivi : à cinq heures en hiver, six heures en été, les pauvres vont en ordre à la chapelle pour le salut et la prière du soir. Le souper suit, et la récréation. Après une nouvelle séance de travail, qui conduit à neuf heures, chacun gagne son dortoir. Il faut se coucher en silence (le règlement ignore de nouveau la toilette), «avec une grande modestie, évitant la moindre indécence».

La piété ne se limite pas à la messe quotidienne et aux prières de chaque heure. Les jeunes pensionnaires, ceux qui n'ont pas encore communié, vont à confesse quatre fois l'an. Les autres sont censés communier chaque premier dimanche du mois et aux principales fêtes, s'étant confessés la veille. Le respect du repos dominical est si grand que nulle sortie n'est prévue le dimanche : la grand-messe du matin, le catéchisme, l'instruction et les vêpres l'après-midi sont les seules distractions du jour.

Au reste on ne quitte guère l'enceinte de l'hospice. Quel que soit le jour, il faut une permission expresse pour sortir, un cas tout à fait exceptionnel pour découcher. Sur place, il n'est pas grand-chose d'autorisé. Le commerce et le troc sont prohibés. «Il est absolument défendu, dit l'article 13 du règlement, d'aller au cabaret, et de s'enivrer sous peine d'être renvoyé ou chassé honteusement de la maison.» D'une façon générale, l'inspiration religieuse des statuts impose un strict ordre moral. Les disputes sont interdites, les injures, les simples reproches. En cas d'infraction, le recteur est alerté ou la première gouvernante, qui en informent «MM. les administrateurs pour faire corriger ou punir celui qui sera en faute». Comme ces messieurs tiennent séance à l'hôpital chaque samedi, le délinquant n'a pas trop longtemps à attendre pour connaître la sentence. (C'est avec cent vingt ans d'avance le régime du *Workhouse* d'Oliver Twist.) Dès qu'un pauvre est soupçonné de dérèglement ou coupable de scandale, le recteur de l'hôpital prévient le bureau : les suspects risquent d'être « chassés honteusement ». Les délinquants mineurs sont punis et corrigés sur place, soit par ordonnance des administrateurs, soit sous la responsabilité du recteur ou de la première gouvernante [139].

On peut, à trois siècles de distance, condamner des règlements si contraignants ; on peut prétendre que le régime de l'hôpital eût dû comporter moins de chapelets et plus de viande. Mais ces établissements, aujourd'hui si décriés, ont sauvé bien des existences. Non seulement en 1693, en 1694, en 1709, dans les plus rudes années des temps modernes, mais chaque hiver un peu rigoureux, les dortoirs et les soupes chaudes des hospices ont diminué le nombre des miséreux et vagabonds mourant de faim et de froid. Il vaut mieux réciter trop de *De profundis*, que mourir dans un chemin creux au hasard d'une errance.

L'aube des lumières

Et si vous faites grâce aux tourbillons de Descartes, qui sont malheureusement la base de la Pluralité des mondes, si vous ôtez quelques plaisanteries déplacées, a-t-on jamais traité la philosophie avec plus de netteté et d'agréments que dans ce même livre de la Pluralité des mondes, production du siècle de Louis XIV, dans un goût absolument nouveau ?

Voltaire

Watteau a donné la grâce au siècle de Louis XIV, comme Le Brun lui avait donné la grandeur.

Georges Mathieu

Officiellement le XVIIIe siècle débute le 1er janvier 1701, ce dont personne ne se soucie. Les uns ne l'inaugurent qu'en septembre 1715, après s'être débarrassés du vieux Roi ; les autres vont en amont, hésitent entre 1690, 1685 et 1680. Tous oublient que l'aube des Lumières appartient évidemment au règne de Louis XIV, et qu'il n'y a pas de raison de ne pas en créditer ce règne, même parfois ce roi. On trouverait sur un tel sujet matière à plusieurs livres. Nous devons nous contenter de quelques pochades, touchant successivement le corps et l'âme des Français d'alors, et ne prétendant pas épuiser un thème aussi riche et varié.

La première aurore de l'hygiène

Depuis le milieu du XVIIe siècle on suit les premiers balbutiements de l'hygiène. La salle des bains de la Reine, avec ses colonnes de marbre aux chapiteaux de bronze doré, ses balustrades, ses peintures de plafond en camaïeu sur fond d'or, est un « lieu d'une richesse extraordinaire », une des curiosités du Louvre [14]. Et puis, en 1671, le Roi fait construire, à l'admiration des contemporains, au rez-de-chaussée de Versailles, le fameux appartement des bains : il s'y retire, abrite ses amours. Dans un énorme bloc de marbre a été taillée une cuve octogonale payée 15 000 livres, piscine d'ailleurs plutôt que baignoire. À côté de ce monument on verra, après 1678, deux longues baignoires de marbre blanc, qui serviront surtout à Mme de Montespan. Louis XIV n'est pas très porté sur les bains, sauf indication thérapeutique de ses médecins. Pour le tout-venant il se contente, mais plusieurs fois par jour, d'une friction totale à l'eau de toilette.

Les particuliers sont très partagés. Il est des coquettes pour user de bains à l'eau de rose ou de bains de lait [26]. Il est des crasseux malodorants qu'il faut bien traiter de « vilains *pouacres* ». À la campagne, il ne ferait pas bon vérifier de trop près les soins de propreté. En ville on trouve toute sorte de pratiques. « Les gens propres vont aux bains et aux étuves pour se décrasser. » Mais les baigneurs, qui se relient à la corporation des perruquiers, sont beaucoup moins nombreux qu'au moyen âge. Heureusement les citadins à l'aise possèdent souvent des baignoires, ou de ces baignoires sabots qu'on nomme à cette époque des *demi-bains*. Puis nul ne peut compter ceux qui, à la bonne franquette – selon un calendrier infiniment variable – s'assoient dans leur cuvier. Enfin, à condition de savoir bien en user, il reste la ressource, d'ailleurs raffinée, de la cuvette avec son pot à eau.

Certes le bain sans doute ramollit plutôt qu'il ne nettoie. Le savon n'est guère fait que pour « blanchir le linge » ; la savonnette, « pour faire la barbe, et laver le visage et les mains ». Il n'est pas question des autres parties du corps. Les oreilles, les cheveux et les dents sont traités à part. « Les peignes servent à ôter la crasse de la tête des hommes» ; les curedents permettent de se nettoyer; les dentifrices (ou *opiates*) sont des remèdes, utilisés sur ordonnance; le cureoreille – en un seul mot –, «un petit instrument avec lequel les gens propres se nettoyent, se curent les oreilles, ôtent le suif ou la cire [26]».

Il s'agit là, penserez-vous, de soins très relatifs. En fait, ce qui compte, c'est, depuis 1670-1680, une incessante propagande contre la saleté. Témoin et agent de cette croisade, le *Dictionnaire universel* dit et répète : «La malpropreté dégoûte», «la saleté est dégoûtante». D'un malpropre on dit «qu'il se laisse manger aux pous». La netteté corporelle est un facteur notable de la vie sociale; c'est aussi un progrès. Pour désigner les âges moins civilisés, on parle de ces temps où l'on se mouchait dans la manche. Lorsqu'un ouvrage écrit : «Cet enfant n'est pas encore en âge de se moucher», il sousentend que le mouchoir n'est plus rare. Si les endroits consacrés aux besoins naturels comprennent tant de synonymes, nous en pouvons conclure que, désormais, du moins en ville, on ne dépose plus ses *impuretés* partout. Le lieu réservé se dit en effet *garde-robe, privé, aisement, retrait...* et même *cabinet*. «Ainsi Molière a dit dans *Le Misanthrope*, en parlant d'un méchant sonnet : Franchement il n'est bon qu'à mettre (*sic*) au cabinet [26].» On parle aussi d'*affaires*. «On dit : aller à ses affaires, faire ses affaires, pour dire aller à la garde-robe.» Cette dernière n'est d'ailleurs point un endroit de délices. Un proverbe dit : «Cela pue comme un privé [26].» Les hôtels particuliers comme les châteaux ont parfois des aisements à deux places, côte à côte. Nous avons vu en Normandie un vieux privé à trois places, le siège central surélevé étant celui du châtelain, les deux latéraux ceux des enfants ou bien des commensaux.

Dans ce domaine de l'hygiène, il faut se garder plus qu'ailleurs de tout anachronisme. Il est facile de moquer le récit par Mme de Sévigné de la douche brûlante qu'elle subit à Vichy en mai 1676. C'est, dit-elle, «une assez bonne répétition du purgatoire» : «Représentez-vous un jet d'eau contre quelqu'une de vos pauvres parties, toute la plus bouillante que vous puissiez vous imaginer. On met d'abord l'alarme partout, pour mettre en mouvement tous les esprits, et puis on s'attache aux jointures qui ont été affligées... Il faut tout souffrir, et l'on souffre tout, et l'on n'est point brûlée, et on se met ensuite dans un lit chaud, où l'on sue abondamment, et voilà ce qui guérit [62]. » Il est aisé de noter que le mot douche est inconnu de Furetière. Il est plus instructif, il est plus vrai de voir combien la propreté est requise et honorée dans *Les Règles de la bienséance et de la civilité chrétienne* de Jean-Baptiste de la Salle. Ce fameux petit manuel, publié en 1703, réédité en 1715, et qui sera au XVIIIe siècle le grand « best-seller », doit son importance à son caractère universel. Il pèse beaucoup plus sur la civilisation des mœurs que la *Civilité française* de Courtin (1671) ou que le *Traité de la civilité* (1685). Pouvant servir de livre de morale, presque de catéchisme, il se présente humblement comme un manuel de lecture. Il trouve le moyen d'adapter, à l'usage de tous, les bonnes façons de la cour et de la ville. Il ne cesse de prôner l'hygiène [28]. C'est en vain qu'on y chercherait quelque obscurantisme.

La trahison des clercs

Les écrivains romantiques virent souvent, dans leur chaleureux enthousiasme envers l'Être suprême, dans leur gratitude à l'égard de l' Auteur de toutes choses, du Maître de la nature, un dépassement de la Révélation, un progrès sur la théologie positive. S'ils parlent encore du Christ, parfois avec sympathie, il n'est plus assuré qu'ils y aient vu un Dieu. Ils soutiennent « un christianisme sans Christ [83]. »

On a pensé jadis que cette mutation religieuse et intellectuelle résultait du philosophisme XVIIIe siècle, que c'était en somme *la faute à Voltaire et la faute à Rousseau.* Dans un second temps il est apparu que toute cette philosophie des Lumières était en place, au moins du côté des chefs de file, dès 1680 [35]. Enfin certains se sont demandé si la contrainte exercée par l'État en France contre les réformés ne marquait pas (autour de 1685) la césure entre le temps de la contre-Réforme et l'âge des Lumières [160]. Dès lors les causes apparaîtraient en amont. Ce ne serait plus *la faute à Voltaire, mais la faute à Bayle*, ou *la faute à* l'augustinisme politique de Louis XIV, cet antiaugustinien, au cartésianisme inconscient du même *Louis XIV*, cet anticartésien.

Les trente-cinq dernières années du règne sont un temps de profonds brassages. Un certain bigotisme imposé à la cour, le règne apparent de la marquise de Maintenon, la relative efficacité de la censure, tout cela n'est que surface. Au-dessous se produisent les mouvements tectoniques. Même les regrettables communions forcées, imposées aux « nouveaux convertis » mal persuadés, n'ont pas à terme les conséquences terribles qu'elles eussent pu entraîner.

Depuis 1964 nous savons que le décentrage du christianisme n'est pas dû à Pierre Bayle († 1706), que Bayle n'est pas Voltaire, que Bayle est fidéiste [140]. Ce philosophe souhaite que les hommes usent sans retenue de la raison, don de Dieu, dans toutes les disciplines humaines – philosophie, histoire, philologie, politique –, mais reçoivent sans critique les révélations religieuses de la Bible. Une philosophie rationnelle, pour Bayle, est conciliable avec une théologie positive, c'est-à-dire fondée sur la sainte Écriture.

Les coupables sont d'autres cartésiens, catholiques cette fois, et même gens d'Église. Des clercs, ne mesurant sans doute pas les conséquences de leurs « audaces » théoriques ou pratiques, se sont lancés dans le cartésianisme sans avoir médité la mise en garde de Pascal (« Je ne puis pardonner à Descartes ; il aurait bien voulu, dans toute sa philosophie, pouvoir se passer de Dieu » ...). Les plus attachés à la Bible, les Arnauld, les Quesnel, l'ont fait impunément. Les autres ont, peu ou prou, sacrifié à la Raison un peu de la Révélation. C'est le cas de Malebranche ; c'est celui de Richard Simon, l'un et l'autre oratoriens, tant il est vrai que l'Oratoire, plus que la compagnie de Jésus, est l'échelle de valeur de la contre-Réforme. Ce dont on rend parfois responsable le *Dictionnaire* de Bayle est accompli dès 1678 avec l'*Histoire critique du Vieux Testament* de Richard Simon. L'ouvrage, que vont condamner tour à tour Nicole, Bossuet, Arnauld, le supérieur de l'Oratoire et pour finir (1682) la congrégation romaine de l'Index, sous prétexte d'argumenter contre les protestants, inaugure la longue histoire de l'exégèse rationaliste. À l'époque où il est publié, il apparaît vraiment comme l'attaque du sanctuaire, comme la violation du saint des saints.

Richard Simon demeure, et pour longtemps, un isolé, mais, pendant vingt-cinq ans, et sans quitter le royaume, il poursuit ses commentaires critiques. D'ailleurs, à bonne distance de ce cas extrême, toute une génération, celle des lecteurs du *Discours de la méthode*, se croit obligée de passer les usages religieux au crible de la raison. D'où l'hostilité de Bossuet à Mme Guyon, les mises en garde des jansénistes contre la dévotion moderne du Sacré-Cœur, les réticences épiscopales envers le miraculisme, la réglementation par l'évêque de Grasse des ex-voto [106]. Un an après l'ouvrage audacieux de Richard Simon, l'abbé Thiers publie son *Traité des superstitions selon l'Écriture sainte, les décrets des conciles, et les sentiments des saints Pères et des théologiens* (1679). Ici aussi, la volonté première n'est pas de détruire, mais de défendre, de sauvegarder l'essentiel en sacrifiant les déformations parasites ; ici encore, l'auteur n'a pas mesuré les conséquences. Ce n'est peut-être pas un hasard si, en 1680, la confrérie de la sainte tunique cesse de tenir son registre, et si, en 1689, les moines du prieuré d'Argenteuil – apparemment gardiens d'une relique à laquelle ils ne croient plus – cessent à leur tour d'enregistrer les miracles attachés à leur sanctuaire [96].

Vers 1680 les petits livres populaires qui vulgarisent les vies de saints perdent « les aimables défauts du style Louis XIII », la grâce naïve, la ferveur, le sérieux, l'ouverture au sublime [94]. L'hagiographie s'humanise, n'évoque plus les expériences mystiques, parle à peine de spiritualité. Le P. Bouhours, jésuite au bon style et reflet de son temps, trouve le moyen d'écrire « la vie de saint Ignace, la vie de saint François Xavier comme il aurait fait celle de l'empereur de la Chine [...] il a publié en 1691 la vie de la mère de Bellefonds. Eh bien, cette grande abbesse, dont il avait pourtant reçu les confidences et qu'il vénérait sans doute, non seulement il ne nous la montre pas – les hommes comme lui ne montrent jamais rien – mais encore il nous la cache. Elle devient un je ne sais quoi de morne, de glacial, d'abstrait. Si elle exista jamais, on se demande ce qu'elle est allée faire dans cette abbaye : on plaint les moniales qui ont dû s'ennuyer mortellement sous la crosse de ce mannequin, les novices, les pensionnaires [...] Dans cette nuit, dans ce désert, dans ce cloître fantôme, un seul être respire à l'aise et s'épanouit. C'est Bouhours. Il pèse ses phrases, il choisit ses mots. Et puis, il a tant de goût [94] ! »

Bien sûr la réforme catholique ne peut maintenir le peuple de Dieu en état de perpétuelle tension. Il y a des creux. Une pieuse main (peut-être celle même de la marquise de Maintenon) a rédigé vers 1714 ce *Badinage sur les mœurs du temps.* Sur le rythme des commandements de Dieu nouvellement versifiés, il dénonce la relative crise religieuse et morale qui touche la haute société :

Père et mère mépriseras et les verras très rarement;
De ton mari tu railleras avec tous indifféremment;
La nuit et le jour passeras à jouer ton bien follement;
Amis et parents livreras pour montrer ton discernement;
Aucun devoir ne rempliras qu'en cas de divertissement;
Tes affaires tu ruineras sans y réfléchir un moment;
Les dimanches la messe ouïras pour montrer ton ajustement;
Quand à la table tu seras tu t'y tiendras très longuement;
Le jour et la nuit tu boiras de tous vins généralement;
Jamais à Dieu ne penseras et ne le craindras nullement;
Réflexions tu ne feras de peur de penser tristement [43].

Bien sûr, à la mort de Louis XIV, M. de Fontenelle, auteur des *Dialogues des morts* et de l'*Histoire des oracles*, a déjà cinquante-huit ans; et à la même époque Le Sage rédige les six premiers livres de l'*Histoire de Gil Blas de Santillane;* mais, après tout, ce ne sont pas là gens d'Église. Certes les pessimistes de 1710 se lamentent au sujet des progrès apparents de la libre pensée – et l'historiographie ultérieure reprendra l'antienne, souvent au contraire pour s'en féliciter –, mais les libres penseurs ne sont pas ce qu'on croit. L'abbé Gaussault, auteur de *Réflexions sur les différents caractères,* est l'homme du XVIIe à l'avoir le mieux compris : « Le libertinage des hommes ne va pas, écrit-il, à méconnaître qu'il y a une religion ; mais à ne pas vivre selon les lois et les maximes de cette religion. On sait ce que l'on doit croire ; on sait de plus ce que l'on doit faire, mais on en demeure là ; on se contente de croire, et on remet toujours à faire ce que l'on est obligé de faire [24]. » Et puis ces libertins, même s'ils vont plus loin que prévu, ne sont pas des ecclésiastiques.

Non, la crise existe, et elle est intérieure, presque cachée à tous. Elle existe, et creuse dans l'Église même ses galeries de taupe. Nous n'en voulons pour preuve que la prestigieuse abbaye de Faremoutiers en Brie [69]. Gloire de l'ordre de saint Benoît, lieu d'élection de la réforme catholique, cette maison passe, au temps de Louis XIV, pour un asile permanent de la sainteté. Elle a eu pour abbesses Françoise de la Châtre (†1643) – « Sa mémoire est en vénération parmi toutes les personnes qui ont eu l'avantage de la connaître » –, puis sa nièce (heureux népotisme !) Jeanne-Anne de Plas († 1677), « une mère incomparable, une supérieure de très rare exemple, et une des plus grandes abbesses du siècle ». Depuis 1630 l'abbaye tient registre précis de ses deuils. Sont notés la date de la mort, l'âge de la religieuse et la cause du décès, mais surtout le souvenir laissé par ses vertus. Ce vieux livre est en somme « la légende dorée des religieuses de Faremoutiers au XVIIe siècle ». Nous y voyons que la mère Marie Charles, dite de Sainte-Geneviève († le 6 décembre 1679), « était extrêmement fervente, se rendant fort assidue à toutes les observances quoiqu'elle eût de fort grandes incommodités » ; que la mère Madeleine Guilloire, dite de Saint-Walbert († le 11 avril 1681), a supporté durant vingt-huit ans « avec beaucoup de patience » sa paralysie ; que mère Angélique de Courtenay, dite de Saint-Martin († le 10 mai 1681), « était d'une humeur fort douce » en dépit de sa « complexion fort délicate » et de ses infirmités ; que mère Gabrielle Le Long, dite de Sainte-Scholastique († le 7 décembre 1683), décédée à vingt-neuf ans, « était fort affectionnée à toutes les observances et particulièrement à l'office divin » ; que mère Anne de Formont dite de Saint-Joachim († le 2 août 1686), à soixante-quatorze ans d'âge après cinquante-trois ans de profession, « était d'une humeur fort douce, aimant à faire plaisir à tout le monde, recherchant avec soin toutes les occasions de rendre la charité ». Et puis, sans que le registre soit abandonné, les éloges disparaissent net : la vieille mère de Saint-Joachim l'a échappé belle. Depuis sa mort, on inscrira les décès de ses sœurs, mais non plus leurs « plus belles vertus religieuses : la recherche de Dieu, l'amour de l'observance, l'abnégation et l'obéissance, la patience aimable, l'ardente charité, l'esprit de recueillement intérieur et d'oraison [69] ». Faremoutiers la sainte, comme l'appelle Bossuet, va vivre et agir comme si le respect humain devait l'emporter sur l'idéal divin, comme si la raison devait occulter l'oraison, comme si la religion romaine n'avait pas toujours initié ses futurs saints par le récit édifiant de la vie de ses anciens saints.

Cette Église, si rayonnante de la contre-Réforme, paraît avoir honte d'elle-même. Chaque fois que, par sa faute, elle perd une once de terrain, les Lumières occupent la place.

De Ninon de Lenclos à Thérèse de Lambert

En 1700 le féminisme n'existe pas, mais la femme n'est pas une esclave, n'a rien d'une créature timide et humiliée. Saint-Évremond lui reproche de trop causer théologie [59]. Mme de Maintenon – qui ne semble pas voir combien sa position de reine non couronnée a déjà fait, et continue de faire pour consacrer l'importance de son sexe – témoigne, pour la dénoncer il est vrai, de l'assurance imperturbable désormais acquise par ses sœurs : « On décide sur tout ; les femmes se mêlent de juger des livres, des sermons, des gouvernements, de l'état spirituel et temporel ; la modestie n'est plus en usage ; on ne sait plus répondre : – Je ne sais pas, ou : – Ce n'est à moi à juger [43] » (1696). Six mois plus tôt était morte Mme de Sévigné, en 1693 Mme de la Fayette, les deux Françaises les plus remarquables du siècle, au moins hors des cloîtres. Leur génie, comme d'ailleurs les talents d'intrigue, de sociabilité et de repartie de Françoise d'Aubigné, n'ont pas peu contribué à cette ascension féminine.

Mais, dira-t-on, rien de tout cela n'est très nouveau; Christine de Pisan, Agnès Sorel, Diane de Poitiers, Gabrielle d'Estrées, Marion de Lorme, et même la jeune Mme Scarron ont fait plus pour leur sexe qu'une réforme du droit privé. Aux femmes belles et spirituelles, reines éphémères aux caprices de bon goût, la cour de Louis XIV a dû sa couleur. Le nom de la duchesse de la Vallière est inséparable du Versailles de Le Vau et de Le Nôtre, celui de la marquise de Montespan de Clagny, celui du grand Trianon de l'épouse morganatique du prince. Cependant cette cour si brillante, en relayant Paris, a arraché aux présidentes des salons leur souveraineté pour la redonner au roi de France. Depuis 1665, qui a vu la mort de Mme de Rambouillet, jusqu'à 1699 date à laquelle la duchesse du Maine inaugure ses assemblées de Sceaux, Louis XIV a ici régné sans partage. Ce ne sera pas le cas jusqu'à la mort du vieux monarque.

Dès 1690 la marquise de Lambert ouvre à Paris un salon concurrent de la cour. En 1698 elle achète l'hôtel de Nevers, rue neuve Colbert [109]. Elle y reçoit, les mardis et mercredis, gentilshommes et gens de lettres; depuis 1710 elle sera la femme qui vous fait élire à l'Académie. On sait quel alexandrin elle inspire à Mme Vatry :

Sous le nom de Lambert, Minerve tient sa cour.

Moins littéraire, plus aristocratique; moins grave, plus frivole et plus gaie (plus gaie que l'hôtel de Nevers, plus gaie que Versailles), se présente au même moment la «petite cour» de la duchesse du Maine. De 1699 à 1718, cette petite-fille du grand Condé enlève à son beau-père Louis XIV les plus jeunes de ses courtisans. Ceux des gens de lettres qui sont aussi hommes de bonne compagnie, fréquentent Sceaux et la rue Colbert ; tel est le cas pour M. de Fontenelle. D'ailleurs à Sceaux, on ne se contente pas de causer, on joue – ce qui est interdit chez la marquise de Lambert –, on fait du théâtre, on danse. En 1708 le *Mercure galant* écrit : « Le palais de Sceaux est le séjour des jeux, des ris et des muses et où l'esprit accompagne toujours la grandeur et la magnificence. » En 1714 et 1715, la paix acquise, la duchesse du Maine organise seize « grandes nuits », merveilleusement mises en scène « avec illuminations, farandoles, chants, danses, vers, allégories [66] ». Plusieurs hommes y travaillent, mais surtout une femme encore, la spirituelle Rose Delaunay, future Mme de Staal-Delaunay.

Dix ans auparavant est morte à Paris une femme aux charmes extraordinairement variés que ce quatrain complaisant ne reproduit que partiellement :

L'indulgente et sage nature
À doté la belle Ninon
De la volupté d'Épicure
Et de la vertu de Caton [199].

Il est vrai qu'Épicure ne lui eût sans doute pas résisté. Elle a eu de nombreux amants, gens de qualité, connus par toute l'Europe, du maréchal d'Albret jusqu'à Jean II Casimir Vasa, roi de Pologne. À soixante ans, vers 1680, elle accordait encore ses faveurs à l'abbé de Châteauneuf [73]. Elle a été jadis fort amie de Mme Scarron, qui a rompu par prudence, Ninon de Lenclos étant aussi un peu libertine au sens de ce temps, c'est-à-dire émancipée d'esprit. Elle a reçu dans sa ruelle jadis Molière et Saint-Évremond, dans son salon aujourd'hui Fontenelle et Voltaire. Elle est morte en 1705, léguant à ce jeune Arouet, qu'elle a contribué à lancer, 2 000 francs pour acheter des livres ! Ce sont là gestes qu'un jeune homme d'avenir et de goût n'oublie pas. Voltaire, en rappelant le souvenir de la plus belle femme et de la plus brillante du XVIIe siècle, dira humblement : « ma bienfaitrice ».

Si Bayle est mort en 1706 et Ninon de Lenclos – prototype éminemment féminin de la femme moderne – en 1705, qui peut continuer d'attendre la noble mort d'un vieux roi (1er septembre 1715) pour trouver la césure des temps, pour opposer la vision convenue des Lumières aux rayons étincelants du Roi-Soleil?

Le second souffle des lettres

1661-1672? « À y bien regarder, écrit un historien d'aujourd'hui, l'essentiel du *siècle de Louis XIV* tient en cette douzaine d'années – un lustre de plus, peut-être, si l'on pense à *Phèdre*. Ensuite les créations ne s'accumulent plus [125]... » Voltaire, qui a la triple qualité d'avoir connu le temps de Louis XIV, d'être lui-même écrivain, et d'avoir donné à l'expression *siècle de Louis XIV* ses lettres de noblesse, lui assignait au moins comme limites « depuis 1655 jusqu'à 1704 [73] ».

Voltaire, en effet, n'oublie pas qu'il paraît alors toujours une moyenne d'un chef-d'œuvre par an, sans compter les œuvres spécialisées d'érudition, d'archéologie, de théologie, etc. À s'en tenir aux monuments de la littérature, la liste est déjà lancinante. 1678 : les livres VII et VIII *des Fables* de La Fontaine, et l'extraordinaire *Princesse de Clèves* de Mme de la Fayette. 1679 : les livres IX, X et XI des mêmes *Fables*, et de Bossuet *La Politique tirée des propres paroles de l'Écriture sainte.* 1680 : première édition privée (à l'intention de Sa Majesté) des *Lettres* de la marquise de Sévigné. 1681 : le *Discours sur l'histoire universelle* de Bossuet. 1683 : Malebranche publie son *Traité de morale*; Bossuet et Fléchier prononcent l'un et l'autre l' *Oraison funèbre de Marie-Thérèse d'Autriche;* cependant que le non-conformisme se fait jour avec les *Dialogues des morts* de Fontenelle, les *Pensées sur la comète* de Pierre Bayle. L'année suivante Bayle inaugure ses *Nouvelles de la république des lettres.* En 1685, Bossuet prononce sa fameuse *Oraison funèbre d'Anne de Gonzague*, princesse palatine. 1686 : Bossuet et Esprit Fléchier prononcent chacun une *Oraison funèbre de Michel Le Tellier*, tandis que M. de Fontenelle s'amuse à écrire ses *Entretiens sur la pluralité des mondes.* En 1687, entre l'*Oraison funèbre du prince de Condé* par Bossuet et l'*Histoire des oracles* de Fontenelle, on peut sans doute hisser jusqu'au rang des petits chefs-d'œuvre la meilleure comédie de Dancourt, *Le Chevalier à la mode.* 1688 voit paraître la première édition d'un best-seller, les *Caractères* de La Bruyère, l'*Histoire des variations des Églises protestantes* de Bossuet, et, signe des temps – puisque la querelle des Anciens et des Modernes est à la fois l'aube du XVIIIe siècle et la célébration, toutes cabales confondues, du siècle de Louis XIV –, la *Digression sur les Anciens et les Modernes* de Fontenelle. L'année 1689 voit la représentation d'*Esther* (sans *Esther* et sans *Athalie,* l'œuvre de Jean Racine serait boiteuse), le *Panégyrique de saint Bernard* par l'évêque de Meaux. En 1690, ce même Bossuet publie sa *Lettre sur les psaumes,* Fléchier prononce l'*Oraison funèbre du duc de Montausier,* son amical protecteur; l'édition définitive posthume du *Dictionnaire universel* de Furetière montre à l'Académie quelle sottise fut la sienne d'exclure l'auteur d'un tel ouvrage. Au reste, il n'y a pas de véritable concurrence, il n'y a pas d'atteinte portée au monopole des Quarante : l'Académie a pour mission de publier et de tenir à jour un dictionnaire de la langue française. L'œuvre monumentale de Furetière est – soixante ans avant la réussite de Diderot et d'Alembert – essentiellement encyclopédique; l'illustration de la langue, sous une telle plume, est en somme accordée en prime.

L'année 1691 voit les discrètes représentations d'*Athalie.* Cet excès de mesure n'empêche pas les connaisseurs de deviner que Racine, si distant du théâtre, si dévot désormais, a fait là le meilleur de son œuvre. En 1694, Bossuet, avec les *Maximes et réflexions sur la comédie,* lève sans doute les dernières hésitations de Jean Racine à tourner le dos à la scène, même pieuse. La même année Jean de la Fontaine publie le dernier livre de ses Fables. 1695 : le *Dictionnaire historique et critique* de Bayle paraît, certes, à Rotterdam, mais on ne voit pas à quel titre l'œuvre de cet admirateur du Roi serait exclue du palmarès du grand siècle. 1696 : les *Mémoires* de Bussy-Rabutin, et la comédie de Regnard, *Le Joueur,* sont les événements littéraires de l'année, avec la mort de La Bruyère et de Mme de Sévigné. L'année 1697 est plus riche. Elle voit la publication des *Lettres* de Bussy-Rabutin, du *Traité de l'amour de Dieu* de Malebranche, et surtout des inimitables *Contes de ma mère l'Oie*, le chef-d'œuvre de Charles Perrault. 1699 : de Bossuet, le *Panégyrique des saints Jean de Capistran et Pascal Baylon*, et de Fénelon ce *Télémaque*, rédigé *ad usum Delphini*, mais où les lecteurs découvrent, entre deux sucreries, quelques pointes acérées contre le despotisme qui peuvent à la rigueur caricaturer Louis XIV. En 1700 Bossuet publie son *Mémoire sur l'état présent de l'Église*. Et l'anticlérical M. de Voltaire arrête son siècle (littéraire) en 1704, comme s'il prenait le deuil des deux maîtres de l'éloquence sacrée morts cette année-là : Bossuet et Bourdaloue.

En fait Voltaire aurait fort bien pu prolonger son siècle jusqu'à la fin du règne. Certes il n'y a plus tout à fait désormais un chef-d'œuvre par an, mais ce léger creux ne peut être confondu avec une décadence. Ce sont les publications posthumes de Bourdaloue (1707, 1709, 1711[13]) et la fin des *Essais de morale* (1714) de Nicole. Ce sont encore les prédications de Massillon et sa belle *Oraison funèbre de Mgr le Dauphin* (1712). Ce sont enfin les œuvres étincelantes de Regnard (*Le Légataire universel*, 1708) et de Le Sage (*Le Diable boiteux*, 1707, *Turcaret*, 1709, Gil Blas, 1715). Cette génération des Regnard et des Dancourt, des Le Sage et des Fontenelle, est absolument comparable en valeur littéraire à ses devancières. Elle est seulement moins versaillaise, plus parisienne, plus indépendante ; toutes qualités qui se retrouvent au long du siècle des Lumières.

D'ailleurs, si le XVIIIe siècle français est le temps des académies, s'il va encadrer intellectuellement, animer, stimuler la province, à un niveau quantitatif et qualitatif inouï [171], il n'a vraiment rien inventé. Le noyau primitif est largement constitué sous Louis XIV. En 1679 est créée l'académie de Villefranche en Beaujolais, en 1682 celle de Nîmes, en juin 1685 celle d'Angers. En 1689 apparaît l'académie d'Arles qui est à dominante nobiliaire. Les lettres royales de septembre 1694 transforment l'académie des jeux floraux de Toulouse. En 1700 naît l'académie des sciences et belles-lettres de Lyon, création d'abord spontanée. Les lettres patentes de janvier 1705 fondent l'académie des arts et belles-lettres de Caen[138], celles de février 1706 la société royale des sciences de Montpellier. En 1713 apparaît l'académie des belles-lettres, sciences et arts de Bordeaux!

Là où les sots chantent les plus absurdes *noëls* (*Des Pontchartrains, des Chamillards, / Des Beauvilliers, des Noaillistes, / Des faux dévots, des papelards, / Des missionnaires, des jésuites, / En France on en a à foison / Grâce à la vieille Maintenon* [144]), un observateur peut savoir, à lire les ouvrages qui paraissent, à suivre les pièces de théâtre, à voir se créer toutes ces sociétés de pensée, que l'âge d'or des lettres se poursuit, mais aussi se transforme. La France des années 1680-1715 n'est ni sclérosée, ni figée. Elle vit, elle évolue, elle rayonne.

La leçon des Lettres persanes

On ne relira jamais assez le récit du séjour fictif à Paris, depuis 1711, des seigneurs Usbek et Rica, Persans de bonne compagnie et d'esprit délié, porte-parole de M. le président de Montesquieu. Les *Lettres persanes* paraîtront six ans après la mort du grand Roi, en Hollande, avec les précautions en usage pour les pamphlets. L'auteur est donc assez libre, sinon vis-à-vis du Régent, au moins pour évoquer le règne précédent. Or, s'il ne ménage pas les vices du temps, s'il égratigne un peu tout le monde, y compris les courtisans et les théologiens, Montesquieu n'a jamais dépeint une France triste et ruinée, dominée par la pruderie de Mme de Maintenon, le zèle brutal d'un P. Le Tellier, la résignation morose des sujets du vieux roi. Il n'a pas noirci le tableau, ce n'est pas un romantique égaré. Sa peinture n'en est que plus crédible. Quelle meilleure conclusion pourrait-on découvrir à l'évocation de la vie des Français au temps de Louis XIV?

Mais si le lecteur, alléché par les *Lettres persanes*, en cherche la confirmation dans les décennies suivantes, il va bientôt s'apercevoir que le préromantique Sébastien Mercier, dans son fameux *Tableau de Paris*[151], donne du Parisien une image très semblable. Deux auteurs, que séparent le temps, l'origine, les préoccupations, la sensibilité, mais qui sont provinciaux moqueurs et habiles, se rencontrent, presque terme à terme, dans leurs portraits. Les merveilleuses pochades de Montesquieu peuvent donc nous servir aussi d'épilogue.

1713 : le traité d'Utrecht est signé, mais l'interminable guerre n'a pas pris fin. Usbek ne saurait donc tomber au plus mauvais moment. Va-t-il montrer à son correspondant la lassitude morne, la résignation triste, l'accablement sans espoir que la légende prête complaisamment aux dernières années du long règne de Louis XIV? Il écrit exactement le contraire : « Les hommes mêmes n'ont pas en Perse la gaieté qu'ont les Français : on ne leur voit point cette *liberté d'esprit* et cet *air content* que je trouve ici dans tous les états et *dans toutes les conditions*[49]. » De cette vérité le Parisien fait foi, cas privilégié peut-être, mais cas particulier du jugement d'ensemble.

Ce personnage unique au monde – Français caricaturé par l'immensité même de sa ville – est spontané, vif de corps et d'esprit, toujours courant, au physique et au moral. Un Persan en a la tête chavirée : « Depuis un mois que je suis ici, je n'y ai encore vu marcher personne [...] Un homme qui vient après moi, et qui me passe, me fait faire un demi-tour et un autre, qui me croise de l'autre côté, me remet soudain où le premier m'avait pris. » Notre oriental ne comprend d'ailleurs pas davantage le zèle fou du vieux richard de la capitale qui « risque d'accourcir ses jours pour amasser, dit-il, de quoi vivre ». La grande ville incite donc à la constante agitation. Mais le moindre spectacle de la rue arrête tous les élans : chacun ici est fort badaud. « Les habitants de Paris sont d'une curiosité qui va jusqu'à l'extravagance. Lorsque j'arrivai, je fus regardé comme si j'avais été envoyé du Ciel. » *Comment peut-on être Persan*? Il est vrai que, passé l'effet de surprise, l'étranger est sitôt adopté.

On ne saurait trouver plus liant que le Français de la capitale. Délicat dans « l'amitié, ce doux engagement du cœur, qui fait ici la douceur de la vie », affable et prévenant, le Parisien « semble être fait uniquement pour la société ». L'homme de la rue s'empresse à demander aux inconnus « où ils vont et d'où ils viennent ». Un aveugle des Quinze-Vingts conduit spontanément un étranger du Palais-Royal jusqu'au Marais ! Rica parle d'un Parisien que la sociabilité sans frein a fait périr de lassitude. Sa vie n'est qu'une statistique : au collège il a emmagasiné cent dix-huit apophtegmes, pour toutes circonstances ; adulte, il s'est composé un répertoire mondain de trois cent soixante-cinq contes ; ami de tous, il assiste à deux mille six cent quatre-vingts baptêmes et à cinq cent trente enterrements.

Le Parisien applique cette gentillesse au sexe faible. Stanislas Leczsinski s'étonnait de voir les Français tout accorder aux femmes à l'exception du droit d'en être commandés ; à Paris, cette restriction est inconnue. Les femmes sont « un nouvel État dans l'État ». Elles « gouvernent et non seulement prennent en gros, mais même se partagent en détail toute l'autorité [49] ». « Quand on a été femme à Paris, dira plus tard le même Montesquieu, on ne peut être femme ailleurs [48]. » Les Parisiens, qui voient dans leur épouse ou dans leur maîtresse le canal des grâces, sont tout disposés à pardonner les infidélités des unes ou des autres. Dans les *Lettres persanes* encore, « un homme qui, en général, souffre les infidélités de sa femme n'est point désapprouvé ; au contraire, on le loue de sa prudence ». C'est l'application aux faits domestiques d'une philosophie née de l'observation des remous d'une grande ville. Pour un Persan, Paris n'est-il pas le pays où la fortune est la plus inconstante ? « Il arrive tous les dix ans des révolutions qui précipitent le riche dans la misère et enlèvent le pauvre, avec des ailes rapides, au comble des richesses. »

Faut-il dire leçon de morale, Montesquieu ne le pense pas. À Paris, « on n'a pas le temps de connaître les vices et les vertus [...] on se défait de son âme [48] ». Ici la vanité n'est pas une faute, mais une aimable habitude. « Si j'ai quelques bonnes qualités, dit un Parisien, celle dont je fais le plus de cas, c'est ma modestie [49].» Dans cette grande ville, la jalousie crée une émulation de fierté. Ici «chacun s'élève au-dessus de celui qui est d'une profession différente, à proportion de l'idée qu'il s'est faite de la supériorité de la sienne», même le plus simple artisan. Tout cela n'empêche ni la roublardise, ni la naïveté. Chaque promeneur est susceptible de se laisser abuser par un compatriote spirite ou devin, alchimiste ou guérisseur. Le terrain est déjà préparé aux Saint-Germain, aux Cagliostro, aux Mesmer.

Au reste, le ton de la capitale consiste surtout «à parler des bagatelles comme des choses sérieuses, et des choses sérieuses comme des bagatelles [48]». Caractère général de ce royaume de Louis XIV, que l'on imaginerait si sérieux, si guindé, si austère, le badinage est pratiqué sans gêne : on badine même au Conseil [49]. Cette habitude allège toutes choses, et d'abord préserve la France du pédantisme. «On s'attache ici beaucoup aux sciences, constate le Persan, mais je ne sais si l'on est fort savant.» À être l'un des vingt spécialistes d'une science on préfère appartenir aux cinquante mille qui croient savoir [48]. À l'austère plaisir d'être un érudit, on préfère «la fureur [...] d'avoir de l'esprit», et l'«homme à qui il manque un talent se dédommage en le méprisant [49]». Ce Parisien mesure tout à l'aune frivole et changeante du goût du jour et de la mode. «Une femme qui quitte Paris pour aller passer six mois à la campagne en revient aussi antique que si elle s'y était oubliée trente ans.» Les Français en général, les Parisiens en particulier, «avouent de bon cœur que les autres peuples sont plus sages, pourvu qu'on convienne qu'ils sont mieux vêtus. Ils veulent bien s'assujettir aux lois d'une nation rivale, pourvu que les perruquiers français décident en législateurs sur la forme des perruques étrangères. Rien ne leur paraît si beau que de voir le goût de leur cuisinier régner du septentrion au midi, et les ordonnances de leurs coiffeuses portées dans toutes les toilettes de l'Europe». À la logique des Lumières débutantes, le Parisien préfère l'impressionnisme éphémère des modes. Il y porte à dessein le plus grand sérieux.

Si nous admettons le jugement de Rica : « Il en est des manières et de la façon de vivre comme des modes ; les Français changent de mœurs selon l'âge de leur roi », il apparaît que ce souverain de soixante-quinze ans est vraiment tout à l'opposé du grand Turc. Ses sujets ont gardé vivacité, gaieté, spontanéité. La France de 1715 n'est pas un pays courbé. Du vivant de Louis XIV (de Paris, le 9 de la lune de Gemmadi 2e, 1715), Usbek nous dit même que, dans la monarchie, s'applique tout uniment le programme des démocraties à venir. « *À Paris*, écrit-il, *règnent la liberté et l'égalité* [49]. »

Conclusion

Le royaume de Louis XIV est étendu, peuplé, divers. C'est pourquoi la vie sociale y a mille visages. La reconstituer jusque dans son détail exigerait plusieurs livres, et même plusieurs vies d'homme. Le lecteur doit donc nous pardonner nos choix. *Grosso modo* l'auteur avait à sa disposition deux partis : ou tenter de tout dire et faire un manuel, ou privilégier un certain nombre d'exemples et offrir au public son carnet de silhouettes. Il a suivi cette seconde voie.

Mais, dans les deux hypothèses, l'auteur et le lecteur amicalement unis arriveraient sans doute aux mêmes conclusions. On peut faire accepter le fait de la diversité française ; on ne peut en tenter la description exhaustive. Songez comme il est difficile de réaliser un inventaire monumental ; imaginez donc l'entreprise d'un inventaire moral ! La France du Nord est peut-être plus riche, plus peuplée, plus instruite, plus active que le reste du royaume, mais c'est le Languedoc qui imagine, finance et construit « la merveille de l'Europe », le canal des deux mers.

Il n'y a pas trois groupes de Français – clercs, nobles, roturiers –, encore moins deux camps affrontés – « opprimants » contre « opprimés » –, mais des dizaines et des centaines de rangs (569 dit le tarif de la capitation en 1695), ou, si à la verticalité on substitue les regroupements corporatifs, des dizaines ou des centaines de corps, collèges, confréries, métiers ou compagnies. Toute institution ici est d'abord société, de la cour de Versailles jusqu'à la basoche du parlement de Dombes ; des secrétaires du Roi en la grande chancellerie jusqu'aux consuls de Saint-Papoul ou de Mirepoix. Toute vie est sociabilité. Être bon chrétien, c'est être bon paroissien, mais aussi bon confrère du rosaire ou du saint sacrement. Être bon ouvrier, c'est d'abord parfois être « compagnon du *devoir* » et donc ancien du tour de France. Des solidarités étranges unissent nos pères. Rare est celui qui n'a pas de privilège. Malheur à l'homme seul ! Même les vagabonds, les mendiants, les truands, les *caimands* ont leurs sociétés secrètes et leurs signes de ralliement sauveurs. Le clergé et la noblesse échappent à l'impôt de la taille personnelle ; mais ce privilège est partagé par des dizaines de milliers de bourgeois, les bourgeois de Paris, la plupart des officiers de judicature et de finance (ils sont plus de quarante mille), un grand nombre de commensaux véritables, ou désignés ainsi par assimilation. Faut-il classer dans une espèce particulière de bourgeoisie d'autres exemptés de la taille, les ouvriers des monnaies, les ouvriers de la manufacture royale des glaces, à titre temporaire les anciens miliciens ?

Et pourtant cet encadrement collégial n'a jamais la pesanteur des contraintes collectives. Le Français du XVIIe siècle garde une liberté et une indépendance dont nous n'avons plus idée. Une des rares erreurs de jugement de Louis XIV a été sa méconnaissance du caractère de ses sujets réformés. Il s'est dit : leur particularisme excessif les a coupés de la communauté régnicole. Il a voulu les y intégrer coûte que coûte. En réalité, le protestant français est peut-être à cent lieues de son voisin papiste : il méprise les superstitions, rabaisse la Vierge, conteste la messe. Il n'en est pas moins terriblement français. Si la persécution le réveille, le stimule, le rapproche des temps bibliques, en fait un re-réformé, c'est, bien sûr, parce qu'il est protestant, mais c'est aussi parce qu'il est français, cabochard, individualiste, impossible à vraiment contraindre.

Cette société, où le sujet est mieux qu'un citoyen – puisqu'il est compagnon-et-ouvrier-et-confrère-et-paroissien-et-polisseur-de-glaces-et-exempté-de-taille (s'il travaille à Saint-Gobain) ; puisqu'il est bourgeois-de-Paris-et-ancien-garde-du-corps-de-la-mercerie-et-ancien-juge-consul-et-rentier-et-marguillier-de-Saint-Eustache-et-bourgeois-gentilhomme (s'il ressemble à M. Jourdain) –, parce que plus libre et parce que plus humainement encadré, est une société beaucoup moins figée qu'il n'apparaît en ses structures. Dans la première classe de la capitation les grands financiers voisinent avec les princes de la maison de France; plus bas, les gardes-chasse sont au même étage que les gentilshommes pauvres. Le Roi aidant, et souvent le Roi voulant, la société permet et parfois favorise les ascensions. Beaucoup d'évêques viennent de la petite bourgeoisie. Le marin Ducasse, qui deviendra chevalier de la Toison d'or, n'est même pas d'origine noble. Jean Racine, né petit bourgeois, historiographe et lecteur de Sa Majesté, jouit des *premières entrées* de la chambre du Roi. Par la volonté du monarque on donne le cordon bleu à M. de Catinat, bien que ses preuves de noblesse soient incomplètes. Les ducs ont si peu le monopole du maréchalat que certains ne dépassent pas le grade de colonel : Saint-Simon l'a éprouvé et s'est vengé à titre posthume. La naissance n'est plus toujours le critère nécessaire, et elle n'est plus jamais le critère suffisant. Le Roi utilise toutes les possibilités de son pouvoir – grâces et disgrâces [186], nominations, promotions, anoblissements, octrois de titres, ordres de chevalerie, fournées de pairs – pour ennoblir à tout prix le mérite.

Si grand lui semble le mérite d' Abraham Duquesne, qu'il respecte sa fidélité calviniste, et l'exempte des conséquences de la Révocation; si grand lui paraît le mérite de Villars qu'il bouleverse tout le cérémonial pour mieux l'honorer après sa blessure de Malplaquet. Ce chef d'armée est traité par Louis XIV comme personne au monde, pas même un monarque étranger, ne l'a été depuis 1661.

Mais le mérite est la monnaie de l'honneur. La France de 1715 n'ignore plus ce que son aînée de 1643 ne pouvait savoir : il faut une élite, mais cette élite peut comprendre des roturiers; l'honneur est la force des monarchies, mais la noblesse n'en saurait avoir le monopole. Par la volonté constante de Louis XIV, la société s'est mieux que pliée à ce grand programme; elle a joué le jeu, elle a aidé la mutation. Ce qu'il y a de brillant dans l'honneur, l'idéal de l'honnête homme, est allé de la cour du Roi jusqu'à celle des miracles. Combien y a-t-il au monde de sociétés polies où « un gueux dit en tendant la main : – Je vous prie de m'étrenner d'un pauvre sou [26]» ? Mais la France profonde a rejoint la France brillante, pour rechercher ce qu'il y a aussi de solide et de durable dans cette notion d'honneur. Elle l'a adoptée, adaptée, soumise à mille avatars. Elle l'a surtout christianisée, tant reste fort, entre 1661 et 1715, l'esprit du concile de Trente, véritable guide de la vie quotidienne d'alors.

Or le catholicisme de la contre-Réforme, aussi peu obscurantiste que Louis XIV, loin de retarder l'évolution intellectuelle de notre société, l'achemine sans trop de heurts vers cet âge des Lumières, dont le nom éblouit, mais qui, malgré sa prétention, n'éclipsera jamais le profond éclat du grand siècle.

Références et notes

SOURCES

1. *Almanach royal pour l'an mil sept cent quinze...*, Paris, 1715, in-12.

2. ANSELME (Pierre de Guibours, dit le père), *Histoire généalogique de la maison royale de France...*, Paris, 1726-1733, 9 vol. in-fol.

3. ARNAULD (Abbé Antoine), *Mémoires...*, *dans Nouvelle collection des mémoires relatifs à l'histoire de France*, t. XXIII, Paris, 1866, in-8°, pp. 475-556.

4. BALLARD (Christophe), *Brunettes, ou Petits airs tendres... mêlées de chansons à danser*, Paris, 1703-1711, 3 vol. in-12.

5. BARTHÉLEMY (Édouard de), *Madame la comtesse de Maure, sa vie et sa correspondance...*, Paris, 1863, in-12.

6. BERCÉ (Yves-Marie), *Croquants et nu-pieds. Les soulèvements paysans en France du* XVIe *au* XIXe *siècle*, Paris, 1974, in-16.

7. BERWICK (Jacques FITZ-JAMES, duc de), *Mémoires...*, *dans Nouvelle collection des mémoires relatifs à l'histoire de France...*, t. XXXII, Paris, 1866, in-8°, pp. 303-466.

8. BOILEAU (Nicolas), *Œuvres complètes*, Paris, 1966, in-12.

9. BOISLISLE (Arthur Michel de), *Mémoires des intendants sur l'état des généralités dressés pour l'instruction du duc de Bourgogne*, t. I, Paris, 1881, in-4°.

10. BOLLEME (Geneviève), *La bibliothèque bleue. La littérature populaire en France du* XVIIe *au* XIXe *siècle*, Paris, 1971, in-16.

11. BOSSUET (Bénigne), *Œuvres,* éd. Velat, Paris, 1961, in-12.
12. BOUHOURS (R. P. Dominique), *Entretiens d'Ariste et d'Eugène,* éd. Radouant, Paris, 1920, in-12.
13. BOURDALOUE (R. P. Louis), *Œuvres complètes...,* éd. de Saint-Dizier, Agen, 1864, 4 vol. in-4°.
14. BRICE (Germain), *Description de la ville de Paris...,* 9e éd., Paris, 1752, 4 vol. in-12.
15. CHALLES (Robert), *Voyage aux Indes d'une escadre française (1690-1691),* éd. A. Augustin-Thierry, Paris, 1933, in-12.
16. CHOISY (François-Timoléon, abbé de), *Mémoires...,* éd. Mongrédien, Paris, 1979, in-8°.
17. DANCOURT (Florent CARTON, sieur), *Théâtre choisi,* éd. Fr. Sarcey, Paris, 1884, in-12.
18. DANGEAU (Philippe de COURCILLON, marquis de), *Journal...,* éd. Soulié et Dussieux, Paris, 1854-1860, 19 vol. in-8°.
19. DEBIEN (Gabriel), «Documents sur la traite» ..., dans *Centre de recherches sur l'histoire de la France atlantique. Enquêtes et documents,* t. II, Nantes, 1972, in-8°, pp. 185-226.
20. DES URSINS (Anne-Marie de La Trémoille, princesse), *Lettres inédites...,* éd. Geffroy, Paris, 1859, in-8°.
21. DROUHET (Jean), *Les œuvres de Jean Drouhet, maître apothicaire à Saint-Maixent...,* éd. Richard, Poitiers, 1878, in-12.
22. FÉNELON (François de SALIGNAC DE LA MOTHE-), *Écrits et lettres politiques...,* éd. Urbain, Paris, 1921, in-12.
23. FERRIÈRE (Claude-Joseph de), *Dictionnaire de droit et de pratique...,* 4e éd., Paris, 1768, 2 vol. in-4°.
24. FLÉCHIER (Esprit), *Œuvres complètes...,* éd. Migne, Le Petit-Montrouge, 1856, 2 vol. in-4°.
25. FORBIN (Claude, comte de), *Mémoires du comte de Forbin...,* éd. Jacques Boulenger, Paris, 1934, in-12.
26. FURETIÈRE (Antoine), *Dictionnaire universel...,* La Haye et Rotterdam, 1690, 2 vol. in-fol.

27. –, *Le roman bourgeois,* ouvrage comique, dans *Romanciers du* XVIIe *siècle...,* éd. Adam, Paris, 1958, in-12, pp. 899-1104.

28. GELIS (Jacques), *Accoucheur de campagne sous le Roi-Soleil. Le traité d'accouchement de G. Mauquest de la Motte,* Toulouse, 1979, in-8°.

29. GRACIAN (Baltazar), *L'homme de cour,* trad. Amelot de la Houssaye, Paris, 1924, in-12.

30. GUERLAC (Othon), *Les citations françaises...,* 4e éd., Paris, 1953, in-8°.

31. GUIFFREY (Jules), *Comptes des bâtiments du Roi sous le règne de Louis XIV...,* Paris, 1881-1901, 5 vol. in-fol.

32. HÉNAULT (Charles-Jean-François), *Mémoires...,* éd. Rousseau, Paris, 1911, in-8°.

33. LA BRUYÈRE (Jean de), *Œuvres complètes,* éd. Benda, Paris, 1951, in-12.

34. LACHÈVRE (Frédéric), *Scarron et sa* Gazette burlesque *(14 janvier-22 juin 1655)...,* Paris, 1929, in-8°.

35. LA FAYETTE (Marie-Madeleine PIOCHE DE LA VERGNE, comtesse de), *Histoire de Madame Henriette d'Angleterre, suivie de Mémoires...,* éd. Sigaux, Paris, 1965, in-8°.

36. LA FONTAINE, *Fables.*

37. LA ROCHEFOUCAULD (François, duc de), *Œuvres complètes,* éd. Martin-Chauffier et Marchand, Paris, 1964, in-12.

38. LA SALLE (Saint Jean-Baptiste de), *Textes choisis...,* éd. Anselme, Namur, 1957, in-16.

39. LE GENDRE (Louis), *Mémoires de l'abbé Legendre...,* éd. Roux, Paris, 1863, in-8°.

40. LEGUAT (François), *Voyages et aventures... (1690-1698),* éd. Jacques Boulenger, Paris, 1934, in-12.

41. LOUIS XIV, *Manière de montrer les jardins de Versailles...,* éd. R. Girardet, Paris, 1951, in-8°.

42. –, *Mémoires,* éd. J. Longnon, Paris, 1978, in-8°,
MADAME, voir PRINCESSE PALATINE.

43. MAINTENON (Françoise SCARRON, née d'AUBIGNÉ, marquise de), *Lettres historiques et édifiantes,* éd. Lavallée, Paris, 1856, 2 vol. in-12.

44. MARTEILHE (Jean), *Mémoires d'un galérien...,* éd. Zysberg, Paris, 1982, in-8°.

45. [MASSIALOT], *Le cuisinier roïal et bourgeois...,* Paris, 1691, in-8°.

46. MÉRÉ (Antoine Gombaud, chevalier de), *Œuvres complètes...,* Paris, 1930, 3 vol. in-8°.

47. MOLIÈRE, *Le Malade imaginaire.*

48. MONTESQUIEU (Charles-Louis de Secondat, baron de), *Cahiers* (1716-1755), Paris, 1941, in-8°.

49. –, *Lettres persanes.*

50. MUCHEMBLED (Robert), *La sorcière au village (XVe – XVIIIe siècle),* Paris, 1979, in-16.

51. *Ordonnance de Louis XIV, roy de France et de Navarre, pour les matières criminelles,* Paris, 1670, in-18.

52. PERRAULT (Charles), *Les contes de Perrault...,* Paris, 1971, in-4°.

53. PRINCESSE PALATINE (Élisabeth-Charlotte de BAVIÈRE, duchesse d'ORLÉANS, dite la), *Lettre de Madame, duchesse d'Orléans...,* éd. Amiel, Paris, 1981, in-8°.

54. QUINCY (Joseph SEVIN, chevalier de), *Mémoires...,* éd. Lecestre, Paris, 1898-1901, 3 vol. in-8°.

55. RACINE (Jean), *Abrégé de l'histoire de Port-Royal,* éd. Gandon, Paris, 1926, in-12.

56. RAUNIÉ (Émile), *Recueil Clairambault-Maurepas. Chansonnier historique...,* t. I, Paris, 1879, in-12.

57. RÉTIF DE LA BRETONNE (Nicolas), *La vie de mon père,* éd. Rouger, Paris, 1970, in-12.

58. ROLLIN (Charles), *Nouvel abrégé du Traité des études de Charles Rollin...,* Paris, 1827, in-16.

59. SAINT-ÉVREMOND (Charles de MARGUETEL de SAINT-DENIS de), *Critique littéraire,* éd. Wilmotte, Paris, 1921, in-12.

60. SAINT-SIMON (Louis de ROUVROY, duc de), *Mémoires,* éd. Truc, Paris, 1953-1961, 7 vol. in-12.

61. SAXE (Maurice, maréchal de), *Mémoires sur l'art de la guerre...*, Dresde, 1757, in-8°.
62. SÉVIGNÉ (Marie de RABUTIN CHANTAL, marquise de), *Correspondance*, éd. Duchêne, Paris, 1972-1978, 3 vol. in-12.
63. *Société des professeurs d'histoire... Régionale de Besançon. Textes et documents sur l'histoire de la Franche-Comté*, t. II, *XVIe et XVIIIe siècle*, Besançon, 1965, in-4°.
64. SOURCHES (Louis-François DU BOUCHET, marquis de), *Mémoires... sur le règne de Louis XIV*, éd. Cosnac, Paris, 1882-1893, 13 vol. in-8°.
65. SPANHEIM (Ezéchiel), *Relation de la cour de France en 1960...*, éd. Bourgeois et Richard, Paris, 1973, in-8°.
66. STAAL-DELAUNAY (Marguerite-Jeanne-Rose CORDIER DE LAUNAY, dame de), *Mémoires...*, éd. Doscot, Paris, 1970, in-8°.
67. TALLEMANT DES RÉAUX (Gédéon), *Historiettes*, éd. Adam, Paris, 1960-1961, 2 vol. in-12.
68. TESSÉ (René de FROULAY, maréchal de), *Lettres...*, éd. Rambuteau, Paris, 1888, in-8°.
69. [THIBAULT (Dom Raymond)], *Ames saintes du grand siècle. Abbesses et religieuses de Faremoutiers*, Paris-Maredsous, 1931, in-12.
70. VALLOT (Antoine), d'AQUIN (Antoine), FAGON (Guy-Crescent), *Journal de la santé du roi Louis XIV, de l'année 1647 à l'année 1711...*, éd. Le Roi, Paris, 1862, in-8°.
71. VAUBAN (Sébastien LE PRESTRE, maréchal de) *Projet d'une dixme royale...*, éd. Coornaërt, Paris, 1933, in-8°.
72. VILLARS (Marie GIGAULT DE BELLEFONDS, marquise de), *Lettres de Mme de Villars à Mme de Coulanges (1679-1681)*, éd. Courtois, Paris, 1868, in-8°.
73. VOLTAIRE (François-Marie AROUET dit), *Œuvres historiques*, éd. Pomeau, Paris, 1957, in-12.
74. WECKERLIN (Jean-Baptiste-Théodore), *L'ancienne chanson populaire en France (XVIe et XVIIe siècles)...*, Paris, 1887, in-12.

BIBLIOGRAPHIE SOMMAIRE

75. ANTOINE (Michel), *Henry Desmarest (1661-1741)* ..., Paris, 1965, in-8°.

76. ARIÈS (Philippe), *L'enfant et la vie familiale sous l'ancien régime,* Paris, 1960, in-8°.

77. ARMOGATHE (Jean-Robert) et JOUTARD (Philippe), « Bâville et la guerre des camisards », dans *Revue d'histoire moderne...,* t. XIX, 1972, pp. 45-72.

78. ARUNDEL DE CONDÉ (G. comte d'), *Dictionnaire des anoblis normands (1600-1790),* Rouen, 1976, in-8°.

79. BARDET (Jean-Pierre), *Rouen aux* XVII*e et* XVIII*e siècles...,* Paris, 1983, 2 vol. in-8°.

80. BERCÉ (Yves-Marie), *Fête et révolte. Des mentalités populaires du* XVI*e au* XVIII*e siècle,* Paris, 1976, in-8°.

81. BEZARD (Yvonne), *Au secours d'une dot. Une séparation de biens en Bourgogne sous l'ancien régime.* Dijon, s. d., in-8°.

82. –, *Les porte-arquebuses du Roi,* Versailles, 1925, in-8°.

83. BLUCHE (François), «Le Dieu de Monte-Cristo et de Jane Eyre. Un christianisme romantique sans Christ?», dans *Revue d'histoire et de philosophie religieuses,* t. LIX, 1979, pp. 161-186.

84. –, *Les honneurs de la cour,* Paris, 1957, 2 vol. in-4°.

85. –, *Les magistrats du parlement de Paris au* XVIII*e siècle...,* Paris, 1960, in-8°.

86. –, *L'origine des magistrats du parlement de Paris au* XVIII*e siècle...,* Paris, 1956, in-8°.

87. –, *La vie quotidienne au temps de Louis XVI,* Paris, 1980, in-12.

88. –, *La vie quotidienne de la noblesse française au* XVIII*e siècle,* nouv. éd., Paris, 1980, in-12.

89. – et DUYRE (Pierre), *L'anoblissement par charges avant 1789,* Paris, 1962, 2 vol. in-4°.

90. – et SOLNON (Jean-François), *La véritable hiérarchie sociale de l'ancienne France. Le tarif de la première capitation (1695)*, Genève, 1983, in-8°.
91. BONNEAU-AVENANT (A.), *Mme de Miramion, sa vie et ses œuvres charitables...*, Paris, 1873, in-8°.
92. BOQUET (Guy), « Les comédiens italiens à Paris au temps de Louis XIV », dans *Revue d'histoire moderne...*, t. XXVI, 1979, pp. 422-438.
93. –, « Naissance d'une troupe, genèse d'un répertoire », dans *Revue d'histoire du théâtre*, 1980, pp. 105-126.
94. BREMOND (Abbé Henri), *Histoire littéraire du sentiment religieux en France...*, Paris, 1916-1936, 12 vol. in-8°.
95. *Bulletin de la société de l'histoire du protestantisme français* (utilisé de 1976 à 1983).
96. CABANEL (Claire), *Le culte de la sainte tunique à Argenteuil au XVIIe siècle siècle*, Nanterre, 1980, in-4°, (mém. dactyl.).
97. CAVAILLÈS (Henri), *La route française...*, Paris, 1946, in-8°.
98. CHANDERNAGOR (Françoise), *L'allée du Roi...*, Paris, 1981, in-8°.
99. CHAUNU (Pierre), *La civilisation de l'Europe classique*, Paris, 1970, in-8°.
100. –, *La mort à Paris, XVIe, XVIIe et XVIIIe siècles*, Paris, 1978, in-8°.
101. COORNAERT (Émile), *Les compagnonnages en France du moyen âge à nos jours*, Paris, 1966, gr. in-8°.
102. –, *Les corporations en France avant 1789*, Paris, 1941.
103. CORVISIER (André), *La France de Louis XIV...*, Paris, 1979, in-12.
104. –, *Louvois*, Paris, 1983, in-8°.
105. COUSIN (Bernard), « Deux cents miracles en Provence sous Louis XIV », dans *Revue d'histoire de la spiritualité*, t. LII, 1976, pp. 225-243.
106. –, *Le miracle et le quotidien. Les ex-voto provençaux images d'une société*, Aix-en-Provence, 1983, in-8°.

107. CROIX (Alain), *La Bretagne aux XVIe et XVIIe siècles. La vie, la mort, la foi,* Paris, 1981, 2 vol. gr. in-8°.

108. CURRAT (Geneviève), *Les paroles de Louis XIV,* Nanterre, 1983, in-4° (mém. dactyl.).

109. DAUVERGNE (Robert), *La marquise de Lambert à l'hôtel de Nevers...,* Paris, 1947, in-8°.

110. –, *La vigne dans les environs de Paris au temps de Louis XIV...,* Paris, 1966, in-8°.

111. DEJEAN (Étienne), *Un prélat indépendant au XVIIe siècle. Nicolas Pavillon, évêque d'Alet (1637-1677),* Paris, 1909, in-8°.

112. *XVIIe siècle,* revue publiée par la société d'étude du XVIIe siècle, 1949-1983.

113. DUBECH (Lucien) et ESPEZEL (Pierre d'), *Histoire de Paris,* Paris, 1926, in-8°.

114. DUPAQUIER (Jacques), *La population française aux XVIIe et XVIIIe siècles,* Paris, 1979, in-16.

115. DURYE (Pierre), *La généalogie,* Paris, 1961, in-16.

116. ESMONIN (Edmond), *Études sur la France des XVIIe et XVIIIe siècles,* Paris, 1964, in-8°.

117. FLAMENT (Abbé Pierre), «Les mœurs des laïques au diocèse de Séez sous l'épiscopat de monseigneur d'Aquin (1699-1710)», dans *Revue d'histoire de l'Église de France,* t. XLI, 1955, pp. 235-281.

118. FRÊCHE (Georges), *Toulouse et la région Midi-Pyrénées au siècle des lumières...,* Paris, 1974, in-8°.

119. FRÉVILLE (Henri), *L'intendance de Bretagne (1689-1790)...,* Rennes, 1953, 3 vol. in-8°.

120. FUNCK-BRENTANO (Frantz), *Le drame des poisons,* Paris, s. d., in-12.

121. FURET (François) et OZOUF (Jacques), *Lire et écrire. L'alphabétisation des Français de Calvin à Jules Ferry,* Paris, 1977, 2 vol. in-8°.

122. GAXOTTE (Pierre), *Louis XIV,* Paris, 1974, in-4°.

123. GIRARD (Georges), *Racolage et milice (1701-1715),* Paris, 1922, in-8°.

124. GIRAUD (Yves), «La bibliothèque d'Antoine

Godeau, évêque et académicien (1666) », dans *Revue française d'histoire du livre*, t. V, 1975, pp. 143-175.

125. GOUBERT (Pierre), *Louis XIV et vingt millions de Français*, Paris, 1966, in-8°.

126. –, « Remarques sur le vocabulaire social de l'ancien régime », dans *Ordres et classes, colloque d'histoire sociale, Saint-Cloud... 1967*, Paris – La Haye, 1973, in-8°, pp. 135-140.

127. –, *La vie quotidienne des paysans français au XVIIe siècle*, Paris, 1982, in-12.

128. GOUESSE (Jean-Marie), « Migrations féminines et mariages. Quelques exemples bas-normands... », dans *Annales de démographie historique*, (1976), Paris – La Haye, 1978, in-8°, pp. 319-339.

129. GRISELLE (R. P. Eugène), *Bourdaloue...*, Lille, 1901, 2 vol. in-8°.

130. GUTTON (Jean-Pierre), *L'État et la mendicité dans la première moitié du XVIIIe siècle...*, Saint-Étienne-Lyon, 1973, in-8°.

131. –, *La sociabilité villageoise dans l'ancienne France...*, Paris, 1979, in-8°.

132. HAUTECŒUR (Louis), *Histoire de l'architecture classique en France*, t. II. *Le règne de Louis XIV*, Paris, 1948, 2 vol. in-4°.

133. –, *L'histoire des châteaux du Louvre et des Tuileries... sous le règne de S. M. le roi Louis XIV...*, Paris, 1927, in-fol.

134. HAVEL (Évelyne), *L'impôt du sang d'après le journal du marquis de Dangeau*, Nanterre, 1975, in-4°, (mém. dactyl.).

135. HAZARD (Paul), *La crise de la conscience européenne, 1680-1715*, Paris, 1935, in-12.

136. *Histoire de la messe, XVIIe-XIXe siècles*. Actes de la troisième rencontre d'histoire religieuse de Fontevraud, Angers, 1980, in-8°.

137. *Histoire et sainteté*. Actes de la cinquième rencontre d'histoire religieuse tenue à Angers et à Fontevraud, Angers, 1982, in-8°.

138. HONORÉ (Mme S.), *Catalogue général des livres imprimés de la bibliothèque nationale. Actes royaux,* t. II *(1610-1665),* t. III *(1666-1699),* t. IV *(1700-1715),* Paris, 1938-1950, 3 vol. gr. in-8°.

139. JAUDEAU (Jacques), *Les établissements charitables à Mantes, de l'ancien régime au milieu du XIX*e *siècle (1668-1856),* Nanterre, 1982, in-4° (mém. dactyl.).

140. LABROUSSE (Élisabeth), *Pierre Bayle, hétérodoxie et rigorisme,* La Haye, 1964, in-8°.

141. LALLEMAND (R. P. Paul), *Histoire de l'éducation dans l'ancien oratoire de France,* Paris, 1889, in-4°.

142. LE ROY LADURIE (Emmanuel), *Le territoire de l'historien,* Paris, 1973, in-8°.

143. LIVET (Georges), *L'intendance d'Alsace sous Louis XIV (1648-1715),* Strasbourg, 1956, in-8°.

144. LIZERAND (Georges), *Le duc de Beauvillier...,* Paris, 1933, in-12.

145. LOTTIN (Alain), *Chavatte, ouvrier lillois, un contemporain de Louis XIV,* Paris, 1979, in-8°.

146. –, « La fonction d'intendant vue par Louvois... », dans *Mélanges historiques et littéraires sur le XVII*e *siècle offerts à Georges Mongrédien...,* Paris, 1974, in-8°, pp. 63-69.

147. MAGENDIE (Maurice), *La politesse mondaine et les théories de l'honnêteté en France au XVII*e *siècle...,* Paris, [1925], 2 vol. in-8°.

148. MARION (Marcel), *Dictionnaire des institutions de la France aux XVII*e *et XVIII*e *siècles,* Paris, 1923, in-8°.

149. MARTIN (Henri-Jean), *Livre, pouvoirs et société à Paris au XVII*e *siècle...,* Paris, 1969, 2 vol. in-8°.

150. MÉMAIN (René), *La marine de guerre sous Louis XIV. Le matériel. Rochefort, arsenal modèle de Colbert,* Paris, 1937, in-8°.

151. MERCIER (Louis-Sébastien), *Tableau de Paris,* Amsterdam, 1783-1789, 12 vol. in-12.

152. MEYER (Jean), *Colbert,* Paris, 1981, in-8°.

153. –, « Louis XIV et les puissances maritimes », dans *XVII*e *siècle,* t. XXXI (1979), pp. 155-172.

154. MICHEL (Joseph), *Claude-François Poullart des Places, fondateur de la congrégation du Saint-Esprit, 1679-1709,* Paris, 1962, in-8°.

155. MORINEAU (Michel), « L'alimentation en Europe du XIVe au XVIIIe siècle », dans *Revue d'histoire économique et sociale,* t. LIV (1976), pp. 258-263.

156. MURRAY BAILLIE (Hugh), « Etiquette and the Planning of the State Apartments in Baroque Palaces », dans *Archaeologia,* t. CI (1967), pp. 169-199.

157. NEVEUX (Hughes), « Dimension idéologique des soulèvements paysans français au XVIIe siècle », dans *Bulletin de la société d'histoire moderne,* 82e année, 1983, n° 18, pp. 2-12.

158. NOLHAC (Pierre de), *Histoire du château de Versailles. Versailles sous Louis XIV,* Paris, 1911, 2 vol. gr. in-4°.

159. OLIVIER-MARTIN (François), *L'organisation corporative de la France d'ancien régime,* Paris, 1938, in-8°.

160. ORCIBAL (Jean), *Louis XIV et les protestants,* Paris, 1951, in-8°.

161. PEROUAS (Louis), « L'emploi du temps des évêques au XVIIe siècle dans les diocèses de Luçon et de La Rochelle », dans *Revue d'histoire de l'Église de France,* t. XLIX, 1963, pp. 89-94.

162. PEYREFITTE (Alain), *Le mal français,* Paris, 1976, in-8°.

163. POITRINEAU (Abel), *Remues d'hommes. Essai sur les migrations montagnardes en France aux* XVIIe *et* XVIIIe *siècles,* Paris, 1983, in-8°.

164. PRIS (Claude), *La manufacture royale des glaces de Saint-Gobain...,* Lille, 1975, 2 vol. in-8°.

165. PRONTEAU (Jeanne), *Les numérotages des maisons de Paris du* XVe *siècle à nos jours,* Paris, 1966, in-4°.

166. QUÉTEL (Claude), *De Par le Roy. Essai sur les lettres de cachet,* Toulouse, 1981, in-8°.

167. – et MOREL (Pierre), *Les fous et leurs médecines, de la Renaissance au* XXe *siècle,* Paris, 1979, in-8°.

168. *Religieuses (Les) enseignantes,* XVIe-XXe *siècles.* Actes de la quatrième rencontre d'histoire religieuse de Fontevraud, Angers, 1981, in-8°.

169. *Revue d'histoire de l'Église de France,* organe de la société d'histoire ecclésiastique de la France (utilisée de 1935 à 1983).

170. RIALS (Stéphane), *La lumière à Paris au siècle des Lumières...,* Nanterre, 1973, in-4°, (mém. dactyl.).

171. ROCHE (Daniel), *Le siècle des lumières en province. Académies et académiciens provinciaux, 1680-1789,* Paris-La Haye, 1978, 2 vol. in-8°.

172. SCEAUX (P. Raoul de), « Le père Honoré de Cannes, capucin missionnaire au XVIIe siècle », dans XVIIe *siècle,* n° 41 (1958), pp. 349-374.

173. SCHIMBERG (André), *L'éducation morale dans les collèges de la compagnie de Jésus en France sous l'ancien régime...,* Paris, 1913, in-8°.

174. TAILLEMITE (Étienne), *Dictionnaire des marins français,* Paris, 1982, in-4°.

175. TAVENEAUX (René), *Le catholicisme dans la France classique, 1610-1715.* Paris, 1980, 2 vol. in-12.

176. –, *La vie quotidienne des jansénistes aux* XVIIe *et* ZVIIIe *siècles,* Paris, 1973, in-12.

177. THIBAULT-PAYEN (Jacqueline), *Les morts, l'Église et l'État...,* Paris, 1977 in-8°.

178. THUILLIER (Guy), *L'E.N.A. avant l'E.N.A.,* Paris, 1983, in-8°.

179. TRESCH (Mathias), *Évolution de la chanson française savante et populaire,* t. I. *Des origines à la révolution française,* Bruxelles-Paris, 1926, gr. in-8°.

180. VERLET (Pierre), *Les meubles français du* XVIIIe *siècle,* Paris, 1982, in-8°.

181. –, *Versailles,* Paris, 1961, in-12.

182. VIGUERIE (Jean de), *L'institution des enfants. L'éducation en France,* XVIe-XVIIIe *siècles,* Paris, 1978, in-8°.

183. –, *Une œuvre d'éducation sous l'ancien régime. Les pères de la doctrine chrétienne...,* Paris, 1976, in-4°.

184. *Vocation (La) religieuse et sacerdotale en France,*

XVIIe-XIXe *siècles*. Actes de la deuxième rencontre d'histoire religieuse de Fontevraud, Angers, 1979, in-8°.
185. VOGÜÉ (Melchior, marquis de), *Villars d'après sa correspondance et des documents inédits*, Paris, 1888, 2 vol. in-8°.
186. VORSANGER (Michel), *Quand Louis XIV disgraciait*, Nanterre, 1983, in-4°, (mém. dactyl.).
187. WILHELM (Jacques), *La vie quotidienne des Parisiens au temps du Roi-Soleil...*, Paris, 1977, in-12.
188. ZYSBERG (André), « Galères et galériens en France à la fin du XVIIe siècle : une image du pouvoir royal à l'âge classique », dans *Criminal Justice History*, t. I, 1980, pp. 49-115.

NOTES

189. En Espagne, on baise la main couramment.
190. Lettre de Bussy-Rabutin, dans Mme de Sévigné, *Correspondance*.
191. J.-B. MORIN, *La Chasse du cerf*, pour soli, trompes de chasse, chœurs, et orchestre, dir. Jean-François Paillard, disques Erato, STU 70541.
192. Renseignements dus à l'obligeance de M. Jean-Pierre LANDRY, spécialiste du père Bourdaloue.
193. Renseignements dus à l'obligeance de M. Jean Diwo, grand connaisseur du faubourg Saint-Antoine.
194. Le mot est de M. Jean de Viguerie.
195. Voir chapitre II, *Tables royales et bourgeoises*.
196. Voir chapitre V, *Évêques de France*.
197. Voir supra, *La France profonde*.
198. Voir Prologue, *Le royaume*.
199. Estampe du XVIIIe siècle.
200. Un exemple étonnant de mariage tardif se rencontre dans le traité d'accouchement de Mauquest de la Motte, à la date de 1698 ou 1699. Ce chirurgien nous parle d'une « jeune mariée » de cinquante et un ans, habitant Sébeville en Normandie (au sud de Valognes).

« Elle devint grosse sans y faire la moindre attention [...] et son accouchement fut très heureux [28]. »

MISE À JOUR BIBLIOGRAPHIQUE (1994)

ANTOINE (Michel), *Louis XV,* Paris, Fayard, 1989.

BARBEY (Jean), *Être Roi. Le roi et son gouvernement en France...,* Paris, Fayard, 1992.

BÉLY (Lucien), *Espions et ambassadeurs au temps de Louis XIV,* Paris, Fayard, 1990.

BLUCHE (François), *L'Ancien Régime,* Paris, Le Livre de poche, 1993.

–, *Dictionnaire du Grand Siècle,* Paris, Fayard, 1990.

–, *Louis XIV,* Paris, Fayard, 1986.

–, *Louis XIV vous parle,* Paris, Stock, 1988.

CHARTIER (Roger), *De la Renaissance aux Lumières,* Paris, Le Seuil, 1986 (t. III de l'*Histoire de la vie privée* dirigée par Philippe Ariès et Georges Duby).

CONTAMINE (Philippe), *Des origines à 1715,* Paris, P.U.F., 1992 (t. Ier de l'*Histoire militaire de la France* dirigée par André Corvisier).

DESSERT (Daniel), *Argent, pouvoir et société au Grand Siècle,* Paris, Fayard, 1984.

–, *Fouquet,* Paris, Fayard, 1987.

DUPÂQUIER (Jacques), *Histoire de la population française,* t. II. *De la Renaissance à 1789,* Paris, P.U.F., 1988.

GOUBERT (Pierre), *Mazarin,* Paris, Fayard, 1990.

LEBRUN (François), *Du christianisme flamboyant à l'aube des Lumières,* XIV*e* *et* XVIII*e* *siècles,* Paris, Le Seuil, 1988 (t. II. de L'*Histoire de la France religieuse* dirigée par Jacques Le Goff et René Rémond).

–, VENARD (Marc) et QUÉNIART (Jean), *De Gutenberg aux Lumières,* Paris, La Nouvelle librairie de France, 1981 (t. II de l'*Histoire générale de l'enseignement et de l'éducation* dirigée par Louis-Henri Parias).

LE ROY LADURIE (Emmanuel), *L'âge classique des paysans...,* Paris, Le Seuil, 1975 (t. II de l'*Histoire de la

France rurale dirigée par Georges Duby et Armand Wallon).

–, *L'Ancien Régime de Louis XIII à Louis XV, 1610-1770,* Paris, Hachette, 1991 (t. III de l'*Histoire de France Hachette*).

–, *La ville classique, de la Renaissance aux Révolutions,* Paris, Le Seuil, 1981 (t. III de l'*Histoire de la France urbaine* dirigée par Georges Duby).

SOLNON (Jean-François), *La cour de France,* Paris, Fayard, 1987.

VIGUERIE (Jean de), *Le catholicisme des Français dans l'ancienne France,* Paris, N.E.L., 1988.

Table des matières

Cet ouvrage a été réalisé par la
SOCIÉTÉ NOUVELLE FIRMIN-DIDOT
Mesnil-sur-l'Estrée
pour le compte des Éditions Hachette
en mai 1994

Imprimé en France
Dépôt légal : 1293, juin 1994
N° d'édition : 94109/28644 - N° d'impression : 27210
ISBN : 2-01-235105-0
ISSN : 0768-0074
23-41-5105-01/4